U0534662

◎ 高等学校公共管理专业精品教材

现代社会保障通论

林闽钢◎主编　鲁全　童文莹◎副主编

中国社会科学出版社

图书在版编目（CIP）数据

现代社会保障通论/林闽钢等著.—北京：中国社会科学出版社，2014.8
ISBN 978-7-5161-4386-5

Ⅰ.①现…　Ⅱ.①林…　Ⅲ.①社会保障—教材　Ⅳ.①C913.7

中国版本图书馆 CIP 数据核字（2014）第 126193 号

出 版 人	赵剑英
责任编辑	王　茵
特约编辑	王福仓
责任校对	任晓晓
责任印制	王炳图

出　　版	中国社会科学出版社
社　　址	北京鼓楼西大街甲 158 号（邮编 100720）
网　　址	http://www.csspw.cn
	中文域名：中国社科网　010-64070619
发 行 部	010-84083685
门 市 部	010-84029450
经　　销	新华书店及其他书店

印　　刷	北京君升印刷有限公司
装　　订	廊坊市广阳区广增装订厂
版　　次	2014 年 8 月第 1 版
印　　次	2014 年 8 月第 1 次印刷

开　　本	710×1000　1/16
印　　张	24.5
插　　页	2
字　　数	430 千字
定　　价	45.00 元

凡购买中国社会科学出版社图书，如有质量问题请与本社联系调换
电话：010-64009791
版权所有　侵权必究

高等学校公共管理专业精品教材编委会

主　编： 胡税根　浙江大学
副主编： 周志忍　北京大学
　　　　　蓝志勇　中国人民大学
　　　　　倪　星　中山大学
编　委： 周志忍　北京大学
　　　　　燕继荣　北京大学
　　　　　赵成根　北京大学
　　　　　邓国胜　清华大学
　　　　　杨永恒　清华大学
　　　　　蓝志勇　中国人民大学
　　　　　孙柏瑛　中国人民大学
　　　　　唐亚林　复旦大学
　　　　　朱春奎　复旦大学
　　　　　顾建光　上海交通大学
　　　　　朱正威　西安交通大学
　　　　　吴建南　西安交通大学
　　　　　林闽钢　南京大学
　　　　　孔繁斌　南京大学
　　　　　朱新力　浙江大学

胡税根	浙江大学
傅荣校	浙江大学
徐　林	浙江大学
谭　荣	浙江大学
米加宁	哈尔滨工业大学
杨　龙	南开大学
孙　涛	南开大学
倪　星	中山大学
岳经纶	中山大学
何艳玲	中山大学
丁　煌	武汉大学
张贤明	吉林大学
黄新华	厦门大学
姜晓萍	四川大学
张　毅	华中科技大学
王佃利	山东大学
沙勇忠	兰州大学
金太军	苏州大学
张长立	中国矿业大学
周亚越	浙江工业大学

目　录

第一章　导论 ……………………………………………………………（1）
　第一节　社会保障概述 ……………………………………………………（1）
　　一　社会保障的定义 ……………………………………………………（1）
　　二　社会保障的特点 ……………………………………………………（5）
　　三　社会保障的主体 ……………………………………………………（8）
　第二节　社会保障体系 ……………………………………………………（10）
　　一　社会保障体系演变 …………………………………………………（11）
　　二　社会保障体系构成 …………………………………………………（12）
　　三　中国社会保障体系 …………………………………………………（14）
　第三节　社会保障比较 ……………………………………………………（17）
　　一　福利体制作为分析框架 ……………………………………………（17）
　　二　自由主义福利体制 …………………………………………………（18）
　　三　保守主义福利体制 …………………………………………………（19）
　　四　社会民主主义福利体制 ……………………………………………（20）
　第四节　社会保障功能 ……………………………………………………（22）
　　一　稳定功能 ……………………………………………………………（22）
　　二　调节功能 ……………………………………………………………（23）
　　三　促进功能 ……………………………………………………………（24）
　【本章小结】…………………………………………………………………（26）

第二章　社会保障发展历史 ……………………………………………（28）
　第一节　社会保障制度产生的条件 ………………………………………（28）

一　社会保障制度产生的经济条件 ································ (28)
　　二　社会保障制度产生的社会条件 ································ (30)
　第二节　社会保障制度的形成 ·· (31)
　　一　萌芽阶段：英国两部《济贫法》 ································ (31)
　　二　形成阶段：德国社会保险制度的确立 ·························· (36)
　第三节　社会保障制度的发展 ·· (39)
　　一　定型阶段：美国《社会保障法》 ································ (39)
　　二　发展阶段：英国《贝弗里奇报告》 ······························ (41)
　　三　改革阶段：英国"撒切尔革命" ································ (45)
　　四　调试阶段：超越左与右的"第二代福利" ······················ (49)
　【本章小结】·· (54)

第三章　社会保障理论流派 ·· (56)
　第一节　社会保障理论发展概述 ······································ (56)
　　一　社会保障理论的发展阶段划分 ································ (56)
　　二　现代社会保障思潮概述 ·· (57)
　第二节　新自由主义社会保障思想 ···································· (61)
　　一　新自由主义社会保障思想的发展脉络 ························ (62)
　　二　新自由主义社会保障的主要思想 ······························ (64)
　第三节　马克思列宁主义社会保障思想 ······························ (66)
　　一　马克思列宁主义社会保障概述 ································ (66)
　　二　马克思列宁主义社会保障原理 ································ (67)
　第四节　社会改良主义社会保障思想 ·································· (74)
　　一　社会改良主义社会保障思想的发展脉络 ······················ (74)
　　二　社会改良主义社会保障的主要思想 ···························· (77)
　第五节　"第三条道路"社会保障思想 ································ (78)
　　一　"第三条道路"社会保障思想的发展脉络 ······················ (79)
　　二　"第三条道路"社会保障的主要思想 ···························· (84)
　【本章小结】·· (89)

第四章 社会保障管理 (91)

第一节 社会保障管理概述 (91)
一 社会保障管理概念 (91)
二 社会保障管理分类 (92)
三 社会保障管理目标 (93)
四 社会保障管理原则 (93)

第二节 社会保障管理内容 (95)
一 社会保障行政管理 (95)
二 社会保障财务管理 (98)
三 社会保障信息管理 (102)

第三节 社会保障管理体制 (106)
一 社会保障管理体制的国际比较 (106)
二 社会保障管理体制的改革趋势 (110)
三 中国社会保障管理体制及其改革 (113)

【本章小结】 (118)

第五章 社会保障基金管理 (120)

第一节 社会保障基金概述 (120)
一 社会保障基金概念 (120)
二 社会保障基金特征 (122)
三 社会保障基金管理原则与内容 (122)

第二节 社会保障基金筹集 (124)
一 社会保障基金筹集方式 (124)
二 社会保障基金筹集模式 (126)

第三节 社会保障基金偿付 (131)
一 社会保障基金偿付方式 (131)
二 社会保障基金偿付条件 (133)
三 社会保障基金偿付标准 (134)

第四节 社会保障基金保值增值 (135)
一 社会保障基金投资对象 (135)
二 社会保障基金投资方式 (138)

第五节　社会保障基金监管 ······················ (139)
　　一　社会保障基金监管原则 ··················· (139)
　　二　社会保障基金监管内容与模式 ··············· (141)
　　三　社会保障基金监管制度与体系 ··············· (145)
　　四　社会保障基金监管方法 ··················· (149)
【本章小结】 ····························· (150)

第六章　社会养老保险 ························ (152)
第一节　社会养老保险概述 ······················ (152)
　　一　社会养老保险概念 ····················· (152)
　　二　社会养老保险的发展历史 ················· (153)
　　三　社会养老保险功能 ····················· (158)
第二节　社会养老保险资金管理 ···················· (161)
　　一　社会养老保险筹资 ····················· (161)
　　二　社会养老保险给付 ····················· (164)
　　三　社会养老保险类型 ····················· (166)
第三节　中国社会养老保险制度的发展与改革 ············· (168)
　　一　中国社会养老保险制度的历史变迁 ············· (168)
　　二　中国社会养老保险制度的改革成就与问题 ·········· (171)
　　三　中国社会养老保险制度的改革方向 ············· (174)
【本章小结】 ····························· (177)

第七章　社会医疗保险 ························ (179)
第一节　社会医疗保险概述 ······················ (179)
　　一　社会医疗保险产生背景 ··················· (179)
　　二　社会医疗保险概念和特征 ················· (181)
　　三　社会医疗保险功能 ····················· (183)
第二节　社会医疗保险管理 ······················ (184)
　　一　社会医疗保险类型 ····················· (184)
　　二　社会医疗保险筹资 ····················· (186)
　　三　社会医疗保险给付 ····················· (187)

第三节 中国社会医疗保险制度的发展与改革 (188)
    一 中国社会医疗保险制度的历史与现状 (188)
    二 中国社会医疗保险制度的主要问题 (196)
    三 中国社会医疗保险制度的改革 (197)
【本章小结】 (200)

第八章 失业保险 (202)
第一节 失业保险概述 (202)
    一 失业保险概念 (202)
    二 失业保险特点 (205)
    三 失业保险分类 (205)
    四 失业保险功能 (208)
第二节 失业保险管理 (210)
    一 失业保险覆盖范围 (210)
    二 失业保险筹资 (211)
    三 失业保险给付 (212)
第三节 中国失业保险制度的发展与改革 (217)
    一 中国失业保险制度的历史与现状 (217)
    二 中国失业保险制度面临的挑战 (220)
    三 中国失业保险制度的改革路径 (221)
【本章小结】 (224)

第九章 工伤保险 (226)
第一节 工伤保险概述 (226)
    一 工伤保险概念 (226)
    二 工伤保险分类 (229)
    三 工伤保险功能 (231)
第二节 工伤保险管理 (233)
    一 工伤保险范围与认定 (233)
    二 工伤保险基金筹集与给付 (237)
    三 工伤保险管理与监督 (242)

6　现代社会保障通论

　　第三节　中国工伤保险制度的发展与改革 ……………………（246）
　　　　一　中国工伤保险制度的历史与现状 …………………（246）
　　　　二　中国工伤保险制度的主要问题 ……………………（253）
　　　　三　中国工伤保险制度的改革路径 ……………………（255）
　　【本章小结】………………………………………………………（257）

第十章　社会福利 ……………………………………………（259）
　　第一节　社会福利概述 …………………………………………（259）
　　　　一　社会福利概念 ………………………………………（259）
　　　　二　社会福利模式 ………………………………………（262）
　　　　三　社会福利分类 ………………………………………（264）
　　　　四　社会福利功能 ………………………………………（265）
　　第二节　社会福利内容 …………………………………………（266）
　　　　一　社会福利的项目 ……………………………………（266）
　　　　二　社会福利的提供 ……………………………………（274）
　　第三节　中国社会福利制度的发展与改革 ……………………（276）
　　　　一　中国社会福利制度的历史与现状 …………………（276）
　　　　二　中国社会福利制度的主要问题 ……………………（283）
　　　　三　中国社会福利制度的改革路径 ……………………（284）
　　【本章小结】………………………………………………………（288）

第十一章　社会救助 …………………………………………（290）
　　第一节　社会救助概述 …………………………………………（290）
　　　　一　社会救助概念 ………………………………………（290）
　　　　二　社会救助分类 ………………………………………（290）
　　　　三　社会救助功能 ………………………………………（292）
　　第二节　生活救助 ………………………………………………（293）
　　　　一　国外生活救助 ………………………………………（293）
　　　　二　中国生活救助 ………………………………………（300）
　　第三节　灾害救助 ………………………………………………（302）
　　　　一　国外灾害救助 ………………………………………（302）

二　中国灾害救助 ……………………………………………… (307)
第四节　医疗救助 ………………………………………………… (311)
　　一　国外医疗救助 ……………………………………………… (311)
　　二　中国医疗救助 ……………………………………………… (315)
【本章小结】 ………………………………………………………… (316)

第十二章　社会慈善 …………………………………………… (318)
第一节　社会慈善概述 …………………………………………… (318)
　　一　社会慈善概念 ……………………………………………… (318)
　　二　社会慈善分类 ……………………………………………… (318)
　　三　社会慈善功能 ……………………………………………… (321)
第二节　社会慈善的历史与现状 ………………………………… (323)
　　一　国外社会慈善 ……………………………………………… (323)
　　二　中国社会慈善 ……………………………………………… (329)
第三节　中国社会慈善的改革与发展 …………………………… (333)
　　一　中国社会慈善的主要问题 ………………………………… (333)
　　二　中国社会慈善的改革目标和原则 ………………………… (335)
　　三　中国社会慈善的改革路径和方向 ………………………… (336)
【本章小结】 ………………………………………………………… (340)

第十三章　社会保障法 …………………………………………… (342)
第一节　社会保障法概述 ………………………………………… (342)
　　一　社会保障法概念 …………………………………………… (342)
　　二　社会保障法价值取向与原则 ……………………………… (344)
　　三　社会保障法的法律关系 …………………………………… (347)
第二节　社会保障法的发展 ……………………………………… (350)
　　一　社会保障法的产生 ………………………………………… (350)
　　二　社会保障法的形成 ………………………………………… (350)
　　三　社会保障法的完善与调整 ………………………………… (352)
第三节　社会保障法的主要内容 ………………………………… (353)
　　一　社会保险法 ………………………………………………… (353)

二　社会救助法 …………………………………………（359）
　　三　社会福利法 …………………………………………（363）
【本章小结】………………………………………………………（365）

各章主要参考文献 ……………………………………………（366）

各章拓展阅读 …………………………………………………（373）

后记 ……………………………………………………………（378）

第一章

导 论

社会保障是现代社会生产方式的产物,是现代社会运行机制的核心组成部分,是现代国家制度的主要内容,是一个国家和地区经济和社会发展水平的重要标志。

第一节 社会保障概述

一 社会保障的定义

社会保障(Social Security)一词,最早见于1935年美国颁布的《社会保障法》(Social Security Act)。随后,1941年,由美国总统罗斯福(D. Roosevelt)与英国首相丘吉尔(W. Churchill)签署的联合宣言——《大西洋宪章》(Atlantic Charter)也两次使用这一概念。1944年,以第26届国际劳工大会发表《费城宣言》(Declaration of Philadelphia)为标志,国际组织开始正式使用"社会保障"这个概念。

(一)国际组织对"社会保障"的理解

国际劳工组织(International Labor Organization,ILO)在1952年通过的《社会保障最低标准公约》(Convention Concerning Minimum Standards of Social Security)第二款中认为,医疗护理津贴、疾病津贴、失业津贴、老年津贴、工伤津贴、家庭津贴、生育津贴、残障津贴、遗属津贴9项津贴至少有三项,并且要包括失业津贴、老年津贴、工伤津贴、残障津贴、遗属津贴5项主要津贴中的一项，就可认定社会保障制度的建立。

之后，国际劳工组织对社会保障给出明确的界定："社会通过采取一系列的公共措施来向其成员提供保护，以便与由于疾病、生育、工伤、失业、伤残、年老和死亡等原因造成停薪或大幅度减少工资而引起的经济和社会贫困进行斗争，并提供医疗和对有子女的家庭实行补贴法。"[①] 并认为"社会保障有着比预防和减轻贫困更为远大的目标，它是在最广泛的意义上对安全保障要求的回答。它的基本目标是，使个人和家庭相信在可能的范围内，他们的生活水平不会因社会经济方面的不测事件而遭到严重破坏。这不仅包括随时满足不断产生的需求，而且包括预防首次出现危险，还要帮助个人和家庭在面临始料不及的或无法预防的伤残和损失时，能做出最佳调整。因而社会保障不仅需要现金，还需要广泛的保健及社会服务"。[②]

（二）西方国家对社会保障的理解

德国作为社会保险制度的起源地，最早开始为其公民进行较为全面的制度化保障。基于社会市场经济理论，德国对社会保障的理解是社会公正和社会安全，是为因生病、残疾、老年等原因而丧失劳动能力或遭受意外而不能参与市场竞争者及其家人提供的基本生活保障，其目的是通过保障使之重新获得参与竞争的机会。[③]

美国将社会保障理解为社会安全网。这种理解体现在1935年的《社会保障法》对社会保障的界定上，"根据社会保障法制定的社会保险计划，对于因年老、长期残废、死亡或失业而失掉工资收入者提供保障，同时对年老和残废期间的医疗费用提供保障。老年、遗属、残废和健康保险计划对受保险的退休者或残废者和他们的家属，以及受保险者的遗属，按月提供现金保险待遇。"[④]

英国将社会保障视为一种以国家为主体的公共福利计划。该理解是基于贝

---

① 国际劳工局社会保障司编著：《社会保障导论》，管静和、张鲁译，劳动人事出版社1989年版，第3页。
② 国际劳工局：《展望二十一世纪：社会保障的发展》，劳动人事出版社二室译，刘有锦等审校，劳动人事出版社1988年版，第18页。
③ 林闽钢：《现代社会保障》，中国商业出版社1997年版，第6页。
④ 王玉先主编：《外国社会保障制度概况》，工人出版社1989年版，第122页。

弗里奇（William Beveridge）1941—1942年主持起草的报告《社会保险和有关服务》，其中认为社会保障是一种收入保障制度，"替代因失业、患病或出现事故而中断的收入；为年老退休者发放待遇；为抚养人死亡后失去生活来源提供待遇；解决因出生、死亡、婚姻等发生的额外生活支出"①。英国《简明不列颠百科全书》认为社会保障是"一项公共福利计划，旨在保护个人及其家庭免除因失业、年老、疾病或死亡而在收入上所受的损失，并通过公益服务（如免费医疗）和家庭生活补贴以提高其福利。社会保障可包括：社会保险计划、保健、福利事业和各种维持收入的计划"②。

日本将社会保障理解为一种社会主体的互济制度。1950年，日本内阁总理大臣咨询机构——社会保障制度审议会所形成的《关于社会保障制度的建议》中，将社会保障定义为："对疾病、负伤、生育、残障、死亡、失业、子女多以及其他原因造成的贫困，从保险方法以至国家直接负担方面提供经济上的保障；对陷入生活困境者，通过国家救助，给予最低限度的生活保障；与此同时，努力增进公共卫生和社会福利，以期全体国民都能切实享有有文化的社会成员应当享有的生活。"③

总之，虽然各国从各自发展背景和认识角度对社会保障的理解存在差异，但是进一步综合研究各国社会保障理论和实践，可以发现，现代社会保障制度是现代社会运行机制的重要组成部分，是现代经济和社会发展水平的重要标志，具有以下几方面的重要内容。

（1）社会保障的最终责任主体是国家或政府，其运行借助的是全社会的力量。国家承担社会保障的组织、实施和管理。

（2）社会保障的对象范围应该是社会全体成员。

（3）社会保障的实施依据是国家立法。通过立法，社会保障成为国家和社会的一种责任和制度，其实施由国家立法所具有的强制性来保障。

（4）社会保障的主要目标是保障全体社会成员的基本生活权利，为社会成员提供安全保护，以保障社会成员不因遭遇暂时或永久丧失工作能力、失去工作机

---

① ［英］贝弗里奇：《贝弗里奇报告——社会保险和相关服务》，劳动和社会保障部社会保险研究所组织翻译，中国劳动社会保障出版社2008年版，第113页。

② 《简明不列颠百科全书》第7卷，中国大百科全书出版社《简明不列颠百科全书》编辑部译编，中国大百科全书出版社1986年版，第117页。

③ 吕学静编著：《日本社会保障制度》，经济管理出版社2000年版，第2—3页。

会、收入无法维持必要生活水平等特定事件而陷入生活困境。社会保障更高层次的目标是确保社会成员具备从事社会工作、进行社会生活的正常身心状态。

（5）社会保障主要手段是对国民收入进行分配和再分配。

（6）社会保障主要功能是通过对社会成员基本生活的保障和社会风险的消除，从而维护社会安定，促进经济和社会发展。

综上所述，社会保障是国家通过立法和行政手段对国民收入进行分配，并积极调动社会各种资源，对年老、疾病、伤残、死亡、失业等导致基本生活发生困难或遭受到其他社会风险时，给予的现金补助和社会服务，以维护社会成员正常身心状态，促进社会良性运行和协调发展的一种社会安全制度体系。

（三）考察社会保障的三个不同视角

现代社会保障包含的层面较多，范围很广，同时，它还是一个变化发展的范畴。由此，对社会保障制度进行考察时存在不同的视角，主要有以下三种：

（1）经济学视角。该视角将社会保障看作是一个经济范畴，是一种经济分配方式，是对国民收入的分配和再分配，确保社会成员基本生活需要的社会经济分配形式，维护经济运行效率基础上的社会公平。该视角强调的是社会保障要遵循经济规律，对国民收入的分配和再分配不能超越社会经济生产体系所能提供的物质基础。

（2）社会学视角。该视角认为社会保障是一项解决社会问题的制度安排，是国家向一部分遭遇社会问题、生活处于窘境的社会成员提供基本生活保障的社会制度安排。该视角强调社会保障与社会政策、社会福利的连贯性，注重社会保障实施的"以人为本"，为社会成员的自由发展提供基础保障。

（3）政治学视角。该视角认为社会保障是国家或政府对公民履行确保其最低经济生活水平社会责任的表现形式，也是国家或政府确保其政权合法性、有效行使社会管理职能的手段。该视角强调社会保障制度在政治系统中的地位，社会保障成为各国政府维护其合法性必须正视的制度设置。

综合以上三种视角，可以将全部社会保障运行过程理解为运用经济手段、解决社会问题、实现国家政治目标。[①]

---

① 童星主编：《社会保障理论与制度》，江苏教育出版社 2008 年版，第 5—6 页。

二 社会保障的特点

（一）社会性

社会保障与家庭保障的区别，主要在于它不是封闭运行的而是向整个社会开放，并通过社会化机制加以实施的制度安排。

社会保障是现代社会化大生产的产物，这也是其社会性特征产生的源头。工业化之前，家庭具备生育、生产、消费、抚幼、养老等多种功能，个体的生、老、病、死等需要完全由家庭满足，社会没有力量也没有必要为其成员提供保障。产业革命带来了劳动方式、分配方式和消费方式的转变，同时，社会结构、产业机构和家庭结构都发生了变化。家庭的保障功能开始弱化，但随之而来的是社会成员遭受风险的机会增多，工伤、失业、职业病、疾病、退休、遗属生活等问题超出了家庭范围；不仅在个体遭受风险的种类上，而且在抵御风险的能力上，家庭已无力满足家庭成员的需要，个体风险转移机制开始出现，社会群体、国家成为风险承接主体，最终个体风险抵御由整个社会共同完成，社会提供保障成为必然。现代社会保障制度的社会性主要表现在以下几个方面：

1. 社会保障对象范围具有社会性

现代社会保障的对象覆盖全体社会成员，一旦社会成员基本生活受到威胁，就能得到社会保障的保护。随着自然经济的瓦解、社会化大生产时代的到来，整个社会的劳动分工不断细化，个体活动方式也逐渐显现社会性，社会成员成为大生产中的一个组成部分。一旦个体遭受到不幸事故，国家通过社会保障制度的作用帮助社会成员抵御生存风险，从而保障社会成员的基本生活，实现社会生产的顺利进行，维持社会安定。与此同时，通过对社会成员的广泛覆盖，所筹集到的社会保障资金规模才能壮大，依据大数法则，社会保障制度分散风险的能力才会更强，才能让更多社会成员受益。

2. 社会保障管理的社会性

社会保障管理的主体是政府或国家授权的社会保障机构，由政府社会保障职能部门统一规划、组织、协调、资助，由专门的社会保障机构经办。一方面，各项社会保障制度的实施通常需要依赖各种社会组织，随着社会保障体系的扩张，社会保障事业的管理社会性特征越发突出，更多的管理工作委托给社会组织。另一方面，社会组织中的大量社会福利与公益慈善机构直接承担了相应的社会保障事务。这些组织与政府一起形成社会保障多元合作关系，凸显了社会保障管理主体的多样性。

3. 社会保障基金来源的社会性

虽然不同的社会保障项目所需要的资金来源不完全相同，但是总体而言，社会保障资金来源可归纳为以下渠道：国家资助、企业或雇主负担、个人缴费以及社会捐赠、发行福利彩票以及基金运营收益等。资金来源的多元化充分体现了社会保障基金来源的社会性特色。

（二）法制性

现代社会保障制度作为一种国家制度都是从社会保障立法开始的，通过规范性和强制性来运作和实施。

第一，法律规范为政府举办社会保障事业提供了强制遵守的行为规范。社会保障的各方主体都必须在法律框架内进行活动。社会成员只要符合社会保障相关法律规定，都必须参加相应的社会保障项目；社会成员参加社会保障项目，交费、待遇等没有自由选择权；社会保障对象由法律确定，社会保障机构无权拒绝社会成员享受其权利的要求或随意变换项目，调整待遇标准。社会保障基金的筹集、运行管理和监督都要按照法定程序进行，以保证其安全、可靠以及实现保值增值。

第二，由民间力量举办而非政府直接管理的社会保障事业，如慈善公益事业，也必须由相应的法律、法规进行规范。随着第三部门的崛起，社会保障事业的承担主体出现多元化趋势，但无论主体如何多元，社会保障事务的运行管理、监督等都要依照法律规范进行。

（三）互济性

社会保障是一种有效的经济补偿手段，通过所有成员的互助互济实现对少数遭遇风险成员的收入损失补偿。虽然工业社会使得各种生存风险成为社会成员的普遍风险，但是对于个体而言，其所遭受的社会风险是不同的，因而对社会保障需求的大小也不同。而互济性就是在这种不同需求之间的调剂。社会保障的互济性具体表现在：

第一，风险在社会成员不同群体间的横向转移分担。社会保障是一定范围内的全体社会成员分担一部分社会成员可能遭受的各种风险，即"集聚众多的经济力量分担个别人意外的损失"。社会保障系统中的社会救助和社会福利项目，其资金来源主要是财政拨款，受益者却限于生活贫困或遭受各种风险的不幸者，也就实现了部分不幸者的风险损失向全社会的转移，即以全社会的力量保障遭遇不幸的群体。社会保险项目按照大数法则，在一定范围内由国家、单位及劳动者多方共同筹集资金；当劳动者遭遇风险带来的损失时，社会保险资金给予其生活保障，从而实现了部分遭遇风险的劳动者损失向未遭遇风险劳动者群体的转移，后者以其保险费用的交纳共同承担部分劳动者的不幸。如养老保险在年轻者与年老者之间、失业保险在在职者与失业者之间、医疗保险在健康者与疾病伤残者之间收入损失转移。社会保险的覆盖范围越大，统筹层次越高，社会互济的力度就越大，其帮助劳动者抵御风险的能力就越强。另外，社会保障基金也会通过地区间、企业间的调剂使用体现其互济性。

第二，风险在个体不同年龄阶段间纵向转移分担。养老保险制度的存在让社会中的个体，在其年富力强的时期为年老体弱时期做准备——积累养老金，即使得个体在整个生命历程中合理分配、调剂使用其能力和收入，实现年老时期与年轻时期的互助。

（四）公平性

社会保障作为一种再分配方式，实现公平是其追求的主要目标，因而其具有明显的公平性特征。社会保障的公平性具体表现在：

第一，社会成员享受保障的机会公平。不因其性别、职业、民族、社会地位等方面的不同而有差异，都可以均等地获得社会保障的机会和权利，即"社会保障的国民待遇"。作为社会权利的重要内容和基本形式，社会保障的国民待遇是指国民所能够平等和共同享有的社会保障权利。[①]

第二，社会成员所享受保障待遇上的公平。社会保障一般只为国民提供基本生活保障，超过基本生活保障之外的需要通常不能通过社会保障得到满足。如贫困线的划定既锁定了救助的目标群体，同时又确定了救助标准，尽

---

① 林闽钢：《中国城乡社会保障制度一体化研究》，载郑功成《中国社会保障改革与发展战略》（总论卷），人民出版社2011年版，第73—74页。

管受助者的收入情况不同，但是待遇标准的确定决定了受助者之间的差异较小。同样，各类社会保险待遇标准的指数化也为受益者提供了公平的参照系。①

第三，社会保障的公平性表现在其促进整个社会分配趋于公平目标方面。在商品经济社会中，由于人们在劳动能力、社会机会和家庭赡养负担上的不平等，必然会产生个人收入和家庭生活富裕程度上的差别和不平等。如果再遭受到风险，社会分配差距会进一步扩大。社会保障可以通过法律手段，强制征集保障基金，再分配给低收入或丧失收入来源的社会成员，以帮助他们渡过难关，一定程度上弥补了个人收入分配上的不平等，从而有利于实现社会分配公平，让全体社会成员享受到经济、社会发展的成果。

三 社会保障的主体

社会保障的实施主体可以分为：家庭、宗教机构、工作单位、市场、互助组织和政府，这些主体在社会保障中分别承担了不同的保障功能。②

1. 家庭

家庭一直是提供社会、经济和情感支持的主要社会制度，同时它也是社会化的重要工具。作为社会保障的一种手段，家庭构成了基于血缘和互助关系的援助网络，例如，父母供养孩子的医疗、健康支出。所有社会的家庭都赋予了成员之间种种相互照料的义务，特别是在长期照顾、儿童福利和经济支持等方面。

2. 宗教机构

宗教机构提供社会保障项目的传统历史悠久，如在其教区为其教徒和其他居民提供食品、衣物、住宿、照料服务、咨询服务、医疗服务、就业机会等，范围从非正式的支持和辅导到耗资巨大的医疗、教育和社会服务项目。

3. 工作单位

工作单位在为其职员发放正常薪酬之外，还提供与工作相关的商品和服务

---

① 郑功成：《社会保障》，高等教育出版社2007年版，第25页。
② ［美］尼尔·吉尔伯特、保罗·特瑞尔：《社会福利政策导论》，华东理工大学出版社2003年版，第4页。

来提高员工的福利，这些福利项目涉及范围广泛，早期因其发放额度较小，通常被称为额外福利（Fringe Benefit）。然而到今天，员工福利不能再被看作是额外的，其成为员工重要保障或福利来源，即职业福利（Occupational Welfare）。

4. 市场

社会保障的提供方式有很多种，但是，市场是现代社会满足人们物质需要最广泛也是最成功的经济制度。

对于市场主体提供的社会保障项目，政府也采用各种方式进行鼓励，最为主要的是税收优惠，这是政府与市场直接关联的作用方式。与此同时，政府还通过对受保障对象的补贴或发展特种保险的方式，间接与市场进行关联，为受保障者享受市场服务提供资金保证，如德国与日本的护理保险。

5. 互助组织

互助组织应该是现代社会最为明确指向社会保障活动的制度。大部分社会互助是对人们的日常需要产生的自然反应。社会互助组织形式各异，但是它们共同表达了社会对互相帮助的需求、互相依赖的认识以及帮助不幸人士的心愿。

互助组织中的志愿性组织活动领域广泛、形式多样，并正式地表达其慈善动机。这些组织致力于社区需求，为弱智儿童、家庭、成人、老人及许多特殊需要人士提供一系列社会福利。[①]

随着志愿性组织在社会保障领域的作用不断凸显，政府也将其作为保障主体进行培育。很多国家为慈善性或非营利性组织的成立明确地提供法律保护，并在其运行中给予税收优惠和政策支持。与此同时，政府也会直接资助该类组织的活动。

6. 政府

政府是社会保障的责任主体和实施主体。政府是社会保障活动最为重要的提供主体，以其权力资源和财政资源保证各项社会保障项目的顺利展开。现代国家的功能，广义上说，是为了确保经济繁荣和社会稳定；狭义上讲，则是提供物质保障，提供最低标准的医疗、住房以及抵御现代社会给人们带来的各种

[①] ［美］莱斯特·萨拉蒙、赫尔穆特·安海尔：《公民社会部门》，周红云译，载何增科《公民社会与第三部门》，社会科学文献出版社2000年版，第262页。

不测。①

　　社会保障其他主体的活动或多或少受政府直接、间接资助，才能顺利地开展相应的社会保障活动，从中可以看出政府在整个社会保障领域的主体和主导地位。在社会保障领域，家庭、宗教机构、工作单位、市场、互助组织和政府在提供福利保障方面各自有不同的功能。（如表1—1所示）

表1—1　　　　　　　　社会保障主体及其功能

主体	功能
家庭	抚养、家庭间的经济支持
宗教机构	宗教性质的医疗、教育和社会服务
工作单位	雇员福利或职业福利
市场	商业化的社会福利产品和服务
互助组织	非营利性社会服务或资金扶持
政府	经济保障、医疗、社会服务

资料来源：[美] 尼尔·吉尔伯特、保罗·特瑞尔：《社会福利政策导论》，华东理工大学出版社2003年版，第4页。本书进行了整理。

第二节　社会保障体系

　　社会保障体系是相互独立而又相互联系的各项社会保障实施内容所构成的社会保障有机整体。② 各国社会保障实施的内容都是自成体系的，即根据各自的社会经济制度、经济发展状况、时代需求、价值取向、法律文化传统等方面差异确定并加以划分和组合，所以不同国家、不同地区以及不同国家的不同历史时期，其社会保障体系存在很大的差别。

---

①　[美] 尼尔·吉尔伯特、保罗·特瑞尔：《社会福利政策导论》，华东理工大学出版社2003年版，第18页。
②　林闽钢：《现代社会保障》，中国商业出版社1997年版，第13页。

一　社会保障体系演变

虽然各国在构建社会保障体系时，保障项目的选择存在差异，但总体而言，世界各国社会保障体系的发展过程中，仍存在共同的发展规律。

(一) 覆盖人群不断向广度延伸

从社会保障发展所覆盖的人群范围来看，社会保障体系的发展大致可以划分为以下几个阶段。

第一，无劳动能力的贫困者最先被覆盖到社会保障体系中。英国于1601年、1834年先后颁布的《济贫法》，被认为是现代社会保障制度的萌芽，其在实施过程中，最主要的是强调对无劳动能力的贫困者的救助。旧《济贫法》虽然也关注失业问题，但是其主要关注点是老、弱、病、残等无工作能力人群的贫困问题。如该法规定，教区要对没有亲属供养的区内贫困者进行救助，建立济贫院，收容无劳动能力的穷人；对于有劳动能力的穷人提供劳动机会，若该部分人拒绝劳动则受到惩罚。新《济贫法》则将救济对象限制在丧失劳动能力的老、弱、病、残、幼身上，通过资格审查，对接受救助的人群实行院内救助；同时，有劳动能力的受助者在济贫院内要承担繁重的劳动义务。新《济贫法》的实施意味着对有劳动能力人群的排斥。

第二，以体力劳动者为对象的劳动保障扩展。随着工业化进程的加快，更多的人群加入大工业生产中。面对经济运行中的各种风险，工业生产劳动者本身无法承受生活重压，最终演变为社会稳定的隐患。德国首相俾斯麦针对当时的社会矛盾实行了"胡萝卜加大棒"的手段，在严厉镇压工人运动的同时，出台关于社会保险的立法缓解社会矛盾。1883年德国颁布了《疾病社会保险法》，这是世界上第一部社会保险法律，之后陆续出台了关于意外事故、养老等方面的社会保险法律。从事工业性活动的体力劳动者被正式纳入社会保障的范围。德国社会保险制度实施后，得到世界各国的仿效，其他国家也相应地建立了针对制造业体力劳动者的社会保险制度。

第三，对全体劳动者（包括潜在的劳动者）的保障。发展到最后，进一步把劳动者以外的一般市民，如个体企业的经营者、依赖财产收入和养老金、年金收入维持生活的无业者等，都包括在享受保障的范围之内，从而成为全体国民的保障。

(二) 保障项目不断向高层次延伸

从社会保障施行项目来看，先是以解决贫困为目的的生活救助为主，尤其是针对少数无劳动能力贫困者的救助；然后实施针对劳动者这一社会主体的病、残、老、死及以生育为主要内容的社会保险项目，以后逐步扩展到对个别群体的生活保障、社会性救助以至针对全体国民的社会性福利等方面。

在各项社会保险项目的实施上，也存在着递进关系。各国在进行保障项目的提供方面存在着先后选择关系，工伤保险、养老保险、遗属津贴以及残障津贴等项目是首先得到重视和实施的，不同收入层次的国家在实施这些项目上基本上都有专项法律保障；而对于生育保险、医疗保险、失业保险以及家庭津贴方面，相对而言，不同收入层次的国家存在选择性实施。但是，发达国家保障水平和标准比发展中国家都要高，且普遍通过专项法规保证实施。

二 社会保障体系构成[①]

社会保障体系的形成一般认为是以1935年美国《社会保障法》的颁布为标志的。它包括六个定型的方案，即社会保险；老年、遗属、残疾和健康保险；公共援助；社会服务；医疗补助；对孕妇和残疾儿童的健康服务。

英国的社会保障体系框架由五个部分组成：社会保险、社会补助（住房、食品、儿童、高龄老人）、社会救助（低收入户、贫穷老人、失业者）、保险服务、社会服务。

瑞典的社会保障体系框架也由五个部分构成：社会保险、社会救助、义务教育、家庭福利、职业培训。

日本的社会保障体系框架由四个部分组成：社会保险、国家救济、社会福利、义务教育。

国际劳工组织从世界上占绝大多数的发展中国家经济社会发展水平出发，曾认为社会保险主要承担九个方面的风险，可以满足劳动者一生的基本生活需

---

① 林闽钢：《现代社会保障》，中国商业出版社1997年版，第14—16页。

要。即社会保险体系包括九个方面：疾病保险、生育保障、老年保障、残障保障、工伤保障、失业保障、遗属保障、职业病保障、家庭补助。

国际劳工组织也曾从广义的社会保障体系来定义："构成社会保障的各种要素或组成部分包括：社会保险、社会援助、由国家财政收入资助的补助金，家属补助金，以及储蓄基金，还有雇主规定的补充条款和环绕社会保障而开展的各种补充方案。"① 因此，广义的社会保障体系是指现代国家以社会救助、社会保险与社会福利等为主要内容而构建起来的保障国民有生活安定感和社会稳定感的社会安全网络。

广义的社会保障体系主要有三个层面。

第一个层面：社会救助。它是国家和各种社会团体通过一定的机构和专职人员，运用资金、实物、服务手段，向无收入、无生活来源也无家庭依靠并失去工作能力者，以及向生活在贫困线或最低生活标准以下的个人和家庭，向一时遭受严重自然灾害和不幸事故遇难者实施的一种社会保障措施，使这些社会成员基本生活权利受到保护。显然，这是一种最低层次的社会保障。这类保障对象为数不多，并且常常随着本国经济水平日益提高，还有愈益减少的趋向。

第二个层面：社会保险。它是国家通过立法而建立起来的旨在保障劳动者在因年老、疾病、伤残、生育、死亡、失业等暂时或永久失去劳动能力，从而失去工资收入的情况下，仍能享有和在业期间相差不大的基本生活权利的一项社会保障制度。由于社会保险的对象是整个社会成员中最重要、最富创造力的部分劳动者群体，因而社会保险成为社会保障体系的主干。一个国家社会保障体系是否健全，关键取决于社会保险的发展状况。一般来说，社会保险包括以下项目：老年社会保险、疾病社会保险、工伤社会保险、失业社会保险、生育社会保险、残疾社会保险、死亡社会保险等。

第三个层面：社会福利。它是保障全体社会成员在享受基本生存权利的基础上，通过国家以及各种社会团体举办的多样的公共福利设施、津贴补助、社会服务以及各类公共福利事业，提高社会成员的保障和福利水平。国家之外的福利供给主体的福利供给功能得到展现，用人单位在政府政策引导下或单独为其员工举办福利项目，如补充养老保险、补充医疗保险、员工福利服务等非强

---

① 联合国国际劳工组织主编：《社会保障基础》，王刚义、魏新武译，吉林大学出版社1989年版，第4页。

制性福利项目；市场各主体也会提供相应的商业保险，如人寿保险、健康保险、人身意外伤害险等福利项目。

三　中国社会保障体系

（一）中国社会保障体系的发展历程

中国社会保障体系最早的提法，出现在 1985 年 9 月制定的《关于制定国民经济和社会发展第七个五年计划的建议》中，提出社会保险、社会救济、社会福利、优抚安置四部分内容。

1993 年 11 月，党的十四届三中全会《关于建立社会主义市场经济体制若干问题的决定》提出，我国要建立多层次的社会保障体系，体系内容包括社会保险、社会救济、社会福利、优抚安置和社会互助、个人储蓄积累保障。在《国民经济和社会发展"九五"计划和 2010 年远景目标纲要》中也强调了逐步形成多层次的社会保障体系。

2003 年 10 月，党的十六届三中全会《关于完善社会主义市场经济体制若干问题的决定》，提出要建立与经济发展水平相适应的社会保障体系。

2004 年 9 月，党的十六届四中全会《关于加强党的执政能力建设的决定》提出要健全社会保险、社会救助、社会福利和慈善事业相衔接的社会保障体系，第一次将"社会救济"表述改为"社会救助"。

2006 年 10 月，党的十六届六中全会提出，为适应人口老龄化、城镇化、就业方式多样化，逐步建立社会保险、社会救助、社会福利、慈善事业相衔接的覆盖城乡居民的社会保障体系，完善优抚安置政策，发挥商业保险在健全社会保障体系中的重要作用。

2007 年 10 月，党的十七大报告第一次完整提出"社会保障体系"，即要以社会保险、社会救助、社会福利为基础，以基本养老、基本医疗、最低生活保障制度为重点，以慈善事业、商业保险为补充，加快完善社会保障体系。

（二）中国社会保障体系的构成

1. 社会救助

社会救助制度是社会成员在陷入生存危机或无法维持最低限度的生活状况

时，由国家和社会按照法定的程序和标准向其提供满足最低生活需求的物质和服务援助的社会保障制度。它是社会保障体系的重要组成部分，是社会稳定的最后一道"安全网"。

在我国，社会救助制度的四层结构初步形成，初步建立了以最低生活保障为基础，以医疗、教育、住房、司法等专项救助为辅助，以优惠政策相配套，以社会互助为补充的体系。[①]

第一层是针对城乡贫困人口的基本生活救助，以及当前我国针对农村"三无"人员的五保供养；第二层是各项专项救助，包括医疗救助、教育救助、住房救助、司法援助以及就业救助；第三层是临时、应急救助，包括自然灾害救助、城市流浪乞讨人员救助以及见义勇为人员救助；第四层是补充社会救助。（如图1—1所示）

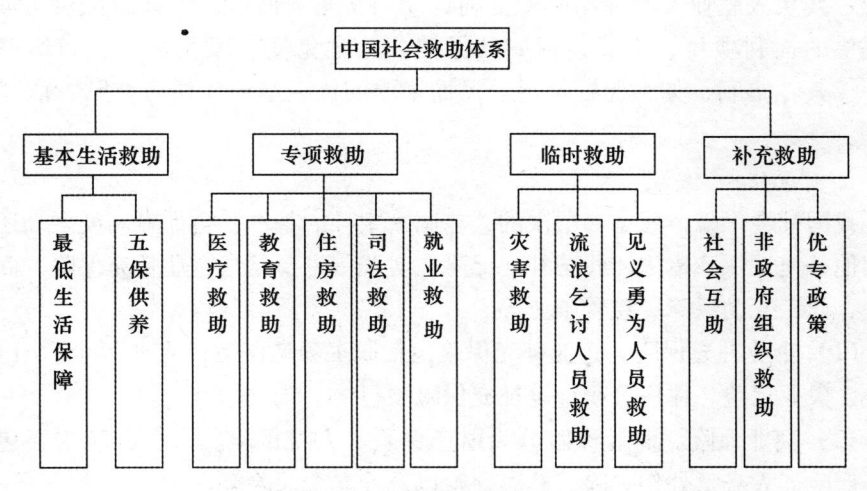

图1—1 中国社会救助体系构成

2. 社会保险

社会保险是以保障对象的年老、疾病、伤残、失业、死亡等特殊事件为保障内容的一项生活保障制度，强调保障对象权利与义务相结合，采取的是受益者与雇佣单位共同供款和强制实施的方式，解除保障对象的后顾之忧。社会保

---

① 林闽钢：《中国社会救助体系的整合》，《学海》2010年第4期。

险所占用的资金占据社会保障基金的大部分。

一般而言，我国社会保险项目主要包括：养老保险、医疗保险、失业保险、工伤保险和生育保险。随着社会保障体系的不断完善，社会保障覆盖人群范围的不断扩展，我国的社会保险制度内容不断细化。

3. 社会福利

社会福利则是指国家和社会群体兴办的各种公共福利设施、发放的津贴补助、举办的社会服务和各种集体福利事业，以增进国民福利、提高物质文化生活水平的社会制度。

我国的社会福利主要包含：①老年人福利，主要是老年人的生活照料服务，如老年福利院、老年公寓、老年护理、居家养老服务等；②残疾人福利，主要是面向残疾人的福利项目，主要包括残疾人康复事业、残疾人教育事业、残疾人就业及其他相应的福利；③妇女儿童福利，针对妇女和儿童群体提供的福利项目，主要包括妇幼保健、儿童免疫、孤儿收养、妇幼津贴等；④其他福利，如为照顾特定居民而采取的优惠措施，住房补贴、取暖补助等。

4. 补充保障

我国社会保障体系是多层次的，在国家主导的基本社会保障制度之外还存在其他补充性保障措施。我国补充保障在实践中主要是指企业补充保险、商业保险、职工互助保障、慈善事业等。

（1）企业补充保险。企业补充保险包括职工养老保险（企业年金）、医疗保险、失业保险、住房公积金等补充保险项目。

（2）商业保险。商业保险分为财产保险、人身保险。人身保险主要包括人寿保险、人身意外伤害险、健康保险以及养老金保险等。

（3）职工互助保障。互助保障是利用互助机制达到共同保障的目的，它包含职工互助保障、社会互助保障、社区互助保障等。职工互助保障由各级工会组织，具有互助共济性质，种类较多，包含养老、医疗、失业、丧葬等互助项目；社会互助保障是在社会范围内就某一社会风险展开的互助活动，如大额医疗费用互助制度、中小学生和婴幼儿住院医疗互助保障等；社区互助保障是在社区范围内居民展开的互助活动，如居民间的照料、帮困等互助服务。

（4）慈善事业。慈善事业是建立在社会捐献基础上的民办社会救助事业，[①] 运用其自身的公信力筹集民间资源，对被遗漏在制度性救助之外的需要帮助的社会成员进行救助。

第三节　社会保障比较

20世纪90年代，艾斯平－安德森（Gosta Esping－Andersen）在《福利资本主义的三个世界》中首次使用了"福利体制"（Welfare Regime）的概念，从此，其逐渐成为研究、比较福利国家和社会保障制度的一个基本概念和研究路径。

一　福利体制作为分析框架[②]

艾斯平－安德森认为，"福利体制"这一概念并不单纯从公共支出的规模、范围或福利资格权对资本主义国家的福利进行比较，而是进一步从福利国家的决策模式、过程和阶层形成的潜在模式与政治结构来剖析福利国家。他明确指出，福利体制不仅是一种政治和经济发展的结果，更是维持、加强既有国家价值的制度；福利制度不仅与一个国家的政治、经济、社会制度有关联，而且是紧密的动态关系。[③]

艾斯平－安德森对福利体制的考察建立于对截然不同的"社会政策体制"（Social Policy Regime）的研究之上。"社会政策体制"被看作是政治联盟和社会联盟之间、社会组织和机构之间、创造和维持社会政策之间历史关系的产物；根据"社会政策体制"的定义，所谓"福利体制"不仅仅是指国家制定和执行的各种政策的总和，而是指总体上的社会政治解决方案。[④]

---

　① 郑功成：《社会保障》，高等教育出版社2007年版，第91页。
　② 林闽钢：《社会保障国际比较》，科学出版社2007年版，第26—32页。
　③ ［丹麦］考斯塔·艾斯平－安德森：《福利资本主义的三个世界》，郑秉文译，法律出版社2003年版，第1—2、28页。
　④ 郑秉文：《"福利模式"比较研究与福利改革实证分析——政治经济学的角度》，《学术界》2005年第3期。

从政府、市场、家庭三个福利支柱来看,"福利体制"就不仅仅局限于政府的公共福利,更不限于单一、特定的福利政策与方案,而是包括政府、市场与家庭的总体福利生产。更深层意义上,体制是一种复杂的关系结构并隐含着历史互动的力量。

艾斯平-安德森所界定的福利体制分析框架,把福利国家理解为一种支持社会公民权的概念。在进行福利体制比较时,他将社会公民权操作化为"去商品化"(De-commodification)和"分层化"(Stratification)两个概念,进而,由这两个概念进一步扩展出来两组分析量纲。根据"去商品化"和"分层化"这两个标准,他将福利资本主义分为三种体制:自由主义福利体制(Liberal Regime)、保守主义福利体制(Conservative Regime)和社会民主主义福利体制(Social Democratic Regime)。

二 自由主义福利体制

自由主义福利体制主要代表国家有美国、加拿大和澳大利亚,即盎格鲁—撒克逊国家群组。

在这种福利体制中,居支配地位的是经济调查式的社会救助、少量"普救式"的转移支付或作用有限的社会保险计划。给付主要提供给那些收入较低、依靠国家救助的保护者,通常是工人阶层。在这一体制中,社会改革的进程受到传统的自由主义劳动道德准则的严重束缚:福利的极限等价于以福利取代工作的选择边际倾向。因而资格条件十分苛刻且通常带有羞辱性,给付数额极为有限。继而,国家运用消极的和积极的两种手段促使市场机制发挥作用:消极手段是只保证最低限度的给付,积极手段则是对私人部门福利计划予以补贴。[①] 因此,在自由主义福利体制的情况下,隶属于该类型的国家其去商品化效应最低,社会权利的扩张受到有力的抑制,建立的社会秩序属于分层化的类型。

第一,从政治权力关系来看,这些国家缺乏稳定的跨阶级联盟,工人阶级权力动员对这一类型福利特征形成具有重要的影响,强大的劳工运动是对抗自

---

① [丹麦] 考斯塔·艾斯平-安德森:《福利资本主义的三个世界》,郑秉文译,法律出版社 2003 年版,第 29 页。

由主义福利国家商品化和分层化的坚固屏障。从观念上看,人们普遍相信社会福利不应该降低工作伦理;盎格鲁—撒克逊国家强调个人在市场中的权利,并寻求市场解决的方式,并且认为国家的介入愈少愈好。

第二,从福利国家制度形态与劳动力市场行为一般特征之间的关联来看,这些国家既不鼓励退出劳动力市场,也不鼓励女性就业。就后工业化社会的就业变动和社会分层角度来看,作为自由主义福利国家的代表,美国形成了商业服务与"休闲"服务,即好工作和坏工作并存的二元化就业结构,其职业品位、工资和福利给付方面的不平等程度较高。

第三,从政府、市场和家庭三个向度的关系来看,市场扮演核心角色,家庭与国家角色均是边际性的;形成社会凝聚的主要方式是个人式的,即靠个人在市场得到福利与服务,其去商品化的程度是很小的。

总之,这些国家缺乏稳定的跨阶级联盟,国家福利主要以贫困线为标准,向贫穷者提供"残补式"的安全网。强调个人在市场中的权利,注重寻求市场解决的方式,并且认为国家的介入愈少愈好,因此,这一类型的国家强调以基于资产调查的救助、有限支付移转或社会保险为主要社会政策。这一类福利体制国家的特征是有较高的就业率、较低的税赋、较小的社会支出规模以及较高的工资差异与所得不平等。

三 保守主义福利体制

保守主义福利体制主要包括历史上的合作主义(Corporatism)国家和德国俾斯麦以来的家长式威权主义国家,如意大利、德国、奥地利和法国。

这种制度类型的特点是社会权利的资格以工作业绩为计算基础,即以参与劳动市场和社会保险缴费记录为前提条件,带有保险的精算性质。总的来说,其社会权利是根据不同国家所能提供的去商品化程度和不同的保险精算程度而产生变化的,即取决于一个人的工作和参保年限、过去的表现与现在的给付之间的关联程度。[①] 因此,在此制度下,劳动力中度去商品化,力求保护既有的阶级分化。

---

① 郑秉文:《"福利模式"比较研究与福利改革实证分析——政治经济学的角度》,《学术界》2005年第3期。

从福利体制和意识形态、其他制度之间的相互关系来看保守主义福利体制的国家,其特点如下:

第一,在这些国家中,社会福利已经成为公民权的一部分,但天主教政党强度的存续、传统的权威结构以及合作主义的安排对其仍有很大影响。在家庭和性别分工中,宗教的和传统的信念依旧占据着统治地位。

第二,政府确立这种福利体制的目的是为了确保劳工阶级的忠诚以及中产阶级的支持。在社会政策安排中,都强调社会整合和国家的强力介入,希望通过阶级和地位分化(包括职业地位)的社会政策来形成阶级结构并达到对国家的忠诚。

第三,在对社会福利的态度上,国家一方面希望取代市场成为福利供应者(例如提供基础公共年金,以及以社会保险方式提供的职业附加给付),但另一方面又赋予家庭承担福利的责任,让家庭取代福利国家来提供各种服务。只有在家庭服务无能为力时,国家才提供辅助性的福利与服务,即依赖并极大化家庭主义(Familialism)所扮演的福利服务功能。

第四,从这一类型国家的就业结构来看,保守主义福利国家大力扶持退出劳动力市场、减少劳动力供给,通过税收限制女性劳动力参与就业。从后工业就业来看,以德国为例,其就业结构未发生很多的变化,各职业阶层和就业部门之间没有新的分层形式,相反,其以"从业人"和"局外人"(指没有工作的人)来划分社会阶层的问题却有可能引发社会冲突。

第五,从福利体制的生活总体性概念来考察,在保守的福利体制国家中,政府、家庭和市场三者关系中家庭角色最为重要,国家扮演辅助性角色,而市场只是边际性的。社会团结依赖家庭主义与国家主义而形成。

总之,这类福利体制国家的特征是较高的失业率,较低的女性劳动参与率,中度税赋,中度社会支出规模以及中度所得不均与工资差异,社会安全体系以提供高替代率的所得转移为主。

四 社会民主主义福利体制

社会民主主义福利体制只存在于斯堪的纳维亚几个国家之中,如瑞典、挪威和丹麦等国。这种福利制度还被称为"人民福利"模式。

它源于贝弗里奇的普遍公民权原则,福利资格的确认主要取决于公民资格或长期居住资格。与其他两种体制相比，它寻求相当水平的甚至能够满足新中产阶级品位的平等标准的服务和给付。社会民主主义福利体制排斥工人阶级和中产阶级之间的二元化局面，力图追求平等以保证工人能够分享中产阶级所享有的权利。因此，这种制度的去商品化程度最强，社会福利项目高度制度化，给付最慷慨，分层化水平最低。人们常常称之为"福利橱窗"。[①]

第一，从社会保障体制形成的政治动因来看，这些国家中左翼劳工组织与小农广泛联盟所形成的压力，确保了政府对充分就业和全民性给付的承诺，再加上中产阶级与劳工阶级的利益，使社会主义福利政策具有明显的再分配性质。另外，社会民主福利国家体制还强调去家庭化（De-familiarization），它指的是社会民主福利国家将家庭关系的成本社会化，也使个人能拓展其独立能力。在去家庭化的观念下，政府提供大量的社会服务和工作机会满足家庭以及妇女的需求。

第二，从福利国家形态对就业制度的影响来看，在社会民主主义福利国家，年长男性劳动力市场退出率较低，而女性劳动力参与率很高，就业结构是以社会福利为主导的。另外，虽然该体制下的就业结构中专业化程度很高且卑微职业不断减少，但是性别和部门的就业分隔却不容忽视。

第三，从政府、家庭和市场的角色位置来看，这一类型的国家是以福利国家的角色为核心，家庭与市场角色是边际性的；社会团结是通过福利国家所提供普遍式的福利与服务达成的。

这类福利体制国家的特征是较高的就业率，较高女性劳动参与率，较高的税率，较高的工会组织率，较大的社会支出规模，社会安全体系以相当慷慨的社会服务为主，低度的所得不均与工资差异，社会民主党在政治领域中扮演支配性的角色。

福利国家体制的概念在1990年提出后，引起了广泛的影响和讨论，埃斯平—安德森在进一步讨论及发展其福利体制的后续研究中，以政府、家庭与市场三个向度的分析，更进一步把体制作为一种生活总体性的概念，归纳出自由的福利体制国家是以市场扮演为核心，家庭与国家角色均是边际性的；社会民主的福利体制国家是以福利国家的角色为核心，而家庭与市场角色是边际性

[①] 郑秉文：《"福利模式"比较研究与福利改革实证分析——政治经济学的角度》，《学术界》2005年第3期。

的；保守的福利体制国家则是以家庭角色最为重要，国家扮演辅助性角色，而市场只是边际性的。

第四节　社会保障功能

社会保障的功能是社会保障其具体项目在社会运行过程中发挥出来的实际效能和作用。社会保障通过对人们基本生活的保障，向社会成员提供一种安全保护，缓解、缓冲社会运行所造成的冲突和不适，从而促进社会的有序、稳定和协调发展。社会保障具有多种多样的功能，概括而言，其主要功能表现为以下三个方面。

一　稳定功能

社会经济的发展进步，在任何时代都需要稳定的社会秩序和社会环境，而各种特定事件的客观存在往往给社会成员造成群体性的生存危机，如人口老龄化、疾病、工业事故与职业病、失业问题等，都会导致一部分社会成员丧失收入和有效的生活保障。在社会大生产的背景下，个体所遭受的风险并非完全因其个人原因所致，更多的是由于社会变迁强加给社会成员的结果。如果国家不能妥善解决因社会原因所导致的社会成员的危机状态，部分社会成员会因生存危机铤而走险，构成社会不稳定因素；社会秩序可能因此失去控制，并进而破坏整个经济、社会的正常发展。工业化国家因经济衰退产生大批工人失业，进而出现大罢工给社会带来巨大震荡的经历表明，社会保障制度在现代社会具有必要性。

通过社会保障制度能够满足社会成员对安全与发展保障的需要，使受助者获得生活安定感。对于因天灾人祸或其他客观情况陷入贫困者，社会救助可提供最基本的生活保障；雇员在遭受到不以个人意志为转移的风险时，如年老、失业、疾病、工伤等，社会保险能够提供一定程度的收入补偿，保障其与家人的基本生活需要；各种社会福利服务的提供，有效地解决了社会成员在哺育、养老及其他生活服务方面的后顾之忧，为社会成员的发展提供了条件等。同时可以看到，社会保障不仅仅是物质帮助和经济补偿，实际上它在人们心理上所起到的作用并不亚于物质帮助和经济补偿的影响，所以社会保障对社会成员心理"安全感"的提供同样不可忽略。① 另外，社会保障通过国民收入的分配和再分配所形成的基金，实现着社会财富从富者向贫者的转移，缩小市场经济优胜劣汰竞争规律所产生的贫富差距，维持社会公平分配，能够防止社会矛盾的激化。

总之，社会保障制度的建立能够消除市场经济自发性的缺陷对人们生活所产生的不良影响，被称为"精巧的社会稳定器"或"减震器"。

二　调节功能

（一）调节社会收入分配

在市场经济社会中，由于人们在劳动能力、社会机会和家庭赡养负担上不相同，必然会产生个人收入和家庭生活富裕程度上的差别和不平等。如果遇上各种风险发生，就会使生活陷入困难，社会分配差距会进一步扩大。现代社会保障作为国家实施社会政策的一种手段，通过征收社会保险税（费）和支付各种社会保障金，实现国民收入的再分配，从而能在一定程度上调节社会收入分配状况，缩小社会成员的贫富差距。社会保障调节收入分配采取的基本措施有：

（1）通过"垂直再分配"。即对社会上的高收入阶层征收累进所得税；同时，对贫困者定期给予其保障基本生活的资助。其结果则是高收入阶层的部分收入，经过再分配渠道，转移到贫困者，使社会上的收入更加公平、合理。这种调节有助于克服社会分配的不公和缩小社会贫富间的差距。

（2）通过"水平再分配"。即在个人或家庭的遭遇风险与未遭风险之间进行收入转移分配，如在健康与疾病、在职与退休、在职与失业等情况间的收入转移，均衡调节人生在不同阶段、不同情境下的收入水平，保证个体在丧失或暂时丧失劳动能力和劳动收入时也同样拥有可靠的收入支持。② 社会保障的调节功能还表现在代际、国家与员工、国家与企业、企业与员工之间的分配关系上，使收入在不同类型分配关系上获得调整。

---

① 林闽钢：《现代社会保障》，中国商业出版社1997年版，第23页。
② 郭士征主编：《社会保障学》，上海财经大学出版社2004年版，第64页。

（二）调节经济运行

1. 调节社会总供求关系

社会保障被称为调节经济运行的"蓄水池"，具有调节供求关系的功能。当经济萧条时，失业人员大幅度增加，失业人员的收入丧失，其消费能力降低，对社会需求产生负面影响。但是，社会保障尤其是失业保险金或失业救济抑制了失业人员收入减少或失去的趋势，增加其购买力，从而在一定程度上刺激社会有效需求，减缓经济衰退的冲击，促进经济复苏的势头；当经济繁荣时，失业人员减少，社会保障基金支出减少，此时，扩大社会保障基金积累的规模，一定程度上减少个人收入量，能够缓解社会需求的膨胀，调节经济过热造成的供求失衡，使社会总需求与社会总供给达到平衡。因而，依据国民经济运行状况，相应地调整社会保障支出水平，能够调节社会总供求关系，维持经济稳定发展。

2. 调节投融资

社会保障资金的来源主要是国家和地方政府的财政预算、企业与个人交纳的社会保险费以及资金增值收入等，这些来源具有较高的稳定性，社会保障资金的运营成为国家调节投融资的重要支柱。虽然社会保障基金参与投融资源于基金保值增值的需要，但是巨额社会保障基金进入投融资领域，为资本市场带来长期、稳定的资金来源，对经济投资融资结构产生重要影响。例如，在实行养老金积累制模式的国家或自愿性退休计划占重要甚至是主导地位的国家，养老保险基金的积累额非常大，对这些国家产业结构的调整起到明显作用，是政府对经济进行计划和合理控制的有效手段。在一些发展中国家，社会保障调节投融资的作用也十分明显，社会保障基金不仅向国家基础设施和重点项目投融资，使社会保障基金加速增值，而且会向社会成员个人融资，既有效地利用了基金，又解决了社会成员个人的困难。

三　促进功能

1. 保证劳动力再生产，优化劳动力配置

社会保障特别是养老、失业、医疗、疾病等保险制度的建立，可以使全社会范围内劳动力的更新换代制度化、正常化，同时保证劳动者的健康和劳动能

力，从而为生产的发展创造良好的人力资源条件。社会保障对劳动力再生产的作用体现在以下几个方面：[1]

（1）缓解劳动者在疾病、工伤期间的医疗和生活困难，为其恢复健康重返工作岗位创造条件。

（2）为暂时离开工作岗位的失业者提供基本生活保障，使其体力和智力得以维持和发展，为经济发展提供产业后备军。

（3）提供失业人员技能培训，不断提高劳动者的劳动技能和择业能力，为其再就业创造条件。与此同时，从劳动者角度来看，社会保障制度解决了劳动者的后顾之忧，其生产积极性必然得到激发，也有利于劳动生产率的提高和全社会的经济增长。

2. 促进市场体系的形成和完善

社会保障有利于劳动力市场、资金市场的形成和完善。社会保障所提供的全国性养老制度，失业补助（包括地区性补贴）、迁移补贴等，有利于解决因地区、行业、部门、企业差异带来的社会保障待遇的差异，使劳动者的保障待遇与其就业岗位分离，促进劳动力在全国范围内的合理流动，有利于劳动力市场的形成。劳动力流动与社会保障制度之间的互动促成社会保障制度的完善，反之又促进劳动力市场的完善。

社会保障基金在满足当年的支出需求之后，总有一部分意外准备金和责任准备金，加之因制度安排而积累的社会保障基金，会形成巨额基金积累。国家适当运用这部分基金，能够推动资本市场的形成和发展。由于社会保障基金的特殊性质，决定了其在介入资本市场时应非常谨慎，但正是此原因也推动着资本市场的不断完善。资本市场要通过成熟的运作，提高社会保障基金的收益率，实现保值增值，才能吸引社会保障基金的持续介入。

3. 化解风险[2]

在社会化大生产及市场经济条件下，劳动风险和社会风险不可能避免，社会保障通过补偿与预防，实现减少风险、制止风险的化险功能。化险功能的一个重要表现是社会保险对其所承保保险项目中可能出现的那些风险进行预测，并估计危险可能性的大小及严重程度，针对产生风险的潜在原因和条件，采取

---

[1] 张琪主编：《社会保障概论》，中国劳动社会保障出版社2007年版，第18页。
[2] 林闽钢：《现代社会保障》，中国商业出版社1997年版，第22—23页。

预防措施，使风险实际发生的可能性减少到最小限度或者制止风险的发生。社会保障不仅是对付风险的一种方法，而且是认识风险、估算风险、预防风险发生的重要方法。如日本工伤保障基金的筹措按产业分别确定，为减少企业的工伤事故、节省保险费支出，国家规定三年一次考评，事故率增加的提高收费率，下降的降低收费率，做到有奖有惩。这种办法能促进企业采取预防措施减少工伤事故的发生。

【本章小结】

社会保障是国家通过立法和行政手段对国民收入进行分配，并积极调动社会各种资源，对年老、疾病、伤残、死亡、失业等导致基本生活发生困难或遭受到其他社会风险时给予的现金补助和社会服务，以维护社会成员正常身心状态，促进社会良性运行和协调发展的一种社会安全制度体系。

考察社会保障有经济学、社会学、政治学三种视角，综合以上三种视角，可以将全部社会保障运行过程理解为运用经济手段，解决社会问题，实现国家政治目标。

作为现代社会的一项法制规范性制度，社会保障制度体现出了一些与其他社会化保障机制相区别的鲜明特征，可以归纳为：社会性、法制性、互济性、公平性。

社会保障的最终责任主体是国家，但在社会保障运行过程中，国家需要依赖其他组织承担不同的保障功能才能更好地满足社会成员的需要，即家庭、宗教机构、工作单位、市场、互助组织、政府具有不同的保障职能，满足人们不同的需要。

社会保障体系随着社会经济发展不断在发生变化，在人群覆盖范围和覆盖项目上不断扩展。总体而言，社会保障体系由社会救助、社会保险、社会福利三个基本部分组成。中国社会保障体系以社会救助、社会保险、社会福利为基础，以基本养老、基本医疗、最低生活保障制度为重点，以慈善事业、商业保险为补充。

社会保障比较的分析框架是遵循埃斯平—安德森提出的"福利体制"研究思路。根据"福利体制"的分析框架，以体现福利水平的去商品化程度和体现福利效果的分层化为依据，资本主义福利国家可以分为自由主义福利体制、保守主义福利体制和社会民主主义福利体制。

自由的福利体制国家以市场为核心，家庭与国家角色均是边际性的，去商品化程度低，分层化效果强，典型代表国家是美国；社会民主的福利体制国家以福利国家的角色为核心，而家庭与市场角色是边际性的，去商品化程度高，分层化效果不明显，典型代表国家是瑞典；保守的福利体制国家则是以家庭角色最为重要，国家扮演辅助性角色，而市场只是边际性的，去商品化程度中等，分层化效果中等，典型代表国家是德国。

社会保障具有缓解乃至消除引发社会震荡与失控的潜在风险的稳定功能；具有调节社会收入分配以及通过平衡社会总供求关系和投融资实现经济运行调控的调节功能；具有保证劳动力再生产，优化劳动力配置，推动市场体系的形成和完善，化解风险的促进功能。

【思考题】
1. 社会保障的主体有哪些？其是如何发挥保障作用的？
2. 从世界范围来看，社会保障体系演变的规律是什么？
3. 中国社会保障体系的构成内容有哪些？
4. 社会保障制度国际比较的基准是什么？以此为依据划分出的社会保障模式有哪些？
5. 如何理解社会保障的调解功能和促进功能？

第二章

社会保障发展历史

　　社会保障制度的产生离不开一定的经济和社会条件。在自给自足的自然经济中，个人的生、老、病、死等问题都可以由家庭来解决，社会没有力量也没有必要为其成员提供社会保障。工业化和城市化促进了社会保障制度的产生，而市场经济的发展强化了对社会保障的需求，加速了社会保障制度在全球的扩展。

第一节 社会保障制度产生的条件

一 社会保障制度产生的经济条件

　　社会保障制度是在西欧国家封建制解体，商品经济迅速发展，社会从传统社会转向现代社会的过程中形成的。

（一）工业化提供了社会保障制度产生的经济基础

　　随着19世纪大工业的兴起，生产社会化程度日益提高，大机器生产方式对劳动力再生产造成了前所未有的影响——劳动力再生产社会化，家庭无法再为劳动者提供最终的依靠，就要求国家和社会对劳动者提供必要的生活保障，以维持劳动力再生产，维持整个经济体系的正常运转，因而，工业化使社会保障成为必不可少的制度，由家庭保障过渡到社会保障是工业化的必然结果。具体表现为以下几个方面：

1. 社会生产力发展，社会财富增加

社会化大生产因其生产技术、生产效率的提高促进了社会财富的积累，社会剩余产品的增加，为社会保障制度的形成提供了坚实的物质基础。社会保障多是由政府举办，因而，在社会财富充足的条件下，政府的税收财政除了保障国家机器正常运行外，有条件建立一套完整的收入调节和再分配制度，改善和保障人们的生活需要。

2. 工业化使劳动者在生产过程中遭受的风险事故增多

在机器大生产的社会背景下，机械化程度提高，劳动生产方式发生变化，产业形式也多样化，各种采矿业、加工业出现，这些行业在生产过程中不断发生事故、职业病等问题，影响到了劳动者的人身安全和生活质量。劳动者患病或伤残后，单纯依靠其工资无法进行有效的医治，失去劳动能力的劳动者生活则难以为继，这严重影响了劳动力再生产的顺利进行。为保证劳动力再生产的顺利进行，进而保证社会的正常运行，社会保障制度应运而生。

3. 劳动力专业化分工协作使劳动者的社会依赖性增强[①]

工业革命带来了社会化大生产，而社会化大生产则强调劳动专业化分工和协作，对劳动者的技能素质要求提高，迫使劳动者在其素质赶不上技术进步和新机器涌现的条件下毫无保障地退出劳动力市场。社会的劳动分工越精细，劳动者就越脆弱。同时，在机器普遍使用、技术进步，资本有机构成提高时，社会对劳动力的需求减少，劳动力就会相对过剩，出现结构性失业。失业的劳动者及其供养的家庭失去了经济来源，陷入生活困境，迫切需要社会对他们的基本生活进行保障。

（二）市场经济的发展强化了对社会保障制度的需求

1. 社会保障制度是对市场经济负面作用的矫正

市场经济的主要运行机制是竞争机制，企业在市场竞争中优胜劣汰，企业间不断出现破产、重组、壮大等经营状态，不同企业的经营前景对劳动者的生活状态影响重大。纯粹的市场机制有利于实现效率，它能够激励企业以利润最

[①] Titmuss, R. M., "The Social Division of Welfare: Some Reflections on the Search for Equity", In R. M. Titmus, *Essays on "the Welfare State"*, London: Allen and Unwin, 1958, pp. 34–55.

大化目标不断进取；但是市场不会顾及劳动者在其中的作用，导致社会成员之间的贫富分化，产生社会矛盾甚至社会动荡。为维护社会安定，政府必须对市场的缺陷进行弥补，对市场竞争给劳动者造成的负面效应进行纠正，帮助市场竞争中出现的生存困难者，满足他们基本的生存需要。

2. 市场经济的发展加速了社会保障制度的扩展

从历史角度看，市场经济的发展规律表明其也需要社会保障制度。经济繁荣时期，社会生产规模扩大，如果技术条件相对稳定，市场能够形成大量的劳动力需求，吸纳大批劳动力；经济停滞、衰退期，尤其是在危机时期，大量企业破产，劳动力过剩，大量劳动力被挤出劳动力市场。即使在经济正常发展的时期，由于市场调节的自发性、盲目性、滞后性所产生的市场供求不平衡，也会导致企业破产和劳动力失业问题。而社会保障制度能够在失业劳动者失去收入、生活来源断绝时给予生活保障，一方面，可以缓解社会矛盾，稳定社会秩序；另一方面，可以保存这部分劳动力，以备经济繁荣、劳动力需求扩大时之需。

总之，从世界经济发展过程来看，经济大危机的时期，常常也是社会保障制度获得重视和大发展的时期。同时随着市场经济体制在全球的确立，加快了社会保障制度的扩展。

二 社会保障制度产生的社会条件

1. 家庭结构和功能的变迁

生产社会化导致社会结构变迁，使传统农业社会过渡到工业社会，家庭结构及其所承担的功能发生了根本性的变化。在农业社会，家庭承担生产、消费、人口再生产、养老等各种功能，为劳动者和成员在遭遇不幸时提供保护。

但是机器大生产以其低廉的生产成本、高质量的产品和高效率的生产击垮了家庭手工业，家庭的生产功能丧失，变为单纯的消费实体，其保障功能大大减弱。工业社会的家庭尤其是被雇佣劳动者的家庭，主要靠工资支撑家庭生活，一旦工资收入中断，整个家庭的生计便陷入危机，因为劳动者工资收入非常低，无法对工资收入进行分配以便应对残疾、疾病、年老等丧失劳动能力的情况，或是失业时的生活需要。同时，社会化大生产的发展让家庭保障功能在不同程度上丧失了存在的基础，必然要求劳动力再生产的社会化和生活的社会化，社会成员的个人需求成为一种社会需求，于是产生了对异于家庭保障的社会保障的需求。

2. 无产阶级长期为争取其合法权益的斗争

经济利益和社会权利的分配取决于各阶级、各集团政治力量的对比。工人阶级的坚决斗争是把社会保障制度产生的可能性变为社会现实的决定性力量。在机器化大生产的条件下，资本家为了获得更多的利润，不断加重对劳动者的剥削；劳动者经常受到老、病、残、伤、死和失业的威胁，工人阶级为保障自身的权益，与资产阶级开始了长期艰苦的斗争。资产阶级为缓解阶级矛盾，维护其利益，在应对工人阶级斗争时，通常采用"施压"和"安抚"并重的手段。

社会保障制度成为资产阶级政府实施安抚政策、平息劳工运动的一种手段。例如，现代社会保障制度的确定时期是19世纪80年代德国俾斯麦政府时代，从其确定的社会背景来看，工人阶级的斗争是促成其产生的决定性因素。西方各国社会保障制度的建立大都与工人运动有很大关系。

第二节　社会保障制度的形成

从世界范围来看，现代社会保障制度的形成和发展过程大体分为以下几个阶段：以英国《济贫法》为标志的萌芽阶段，以德国社会保险制度为标志的形成阶段，以美国《社会保障法》为标志的定型阶段，以英国《贝弗里奇报告》为标志的发展阶段，以英国"撒切尔革命"为开端的改革阶段，以布莱尔"第二代福利"思想实践为标志的调试阶段。本节主要介绍前两个阶段。

一　萌芽阶段：英国两部《济贫法》

（一）1601年英国的《伊丽莎白济贫法》

1.《伊丽莎白济贫法》产生的背景

16世纪前后，英国开始由农业经济向城市工商业经济转型，一方面，"圈地运动"瓦解了自然经济，迫使农民与土地分离，变成无产阶级走向城市，为新兴经济形态的发展提供了劳动力供给，但也将走向城市的农民分化为产业工人和城市中无家可归的人员，造成了需要救助的城市贫民；另一方面，工业革命在城镇发生，大机器生产代替了手工业生产，手工业者无力抵抗大机器生产者在技术、劳动生产率方面的优势而沦为无业者，成为城市贫困者的一部分。城市贫困群体对政府和社会存在不满，引发了抢劫、盗窃等一系列治安问题，并构成对政府统治的威胁。与此同时，由于宗教改革和修道院的解散，教会的救济能力大大削弱，因而，这部分城市贫困者需要社会或国家来救济，而此时新兴工业城市的发展，造就了新兴的资产阶级群体，为实现救助提供了基本的财力基础。

在此背景下，英国出现了以社会救济为核心的社会保障措施，它集中反映在1601年英国政府颁布的《伊丽莎白济贫法》（相对于1834年颁布的《济贫法》，该法典又称为旧《济贫法》）中。该《济贫法》是将以前颁布的各项法令编纂补充而成的法典，其中的法令包括：1531年亨利八世颁布救济物品法令，规定征收救济物品并由地方当局发放，开了政府负责救济贫民政策的先河。1536年，亨利八世颁布法令要求各教区并拨款给教会组织对在本地区住满三年而不能工作的贫民提供救济，这标志着英国政府开始为解决社会贫困问题承担一定的责任。1563年国会通过法律，规定每户人家应依其财产和收入按周缴纳税捐以救济贫民，这是英国历史上第一部为了扶贫而征税的立法。1576年和1597年的两项法令又把伦敦首先实行的济贫院制度加以推广，要求在各个教区设立济贫院和贫民习艺所。济贫院的建立标志着英国历史上官办扶贫行政机构的出现，统治者认为，把穷人集中起来，以创造就业的方式向他们提供援助是一种比较节约的扶贫方式。[①]

2.《伊丽莎白济贫法》的主要内容

旧《济贫法》规定以教区作为实施救济的基本单位，将贫民划分为三类：有劳动能力但没有工作的人、没有劳动能力的贫民和无依无靠的孤儿。救助方式是：为有劳动能力的人设立劳动习艺所和反省院，为没有劳动能力的人设立济贫院，为贫苦的儿童提供学习场所。由于济贫法规定教区是实施济贫的基本单位，结果导致各个教区都只救济本地区的贫民，而排斥外来的人，产生了贫困人员管理的"属地原则"，对教区以外的乞丐不仅不予救济而且还可以鞭打

---

① 周弘：《福利国家向何处去》，社会科学文献出版社2006年版，第33页。

和赶走，教区有权禁止那些可能给济贫增加负担的人移居。法令强调慈善和矫治相结合，既济贫又惩戒，惩戒重于救济；它提供的是一种惩罚性的救助，①旧《济贫法》对值得救济者提供的是一种院内救济，即有劳动能力的贫民及其家人不进入习艺所得不到救济。这种院内救济是英国济贫制度提供救济的基本原则，一直持续到19世纪30年代。

3.《伊丽莎白济贫法》的修正

18世纪，圈地运动经过英国议会批准而合法化，更多农民沦为贫困人员；随着工业革命的推进，社会问题尤其是贫困问题日见突出，一些教区为减轻社会救济方面的负担，部分地对有劳动能力的贫困人员在济贫院外进行救济，也就是直到1834年以前旧济贫法的实施是时而宽大时而严格的。到18世纪后半期，受人道主义思潮的影响，上流社会对贫困问题的认识发生了革命性的转变，不再认为贫困是愚昧和堕落的后果。1782年通过的《吉尔伯特法》，准许教区救济有劳动能力的贫民而不强迫其进入济贫院，还要求济贫税管理人为贫民在农场里找工作，如果工资不够维持生计，就应该从济贫税里抽取补贴。这样国家不仅承认了劳动权，而且承认了生存权。② 同时，1795年5月，斯宾汉姆兰德村佩利坎酒店集会的伯克郡长官们为应对因该时期实物涨价、毛纺工业遭遇危机而出现的贫困、骚乱现象，同意"贫民阶级的状况需要比以前一般所得的救济还要更多的救济"。这样就需要公平，就需要同食品价格一同变动。人们制作一个一览表，根据小麦价格的高低来估计生活所必需的最低限度的收入，每人都有获得最低限度生活资料的权利，如果以自己的劳动只能赚得一部分生活资料，对不能达到最低生活标准的部分由社会支付。这就是著名的斯宾汉姆兰德制（Speenhamland）。该制度最大的特点是实行院外救济，而且救济对象除工资收入者本人外，还包括家庭的其他成员。

《吉尔伯特法》和斯宾汉姆兰德制表面上是仁慈的政策，但是制度实施中依然存在漏洞，这种现金救济不可避免地把工资保持在最低需求线上，甚至降低到劳动者的基本需求以下，农场主依靠教区来弥补他们给予工人的工资与工

---

① 丁建定：《从济贫到社会保险：英国现代社会保障制度的建立（1870—1914）》，中国社会科学出版社2000年版，第145页。

② [法]保尔·芒图：《十八世纪产业革命：英国近代大工业初期的概况》，杨人楩、陈希秦、吴绪译，商务印书馆1983年版，第353页。

人维持基本生活需要费用之间的差额。同时，这两项制度都开启了院外救济的先例，由于申请院外救济比申请院内救济所受到的待遇好一些，因而申请人数急剧增加，这也导致了济贫税的迅速增加。

（二）1834年英国《济贫法》修正案

1. 新《济贫法》产生的背景

随着救济费用的逐年增加，财政不堪重负，院外救济的迅猛发展受到质疑，一些社会学家如马尔萨斯等开始对斯宾汉姆兰德制进行批评，认为这种制度以家庭人口数量为依据进行救济，可能带来英国人口无节制的发展，并可能导致贫困的进一步加剧，因而他们提出要对《济贫法》进行修改。

为了解决这个问题，英国议会根据1817年和1832—1834年《济贫法》调查委员会的报告，在1834年通过《济贫法》修正案，即新《济贫法》。新《济贫法》的思想主要是将埃德温·查德威克（Edwin Chadwick）主笔的济贫法报告主张作为基础，他认为不能因原有济贫制度的缺陷来否认济贫的现实意义，关键在于发展健全的、对有劳动能力者的救济，这种救济应当在"严格的规定和适当的控制之下"。他提出要以游手好闲者的整个状况不应明显好于收入最底层的独立劳动者的状况为原则，来修改《济贫法》，此为著名的"劣等处置"（Less Eligibility）原则；所有救济活动必须集中于济贫院，停止院外救济，这样才能保障济贫院内受助者的生活状况确实低于院外的独立劳动者，此为"济贫院检验"；济贫必须由政府统一进行管理，不能废除济贫制度，也不能放任自流，防止地方性腐败和地方管理不善，保障制度的统一贯彻执行、提高效用以及促进劳动力流动，此为"政府统一管理原则"。[①]

2. 新《济贫法》的主要内容

新《济贫法》的主要内容有：一是控制不加区别的院外救济，停止对身体健康和游手好闲者的院外救济，将救济对象限制在丧失劳动能力的老、弱、病、残、幼身上，缩小救济对象的范围；受助者必须住进济贫院，接受院内救济，而且受助者必须通过严格的财产审查，在得到了确切资料证明贫困不堪、毫无生活保障之后，才允许进入济贫院。二是受助者接受救助的同时丧失了一

---

① ［英］尼古拉斯·巴尔：《福利国家经济学》，郑秉文、穆怀中等译，中国劳动社会保障出版社2004年版，第17—18页。

系列权利，受助者的选举权和个人自由都被取消，济贫院实行严格管理，夫妇不能同居，不能擅自走出济贫院。这些措施显示出对受助者的惩罚，目的是让任何一个贫民通过个人努力而不是政府与社会帮助来摆脱贫困，因为新《济贫法》的理论依据主要是贫困由个人懒惰造成，个人通过努力即可摆脱贫困。三是废除以教区为范围的救济，扩大为较大的地方单位，实行中央督导制，组建济贫实施委员会管理救济工作，提高国家对救济的行政监管力度。

习艺所或济贫院的生活状况非常恶劣，与其说是救济院，不如说是监狱：强加在所有受救济人（因残疾而完全丧失劳动能力的人除外）身上的劳动义务是由严厉的处罚所保证的，第一次犯懒惰罪就是鞭打或送入感化院；如果再犯，就是鞭打和烙火印。"对于救济来说，最棘手的是贫民们一旦掌握了某种工业技术，马上抛弃救济院，豁出命逃走。"[①] 凭借这种恐怖的生活救助状态，未接近赤贫状态的人们从不敢接近济贫院。而这与新《济贫法》出台的目的正好相符合：通过济贫院极差待遇的威慑以及对接受救济者的人格侮辱使不是极端需要接受救济的人尽可能不去申请救济，减少受助者的数量。实际上，许多人是被迫接受济贫院的恶劣环境，更多的人则宁愿忍受贫困而不愿进入济贫院。

3. 新旧《济贫法》对比

旧《济贫法》把济贫当作富人对穷人的恩赐，不承认救济事业是一种社会义务和责任，也不承认获取社会救助是公民的一项基本社会权利。它带有明显的教会慈善救济的痕迹，[②] 当时的英国政府承担的社会救助责任是勉强、有限和被迫无奈的，只是当时的英国统治者意识到了失业和贫困的危险，需要由政府采取一些措施来缓和因这些问题所导致的社会矛盾，从实施目的来看，社会控制多于改善穷人的生活状况。

新《济贫法》与旧《济贫法》相比，其进步之处在于承认社会救济是公民的基本权利，实施社会救助是政府应尽的义务；人人都有生存的权利，社会负有保障公民生存的义务。新《济贫法》认为救济不是消极行动，而是一项积极的福利措施，因而要求经过专门训练的社会工作人员从事此项事业。虽然它存在以下问题：以受助者的不平等为前提，不能预防贫困，存在侮辱性的限

[①] 约瑟夫·库利舍尔：《欧洲近代经济史》，石军、周莲译，北京大学出版社 1990 年版，第 157 页。

[②] 谢圣远：《社会保障发展史》，经济管理出版社 2007 年版，第 68 页。

制条件等。但是新《济贫法》的颁布标志着社会救济的性质发生了质的变化，它把社会救助以立法形式确定下来，而且首次把现代社会保障的重要特征——互济性和受益人的权利与义务的统一性表现出来;[①] 意味着英国从慈善救济向政府为主体的社会救济的根本转变，标志着社会保障制度在政府的积极干预下，开始迈入专业化、法制化的新时期。所以，英国19世纪新《济贫法》被视为社会保障的萌芽。

随着工业化进程的不断推进，越来越多的国家也因为圈地运动和产业革命而面临与英国相同的城市贫困问题。在这种情况下，英国政府的济贫行为得到了诸多国家的仿效。因而，在这一阶段，包括英国在内的欧洲工业化国家都确立了以国家为责任主体的政府社会救助原则，同时政府在全国范围内广泛实施，有利于实施对象的普遍化。最终，以国家为责任主体并初具普遍性的社会保障制度在世界上开始确立。

二 形成阶段：德国社会保险制度的确立

（一）德国社会保险制度产生的背景

在19世纪中叶的俾斯麦时代，随着德国工业化的发展，特别是纺织、钢铁、机械工业等行业的兴起，产生了大量从家庭、邻里等传统生活共同体中分离出来的人们，他们是从农村走出来的农业劳动者或者是失业的零散手工业者，他们开始住在城市周围，从事着土木建筑或工厂的低薪劳动，生活非常贫困，成为从未出现过的新阶层——"贫民"。随着这个新阶层人数的增加，他们被城市的人们所排斥，也成了城市中不安定的因素。此外，一般劳动者在大工业生产重压之下，倍受剥削与痛苦，生活没有保障，社会问题大量产生。在德国政府着手解决日益加剧的社会问题的同时，社会保险制度便应运而生。

1872年，由新历史学派的代表人物古斯塔夫·冯·施穆勒（Gustav Von Schmoller）、瓦格纳（Adolph Henri Wagner）、布伦坦诺（Lujo Brentano）等著名经济学家创立了德国社会政策学会。在德国社会政策学会中，其成员大都

---

① 林闽钢：《现代社会保障》，中国商业出版社1997年版，第2页。

是当时德国有名望的学者,基于"国家担负着促进全体福利、共同利益的任务"这一理念聚集在一起。

新历史学派又被称为"讲坛社会主义",主要代表人物有施穆勒、布伦坦诺等人。传统经济学认为,国家的职能就是维护社会秩序和国家安全,而不是干预经济。但新历史学派认为,国家除了维护社会秩序和国家安全外,还有一个文化和福利的目的。国家是集体经济的最高形式,在进步的文明社会中,国家的公共职能应不断扩大和增加,凡是个人努力所不能达到或不能顺利达到的目标,都应由国家实现。他们从改良社会主义观点出发,提出要增进社会福利,实行社会改革,并通过工会组织来调整劳资之间的矛盾,主张由国家来制定《劳动保险法》、《孤寡救济法》等。新历史学派的社会改良主张被俾斯麦政府所接受,从而成为德国率先实施社会保险的理论依据。[①]

德国实现全国统一后的第一任首相俾斯麦针对当时的社会矛盾采取了"胡萝卜加大棒"的手段,在严厉镇压工人运动、查禁社会民主党活动的同时,也接受了新历史学派的一些基本政策主张,通过实施社会政策和社会立法保护劳动者的利益。1881年德皇威廉一世颁布诏书《德国社会政策大宪章》,其中指出:"社会恶害的矫正,只靠镇压社会民主党的煽动骚扰是不够的;还要渐次寻求方法,积极增进劳动者的福祉。……对于祖国,应谋求国内和平秩序的永续保证;对于贫者,应谋求他们在生活上的更安定与更丰富。"[②] 德国关于社会保险的立法就是在这样的条件下产生的,因而,德国社会保险制度的推出,并非出于人道原因,更多的是出于政治方面的考虑。

(二) 德国三部社会保险法的产生

1883年德国颁布了《疾病社会保险法》,这是世界上第一部社会保险法律,之后陆续出台了关于意外事故、养老等方面的社会保险法律。1884年颁布了《工伤事故保险法》,1889年颁布了《老年和残疾社会保险法》。以这些社会保险法律的颁布为标志,世界上开始出现社会保险制度,为工人在患病、发生事故和老年经济困难时提供生活保障。三项社会保险法都由雇主和劳工联合组成管理机构,由政府监督实施。对于社会保险基金的来源,《疾病社会保

[①] 林闽钢:《社会政策:全球本地化视角的研究》,中国劳动社会保障出版社2007年版,第4页。
[②] 曾繁正等编译:《西方国家法律制度、社会政策及立法》,红旗出版社1998年版,第205页。

险法》规定对全体从事工业性经济活动的工人一概实行强制性疾病社会保险，保险费由企业承担 1/3，工人承担 2/3；工伤事故保险费用由雇主全部承担，《工伤事故保险法》规定在工作中发生事故的工人或死难者亲属，可以从那些实行事故保险的同业工伤事故保险联合会中得到抚恤金；《老年和残疾社会保险法》规定对工人和低职官员一律实行老年和残疾社会保险，保险费用由工人和企业各负担一半，政府予以适当补助。

德国社会保险法的颁布具有明显地缓解阶级矛盾的效果，至少为德国向外扩张提供了内部条件。它对保护劳动利益具有积极意义，而且社会保险法中体现的风险分担原则也是科学的，为后来社会政策的发展提供了很好的范例。

德国社会保险制度在社会保障制度发展中的作用表现为三部社会保险法中所体现的重要原则——强调权利与义务统一的原则，以交费为条件的保险原则——保险费用由国家、雇主、工人等多途径分担的原则，强制性投保等原则，为以后很多国家建立和发展社会保险制度奠定了基础；在全社会范围内推行社会保障，使之第一次确定为正式的公共社会保障计划；由政府组织构建社会保障体系，提高了社会保障制度的效率。

德国政府制定社会保险立法、实施社会保险制度对许多西方国家的政府产生了重大影响，许多国家都仿效德国，以社会保险的方式提供劳工保护和劳工福利，并把它发展成为现代社会保障体系的核心。社会保险制度在各国发展的进程如表 2—1 所示。

表 2—1　　　　　世界上早期建立社会保险体系的国家

国家	颁布第一个险种法令的年份	实施各主要险种的年份			
		工伤保险	养老保险	疾病保险	失业保险
德国	1883	1884	1889	1883	1927
奥地利	1887	1887	1906	1888	1920
丹麦	1891	1898	1891	1892	1907
瑞典	1891	1901	1913	1891	1934
挪威	1895	1895	1936	1909	1906
芬兰	1895	1895	1937	1963	1917
英国	1897	1897	1908	1911	1911

续表

国家	颁布第一个险种法令的年份	实施各主要险种的年份			
		工伤保险	养老保险	疾病保险	失业保险
意大利	1898	1898	1919	1943	1919
法国	1898	1898	1910	1928	1905
荷兰	1901	1901	1913	1913	1916
澳大利亚	1902	1902	1908	1944	1944
比利时	1903	1903	1924	1944	1920
加拿大	1908	1908	1927	1966	1940
瑞士	1911	1911	1946	1914	1924
日本	1911	1911	1941	1922	1947

资料来源：林闽钢：《现代社会保障》，中国商业出版社1997年版，第3页。

注：引用中，瑞典的数据略有改动。

第三节 社会保障制度的发展

一 定型阶段：美国《社会保障法》

（一）美国《社会保障法》产生的背景

1929—1933年资本主义世界发生了严重的经济危机，而这次世界性的经济萧条最早产生于美国，大量企业破产，大批工人失业；美国爆发了多次大规模的工人运动，要求提供失业救济和社会保险，劳资矛盾尖锐，影响到了社会稳定。经济危机产生的大萧条让美国人意识到在现代社会生活的人，无论贫与富，都会因自身不可控的因素成为需要援助的人。这种意识带来了美国这个以自由主义、个人主义为价值理念的国家对社会福利观念的转变，贫困可能不只是个人的问题，更不能与个人的品格挂钩，贫困应该是社会问题。因而，社会保障不是专为穷人而设立的，它应该是一个稳定社会秩序、保障个人基本生活的制度；工业社会里人们需要社会保障，以防止个人生活因经济周期性衰退而蒙受损失。当时的美国总统罗斯福认为，社会保障不应当是一种慈善，而应当是一种公正；在一个文明的社会中，每个人都有权利达到最低水平的生活保障。① 而在此之前，由于受到英国《伊丽莎白济贫法》的影响，美国政府基本上依照英国的济贫模式来对待本国的贫民，多是一种私人慈善性质的、地方性的临时救济。

面对经济危机，为稳定经济，资本主义国家陆续依据凯恩斯主义干预经济，以渡过经济危机的难关。凯恩斯认为，经济危机的主要原因在于社会有效需求的不足，而有效需求的不足又是由就业不充分造成的，因而，必须依靠国家对经济的干预才能充分就业，才能避开经济危机；国家应实行赤字财政政策，增加社会福利支出，举办公共事业，扩大社会支出，创造社会有效需求。罗斯福出任总统后，为摆脱经济萧条，缓解社会矛盾，重振美国经济，接受凯恩斯主义的政策主张，制定并实施了"新政"。"新政"强调国家通过刺激社会总需求，干预经济生活；而提高社会总需求的重要手段之一就是实行和完善社会保障制度，寻求刺激经济增长与创建失业保险体系之间的均衡。在这种背景下，美国于1935年通过了《社会保障法》。

（二）美国《社会保障法》的主要内容

美国在1935年颁布的《社会保障法》是世界上第一部综合性的社会保障法律，也首次使用了"社会保障"这个词。同时这是第一个由联邦政府承担义务的、全国性的社会保障立法。该法案的宗旨在于："增进公共福利，通过建立一个联邦的老年救济金制度，使一些州得以为老年人、盲人、受抚养的和残疾的儿童提供更为可靠的生活保障，为妇女保健、公共卫生和失业补助法的实行做出妥善的安排。"②

美国《社会保障法》的基本精神是：①社会保障是大机器生产的客观需要，也是一项取代以往家庭保障的新的重大社会政策；②它以"普遍福利"为核心，目的是消除人们对"未知危险的恐惧和担心"；③社会保险必须促进自我保障意识的建立，即保险资金取之于民，用之于民；④社会保障项目必须逐步展开；⑤实行具有强制性的多层次老年社会保险；⑥实行"以工代赈"的现代社会救助，实行以地方管理为主的失业社会保险。

《社会保障法》的原始内容基本上包括了两项社会保险计划和三个现金援

---

① 关信平主编：《社会政策概论》，高等教育出版社2004年版，第29—30页。
② 童星主编：《社会保障与管理》，南京大学出版社2002年版，第72—73页。

助计划。社会保险计划为老年及遗属社会保险和失业社会保险。前者是要保障退休者及其遗属的最基本生活，使他们可以安享晚年；同时该计划还为工人的配偶和未成年子女提供基本的现金照顾，保障工人死亡后其遗属的基本生活，因而具有明显的社会福利性。参加老年及遗属保险保费由雇主和雇员共同承担，雇员退休后领取退休金。失业保险要求雇主为员工交纳保险费，目的是为非自愿暂时失业的工人提供生活津贴以维持其基本生活需要；失业保险提供的资金资助低于劳动者的正常工作收入，以激励失业者尽快回归劳动力市场。三个公共的现金援助计划是分别为盲人、孤儿和未列入老年及遗属保险范围内的老年人设立的救助计划，主要是形成对社会保险的补充，覆盖那些没有被社会保险计划所涵盖的人群。这些计划由联邦政府、州政府和地方政府合力推行，无须受益者交纳任何费用，但是需要接受资格审查，含有财产调查和居住要求等，例如，老年人要享受救济金需接受财产调查，而且在法案实施初期，有2/3 的州规定领取救助金的老年人必须在本州居住满 15 年以上。

总之，《社会保障法》展现了美国以一种新的、创造性的方式形成了政府在社会保障方面的责任意识，奠定了美国当代社会保障体系的基本框架和基础。它意味着美国社会保障体系从私人慈善主导的模式向政府主导的模式的转变，使慈善性、临时性的救济转变为正义性、永久性的保障制度；还标志着保障管理模式从地方政府责任原则转变为联邦政府承担为所有公民提供经济保障的责任原则。该社会保障法的实施意味着社会保障形成一种安全保障体系，标志着现代社会保障制度的发展。

二 发展阶段：英国《贝弗里奇报告》

（一）英国《贝弗里奇报告》产生的背景

第二次世界大战前，虽然社会保障在资本主义国家发展迅速，但是，社会保障网络仍然是零碎的，它的发展并不系统，而且没有经过规划，所以总体来说，1945 年以前社会保障依然是试图消除最严重贫困的社会给付的一个相当杂乱的安排，[①] 社会保障项目少，支付标准相对较低。

---

① 关信平主编：《社会政策概论》，高等教育出版社 2004 年版，第 28 页。

然而，第二次世界大战导致人们对社会保障体系的重新思考和重新组织。战争之前，人们对于政府干预经济和社会政策的效率和道德合理性都存在质疑，但是战争促使人们观念的转变。政府在战争期间成功地动员了全社会的力量而赢得了战争，因而，人们对政府的信任增加，期望在战后经济社会恢复方面政府能够承担更多的社会保障事务。与此同时，战争期间，工人阶级展现出了强大的力量，他们不但有权利获得政府的咨询，而且有权利进入政府决策程序，因而政府在制定社会政策时也不得不考虑到工人阶级的利益。

因而，英国在第二次世界大战后期就采取了一系列措施，探讨战后如何改进社会保障及福利体系。1941年6月，英国政府成立了社会保险及相关服务各部门联合委员会（Inter-departmental Committee on Social Insurance and Allied Service），即协调委员会，着手规划战后社会保障体系建设。贝弗里奇受英国战后重建委员会主席阿瑟·格林伍德（Arthur Greenwood）委托出任协调委员会主席。负责对现行的国际社会保险方案和相关服务（包括工伤赔偿）进行调查，并提出建议，调查的重点是各项社会保险方案之间的相互关系。贝弗里奇虽然是委员会主席，委员会内部实际上存在严重分歧，劳工部的代表坚决主张不能将家庭补贴制度包括在社会保障制度之中，财政部的代表只希望委员会就社会保障管理方面提出意见，还有一些部门的代表主张丧葬补贴不应该包括在社会保障制度之内。为避免委员会将来提出的报告充满分歧，当时政府断然做出决定，社会保险与相关服务委员会的最后报告将由贝弗里奇本人签署，委员会中各部门的代表一律视为贝弗里奇的顾问。在贝弗里奇委员会的正式报告发表以前，该委员会一共召集了44次会议，收集、整理并提出194份文件，其中最重要的两份文件是贝弗里奇向委员会提出的备忘录。[①] 1942年11月，贝弗里奇向英国战时内阁提交了《社会保险及相关服务》（*Social Insurance and Allied Services*），史称《贝弗里奇报告》。

由于报告发布时间正处于战争期间，英国政府忙于战争，因而，这份报告并没有立即发挥作用。但是，二战结束后，由于这份报告指出了英国当时社会保障制度的弊端，并提出了如何改进社会保障制度的理念，因此，对英国完善社会保障制度产生了重大影响。1945年，工党上台执政，政府采纳了《贝弗里奇报告》中的许多政策主张，颁布和实施了多项有关社会保障方面的法律，

---

① 丁建定：《〈贝弗里奇报告〉及其评价》，《社会保障研究》2007年第1期。

完善了社会保障制度。随着英国宣布完成福利国家的建设，《贝弗里奇报告》的影响超出英国国界，对整个资本主义世界社会保障制度的建设都产生了非常深远的影响。

（二）英国《贝弗里奇报告》的主要内容

《贝弗里奇报告》的基本内容包括六个部分：第一部分概括介绍了协调委员会的工作过程和报告的主要内容；第二部分审视了当时英国社会保障制度存在的各种问题，并详细论述了23项改革的理由及具体建议；第三部分专题讨论了待遇标准和房租问题、老年问题以及伤残赔偿途径三个特殊问题；第四部分专题研究了社会保障预算问题，提出了由政府、雇主和参保人三方共同出资的方案；第五部分论述了社会保障计划，提出了社会保险、国民救助和自愿保险等三个层面满足不同人群需要的社会保障体系框架；第六部分为社会保障政策，详细讨论了子女补贴、全方位医疗康复服务和维持就业问题，并把消除贫困定位为战后的基本目标，明确提出社会保障计划的目标。

（1）社会保障的主要目标。贝弗里奇从英国战后国家需要解决的五大问题：贫困、疾病、愚昧、肮脏和懒散问题出发，提出消除贫困是社会保障计划的主要目标，并明确提出社会保障的目标：确保每个公民只要各尽其能，在任何时候都有足够的收入尽自己的抚养职责，以满足人们的基本生活需要。①

（2）社会保障的体系框架。贝弗里奇设计了一整套"从摇篮到坟墓"的社会保障制度，现代社会保障体系框架应由社会保险、国民救助和自愿保险三个层次构成。社会保险满足基本需要；国民救助解决特殊情况的需要；自愿保险用于满足超出基本需要的额外需要。社会保险是三者中最为重要的，国民救助和自愿保险是补充。②

他进一步提出国家将为每个公民提供九种社会保险待遇，还提供全方位的医疗和康复服务，并根据本人经济状况提供国民救助。这九种社会保险待遇分别为失业、伤残和培训保险金，退休养老金，生育保险金，寡妇保险金，监护人保险金，抚养补贴，子女补贴，工伤养老金，一次性补助金（结婚、生育、

---

① ［英］贝弗里奇：《贝弗里奇报告——社会保险和相关服务》，劳动和社会保障部社会保险研究所组织翻译，中国劳动社会保障出版社2008年版，第157页。

② 同上书，第113页。

丧葬和工伤补助金四种）。其中有许多为新项目，如为儿童提供的子女补贴在福利制度发展中是一个根本性的突破，打破了传统的家庭赡养职能，由国家直接代替家庭向非劳动人口承担了部分赡养责任。另一项重要突破是提出建立全方位的医疗和康复服务。

（3）社会保险的主要原则。贝弗里奇提出了社会保险的六条原则。第一，基本生活待遇水平统一；第二，缴费率统一；第三，行政管理职责统一；第四，待遇标准适当；第五，广泛保障；第六，分门别类，适合不同人群。这些基本原则为英国福利国家的建设和实践提供了原理性的指导。[①]

（4）社会保障的统一管理。贝弗里奇认为社会保障制度的有效运行必须有合理的管理制度和法律作为保障。原来纷繁芜杂的社会保障制度改革为综合性社会保障制度，被批准的法定社会团体参与社会保障管理工作被取消，改为中央和地方职能部门统一管理。即社会保障管理工作应当由内阁部长领导下的社会保障部承担，同时形成组织网络，地方社会保障办公室负责管理现金待遇和救助及其他相关工作，联合委员会由社会保障部及有关医疗保险和福利的所有相关部门组成，确保社会保障行政统一管理；任命某个人或某机构准备必要的立法和方案制定工作，使社会保障制度以法律的形式确定下来，确保社会保障制度的正常运转。

二战结束后的三年内，英国政府就以《贝弗里奇报告》为蓝本出台了一系列社会立法，1945年通过《家庭津贴法》，1946年出台《国民保险法》、《国民工业伤害法》和《国民健康服务法》，1948年颁布《国民救助法》，这些法案都是贝弗里奇报告的具体细化，虽然这些立法中有些规定与贝弗里奇的设想有所出入，但贝弗里奇报告的原则和精神无不俱在。法案的实施使英国成为世界上社会保障最先进的国家，1948年英国首相艾德礼宣布英国建成了"从摇篮到坟墓"的福利国家。

《贝弗里奇报告》从理论角度而言，在于提出了福利国家思想，从实践角度而言，战后英国正是在这一报告的思想基础上率先建立起一整套现代社会保障制度，使得英国成为人类历史上的第一个"福利国家"，《贝弗里奇报告》

---

① ［英］贝弗里奇：《贝弗里奇报告——社会保险和相关服务》，劳动和社会保障部社会保险研究所组织翻译，中国劳动社会保障出版社2008年版，第114页。

成为福利国家的奠基石,① 成为西方发达国家战后发展社会保障模式的重要依据。随着英国宣布福利国家的建成,西欧国家法国、联邦德国、奥地利、比利时、荷兰、瑞士、意大利等,北欧国家瑞典、丹麦、挪威,纷纷按照英国模式实施"普遍福利"的政策,北美国家美国、加拿大等,大洋洲国家澳大利亚、新西兰,以及亚洲国家日本也按照福利国家的路子,建设自己的社会保障制度。② 社会保障进入充分发展时期,20 世纪 50 年代和 60 年代是社会保障制度发展的鼎盛时期。

三 改革阶段:英国"撒切尔革命"

(一) 福利国家改革的背景

20 世界 70 年代爆发的两次石油危机,给发达资本主义国家带来了经济危机,经济发展停滞与通货膨胀并存。福利国家陷入困境,"普遍福利"的社会政策逐渐演变为"福利危机",出现了被称为"福利病"的现象。"福利病"主要体现在:过高的福利待遇以及过于充分的保障项目使得社会保障支出日益增加,国家财政负担过重,财政预算严重失衡;福利费用支出挤占了国家财政直接用于经济建设的投资基金储备,损害了国民经济的健康发展;过重的社会保障负担扩大了用人单位的劳动用工成本,减少了扩大再生产的资金,国家和企业的国际竞争力下降;社会保障支出的增加刺激了通货膨胀,物价上涨,人们生活受到影响,同时由于社会保障费用交纳对于个人的负担加重,社会成员的工作积极性受到抑制;对社会保障制度的政府集中管理以及社会保障项目和实施范围的不断扩展,塑造了规模庞大的社会保障管理机构,社会保障费用迅速增长,社会保障管理的效率和服务质量日趋恶化。而此时福利国家面临的困境是,维持政府对高额社会保障的支出,只会使财政赤字和通货膨胀愈演愈烈;而实行通货紧缩,则会造成更严重的失业问题。为消除福利国家的消极影响,西方各国政府积极寻找调整社会保障制度和政策的策略。

英国作为福利国家的发源地,在经济危机中,也成为福利国家危机的重灾

---

① 林闽钢:《现代西方社会福利思想:流派与名家》,中国劳动社会保障出版社 2012 年版,第 96 页。
② 史探径:《世界社会保障立法的起源和发展》,《外国法译评》1999 年第 2 期。

区。面对经济危机，英国政府尝试改革，最有影响力的是撒切尔夫人对英国社会福利制度进行的改革，史称"撒切尔革命"。她认为福利国家危机的出现不是政府做得不好，而是政府干预得太多了，"我们不应当期望国家表现得好像一位出现在每一次施洗典礼上的过于乐善好施的仙女、在人生路途的每一个阶段都陪伴着我们的喋喋不休的导师或是出现在每一次葬礼上的神秘送葬人。"她想用"企业文化"更加令人振奋的风险和报偿来取代她所谓的"保姆国家"及其从摇篮到墓地的"溺爱"。[①] 她拒绝凯恩斯主义，大力推行货币主义取代凯恩斯主义，在政府预算中用货币流量增长的指标取代就业与产出指标，限制福利国家和政府支出，承诺减少政府对经济的直接干预，廉价出售政府拥有的企业，协力降低荒谬的、惩罚性的税收率。[②]

（二）福利国家改革的主要内容

撒切尔夫人在任时对社会保障的改革主要包括以下几方面：第一，抑制公共支出的增长，废除一些社会保障项目，削减了人们依法获得其他福利补贴的权利基础，降低了选择性福利补贴的实际价值，注重个人责任，降低个体对国家的依赖；第二，调整社会保障待遇计算标准，将其与价格同步增长，而非与一般生活水平同步增长，拉大了津贴领取者与工作者之间的收入差距；第三，开征新的关于社会保障的税收，对失业津贴征税，引入人头税代替地方税，要求所有人向地方当局缴纳均等税款；第四，私有化。利用税收鼓励私人保险计划的发展；允许私人机构管理地方公共住房；改革国民健康服务，在其中引入一个内部市场或准市场，政府不再向医院提供全额经费，并不再直接管理医院的内部事务，而是成为医疗服务的购买者，而医院则会为了更多的经费展开竞争。可见，撒切尔夫人执政以来，英国的社会福利的历史发生了某种程度的逆转；贝弗里奇的全面性原则、普遍性原则和政府全面介入原则等均有不同程度的改变。

事实证明，撒切尔夫人的遗产非常强大，并以一种未被大多数政治家注意到的方式持续下来。她改变了人们对于国家和市场的态度，使政府撤离企业，

---

① ［美］丹尼尔·耶金、约瑟夫·斯坦尼斯罗：《制高点：重建现代世界的政府与市场之争》，段宏、邢玉春、赵青海译，外文出版社2000年版，第152页。

② 同上书，第158页。

削弱了人们对于政府所知的信心。撒切尔主义把重心从国家责任转向个人责任，谋求将独创精神、激励和财富创造而不是再分配和平等作为政府的首要任务。① 紧接着英国的"撒切尔革命"，法国、荷兰、芬兰、意大利等国也进行了社会保障制度的调整与改革，调整主要是从以下几个方面展开的。

1. 减少政府社会保障支出

在抑制社会保障支出方面的措施主要包括：第一，缩小社会保障支付范围。许多发达国家从支付的"普遍性原则"改为"选择性原则"，削减福利性补助，减少社会福利项目，重点帮助真正需要社会救助的人。第二，降低社会保障支付标准。修改社会保障支付金的调整办法，改变调整系数，减少社会保障支出；降低社会保障项目的具体支付额度，一些社会保障项目的支付标准过高，不仅给社会保障基金带来压力，也产生了一些负面影响，如失业保险金的给付标准过高，会抑制一部分失业人员重新就业的积极性等。第三，严格或改革社会保障享受资格或标准。如在养老金方面，延迟退休年龄，提高缴费年限等；失业保险方面缩短领取失业保险金的期限等。改进社会保障体系的收益规则，引入工作福利制度。工作福利是指凡是接受政府福利补贴者，必须接受政府或立法规定的与工作相关的特定义务。如澳大利亚规定，失业救济金领取者必须努力寻找工作，并接受政府安排的再培训计划，否则剥夺救济金的领取资格，社会福利金由无偿领取转变为有偿领取。第四，改变基金的财务机制，这主要表现在基本养老保险制度上。与现收现付制的筹资模式相比，积累制或部分积累制能够减轻国家财政负担，同时更容易应对人口老龄化和少子化的压力。与之相关的是养老保险待遇给付模式的转变，由给付确定型向缴费确定型转变。给付确定型能够保障国民的基本生活，但是也会造成财政负担；而缴费确定型则将养老金支付的压力转移到个体身上，减轻了国家财政负担。

2. 增加社会保障基金收入

随着老龄化和少子化现象的凸显，社会保障基金的收支平衡压力越来越大，增加社会保障基金的收入来源是采取的主要措施之一。第一，提高社会保障税（费）率，这是增加社会保障基金来源的最直接的手段。如英国、法国

---

① ［美］丹尼尔·耶金、约瑟夫·斯坦尼斯罗：《制高点：重建现代世界的政府与市场之争》，段宏、邢玉春、赵青海译，外文出版社2000年版，第173页。

等国家都不同程度上提高了雇主与雇员的缴费水平。第二，提高或取消社会保障缴费基数的上限，这也是扩充社会保障基金来源的主要方式。在许多发达国家社会保障的缴费基数是工资的一部分，并设立了缴费上限，而提高或取消缴费基数上限实际上是扩大了缴费基数，扩充了社会保障基金来源。第三，新开征社会保障收入所得税。为了体现社会保障制度的优惠政策，许多国家对社会保障收入免征个人所得税，而英国等国的改革，新设立社会保障收入所得税，尤其是失业保险金和养老金的个人所得税，税收所得进入社会保障基金，增加了基金收入。

3. 部分社会保障项目私有化

针对社会保障管理体系中存在的管理机构不断膨胀，管理人员迅速增多，管理效率和质量下降，管理费用负担重的问题，许多发达国家开始对一部分社会保障项目实行私有化管理。具体措施包括：第一，让私营部门、第三部门参与到一些原来由国家举办的社会保障项目的管理和运行中，缩小政府干预社会保障的范围。非政府部门在政府宏观调控下，根据市场竞争机制来经营养老院等社会福利设施以及其他社会服务的提供，提高管理效率和服务质量。第二，社会保障基金投资运行的私有化。改变过去由政府主导社会保障基金投资运行并严禁私营部门涉入的管理方法，开始允许或扩大私营机构参与基金的投资运营，提高基金的保值、增值效率。第三，放宽社会保障基金投资于高风险金融工具的限制，提高投资与金融产品的比例。为保障社会保障基金的安全，规避风险，许多发达国家都对基金投资方向做出了限制，尤其是对高风险金融产品的限制，如股票、海外债券等。但随着资本市场的成熟和完善，以及社会保障基金保值增值的压力，为提高基金投资的收益性，社会保障改革中，许多国家开始放宽这种投资限制。

4. 构建混合福利

福利国家的运作是通过国家财政来支撑国民普享性、全面性、高水平的福利待遇，但这带来了国家财政的沉重负担。福利国家的改革削减了福利的人群和项目享受范围，降低了保障标准，但为保障国民的生活质量和水平，许多国家重视多层次保险体系建设，鼓励私营部门参与到社会保障资源的配置，形成混合福利，由福利国家向福利社会转变。多层次社会保险体系改革主要表现在养老保险和医疗保险领域，具体来说，即适当降低基本养老保险和基本医疗保险的支付水平，保证维持国民的基本生活需要，减轻国家财政负担；同时，通过发展补充养老保险和补充医疗保险以及其他保险项目提高国民的生活水平，保持改革前后国民的生活水平大体相当。

总之，这些改革措施虽然收到了一定的效果，使世人对社会保障的认识不断提高，但要消除普遍福利政策的种种弊端及其负效应，仍是全球社会保障发展中需要共同面对和解决的问题。

四 调试阶段：超越左与右的"第二代福利"

（一）福利国家改革调试的背景

英国的撒切尔市场自由化改革对于经济运行效率的恢复起到了立竿见影的效果，但是自由市场的弊端也日益凸显。由于撒切尔政府在社会保障制度方面的改革偏重于对英国社会保障制度自身问题进行改革，直接降低了一些社会保障津贴标准，将社会保障制度"普遍性原则"转变为"有选择性原则"，并积极推进英国社会保障制度的市场化和私有化，最终造成了严重的贫困和社会不公平现象。

改革中，一些社会保障收入还要缴税，一些与收入关联的补贴被取消，社会租房补贴大幅度削减，失业保障金不断降低，老年人的社会和家庭看护费用设置上限，并由中央政府财政预算改为地方政府承担，老年人待遇水平显著下降；到20世纪80年代末，社会福利待遇水平只有男性就业者平均收入的1/8。[①]在撒切尔夫人执政的十余年间，英国社会公平指标回到了20世纪30年代的水平，贫困和社会排斥再次成为严峻的社会问题。20世纪80年代英国收入不公平迅速扩大，1980—1990年英国基尼系数从0.28上升到0.36，到20世纪90年代初期之后开始稳定下来，但1997年仍停留在0.35左右。[②]撒切尔政府的社会保障改革措施导致英国民众的强烈不满，最终在政府换届选举中，以撒切尔夫人为首的保守党被布莱尔为首的新工党击败，保守党激进的社会保障市场化改革到此出现新的转向。

---

① 胡昌宇：《英国新工党政府经济与社会政策研究》，中国科学技术大学出版社2008年版，第42、46页。
② 同上书，第43、46页。

（二）福利国家改革调试的思想基础——布莱尔"第二代福利"

当传统的福利国家模式面临困境之时，英国社会学家安东尼·吉登斯对福利国家危机的实质进行了重新认识，提出了"第三条道路"的福利思想——以"积极福利"（Positive Welfare）福利政策代替目前的传统消极福利政策；以"社会投资国家"（Social Investment State）来改革传统的"社会福利国家"模式。"第三条道路"的福利思想对英国布莱尔政府的福利改革产生了重大影响。布莱尔在继承工党思想传统、借鉴保守党政府执政的经验教训、充分吸收工党理论家关于"第三条道路"的理论主张的基础上，提出了"第二代福利"的思想。

布莱尔"第二代福利"思想的基本主张是转变社会保障观念——给人扶持而非施舍，提高社会保障实际效果，增强个人在社会保障制度中的责任和义务，适当限制政府在社会保障制度中的作用——减少政府干预、发挥社会组织作用，同时还要保证向民众提供合理的社会保障。与撒切尔政府的福利改革重点强调个人的社会保障责任不同，布莱尔政府的社会保障政策，在强调个人合理的社会保障责任的同时，也强调国家在为社会成员提供充分的社会保障方面的责任不能因强调个人责任而削弱。[①]

1998年，英国工党政府公布了题为《我们国家的新动力：新的社会契约》的绿皮书，总体上确定了英国福利国家的改革方向。绿皮书提出了建设新福利国家的八项原则：围绕"工作观念"重塑福利国家；公私福利合作；提供高质量的教育、保健和住房公共服务；扶助残疾人；减少儿童贫困；帮助极度贫困者；消除社会保险中的欺诈行为；将政府的工作重心从发放福利津贴转向提供良好的公共服务，使现代福利制度灵活、高效、便民。[②]

（三）布莱尔政府的福利改革措施[③]

作为"第三条道路"理论与实践的重要内容之一，布莱尔执政十年间，

[①] 丁建定：《布莱尔政府的社会保障改革》，《国际论坛》2004年第1期。
[②] 王振华等主编：《重塑英国》，中国社会科学出版社2000年版，第101页。
[③] 林闽钢：《现代西方社会福利思想：流派与名家》，中国劳动社会保障出版社2012年版，第133—136页。

在相当程度上突破了英国工党传统的社会福利政策主张，对英国社会和西方社会产生了重大而深远的影响。

（1）养老金制度改革。布莱尔政府认为，保守党的养老金改革使得一部分养老金领取者的生活受到明显的影响，所以，新工党政府养老金制度改革的目标是为养老金领取者提供充分的养老保障。为此，新工党政府继续加强国家基本养老金和职业养老金制度建设，特别是鼓励更多有能力者参与职业养老金和个人储蓄年金制度，以便通过个人努力为自己提供更加充分的养老保障。

1999年，英国工党政府推出了"存托养老金计划"（Stake Holder Pension Scheme）和"最低收入保证制度"（Minimum Income Guarantee，MIG）。

存托养老金计划可以由雇主、商业机构、工会组织等提供，雇员定期拿出一部分收入（不一定是定期的工薪收入），存入其专门的个人养老金账户，计划供给商负责账户积累资金的运营管理，雇员达到退休年龄后可以用积累的余额购买年金。参加存托养老金计划的雇员与加入个人养老金计划的雇员一样，享有同等的国民保险税回扣的优惠。由于国家对于这种养老保险计划在成立条件、最高收费标准、服务内容要求以及投保者对管理基金的参与等方面都有严格的规定，因此它具有成本低、安全度高且适应面宽的特点。再加之存托养老金计划是免税的，与其他形式的储蓄工具相比，对储蓄者更有吸引力，因此那些没有参加职业养老计划而又对原有的个人养老计划不信任的中高收入者被吸引了过来。

为保障老年贫困人口的生活，布莱尔政府于1999年将养老救助制度演变成为"最低收入保证制度"。通过这一制度安排，对低收入的家庭进行补贴，加大了对老年贫困群体的"收入扶持"力度。该制度在养老保障方面，规定75岁以下的单身退休人员家庭和75岁以上的夫妇双退休家庭，如果领取的退休金加上其他收入低于政府规定的最低收入，政府将发放补贴，将家庭收入至少补足到国家规定的最低收入水平。

同时，2003年10月，布莱尔政府推出了"养老金津贴制度"（Pension Credit）。实施这一计划的目的是缓解退休人员的贫困问题；奖励而不是"惩罚"为养老而储蓄的行为；退休人员能更容易地获得"养老金津贴"资格认定。养老金津贴制度由两部分组成："保证津贴"（Guarantee Credit）和"储蓄津贴"（Saving Credit）。前者提供的是最低收入保障，目标群体是60岁及以上的退休人员；后者提供给65岁及以上、已经为将来做了适当准备的退休人员。

布莱尔在任期间,最重要的养老金制度改革措施就是在改革与收入相联系的养老金制度的基础上,建立国家第二基本养老金制度(State Second Pension,SSP)。其主要目标人群是中低收入者以及看护长期患病或身体残疾者的从业人员。作为国家养老金体系的一部分,它的准入门槛很低,任何已缴纳了国家基本养老金保费同时又没有参加职业养老金或个人养老金计划的雇员将自动具备享受资格。作为对弱势群体的直接照顾,国家第二养老金计划对其成员的待遇给付水平明显优于它的前身国家收入关联计划。为了体现公平原则,也为了吸引更多的低收入群体加入该计划,国家第二养老金计划的计发方式采用了与工资报酬相关联的累退制,即在缴纳基本养老金保费年数相同的情况下,国家第二养老金计划按不同收入层次支付给投保人不同的养老金,而且是年收入越少,所得到的替代率水平越高。(如图2—1所示)

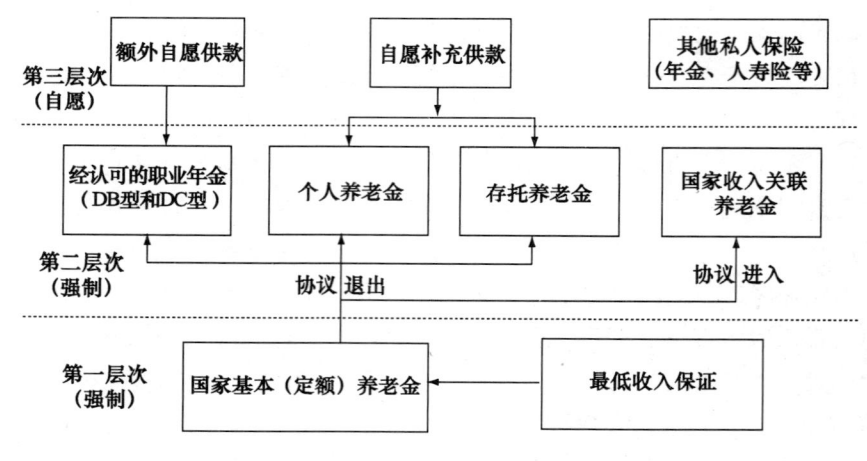

图2—1 2001年英国养老金计划示意

资料来源:Richard Disney, Carl Emmerson, Sarah Smith. (2003). "Pension Reform and Economic Performance in Britain in the 1980s and W1990". *NBER working paper 9556*, http://www.nber.org/papers/w9556.

(2)失业保障制度改革。新工党政府推行"工作福利"的"新政",通过尽可能扩大就业解决失业问题,实现"使能工作者得到工作,使不能工作者得到保障"的目标。为此,布莱尔政府采取一系列向各种失业者提供就业帮助的措施。2007年6月工党政府发表了题为《我们国家的新动力：新的社会契约》的绿皮书，大力鼓励失业者接受职业培训和重新就业，并提出了"工作福利"计划。所谓的"工作福利"就是以工作战略为中心，采取一系列新的政策以促进失业者的就业积极性，使他们脱离对传统社会福利救济的依赖。

"工作福利"计划针对四种类型的人，实施了不同的措施。第一，凡是年龄在18—24岁的失业青年，只要有求职的意愿，就可以通过政府安排的"个人顾问"获得就业指导辅导，直接去工作或者在志愿部门获得培训机会，或者找到一个全日制的学习机会。如果选择直接去工作，那么雇主将会给失业者6个月的工作机会，当然雇主在雇用失业青年的时候也能得到政府的补贴，具体补贴措施是：全日制工作雇主将得到每周60英镑的补贴，反之雇主将得到40英镑的补贴。这样做的直接结果是，雇主宁愿雇用新政资助的工人而不是那些18岁以下的人，因为前者有政府的补助，从而降低了逃学者寻找工作的机会；如果选择去志愿部门培训，失业者可以继续领取6个月的"求职津贴"并且有通过培训获得承认的证书；如果选择全日制教育，失业者在其他各种福利不变的情况下，还可以通过其"个人顾问"索取书本和其他学习材料费用方面的支持。第二，1998年4月以后，针对25周岁以上的长期失业者，除了获得相关的救济金外还可获得额外的补助，或者获得一个12个月的全日制教育培训机会。第三，对于单亲家庭，在就业机构的帮助下，可以获得寻找工作、提供就业建议和就业培训、帮助照看孩子等帮助。第四，1998年10月以后，针对残疾人，主要通过个人顾问，向其提供建议、评价、行动计划、进行工作安排、实验和培训，使他们能够得到新的工作，重返工作岗位。

（3）医疗卫生体系的改革。1997年布莱尔政府执政后，"把公平享受医疗服务视为新国民医疗服务体系的突出特点和英国国民医疗服务的转折点"。[①]1998年，新工党开始国民医疗服务体系（NHS）改革。布莱尔政府国民医疗保健改革的目标是，逐步将医疗保健由普遍权利意识向个人责任意识转变，从强调医疗保健是否"需要"转向强调医疗保健中的个人"表现"，从保健教育转向保健促进，以便有效地降低政府用于医疗保健方面的财政支出，同时，确

---

① 胡昌宇：《英国新工党政府经济与社会政策研究》，中国科学技术大学出版社2008年版，第134页。

保为全体民众提供充分的医疗保健服务。为此，1998年，布莱尔政府推行新的国民医疗保健计划，主要是减少医疗保健服务覆盖面，鼓励医疗保健服务的市场化。1998年9月出台了《现代国民医疗服务体系的信息化战略》，通过计算机和互联网建立虚拟环境下的医院和诊疗机构，病患随时随地就诊治疗，并产生电子病历。

2000年7月27日，布莱尔政府公布了《全国医疗服务体系改革五年计划》，承诺提高医疗服务水平和能力，增加诊室、设备、医生和护士的数量、缩短看病预约时间。2004年6月颁布了《国民医疗服务体制改善计划》，旨在使居民拥有长期的、健康的生活状态，使所有居民更健康、更强健。通过布莱尔政府的医疗服务体系改革，英国公共医疗服务有了显著改善。

此外，布莱尔政府还采取了一些其他方面的社会保障改革措施。为了给贫困儿童提供充分的社会福利，布莱尔政府从1999年4月开始提高儿童福利的标准，并增加了抚养有11岁以下儿童的家庭补贴，同时，单亲家庭的家长在选择就业后，还可以得到儿童护理服务。为了加强社会保障制度管理，布莱尔政府还于1997年和1998年分别颁布有关社会保障管理的立法，宣布对社会保障参加者重新登记，清理和严惩社会保障制度实施过程中的欺诈行为。

布莱尔政府在社会保障领域的一系列改革，从效果来看，失业率下降、劳动参与率提高、经济稳步增长；老年人生活得到了改善、扩大了养老金覆盖率；除了医疗保健领域效果不大明显之外，整体上推进了福利国家的发展。

【本章小结】

社会保障制度的产生离不开一定的经济和社会条件。在自给自足的自然经济中，个人的生、老、病、死等问题都可以由家庭来解决，社会没有力量也没有必要为其成员提供社会保障。工业化和城市化促进了社会保障制度的产生，而市场经济的发展强化了对社会保障的需求，加速了社会保障制度在全球的扩展。

从世界范围来看，现代社会保障制度的形成和发展过程大体分为以下几个阶段：以英国《济贫法》为标志的萌芽阶段，以德国社会保险制度为标志的形成阶段，以美国《社会保障法》为标志的定型阶段，以英国《贝弗里奇报告》为标志的发展阶段，以英国"撒切尔革命"为开端的改革阶段，以布莱尔"第二代福利"思想实践为标志的调试阶段。

【思考题】
1. 论述社会保障制度产生的经济和社会条件。
2. 英国新旧《济贫法》之间的主要差异有哪些?
3. 美国《社会保障法》对社会保障制度发展的促进作用是什么?
4. 为什么说《贝弗里奇报告》提供了福利国家建设的蓝图?
5. 福利国家进行改革调试的思想基础是什么?

第 三 章

社会保障理论流派

社会保障理论渊源深厚，社会保障理论演进脉络复杂曲折。社会保障思想最早可以追溯到欧洲及其他一些国家的传统的伦理道德观念。有关社会保障的论述在西方社会、西方经济思想史上都占有重要的地位，归纳起来，人道主义、空想社会主义、生存权思想等都是西方社会保障的思想渊源。随着工业化进程的加快和市场经济体制在全球的确立，现代社会保障的思想也获得全面发展。

第一节 社会保障理论发展概述

一 社会保障理论的发展阶段划分

社会经济发展的阶段性决定了现代社会保障思想发展的阶段性。15世纪以来的西方资本主义社会从萌芽状态变化到高度发展。

15世纪到17世纪中期是西方社会从封建社会向资本主义社会的缓慢变化时期，这一时期通常被认为是西方社会保障思想开始出现的时期。文艺复兴使人文主义得以出现，从而为社会保障思想奠定了基础；宗教改革实际上加速了西方社会的世俗化进程，有利于社会保障的发展；而启蒙运动的自然法学说、天赋人权与人民主权说、分权制衡与代议制思想等成为西方近代社会保障思想的重要基础。[①]

---

① 丁建定：《社会保障思想》，华中科技大学出版社2009年版，第6页。

现代西方社会保障理论的发展阶段基本可分为六大历史阶段，基本涵盖左、中、右、新兴理论流派形成发展的历史脉络。每个时期均有适应当时社会状况的理论流派的形成与发展。

第一阶段：从 17 世纪到 19 世纪中期。这是西方从封建社会过渡到资本主义的转变时期，通过工业革命建立了资本主义的经济和社会制度。在这个大转型时期，主要理论流派是自由主义和空想社会主义。

第二阶段：从 19 世纪到 20 世纪初期，随着科学技术的发展，西方资本主义发展无论在组织方式和生活方式上都发生了巨大变化，垄断资本主义开始形成。主要理论流派是自由主义与新历史学派的影响最大，还有社会民主主义也有一定的影响。

第三阶段：从第一次世界大战爆发到第二次世界大战结束。这是资本主义经济出现大萧条和社会大动荡的时期，主要理论流派是凯恩斯主义与社会民主主义，理论主题是国家干预社会生活的范围与基本途径、个人主义与集体主义的混合。

第四阶段：从福利国家诞生到 20 世纪 70 年代初期。这是西方资本主义经济和社会稳定发展的"繁荣时期"。社会保障理论流派主要是社会民主主义占上风，同时新自由主义社会保障思想也开始兴起。

第五阶段：从 20 世纪 70 年代初期到 20 世纪 90 年代初，福利国家发生危机，西方资本主义开始进行改革的时期，社会保障理论流派主要是新自由主义，也存在社会民主主义的影响和作用。

第六阶段：从 20 世纪 90 年代初至今。20 世纪 90 年代以来，"第三条道路"在西方实际上已经不仅是一种新政治运动，而且也是一种新的政治思潮，其主张在传统欧洲社会保障国家与新自由主义之间走第三条道路，并提出了一系列福利国家改革的新思路、新观念。社会保障理论流派主要是"第三条道路"。同时，新自由主义和社会民主主义也仍盛行。

二 现代社会保障思潮概述

现代意义上的社会保障制度产生于欧洲工业革命之后，是资本主义工业化、城市化及现代化的产物。人们对各种社会保障实践进行了哲学、政治学、经济学及伦理学等方面的探讨，形成了以自由主义、马克思主义、社会民主主义等流派为主的福利思潮，它们围绕着：为什么提供福利？谁来提供福利？给谁提供福利？提供什么样的福利？怎样提供福利等问题展开激烈争论。

（一）自由主义思潮（Libertarianism）

自由主义福利理论是西方最早出现的社会保障思潮，具有很长的传统。古典自由主义思想起源于 18 世纪的启蒙运动，发展和兴盛于 19 世纪。19 世纪中叶以后，个人主义和社会利益之间冲突日趋明显，个人责任与社会责任之间的关系，国家是否应干预社会经济生活和提供国家福利成为全社会争论的核心议题。

19 世纪后期，自由主义重新占上风。第二次世界大战以后，西方开始进入福利国家发展的"黄金时代"。自由主义在 20 世纪 40 年代至 70 年代中期成为一个学术和政治哲学议题。20 世纪 70 年代以来自由主义思潮重新风行一时，以自由主义理念为基础的保守主义政党在英美大选中纷纷上台执政。如 1980 年在美国当选总统的里根（Ronald Wilson Reagan）和 1992 年当选的克林顿（William Jefferson Clinton）。西方福利国家制度受到前所未有的批评，世界社会保障制度改革浪潮此起彼伏。这种福利制度改革与社会变迁为自由主义福利理论重新成为世人瞩目的议题营造了适宜的环境。与此同时，1973 年石油危机引发世界经济动荡，人们对西方国家公共福利开支迅猛增加普遍担忧，对福利国家社会保障政策成功与否不确定性的深切关注也发挥了推波助澜的作用。

自由主义思想体系拥有多种多样的来源，古典经济学的自由放任和自由市场经济是自由主义最基本和最重要的理论源泉。自由主义主要起源于 18 世纪的英国，具有各式各样的拥护者和多种不同观点。经济自由主义的倡导者亚当·斯密（Adam Smith，1723—1790）提出市场是"看不见的手"，认为个人利益和公共利益会在市场中自然得到协调，每个人追求自己的利益会促成社会总体利益的实现，因此，一个国家最好的经济政策就是对私人经济采取自由放任的政策，完全不加干预。英国 19 世纪对自由放任观念的支持来源于古典经济学，来源于利他主义与自由主义信条的继承者。总体来说，从维多利亚时代济贫法到自助和慈善，19 世纪和 20 世纪初的福利提供主要依赖个人主义的假设。这意味着福利判断暗含在斯密的自由主义经济学传统之中。

当代西方新自由主义福利理论代表人物是哈耶克（Friedrich August von

Hayek, 1899—1992)、弗里德曼 (Milton Friedman, 1912—2006) 等。他们继承了古典自由主义社会保障思想的基本原则,反对国家对经济和社会生活的干预,强调依靠和发挥市场的调节和作用;反对福利国家与集体福利,提倡社会保障市场化和私有化。他们的这些主张已经成为当代西方国家社会保障理论和制度改革的重要基础。

(二) 马克思主义思潮 (Marxism)

马克思主义是由马克思 (Karl Marx, 1818—1883) 和恩格斯 (Friedrich Von Engels, 1820—1895) 在19世纪初创立的理论体系。马克思主义是工人阶级的世界观,是工人阶级认识世界和改造世界的思想武器,是工人阶级争取阶级解放和人类解放的科学理论。

马克思主义社会保障思想是近代西方社会保障思想的重要组成部分,也是有别于西方各种社会保障思想的全新的思想体系。马克思主义倡导建立生产资料公有制,取消私有制,追求自由、平等和公正。马克思不仅关注无产阶级的贫困化,更关注无产阶级的福利的改善。19世纪中期的西方历史和社会条件使马克思主义社会保障思想表现出鲜明的批判性。

马克思主义对西方社会的冲击很大,在部分国家和地区成为社会革命的指导思想和理论依据。19世纪末20世纪初,马克思主义产生分裂,形成对立的两派:一派是受马克思主义影响的科学社会主义,宣扬阶级斗争、公有制和集体主义,主张用革命的手段实现无产阶级专政,主要以苏俄的意识形态为代表;另一派是受自由主义影响的社会民主主义,主张走议会斗争和改良主义道路,用渐进的方式实现社会主义。

(三) 社会改良主义思潮 (Social Reformism)

到19世纪末20世纪初,改良主义已成为第二国际大多数社会党的主要思想渊源,这种打着社会主义旗号的资产阶级改良主义,又称为社会改良主义。改良主义者反对马克思的阶级斗争理论,宣扬阶级调和、阶级合作,把资产阶级国家描绘成超阶级的工具,他们认为可以不通过无产阶级革命和无产阶级专政,而只需要通过议会道路,通过合法斗争,采用渐进式的改良,资本主义就会被社会主义所代替。在当今世界上改良主义主要是指世界各国社会党、社会民主党、工党所信奉的政治理论。其主要代表人物有伯恩施坦（Eduard Bernstein，1850－1932）、考茨基（Karl Kautsky，1854—1938）。

在福利意识形态上资本主义与社会主义之间存在着一种中间状态的思潮，被称为"不情愿的集体主义"（Reluctant Collectivist）。[1] 费边社会主义或社会民主主义也可以归纳为这种中间状态的一种表现形式。从意识形态上看，福利理念由于具有强烈的社会正义色彩因而是一种进步的改良主义。它反映在社会保障思想上，同自由主义所主张的反对国家介入、市场主导和个人自由第一不同，改良主义认为，国家对公民的福祉承担着某种责任，政府的角色是为社会中有需要的个人提供资金和服务，只有这样才能维护社会公平。因此，在资源的再分配上奉行平均主义的目标，使改良主义的福利理念具有社会主义的特征，但在社会分析和方法上它却同自由主义有着共同之处，在形式上也表现出较大的差异性，这种带有集体主义色彩的福利哲学主张政府采取行动，在经济发展上则采取混合经济和国家干预并行的模式。[2]

社会改良主义思潮中，以费边社会主义和社会民主主义影响最大。社会民主主义（Social Democracy）又称为民主社会主义（Democratic Socialism）。其思想起源于1848年欧洲革命时期，最初以小资产阶级民主派为代表，提出了社会民主主义的旗帜。1951年，社会民主主义政党在德国法兰克福成立了社会党国际组织，审议通过了《民主社会主义的目标和任务》（《法兰克福宣言》），在宣言中明确宣称"社会主义是一个反抗资本主义社会固有弊端的运动"，主张建立一个"社会公正、生活美好、自由与世界和平的制度"。[3] 在成立大会上，社会党国际把自己的思想体系的名称由社会民主主义改为民主社会主义。[4]

---

[1] V. George and P. Wilding, *Ideology and Social Welfare*, London：Harvester Wheatsheaf, 1994, p. 44.

[2] 熊跃根：《论国家、市场与福利之间的关系：西方社会政策理念发展及其反思》，《社会学研究》1999年第3期。

[3] 谢松明：《民主社会主义基本价值观的分析与思考》，《科学社会主义》2008年第1期。

[4] 20世纪50年代，社会党人把其思想体系的名称由社会民主主义颠倒成为民主社会主义，其目的在于凸显它的"民主"。在苏联解体、东欧剧变以后，社会民主党人又把其思想体系的名称再次颠倒成社会民主主义。这就意味着，它并不是一种（民主）"社会主义"，而是一种（社会）"民主主义"。

随着西方经济与社会生活的变化，社会民主主义开始形成系统的社会保障体系。可以说，社会民主主义是 20 世纪以来西方社会盛行的一种资本主义的改良思潮。它是社会民主党、社会党、工党和社会党国际思想体系的总称，由第二国际社会民主党右翼发展而来，伯恩施坦是"社会民主主义"基础思想的奠基者。虽然社会民主主义思潮由于时间、地点的不同而表现不一，但其价值观以及政治、经济和社会思潮的基础具有共同性，主要的价值观为平等、自由和互助，福利国家被认为是其社会保障理论与实践的产物。

作为一种社会改良主义思潮，社会民主主义社会保障思想主张在政治上发展社会民主，强调阶级调和和阶级合作，进行有利于劳工利益的改良。社会民主主义尽管是 20 世纪初就在西欧盛行的一种改良主义思潮，但直到第二次世界大战之后才获得广泛的实践机会。二战后到 20 世纪 70 年代，是社会民主主义发展的黄金时期，发达国家几乎都是由主张社会民主主义的政党执政。20 世纪 70 年代后，由于发达国家资本积累遇到困难，社会民主主义遭遇了来自新自由主义的进攻，从此失去了在资本主义国家的主导地位，从 20 世纪 80 年代到现在，在发达国家处于主流的政治经济理念已不再是社会民主主义而是新自由主义。西方国家由此进入了新自由主义主导的资本全球化时期。新自由主义声称，正是社会民主主义推行的高税收、高福利政策使生产投资无利可图，因而导致投资下降，经济停滞。要解决生产停滞问题，必须给资本创造宽松的投资环境，使资本在世界范围内自由流动，寻找最佳的投资机会。新自由主义改革的每一项措施，如减少税收、削减福利、解除管制等都是直接反对社会民主主义的。为了重新获得执政机会，各国的社会民主主义政党主动调整政策，向新自由主义靠拢，所谓的"第三条道路"的成功正是社会民主主义和新自由主义妥协的产物。

第二节　新自由主义社会保障思想

西方自由主义和资本主义在 19 世纪达到繁荣的顶峰后，在向 20 世纪跨越的过程中，经历了经济大萧条和两次世界大战，给自由放任的资本主义带来了沉重的打击，西方发达国家在经历凯恩斯主义的国家干预后，出现了向福利国家发展的趋势，创造了25年前所未有的繁荣。① 由此，曾作为近现代西方社会主流意识形态的自由主义一度陷入低潮。但随着凯恩斯主义经济政策的实效性渐渐丧失，福利国家在面对新问题、新矛盾陷入发展困境之时，主张减少国家干预与市场复位的新自由主义思潮开始成为影响世界经济和社会政策的主流。

一　新自由主义社会保障思想的发展脉络

（一）自由主义（Liberalism）是西方国家社会思想源泉、主流文化和社会理论的重要基础

从内涵来看，它极为丰富，涵盖了政治、哲学、经济和社会的庞大恢宏的思想体系。自由主义思想最初形成于17世纪的英国，它是在古希腊等古代西方思想的基础上产生的。以亚当·斯密为代表的古典政治经济学的自由主义思想被称为古典自由主义（Classical Liberalism）。古典自由主义从经济自由出发，强调市场机制是推动经济发展的"看不见的手"，反对封建制度和重商主义的国家干涉政策。而新自由主义（Neo-Liberalism）被认为是"在古典自由主义思想的基础上建立起来的一个新的理论体系，亚当·斯密被认为是其创始人，该理论体系也被称为'华盛顿共识'，包含了一些有关全球秩序方面的内容"。②

（二）新自由主义思潮的兴起

新自由主义的兴起首先表现为新自由主义经济思潮的兴起，这种也被称为新保守主义的经济思潮，是20世纪30年代后，在反凯恩斯主义的过程中逐渐形成和发展起来的当代西方经济学说。

---

① ［英］保罗·皮尔逊：《拆散福利国家：里根、撒切尔和紧缩政治学》，舒绍福译，吉林出版集团有限责任公司2007年版，第3页。

② ［美］诺姆·乔姆斯基：《新自由主义与全球秩序》，徐海铭、季海宏译，江苏人民出版社2001年版，第3页。在英文中，New Liberalism 和 Neo-Liberalism 代表两个有着截然不同的主张和诉求的思想流派，且本来分属政治哲学和经济学两个不同的学科语境。由于它们都被翻译成"新自由主义"，导致有很多误解。

1929—1933 年，资本主义世界经济危机对古典自由主义经济学形成了巨大的冲击，古典自由主义经济学的统治地位被凯恩斯主义所取代。到了 20 世纪 70 年代，特别是在 1974—1975 年的经济危机以后，资本主义国家普遍出现了失业与通货膨胀并存的"滞胀"局面，使凯恩斯主义陷于重重矛盾的境地。正是在这样的背景下，新自由主义的经济思潮又重新抬头。

新自由主义真正在英美等西方国家占据主流经济学地位始于 20 世纪 80 年代初期。其直接原因有两条：一是当时的主流经济学理论——英国经济学家凯恩斯的国家干预主义，无法解决西方经济长期陷入"滞胀"的难题，这为新自由主义的兴起提供了契机；二是随着撒切尔夫人（M. H. Thatcher）出任英国首相、里根（R. W. Reagan）出任美国总统，新自由主义成为英美政府的施政理念，并在国内外得到大力推行。当然，新自由主义的兴起，还迎合了国际垄断集团抢占国际市场、向发展中国家扩张的需要，推行的措施使政府必须放松对经济的干预，解除外汇管制，消除贸易壁垒，使国有企业私有化，最大限度地开放市场等。正是由于这样的背景，新自由主义在兴起的同时，学术理论开始政治化、意识形态化，成为资本主义向外输出的意识形态和制度价值，其显著标志就是"华盛顿共识"（Washington Consensus）。[①]

新自由主义包括众多学派：伦敦学派、现代货币学派、理性预期学派、供给学派、弗莱堡学派、公共选择学派、产权经济学派。其中，影响较大的是以英国哈耶克为代表的伦敦学派和以美国的弗里德曼为代表的货币学派、以卢卡斯（Robert Lucas）为代表的理性预期学派。概括新自由主义众学派的共同点，有如下三个方面：

（1）推崇个人自由主义，反对国家干预。新自由主义主张个人自由主义，认为个人自由主义是自由市场制度存在的基础，也是经济自由的基本出发点。个人有了自由选择的权利，才能保证社会的进步和创造。尊重个人自由，就要让个人在市场中自由选择，国家不应该进行干预。

（2）推崇竞争市场经济，反对国家引导或计划经济体制。新自由主

---

① ［美］诺姆·乔姆斯基：《新自由主义与全球秩序》，徐海铭、季海宏译，江苏人民出版社 2001 年版，第 4 页。"华盛顿共识"指的是以市场为导向的一系列理论，它们由美国政府及其控制的国际组织所制定，并由它们通过各种方式实施——在经济脆弱的国家，这些理论经常被用作严厉的结构调整方案。其基本原则是贸易自由化、价格市场化和私有化。

强调，经济活动是有规律的，国家调控是造成经济不稳定的主要根源。管得最少的政府是最好的政府。主张市场经济是民主的基本堡垒，借助财产所有权的分散，防止权力集中于少数人手中。同时认为，在自由市场制度下，个人在为自己利益进行努力的同时，可以自动地为别人和社会的利益做出贡献。

（3）主张私有化，推进全球自由化。新自由主义经济学家认为私有制经济具有自身内在的稳定性，在市场这只"看不见的手"的调节下，私有经济能够自动地实现经济的均衡。新自由主义还认为，私有制经济的最大好处在于它保证了个人的自由。由此，为了增进公司的效率，新自由主义强烈反对最低工资等劳工政策以及劳工集体谈判的权利。

在新自由主义看来，各国取消经济保护，实现生产要素、贸易和金融的完全自由化与国际化，最有利于资源的高效配置和比较优势的充分发挥。同时，新自由主义支持通过国际组织和条约对他国施加多边的政治压力，来推进全球自由化。

二 新自由主义社会保障的主要思想

在社会保障领域，传统或古典的自由主义思想最早可以追溯到洛克（J. Lock）、穆勒（J. S. Mill）、斯密和近代的霍布豪斯（L. T. Hobhouse）等人的思想。新自由主义则以哈耶克和弗里德曼最为著名，他们主张"反集体主义"（Anti-Collectivists）的社会政策。

自由主义福利思想核心价值是个人主义、自由、不平等和社会公平。[1] 自由主义者推崇个人主义而非集体主义。他们认为完全平等是不可能的，相反某些不平等还有利于社会运作。自由主义思想的重要特征是强调市场在增进人类福祉中的主导作用与基础地位。自由主义者对福利国家的态度是否定的，他们认为福利国家与健康的自由市场经济相抵触。自由主义者对待福利国家的态度与他们对待国家的态度一脉相承，他们从根本上反对国家干预和国家福利，主张市场竞争、个人责任、家庭互助和让其他非正式照顾体系发

---

[1] V. George and P. Wilding, *Ideology and Social Welfar*, London: Routledge and Kegan Paul, 1985, p. 19.

挥更大的作用。

新自由主义者以自己的经济学和哲学理论为基础，对国家干预下的福利国家的社会保障政策提出批评，并诠释自己的福利思想，试图向人们展示只有在自由得到保障的情况下，人们才可以实现自我的价值，使生活得到真正的保障。新自由主义的福利思想和主要政策可以概括为：

（1）否定福利国家。新自由主义认为社会保障是国家控制和干涉个人自由的一种隐蔽手段。通过福利的供给，国家逐步转变成一个无所不能的控制者；通过福利的获得，个人却在不知不觉中丧失了自己的独立与自由，对个人自由构成了威胁。[①] 新自由主义者则认为经济增长是最好的社会保障政策，解决贫困和社会不公平不能依靠政府的再分配，社会保障政策作为一种宏观调控的手段，使人们对信息的接受和解读产生偏差，以致误导市场行为，对经济产生负面影响。总之，新自由主义坚持对制度化的社会保障持强烈的否定态度，反对福利全面由国家和政府提供，主张实行残补式的社会保障模式，极力推行志愿主义（Voluntarism），并突出市场和职业福利的作用。

（2）主张减少过度扩张的社会保障政策。新自由主义主张削减国家主导的收入转移支付政策，同时对市场竞争失败者所实施的收入保障要尽可能最小化，对于作为劳动代价的收入保障，必须维持工作福利（Workfare）。应缩减福利国家提供的各种福利项目和降低各种项目的水平，实现福利多元主义（Welfare Pluralism）。[②]

如果说福利国家的基本目标是实现劳动的"去商品化"（De‐Commodification），而新自由主义者则要把劳动放入市场规律下"再商品化"（Re‐commodification）。[③] 放弃完全就业，放松之前为保护劳动和维持福利国家而制定的各种劳动规则，由市场决定失业率，按市场的原则来实现劳动市场的需求和供给。

[①] 蔡文辉主编：《社会福利》，台北：五南图书出版公司2002年版，第45—50页。
[②] 林闽钢：《福利多元主义的兴起及其政策实践》，《社会》2002年第7期。
[③] 林闽钢：《社会政策：全球本地化视角的研究》，中国劳动社会保障出版社2007年版，第18—19页。

第三节　马克思列宁主义社会保障思想

一　马克思列宁主义社会保障概述

马克思列宁主义简称马列主义。马克思主义是马克思和恩格斯创立的学说，马克思主义是完整的科学体系，它包含三个主要组成部分：马克思主义哲学、政治经济学和科学社会主义，这三个组成部分不是彼此割裂的，它们构成一个相互联系的有机整体。马克思主义是无产阶级认识世界和改造世界的思想武器。列宁主义被认为是"帝国主义和无产阶级革命时代的马克思主义"[①]。

马克思列宁主义社会保障思想是近代西方社会保障思想的重要组成部分，是根据当时的社会生产力发展的状况，从广义的角度，并依据不同时期、不同侧重点来阐述社会化大生产所必需的社会救济、社会保险等主要内容的全新的社会保障思想。实现人的全面而自由的发展，是马克思列宁主义社会保障思想的核心和终极目标。

马克思、恩格斯和列宁（Vladimir Llyich Lenin, 1870—1924）有关社会保障的思想，直接贯穿在对资本主义社会特殊矛盾的剖析以及对社会主义社会本质特点的分析这一基础之上，在这个意义上，他们的社会保障思想具有革命性和批判性。同时，在他们的时代，资本主义的社会保障作为一项制度还没有完全确立，社会主义社会形态还未诞生，因此，他们关于社会保障的思想尚较为有原则性。

马克思和恩格斯认为，资本主义实施社会保障制度具有必然性。资本主义创造了人类历史上最高的生产力，但是，资本主义生产方式又是在极为矛盾、毫无出路之中运动着，这不仅表现为资本主义社会已无法支配生产力的发展，其狭窄的生产关系已容纳不了它本身所创造的财富，而且还表现为社会两大阶级的利益矛盾与对抗越来越尖锐，整个社会一极是财富的增长，另一极则是工人失业率和贫困的增加，甚至生活条件也没有保证。在这种必然的对立状况

[①] 中共中央文献研究室编：《建国以来重要文献选编》第 13 册，中央文献出版社 1996 年版，第 335 页。

中，工人不仅要为物质生活资料而斗争，也要为谋求工作而斗争，不管社会财富处于衰落状态还是处于增长状态，给作为资本的奴隶的工人带来的都是苦难。

工人随着他们所创造的社会财富的增长，越来越依附于资本家，成为资本的附属物，一切提高社会劳动生产力的方法都是靠牺牲工人的利益、健康甚至生命来实现的。资本越积累，工人的劳动强度越大，失业也就越多，使得本来就十分贫苦的生活雪上加霜。在资本主义生产方式下，过剩人口不仅是资本积累的必然产物，而且反过来又成为资本主义积累的杠杆，甚至成为资本主义生产方式存在的一个条件，过剩人口实际上为资本提供了庞大的产业后备军。

在资本主义社会化大生产条件下，资产阶级掌握生产资料，劳动者依附于资本，成为资本的附属物，处于被奴役的地位。资产阶级的本性决定了他们不会去管工人的死活，但是他们从维护资本主义政治统治和社会稳定，维持人类社会发展的一般要求和资本主义社会生产的外部条件出发，同时也是为了缓和社会矛盾，更是为了掩盖资本主义工资对工人剥削这一事实，才不得不救济处于赤贫的社会阶层，采取社会保障措施救济贫民、抚恤伤残等。但是这些保障措施仅仅是在资本力量薄弱时的暂时措施。因而说，资本主义的社会保障是国家用来帮助资本家迷惑工人阶级的一种手段，同时也是工人阶级长期斗争的结果。在一定时期内，它缓和了劳资矛盾，延缓了资本主义体系的崩溃。

二 马克思列宁主义社会保障原理

（一）社会主义社会保障的作用和实质

马克思在社会再生产理论中论述了两个方面的重要思想：一是物质资料的再生产是社会再生产的重要内容；二是劳动力再生产是社会再生产的必要条件。在论述劳动力再生产的过程中，马克思认为，物质资料再生产是人类生存和发展的物质基础，它是劳动者和劳动资料结合的过程，在进行物质资料再生产的同时，进行着劳动力的再生产，只有在再生产中将劳动力源源不断地再生产出来，社会再生产才能不断地进行下去。劳动力再生产的基本手段是消费，在商品经济条件下，消费的条件主要从两方面得到满足：一是由个人通过提供资本或劳动从市场上获取；二是通过社会保障来满足他们的基本消费需求。在社会化大生产的条件下，劳动者的劳动风险逐渐增加，失业、工伤、疾病等都使家庭保障越来越无法应付新的风险，为了确保劳动力扩大再生产以适应现代经济发展的需求，必须通过社会保障来减轻劳动力在其生命历程中经受的各种风险，保证社会再生产的顺利进行。

社会保障是一切社会生产方式所共有的基础。社会保障基金在不同社会都存在，但其根本出发点是完全不同的。社会主义社会保障基金是劳动人民创造的社会财富，它是通过社会总产品的分配和再分配最终形成的。为了实现国民收入的合理分配，国家政府应当参与分配，通过社会保障制度在分配机制上的特有功能，缓解社会分配的不公正状态，从社会道德和人类文明所要求的公正目标出发，为一部分特殊的社会成员提供基本物质生活需要，以求得国民收入分配的公平性。社会主义社会保障基金是国民收入的分配与再分配，是取之于民，用之于民的。

（二）社会保障基金的来源

从表面上看，资本主义制度下建立的社会保障基金的费用是资本家提供给工人的，事实上，资本家无论如何都不可能把这项费用加到自己身上，他们一定会将其转嫁到工人阶级身上。一部分剩余价值，作为总利润的一部分，必须形成一个生产保险基金，这个保险基金是由一部分剩余劳动创造出来利润的一部分，即剩余价值的一部分，从而只体现新追加劳动剩余产品（从价值方面来看）的一部分，必须充当保险基金。用一定量的剩余劳动建立社会保障与社会保险后备基金，形成社会生产过程中行之有效的补偿制度，在现代化大生产中是一种科学、合理的措施。在资本主义社会，工人阶级所得到的社会保障是自己的剩余劳动的一部分，而不是源于资本家的恩惠。总之，资本主义社会保障基金的来源是剩余价值的一种扣除。

马克思认为，在生产资料归社会占有的社会主义社会，由于消灭了人剥削人的经济基础，使得生产的社会化成为真正的事实。通过社会生产，不仅可以保证一切社会成员有富足的物质生活，而且还可以保证他们体力和智力获得充分自由地发展，加强和完善社会主义的社会保障乃是社会主义社会的题中应有之义。与资本主义的社会保障相类似，社会主义的社会保障同样要从剩余劳动中积累保障基金。按马克思的设想，这一基金是通过社会总产品进入分配之前的扣除来实现的，即社会保障基金的来源的六项扣除。

马克思在《哥达纲领批判》中提出，社会总产品不是如拉萨尔主义者所言的"不折不扣",而是通过一些"在经济上是必要的"扣除,"有折有扣"地进入分配领域。因此,马克思在阐述社会产品分配时,指出在分配之前应作三项扣除:"第一,用来补偿消耗掉的生产资料部分。第二,用来扩大生产的追加部分。第三,用来应付不幸事故、自然灾害等的后备基金或保险基金。"①

剩余的社会总产品是作为消费资料的,但在进行个人消费品分配之前还必须进行三项扣除:"第一,同生产没有直接关系的一般管理费用。……第二,用来满足共同需要的部分,如学校、保健设施等。……第三,为丧失劳动能力的人等等设立的基金,总之,就是现在属于所谓官办济贫事业的部分。"②

根据马克思的这一思想,在国民收入的初次分配当中要进行扣除,用来应付不幸事故、自然灾害等的后备基金和保险基金,以满足社会生产的正常运行。在再分配的过程中进行扣除,是"为丧失劳动能力的人设立基金"以满足社会稳定的需要。马克思的这一论述从社会产品分配概括了社会保障制度的性质和内容,提出了建立社会保障基金的必要性及其基金来源。

接着马克思又指出:"从一个处于私人地位的生产者身上扣除的一切,又会直接或间接地用来为处于社会成员地位的这个生产者谋利益。"③ 在这里马克思是结合按劳分配来说明的,马克思看到了按劳分配事实上的不平等,为了弥补这一不平等和贫困差距,必须从消费资料中进行一些扣除,建立社会保障后备基金,一方面满足社会成员的公共福利;另一方面给丧失劳动能力的贫困者提供援助和救济。

关于社会保障基金的来源问题,马克思在《资本论》中也作了阐述,在分析各种收入及其源泉时,马克思指出:"利润的一部分,即剩余价值的一部分,从而只体现新追加劳动的剩余产品(从价值方面来看)的一部分,必须充当保险基金。"这部分基金"甚至在资本主义生产方式消灭之后,也必须继续存在的唯一部分","这种基金是收入中既不作为收入来消费也不一定用作

---

① 马克思:《哥达纲领批判》,载《马克思恩格斯全集》第25卷,中央编译局译,人民出版社2001年版,第17页。
② 同上书,第20页。
③ 同上。

积累基金的唯一部分"。① 在这里，马克思主要说明了社会保障基金在不同生产方式条件下都是存在的，而且这部分基金具有专门的用途。

同时，这些基金要做多大比例的扣除，则应当根据"现有的物资和力量来确定，部分地应当根据概率计算来确定"，② 即根据生产规模、生产力水平、社会需要和可能来确定。

（三）社会保障实施的国家责任

只有通过国家政府的权威性以及立法的形式来实施，才能保证社会保障制度的统一性、平等性和有效性。国家在举办社会保障制度中的责任有：一是建立统一的组织来经办各种社会保险事务，在社会保障实施与组织管理中承担主要责任；二是国家通过立法建立社会保障并强制实施，把社会保障由民间、自发、分散发展到政府、自觉、完备；三是政府负担主要资金来源，是法定社会保障项目资金的主要提供者，政府资金主要来源于国民收入分配的扣除；四是工人由于更新换代劳动力，或因失业失掉工资时，国家应给予保障，以维持这些人员的基本生活需要。

总之，社会保障是社会发展过程中的重要内容，是社会进步的表现，在不同的社会形态，特别是在资本主义社会与社会主义社会，社会保障既有本质属性各不相同的一面，也有某些具体方面相类似的一面。社会保障是社会发展过程中极为重要的一环，即使在资本主义社会，无产阶级与资产阶级处于不可调和的阶级对抗之中，资本家一方面不顾工人死活竭力攫取工人的剩余价值，另一方面，为了劳动力的再生产，为了维护政治统治和社会稳定，也不得不考虑采取一些社会保障措施。而社会主义不仅要创造出高于资本主义的生产力，还要建立比资本主义更为完善、科学的社会保障制度。③

---

① 马克思：《资本论》，载《马克思恩格斯全集》第25卷，中央编译局译，人民出版社1974年版，第958页。

② 马克思：《哥达纲领批判》，载《马克思恩格斯全集》第25五卷，中央编译局译，人民出版社2001年版，第17页。

③ 周沛：《社会保障的阶级属性、资金来源与建立原则——马克思主义社会保障观初析》，《南京大学学报》1999年第2期。

（四）最好的工人保险形式是国家保险

列宁认为工人在资本主义生产和分配方式下，"以工资形式取得的那一部分自己创造的财富，非常之少，刚能满足最迫切的生活需要"，① 无产者根本不能从工资中拿出一些钱来储蓄，以备在应付各种劳动风险，以及与资本主义生产方式紧密联系的失业时的需要。

列宁提出工人阶级的社会保障制度应为"国家保险"，② 这才是一种"合理化的保险制度"。他说："工人在年老和完全或部分丧失劳动能力时，得享受国家保险，由国家向资本家征收特别税作为这项支出的专用基金。"③ 要实行完全的国家社会保险，即由国家负担全部费用，而职工无须缴纳保险费的设想。

在1912年1月俄国社会民主工党第六次"布拉格"全国代表会议的决议中，列宁提出的"国家保险"基本原则是，"最好的工人保险形式是国家保险，它是根据下列原则建立的：（一）在工人丧失劳动力的一切情况（伤残、疾病、年老、残疾；还有女工的怀孕和生育；供养人死亡后所遗寡妇和孤儿的抚恤），或在他们因失去工资的情况下，国家保险都应给工人以保障；（二）保险应包括一切雇佣劳动及其家属；（三）对一切被保险人都应按照偿付全部工资的原则给予补偿，同时一切保险费应由企业主和国家负担；（四）各种保险都由统一的保险组织办理；这种组织应该按区域或按被保险人完全自行管理的原则建立。"④

列宁进一步明确指出，无产阶级国家保险制度只能在推翻资本主义制度的前提下才有可能建立起来。列宁认为，在无产阶级政权下实施社会保障是无产阶级专政国家义不容辞的责任，任何个人和团体都无法使社会保障实现其功能的社会化，只有通过无产阶级专政国家政权的权威性以及立法形式来

---

① 列宁：《俄国社会民主工党第六次"布拉格"全国代表会议文献》，载《列宁全集》第21卷，中央编译局译，人民出版社1990年版，第154页。
② 同上书，第155页。
③ 列宁：《修改党纲的材料》，载《列宁全集》第29卷，中央编译局译，人民出版社1985年版，第489页。
④ 列宁：《俄国社会民主工党第六次"布拉格"全国代表会议》，载《列宁全集》第21卷，中央编译局译，人民出版社1990年版，第155页。

实施，才能保证社会保障制度的统一性、平等性和有效性。他强调了国家的责任，认为举办社会保障是一项政府行为，是国家义不容辞的责任，任何个人或团体都难以而且无法替代。这一思想在十月革命后得到不同程度的贯彻和实施。

列宁在领导俄国社会主义革命和建设过程中，继承马克思和恩格斯的社会保障思想，积极探索社会主义国家建设中社会保障制度的地位、作用、意义、指导思想和基本原则，为建立世界上第一个社会主义国家的社会保障制度做出了贡献，为其他社会主义国家建设社会保障做出了表率。

在社会保障法律制度建设方面，十月革命胜利后，"苏维埃政权通过立法手续对于一切不剥削他人劳动的劳动者实行了充分的社会保障，凡丧失劳动能力的人以及——世界上破天荒第一次——遭到失业的人，都由雇佣者和国家给予生活保障。"[1]

仅在革命胜利后的头两年内，苏维埃政权就颁布了一系列关于职工患病、失业问题的社会保险法令以及关于社会保险机构展开工作的程序法令，在1917年11月到1922年的5年内，列宁亲自审批和签署的有关劳动者社会保障问题的重要法令就有100多条。如1917年1月14日苏维埃政府发布公报，宣告新的保险制度毫无例外地扩大到所有雇佣工人与城乡贫民，适用于各种丧失劳动能力的人（患病、残废、年老、产期）以及鳏寡孤独和失业者，全部保险费用完全由企业主承担，在失业和丧失劳动能力期间偿付全部工资；保险者在一切保险机构享有自治的权利。1917年12月，苏联政府又批准和实施失业保险和疾病保险细则。1918年11月，人民委员会又在《关于俄罗斯共和国建立保险事业》的法令中宣布对各种类型和形式的保险事业实行国家垄断。后来又相继开展国家财产保险、个人保险。到1922年底，逐步形成一种全新的、以国家保险为主、各阶层群众广泛享受的社会保险制度。[2]

在社会保障管理体制建设方面，改组并建立了新的社会保障机构，把最初成立的国家救济人民委员会改组为社会保障人民委员会，使机构的名称更加符

---

[1] 列宁：《俄国共产党（布尔什维克）纲领》，载《列宁全集》第36卷，中央编译局译，人民出版社1985年版，第422页。

[2] 梅哲：《列宁的社会保障思想研究》，《马克思主义研究》2007年第8期。

合其工作的性质,负责各种形式的社会帮助,支付残疾金以及负责残疾者的职业培训,失业者的物质保障,帮助红军家属等。1921年,在重建工人和职员的国家社会保障制度时,政府在恢复国家保险的同时,又组织了农民互助。对于非雇佣工作者个人(农民、手工业者、自由职业者)的社会保障实行互助方式,主要通过农民社会互助委员会全面帮助红军战士家庭、贫农和力量单薄的农户。

在社会保障制度实施范围方面,十月革命胜利后不久,苏维埃政权就发表了《关于社会保险的政府通告》,指出,俄国无产阶级在自己的旗帜上写上了对雇佣工人以及城乡贫民实行完全的社会保险,依靠工农兵代表苏维埃工农政府通告俄国工人阶级以及城乡贫民,它将立即着手颁布建立在工人保险口号基础上的完全的社会保险的法令。苏维埃政府宣告新的保险制度毫无例外地扩大到所有雇佣工人与城乡贫民;适用于各种丧失劳动能力的人(患病、残疾、年老、产期)以及鳏寡孤独和失业者;全部保险费用完全由企业承担,在失业和丧失劳动能力期间偿付全部工资;保险者在一切保险机构享有自治的权利。

在《劳动者社会保障条例》中规定:凡是失去劳动能力(不管其原因如何,疾病或其他)而暂时失去生活资料来源者——因伤残、疾病、年老及其他原因丧失劳动能力而永久失去生活资料来源者,因失业失去生活资料来源者——都有权享受社会保障。社会保险资金运行贯彻了列宁国家保险思想的核心,即社会保险由国家承担责任主体,这是根据当时国内困难的经济形势做出的考虑。

苏俄政府在列宁国家社会保险思想的指导下,利用无产阶级专政的政权力量,继续主张应当由国家承担全部费用,而职工无须支付社会保险费用,较好地处理了社会保险基金的筹集问题,解决了社会保险政策实施的物质保障。从1918年8月起,苏俄政府就规定所有国有企业都必须缴纳社会保险费,规定社会保险适用于所有职工及其家属;集体农庄社员与职工统一保障制度;保险费用由企业和单位支付,不从职工工资中直接扣除社会保险费;社会保险费用由社会总产品中扣除并由国家实施,建立统一的机构办理业务;等等。1921年11月,俄罗斯联邦人民委员会通过了共和国的《社会保险决议》,该《决议》规定:工人和职员的社会保障是通过劳动人民委员会由社会保险金负担,退伍的伤残军人和其他类别公民的社会保障是通过社会保障人民委员会由国家用于此目的的资金负担。到 1922 年底，全国逐步形成了一种全新的、以国家保险为主要内容的、各阶层群众广泛享受的社会保障制度，在人类发展史上，首次实现了工人阶级及其广大的劳动者享受社会保障并得到自己阶级专政政权下的制度保障。①

第四节　社会改良主义社会保障思想

马克思和恩格斯在《共产党宣言》中指出："他们公开宣布：他们的目的只有用暴力推翻全部现存的社会制度才能达到。"② 列宁在《国家与革命》中指出："资产阶级国家由无产阶级国家（无产阶级专政）代替，不能通过'自行消亡'，根据一般规律，只能通过暴力革命。"③ 这就是说，暴力革命是无产阶级革命斗争的一般规律。而改良主义通常是指在不触动资本主义制度的基础上，通过渐进的社会改良来代替无产阶级革命的资产阶级和小资产阶级的思潮。到 19 世纪末和 20 世纪初，改良主义已成为第二国际大多数社会党的主要思想渊源，这种打着社会主义旗号的资产阶级改良主义，又称为社会改良主义（Social Reformism）。

一　社会改良主义社会保障思想的发展脉络

虽然西方社会改良主义放弃了暴力革命的道路，但是它一直没有放弃对资本主义进行改良的努力，时常高举社会主义的旗帜，在社会党、工党等一些政党执政后，在资本主义框架内，在经济、政治和社会等方面实行了许多有益于工人阶级和社会中下层民众的政策。例如，在经济方面，实行工人阶级参与经济决策为核心的经济民主；在社会民主方面，社会党人建立了一套完善的福利国家制度，遏制了资本主义贫富分化，因此可以说社会改良主义是推进西方社

---

①　梅哲：《列宁的社会保障思想研究》，《马克思主义研究》2007 年第 8 期。
②　马克思、恩格斯：《共产党宣言》，载《马克思恩格斯全集》第 1 卷，中央编译局译，人民出版社 1995 年版，第 307 页。
③　列宁：《国家与革命》，载《列宁选集》第 3 卷，中央编译局译，人民出版社 1995 年版，第 127 页。

会进步的力量。

社会改良主义（Social Reformism）的兴起最早源自德国。1878年，奥托·冯·俾斯麦（Otto von Bismarck）提出《反社会党人法》，逼使德国的社会民主工人党（社会民主党的前身）面临党的瓦解危机，党内也因而对党的生存策略产生分歧。

伯恩施坦（E. Bernstein）等人开始提出合法理性的改良主义，伯恩施坦认为：“马克思和恩格斯制定无产阶级革命策略时所依据的前提已经改变，资本主义的发展已使阶级斗争的矛盾缓和，作为社会革命前导的经济危机可能性大为减少。在这种情况下，党也应当改变策略。通过革命一举消灭资本主义只能造成大灾难，相反，在目前社会中已经有可能一部分一部分地实现社会主义。"① 这一种新的呼声，自然引起了党内考茨基（K. Kautsky）等的反击，引发了论战，不过在镇压时期，这种理论斗争则尚未表面化。1890年，《反社会党人法》取消，德国的社会民主工党获得新生，并随即将党名改为"德国社会民主党"，在1891年爱尔福特代表大会通过了《爱尔福特纲领》（Erfurt Programme）。

新成立不久的瑞典社会民主工人党，在1891年正式通过以《爱尔福特纲领》为党的首份发展纲领，显示出瑞典的社会民主运动，从一开始便是以改良主义作为行动方针的。1895年恩格斯逝世以后，第二国际的机会主义者进行改良主义活动，特别是在伯恩施坦主义的影响下，社会民主主义演变为社会改良主义。1899年，伯恩施坦在《社会主义的前提和社会民主党的任务》一书中，反对根据客观的历史必然性来论证社会主义，宣称社会民主党应当改变性质，成为一个力求以民主改良和经济改良的手段对社会进行社会主义改造的政党。在伯恩施坦主义的影响下，第二国际的右派和中派把社会民主主义解释成一种反对无产阶级革命和无产阶级专政，在资本主义范围内通过和平与合法的议会道路来使资本主义进化为社会主义，并把社会民主党变成在资本主义范围内搞社会改良的党。英国的工党在1918年成立时，也是十分明显以改良主义为建党基准，强调通过选举而不是革命的手段来进行改革。即主张在实践手段上，以渐进式的方法，积累改革力量，最为直接的方法，便是经由选举取得

---

① ［澳］爱德华·伯恩施坦：《社会主义的前提和社会民主党的任务》，殷叙彝译，生活·读书·新知三联书店1965年版，第9页。

政权后，再进行社会改造的工作。

19世纪中叶，在西方工人运动中进行活动和发挥影响的，不仅有以马克思、恩格斯为代表的共产主义者，还有其他种种非马克思主义思潮的代表。如前所述，1951年，社会民主主义政党在德国法兰克福成立了社会党国际组织，审议通过了《民主社会主义的目标和任务》（《法兰克福宣言》），在宣言中明确宣称"社会主义是一个反抗资本主义社会固有弊端的运动"，主张建立一个"社会公正、生活美好、自由与世界和平的制度"①。在成立大会上，社会党国际把自己的思想体系的名称由社会民主主义改为民主社会主义。②

19世纪70年代到90年代中期，社会民主主义在思想内容上和马克思主义交叉重叠起来。当时第二国际所属各国的社会民主党，在纲领上都以马克思主义的思想体系为根据，都在党纲党章中阐明自己的社会主义性质，把通过阶级斗争打碎旧的国家机器、消灭资本主义私有制、建立生产资料公有制，以社会主义代替资本主义作为自己的奋斗目标。

随着西方经济与社会生活的变化，社会民主主义开始形成系统的社会保障体系。虽然社会民主主义思潮由于时间、地点的不同而表现不一，但其价值观以及政治、经济和社会思潮的基础具有共同性，主要的价值观为平等、自由和互助，福利国家被认为是其社会保障理论与实践的产物。

作为一种社会改良思潮，社会民主主义社会保障思想主张在政治上发展社会民主，强调阶级调和、阶级合作，进行有利于劳工利益的改良。社会民主主义尽管是20世纪初就在西欧盛行的一种改良主义思潮，但直到第二次世界大战之后才获得广泛的实践机会。二战后到20世纪70年代，是社会民主主义发展的黄金时期，发达国家几乎都是由主张社会民主主义的政党执政。20世纪70年代后，由于发达国家资本积累遇到困难，社会民主主义遭遇了来自新自由主义的进攻，从此失去了在资本主义国家的主导地位。从20世纪80年代到现在，在发达国家处于主流的政治经济理念

---

① 谢松明：《民主社会主义基本价值观的分析与思考》，《科学社会主义》2008年第1期。
② 在有关欧洲社会主义运动的文件和著作中，"民主社会主义"和"社会民主主义"这两个概念所表述的思想体系的差异性争论一直存在，但由于涉及的历史跨度较大，文献浩繁，对这两个概念的起源、本来意义及其演变，二者之间的关系等的理解有时有些模糊，而二者并不存在本质差别，有很多时候二者的使用并没有太大的区别。

已不再是社会民主主义而是新自由主义。西方国家由此进入了新自由主义主导的资本全球化时期。新自由主义声称，正是社会民主主义推行的高税收、高福利政策使生产投资无利可图，因而导致投资下降和经济停滞。要解决生产停滞问题，必须给资本创造宽松的投资环境，使资本在世界范围内自由流动，寻找最佳的投资机会。新自由主义改革的每一项措施如减少税收、削减福利、解除管制等都是直接反对社会民主主义的。为了重新获得执政机会，各国的社会民主主义政党主动调整政策，向新自由主义靠拢，所谓的"第三条道路"的成功正是社会民主主义和新自由主义妥协的产物。

二 社会改良主义社会保障的主要思想

（1）在意识形态上，社会改良主义的社会保障思想同自由主义所主张的反对国家介入、市场主导和个人自由定义不同，社会改良主义主张，国家对公民的福祉承担着某种责任，政府的角色是为社会中有需要的个人提供资金和服务，只有这样才能维护社会公平。因此，在资源的再分配上奉行平均主义的目标，使改良主义的福利理念具有社会主义的特征，但在社会分析和方法上它却同自由主义有着共同之处。这种带有集体主义色彩的福利哲学主张政府采取行动，在经济发展上则采取混合经济和国家干预并行的模式。

（2）社会改良主义思潮中，以费边社会主义和社会民主主义影响最大。社会改良主义把实行社会保障制度看作是资本主义社会的一个极其重要的方面，认为社会保障制度的实行，在一定程度上缩小了贫富之间的差距，缓和了阶级矛盾，维护了社会稳定。但是社会改良主义也承认，这种社会保障制度充其量只是起到一种社会矛盾"缓冲器"的作用。

（3）集体主义的福利观。受边沁主义的功利思想的影响，费边主义者以"追求多数人的最大幸福为目标"。他们对社会弱势群体所持有的社会结构性因素看法，使费边主义者认为，不公平是个人的不幸与市场经济的结果，因为市场常常强调市场的需要（Demand），而不是人的基本需求（Needs），一个社会如果过度地放任市场的作用，遵从市场运作的法则，不加以节制和改良，很容易造成贫困差距的扩大，以及社会不公的现象，国家或是政府必须运用政策手段来改造这种社会的不平等。

因此,费边主义反对个人主义与国家的自由放任,费边主义者坚持认为,唯有通过人类的互助,国家适时介入社会公共生活,才能有效地消除社会的不公平。费边主义基本上是肯定国家与政府的作用,并认为国家应该负担其责任,[①] 使社会的不公平减到最低,主张建立福利制度,实施社会福利制度,发挥人类互助的美德,让人类生活得幸福与美满。因此,费边主义又被称为"费边集体主义"(Fabian Collectivism)。

(4)强调全面性的福利制度。费边主义者认为福利国家产生的必然性是因为市场经济产生的负面效应,福利制度就是用来弥补资本主义产生的不公平,福利制度应由国家来主导,国家介入福利措施的价值在于创造一个稳定而和谐的社会。费边主义者十分肯定福利的价值。认为社会的和谐与进步必须依赖福利的实施,而且国家必须尽量做到极大化福利措施,政府的责任不仅要用一些选择式的(Selective)福利措施,而且要用普遍式的(Universal)福利制度,如通过国家举办各种社会公共福利,以保障劳动者的基本生活水平,积极地保障并促进全民福利。费边主义者对国家的期待很高,他们认为一切好的政府,就是实施福利制度的政府。费边主义者提出福利国家虽不是最终要实现的目标,但它是资本主义向社会主义社会渐变的阶段性成果。事实上,费边主义在社会改革中所提出的三大目标,即消灭贫困、为社会谋取最大限度福利从而获得最大多数人的最大效率、强调平等,所反映出的是福利国家的哲学思想而非社会主义哲学思想。

第五节 "第三条道路"社会保障思想

"第三条道路"(The Third Way)并不是一个新的概念,它曾多次在欧洲政治中出现。人们曾把介于资本主义与社会主义之间的政治选择称为"第三条道路",把介于自由竞争式的资本主义与国家垄断式的资本主义之间的选择也称为"第三条道路"。在过去数十年中,对处于左右之间或超然于左右之上

[①] V. George and P. Wilding, *Welfare and Ideology*, New York: harvesterwheat, 1994, p. 99.

的"第三条道路"、"中间路线"的谈论一直没有中断过。① 但是,进入20世纪90年代以来"第三条道路"在西方实际上已经不仅是一种新政治运动,而且也是一种新的政治思潮,其主张在传统欧洲社会保障国家与新自由主义之间走第三条道路,并提出了一系列有关福利国家改革的新思路、新观念。

一 "第三条道路"社会保障思想的发展脉络

西方发达国家各社会党、社会民主党和工党在20世纪80年代中期开始的以党纲修改为核心的意识形态重塑,拉开了社会民主主义复兴的序幕;他们在90年代中期后纷纷重返执政舞台。

(一) 社会民主主义的"神奇回归"

社会民主党人曾在第二次世界大战后的"黄金时代"(The Golden Age),在欧洲的大部分地区大步迈进,建立了福利国家,在"进步的"60年代和70年代,社会民主主义政策激进化,但在这以后,对社会民主主义来说,潮流似乎转向了,欧洲发达资本主义国家的凯恩斯主义经济政策和福利国家陷入困境后,奠定社会民主党人改良主义成功基础的经济条件消失了。社会民主党以"经济增长、社会平等、劳动就业、理性原则、国家、国际主义"为内容的政治方案到20世纪末丧失了其物质的和思想的基础,"社会民主主义的传统范式及其社会基础已经结构性的削弱了",社会民主党的纲领被认为是"昨日的命题"。②

撒切尔夫人于1979年在英国上台,以及随后一些国家的政权更迭显现了新自由主义的得势,而苏东剧变更被资产阶级右派看成资本主义不仅对"现实社会主义",而且也对社会民主主义取得最终的胜利。所以,社会民主主义被普遍认为无可挽回地衰落了,达伦多夫(Ralf Dahrendorf)那句有名的谶语

---

① 卢克斯(Steven Lukes)认为:20年代的法西斯主义者、30年代哈罗德麦克米兰提倡的人道主义的资本主义、50年代社会党国际所追寻的介于资本主义和共产主义之间的中间路线、60年代东欧国家倡导的人道主义的社会主义、70年代德国的绿党、80年代瑞典的社会民主党,都曾求助于这个称谓。转自陈亦信《西方"第三条道路"的新理论》,《二十一世纪》(香港),1999年8月号,总第108期。

② 王学东:《西欧社会民主主义新变化评析》,《当代世界社会主义问题》2001年第1期。

"社会民主主义世纪的终结"似乎也正在应验,[①] 社会民主主义进入了一个长达 20 年的"危机和自我怀疑的时期"。[②]

从 20 世纪 80 年代末开始,长期在野的英国工党着手探索一条摆脱困境、重新崛起的新路。在社会民主主义的"神奇回归"中,英国工党通过新变革率先走在最前列。1994 年,布莱尔(Tony Blair)当上英国工党领袖后提出"新英国,新工党"(New labour, New Britain)的口号,对工党的理论和政策进行了一系列的改革。1995 年 4 月,英国工党特别代表大会以绝对多数同意对 1918 年制定的第四条党章进行根本性修改。新的第四条党章则把工党定性为一个"民主社会主义政党",把权利和责任相对等的理念作为工党的新价值,同时变革工党与工会之间的传统关系,塑造工党面对现代化进程的新形象。

1997 年,布莱尔在大选中获胜执政,以他为首所倡导的"第三条道路"成为欧洲社会民主主义复兴的主要旗帜。20 世纪 90 年代中后期以后,随着社会民主主义政党在政治上的成功,特别是意大利、英国、法国、德国四大国家的中左政府上台,社会民主党人在纲领更新、理论变革以及政策实践方面的探索引起了人们前所未有的关注。

社会民主主义这次崛起的动因,不是指社会民主主义传统范式——以凯恩斯主义福利国家模式为基础,提倡充分就业,扩展社会公正,谋求资本与劳动之间的一种"福特主义式"平衡——的复活,而是社会民主主义通过对民主社会主义的理论反思和在政策调整基础上,以更强调民主等社会主义价值和抛弃社会主义结构内容为特征的反击。从这个意义上讲,社会民主主义复兴的出现固然有欧洲战后"政治钟摆"的惯性作用,但更主要的是这些国家各社会党、社会民主党和工党适应了各国的变化,特别针对全球经济政治形势的变化,务实地提出了新思想、新主张的结果;同时,通过经济政策和社会政策有力的实施,一改社会民主党不善于经济调控和社会管理的形象,让人们看到 20 世纪末的社会民主党在选举和执政方面都显示了从未有的活力和能力。

[①] [英]拉尔夫·达伦多夫:《现代社会冲突:自由政治随感》,林荣远译,中国社会科学出版社 2000 年版,第 152—153 页。

[②] [德]托玛斯·迈尔:《社会民主主义的转型——走向 21 世纪的社会民主党》,殷叙彝译,北京大学出版社 2001 年版,第 43 页。

（二）"第三条道路"的选择

第二次世界大战后，在战争的废墟上，西欧国家的社会民主党面对战后重建的历史重任，通过民主选举的合法途径，相继执政。这些社会民主党在执政中，坚持了五点基本原则，即政治自由主义、混合经济、福利国家、凯恩斯主义经济学及平等信念，[①] 其核心是构建福利国家。

西欧社会民主党人总是善于根据时代的变化、社会的要求和自身力量的消长，修正自己的观点，调整自己的策略，提出新的理论。20 世纪 90 年代以后，作为英国工党的理论家、更作为英国工党领袖布莱尔的精神导师（Blair's Guru）的吉登斯（Anthony Giddens），在《超越左与右：激进政治的未来》（*Beyond Left and Right: The Future of Radical Politics*）中提出了六点框架，作为他的政治纲领的核心。

这六点框架的主要内容是：第一，修复被破坏的团结，重构个人生活与集体生活的关系，修复被极端利己主义破坏的社会关系和家庭关系；第二，从左翼和自由主义的解放政治转入"生活政治"，关注人类在一个开放的和全球化的世界中如何生活的问题；第三，结合反思性社会的出现，推行积极的信任，提倡一种能动性政治，使个人与团体、国家与公民社会建立起积极的信任关系，以便解决贫困与社会排斥问题；第四，在全球化和反思的社会秩序中，克服自由民主制度的缺陷，建立一种对话民主的社会制度；第五，为建立一种积极的和反思的福利国家做好准备，并将其与解决全球贫困联系起来；第六，通过对话解决包括战争、价值冲突和性暴力等在内的各种暴力问题。[②]

（1）坚持核心价值：复兴的政治架构。1959 年，德国社会民主党在其制定的著名的《哥德斯堡纲领》（*Godesberger Parteiprogramm*）中对所有制这一敏感问题进行了温和的处理，逐渐淡化其形式，从而凸显其伦理价值性，由"制度社会主义"向"价值社会主义"转变，进一步提出社会民主党的价值核

[①] ［英］威廉·E. 佩特森、阿拉斯泰尔·H. 托马斯编：《西欧社会民主党》，林幼琪等译，上海译文出版社 1982 年版，第 3 页。

[②] ［英］安东尼·吉登斯：《超越左与右：激进政治的未来》，李惠斌、杨雪冬译，社会科学文献出版社 2003 年版，第 6 页。

心是自由、公正和团结互助,并按这个基本价值的精神彻底改造这个世界。"①

自由、公正和团结互助作为社会民主主义核心价值观的确立具有重要的意义,因为社会民主主义的一致性并非出于一种世界观,"而是根植于建立在共同道德原则之上的共同政治目标"。这个共同的道德原则就是从人道主义出发,争取社会的自由和公正,而共同的政治目标则是实现人性的彻底解放。

核心价值的确立深远而全面地影响了二战结束以来的社会民主主义的各种政治主张与演变,人道主义的核心价值定位也进一步淡化了社会民主主义的阶级色彩,巩固和扩大了社会民主党的社会基础与党员队伍,使得社会民主党虽然历经挫折,其世界范围的影响力却不断发展壮大。

1999 年,布莱尔与德国前总理、社会民主党前领导人施罗德(Gerhard Schröder)在他们发表的《共同声明》中更明确表达了社会民主主义的核心价值:"公平和社会公正,自由和机会平等,团结和对他人负责,这些价值观念是永恒的。社会民主主义永远不会牺牲这些价值观。"② 布莱尔进一步表示:"英国新工党的基本信条是我们必须将传统的价值观以新的方法运用于新形势之中。"③

事实上,社会民主主义仍继续从左翼的价值观中汲取灵感,要在平等、自由、社会的公正和发展上有效地发挥国家干预的作用,做"政策的代言人"。同时,针对当前全球化带来的挑战,社会民主主义还进一步拓展他们的思路,提出了"必须使民主政策在新的全球化条件下发挥效力,从而使全球化的好处能够被平等分享,成为所有人的机遇"。④

(2)超越左与右:新变革的政治坐标。从 1995 年开始,布莱尔在公开场合表示工党要超越新自由主义和社会民主主义,建构新的政治哲学。1998 年 5 月,吉登斯出版了《第三条道路:社会民主主义的复兴》(*The Third Way*:

---

① [德]托马斯·迈尔:《社会民主主义导论》,殷叙彝译,中央编译出版社 1996 年版,第 98 页。
② [英]托尼·布莱尔、施罗德:"欧洲:《第三条道路、新中间派——布莱尔和施罗德的共同声明》",载陈林、林德山主编《第三条道路——世纪之交的西方政治变革》,当代世界出版社 2005 年版,第 36 页。
③ [英]托尼·布莱尔:《新英国:我对一个年轻国家的展望》,曹振寰译,世界知识出版社 1998 年版,第 264 页。
④ 中联部编译小组编:《社会党国际重要文件选编》,当代世界出版社 2005 年版,第 6 页。

The Renewal of Social Democracy）一书，从理论上进一步完善和阐明了工党的新思路。同年9月，布莱尔出版了《第三条道路：新世纪的新政治》（*The Third Way：New Politics for the New Century*），详细阐发了工党的执政思想。同月，布莱尔撰文提出，"第三条道路是最好的道路"，认为"第三条道路"是现代社会民主重新获得恢复并取得成功的道路。①

在社会民主主义的政治理念上，吉登斯认为："过去，社会民主主义总是与社会主义联系在一起。现在，在一个资本主义已经无可替代的世界上，它的取向又应当是什么呢？"答案就是他所提出的被称作"告别社会主义"的"第三条道路"。② 吉登斯进一步看到，在当代的西方社会中，新自由主义似乎已经在全球范围内取得了胜利，而社会民主主义"正陷入意识形态的混乱之中"③。因此，传统的社会民主主义思想必须从根本上加以改良。

与此同时，吉登斯也尖锐地指出新自由主义本身所陷入的困境，那就是市场原教旨主义和保守主义之间存在的张力。传统的连续性在保守主义的思想中占据的核心地位，传统中包含着过去所累积下来的智慧，并因此提供了一种迈向未来的指南。因而，他主张自由市场的哲学对未来的希望，寄托在通过不断解放市场力量而获得的永无止息的经济增长上："给它所设想的（福利制度的）受益者——被它确定为弱小者、贫穷者和不幸者——造成了极大的损害……它削弱了个人的进取精神和自立精神，并且在我们这个自由社会的基础之下酝酿出某种一触即发的怨恨。"④

因此，在吉登斯看来，无论是社会民主主义还是新自由主义，都给人类带来了损害。他所要做的就是弥补、完善和整合这两大思想，并修复它们所带来的破坏。他要用复兴了的社会民主主义即"第三条道路"来超越老派的社会民主主义和新自由主义。"'第三条道路'指的是一种思维框架或政策制定框架，它试图适应过去二三十年来这个天翻地覆的世界。这种'第三条道路'

---

① ［英］托尼·布莱尔：《第三条道路是最好的道路》，原载于《华盛顿邮报》1998年9月27日，转自《参考消息》1998年10月7日。
② 安东尼·吉登斯：《第三条道路：社会民主主义的复兴》，郑戈译，北京大学出版社2000年版，第25—27页。
③ 同上书，第15页。
④ 同上书，第14页。

的意义在于，它试图超越老派的社会民主主义和新自由主义。"①

当代社会民主党"第三条道路"的种种理论、政策，正是在应对各种变化和挑战中形成的，"……异常深刻的社会、经济和技术变迁。我们应当怎样来回应这些变化？""（我们）需要找到第三条道路"。②"第三条道路政治的总目标，应当是帮助公民在我们这个时代的重大变革中找到自己的方向，这些变革是：全球化、个人生活的转变以及我们与自然的关系。"③

在几乎所有社会民主党上台执政的欧洲国家，"第三条道路"已经变成了一条改变政府实践活动的指导路线。但是，这一次社会民主主义的回归在欧洲各国各具特色，唯一共同的地方是重新对市场作用采取了更加开明的态度，在政策上表现为对民主社会主义遗产和新保守主义遗产的双重继承，即在国家与市场、安全感与灵活性、社会理性调节与经济自发力量之间寻求新的平衡。

为此，布莱尔总结性地提出："第三条道路是现代社会民主重新得到恢复并取得成功的道路。它决不仅是在左派和右派之间的一条妥协之路。它寻找采纳中间和中左道路的基本价值观念，并使其适用于全世界根本的社会和经济变革，而且不受过时的意识形态的束缚。"④

二 "第三条道路"社会保障的主要思想

（一）社会风险观

传统的工业社会人们面对的风险都是可预见的、呈现一定时间规律的风险，如生育、养老，还有一些风险是自然发生的概率性事件，如工伤、失业、疾病等，这两种风险都是外部风险，都能以保险的方法加以解决。

吉登斯把外部风险（External Risk）定义为"来自外部的、因为传统或自

---

① [英]安东尼·吉登斯：《第三条道路：社会民主主义的复兴》，郑戈译，北京大学出版社2000年版，第27页。
② [英]安东尼·吉登斯：《作者序》，载吉登斯《第三条道路：社会民主主义的复兴》，郑戈译，北京大学出版社2000年版，第1—2页。
③ [英]安东尼·吉登斯：《第三条道路：社会民主主义的复兴》，郑戈译，北京大学出版社2000年版，第67页。
④ [英]托尼·布莱尔：《第三条道路是最好的道路》，原载于《华盛顿邮报》1998年9月27日，转自《参考消息》1998年10月7日。

然的不确定性和固定性所带来的风险"。① 吉登斯认为后工业社会人们面临着人为风险,这种风险难以预料,不能用传统的方法加以解决。具体而言,人为风险(Manufactured Risk)指的是"我们在以一种反思的方式组织起来的行动框架中要积极面对的风险",② 是"由我们不断发展的知识对这个世界的影响所产生的风险,是指我们在没有多少历史经验的情况下所产生的风险"。③

吉登斯进一步指出了人为风险的三个不同点:"一是人为风险是启蒙运动引发的发展所导致的,是'现代制度长期成熟的结果',是人类对社会条件和自然干预的结果;二是其发生以及影响更加无法预测,'无法用旧的方法来解决这些问题,同时它们也不符合启蒙运动开列的知识越多控制越强的药方';三是其中的'后果严重的风险'是全球性的,可以影响到全球几乎每一个人,甚至人类整体的存在。"④ 人们开始很少担心自然能对我们怎么样,而更多地担心我们对自然的所作所为。

(二) 福利国家观

在吉登斯看来,福利国家的结构性来源有三个:第一,福利国家是工业化阶段的产物,而且雇用的有偿劳动具有核心而且决定性作用。"福利措施,尤其是社会保险,或许看上去只与那些因为这样或那样的原因不能进入劳动市场的人有关;但是,在其早期和后来的历史中,它们与促进副词意义上的'工业'密切相关。"⑤ 第二,福利国家总是民族国家。它是民族国家建设进程中实现内部稳定的组成部分。"促进福利制度发展的主要因素之一是当局促进国家稳定的愿望。""福利国家就是民族国家。"⑥ 第三,福利国家是为了应付风险而存在的。"福利国家从一开始到现在,一直关心风险管理,风险管理的尝

---

① [英] 安东尼·吉登斯:《失控的世界:全球化如何塑造我们的生活》,周红云译,江西人民出版社 2001 年版,第 22 页。
② [英] 安东尼·吉登斯:《超越左与右:激进政治的未来》,李惠斌、杨雪冬译,社会科学文献出版社 2003 年版,第 157 页。
③ [英] 安东尼·吉登斯:《失控的世界:全球化如何塑造我们的生活》,周红云译,江西人民出版社 2001 年版,第 22 页。
④ 同上书,第 55 页。
⑤ [英] 安东尼·吉登斯:《超越左与右:激进政治的未来》,李惠斌、杨雪冬译,社会科学文献出版社 2003 年版,第 140 页。
⑥ 同上书,第 141 页。

试的确是'政府'之为政府的基本方面。"① 因此，福利国家体现的是生产主义、外部风险、传统的家庭分工等方面。

20 世纪 70 年代以来福利国家"福利病"的出现使福利国家引起了争议。在吉登斯看来，"没有哪个问题会比福利国家更能泾渭分明地把社会民主党和新自由主义者区别开来了。对前者来说，一套发展完美的福利体制是一个公正体面而且人道的社会的基石；而对后者来说福利制度则是企业的敌人，市民秩序衰败的原因。"② 与此同时，吉登斯也意识到新自由主义者对福利国家某些批评的合理性，因为福利机关往往是异化的、官僚主义的，福利收益创造了既得利益，而且还会有负面效果，破坏了福利国家初创时确立的目标。吉登斯也批评了仅仅从财政角度理解福利国家危机的观点。"福利国家削弱了个人的进取和自立精神，并且在我们这个自由社会的基础之下酝酿出某种一触即发的怨恨。"③

福利国家是在应对外部风险的过程中发展起来的保险体系，这一制度体现了自由、平等、互助的原则。但是福利国家建立初期的社会条件已发生了非常明显的改变，在现今认为不确定性占主导地位的时代，建立在外部风险基础上的福利制度开始瓦解。也就是说，随着社会经济的变化，福利国家失去了原来的基础，而解决外部风险的手段无法解决风险。因此可以说，"福利国家危机在很大程度上是一种风险管理危机。"④

（三）积极福利主张

在重新认识福利国家危机实质的基础上，吉登斯开始着手探索福利国家的改革，而如何改革则成了关键问题。吉登斯认为，必须摆脱把"预后关怀"

---

① [英] 安东尼·吉登斯：《超越左与右：激进政治的未来》，李惠斌、杨雪冬译，社会科学文献出版社 2003 年版，第 141 页。
② 同上书，第 100 页。
③ [英] 安东尼·吉登斯：《第三条道路：社会民主主义的复兴》，郑戈译，北京大学出版社 2000 年版，第 14 页。
④ [英] 安东尼·吉登斯：《失控的世界：全球化如何塑造我们的生活》，周红云译，江西人民出版社 2001 年版，第 112 页。

(Precautionary Aftercare) 作为解决风险的主要手段以及对它的依赖。① 吉登斯明确提出,应当以"积极福利"(Positive Welfare) 福利政策代替目前的传统福利政策。

吉登斯认为:"积极的福利就是要积极做出生活决定而不是消极地计算风险。"② 他还进一步认为,积极福利的思想则是把贝弗里奇所提出的每一个消极的概念都置换为积极的:变匮乏为自主,变疾病为积极的健康,变无知为一生中不断持续的教育,变悲惨为幸福,变懒惰为创造。③

与此相对应的政治转变是从解放政治(生活机会的政治)转向生活政治(生活决定的政治或生活选择的政治)。传统的福利政策对外部风险采取事后风险分配制,而积极的福利政策对人为风险采取"事先预防"的方法,即在风险出现或可能出现时采取防范措施。积极的福利政策的实施通常要求国家的干预,甚至是国际或全球范围的合作。

在吉登斯的"积极福利"主张中,强调引导国民转变社会保障的观念。在吉登斯看来,以前的理论割裂了权利与义务的关系,老社会民主党只强调国家与集体的责任,不注重个人的义务,而新自由主义者只论个人的责任,忽视国家的义务。因此,应主张权利与义务的统一,提倡自律式的自由,强调有责任的权利。"个人主义不断扩张的同时个人义务也应当延伸作为一项伦理原则'无责任即无权利'必须不仅仅适用于福利的受益者,而且也适用于每一个人。"④

在无责任即无权利原则的基础上,吉登斯提出了积极福利政策的主张。如前所述,传统的福利政策主要是根据外部风险组织起来的,用来解决已经发生的事,具有被动性,本质上是一种风险的重新分配,其目标是维持人的一种生存状态,不至于因遭遇风险而陷入生存危机,因此被称为消极的福利政策。而今面对人为风险,吉登斯提出了积极的福利政策,"其目标是培养'自发地带

---

① [英]安东尼·吉登斯:《超越左与右:激进政治的未来》,李惠斌、杨雪冬译,社会科学文献出版社 2003 年版,第 190 页。
② 同上书,第 115 页。
③ [英]安东尼·吉登斯:《第三条道路:社会民主主义的复兴》,郑戈译,北京大学出版社 2000 年版,第 132 页。
④ [英]安东尼·吉登斯:《超越左与右:激进政治的未来》,李惠斌、杨雪冬译,社会科学文献出版社 2003 年版,第 69 页。

有目的的自我'（Autotelic Self）……自发地带有目的的自我不刻意回避风险或者设想'其他人会解决这些问题'，他们会积极地面对风险，因为后者带来了自我实现。"①

可见，传统福利政策的目标是维护人的生存，其手段是外在的物质或现金给付；而积极福利政策的目标是推动人的发展，手段是增强人自身的生存能力。

（四）社会投资国家理念

建立一个新的、现代的福利国家是"第三条道路"的核心内容，在吉登斯看来，福利国家建立初始的社会条件已发生了非常明显的改变，在现今认为不确定性占主导地位的时代，建立在外部风险基础上的福利制度开始瓦解。在重新认识福利国家危机实质的基础上，吉登斯明确提出，以"社会投资国家"（Social Investment State）来改革传统的"社会保障国家"模式，使传统福利国家现代化，变福利国家为"社会投资国家"。

吉登斯认为：社会民主主义者必须改变福利国家所蕴含的风险与安全之间的关系，以形成这样一个社会：在政府、企业和劳动力市场中的人是"负责任的风险承担者"（Responsible Risk Takers）；② 在这个意义上，责任是健全社会的基石，它是个人的，又属于社会。社会行动的目的不是要用社会或国家的行为代替个人责任，而是通过改善社会来促进公民个人自我完善的实现。

与此相应，新公正观"应该允许一定程度上的不平等现象存在"，③ 以促进个人的努力。作为个人都要积极回报社会的关爱，为社会和他人承担义务，真正实现基于现代意义的社会公正——"有予有取"，即机会、权利共享，风险、义务共担。另一方面，不再强调"充分就业"，而是把资金引向人力资本的投资方面："我们应该把强调的重点转到积极的福利上，除了国家以外，个人和其他组织都对它负责，而且它会推动财富的创造……社会投资国家的主要

---

① ［英］安东尼·吉登斯：《超越左与右：激进政治的未来》，李惠斌、杨雪冬译，社会科学文献出版社2003年版，第201页。
② ［英］安东尼·吉登斯：《第三条道路：社会民主主义的复兴》，郑戈译，北京大学出版社2000年版，第68—69页。
③ 王坚红：《托马斯·迈尔谈"第三条道路"》，《当代世界与社会主义》2000年第1期。

原则可以简单表述如下：在任何可能的情况下要投资于人力资本，而不是直接给予利益。"①

在实现"社会投资国家"的途径上，吉登斯提出的思路是：传统的福利国家是阶级妥协的产物，而福利国家的改革也应该继续实现社会妥协，只不过妥协的双方不再局限在阶级之间，而是更多的社会团体之间、两性之间，防止社会排斥现象的出现和恶化。被理解为"积极福利"的这些福利开支将不再完全是由政府来创造和分配，而是与积极发展公民社会结合起来，国家与公民社会应当确立一种"合作伙伴"（Partnership）的关系，共同参与和推进社会保障目标。

改革后的福利国家在政治管理过程中，通过合作与协调来实现"善治"（Good Governance）这一目标，通过"增权"（Empowerment）来发挥各种主体的自主性及责任感，强调公共机构与私人机构的合作；注重国家与公民社会的合作；鼓励政府与非政府的合作；提倡强制与自愿的合作，实现多元化的福利供给模式。

【本章小结】

社会保障思想最早可以追溯到欧洲及其他一些国家的传统的伦理道德观念，社会保障理论渊源深厚，社会保障理论演进脉络复杂曲折。

社会经济发展的阶段性决定了现代社会保障思想发展的阶段性。现代西方社会保障理论的发展阶段基本可分为六大历史阶段，涵盖左、中、右、新兴理论流派形成发展的历史脉络。每个时期均有适应当时社会状况的理论流派的形成与发展。

现代意义上的社会保障制度产生于欧洲工业革命之后，是资本主义工业化、城市化及现代化的产物。人们对各种社会保障实践进行了哲学、政治学、经济学及伦理学等方面的探讨，形成了自由主义、马克思主义、社会改良主义等主要的社会保障理论流派。

---

① ［英］安东尼·吉登斯：《失控的世界：全球化如何重塑我们的生活》，周红云译，江西人民出版社2001年版，第101—102页。

【思考题】

1. 新自由主义社会保障思想的主要内容是什么？
2. 从马克思列宁主义角度，如何分析社会保障基金的主要来源？
3. 如何理解列宁的"最好的工人保险形式是国家保险"这一判断？
4. 社会改良主义社会保障思想的主要内容是什么？
5. 如何理解"积极福利"？
6. 如何理解"社会投资国家"？

第四章

社会保障管理

社会保障管理是将社会保障制度落实为社会保障行动的重要枢纽。社会保障管理不仅受到社会保障制度本身的影响，也受到一国政治体制、行政体制以及财税体制等多方面因素的影响。一个国家的社会保障制度是否能够顺利运行，并且实现制度的目标，在很大程度上取决于该国的社会保障管理。

第一节 社会保障管理概述

一 社会保障管理概念

社会保障管理是为了确保社会保障制度顺利运行，由政府机构或其他相关机构与组织采取一定的程序与方法，对各种社会保障事务进行决策、计划、组织、协调、控制和监督的过程。对社会保障管理的理解包括以下四点：

1. 社会保障管理的目的是为了实现制度的顺利运行

从程序上看，社会保障制度是通过社会保障立法确定的，社会保障管理需要通过各种方式、程序和手段将法律规定的社会保障内容逐一落实，即将社会保障制度转变为社会保障实践。

2. 社会保障的管理主体以政府为主

由于受到社会保障模式以及历史文化传统等多重因素的影响，社会保障的管理主体往往都是多元的，但在大多数社会保障项目中，政府都扮演着重要的角色，因为社会保障是利用公共资源实现公共利益的过程，需要由政府进行统一管理和协调。

3. 社会保障管理的内容和范围较广

社会保障管理的基本内容包括社会保障决策、社会保障计划、社会保障组织、社会保障协调、社会保障控制和社会保障监督等。从广义来理解，社会保障管理范围应包括社会保障监督、社会保障运行，还包括社会保障服务提供。

4. 社会保障管理是一个过程管理

社会保障管理是一个完整的动态过程，社会保障管理的不同模块之间相互影响、相互作用，共同决定了社会保障管理的总体效能。

二 社会保障管理分类

1. 根据社会保障项目的不同

根据社会保障项目的不同，可以划分为社会救助管理、社会保险管理、社会福利管理和补充保障管理。由于不同社会保障项目的内容和特征不同，因此在不同社会保障项目中的责任主体也会有所差别。社会救助是政府的基本责任；社会保险往往是劳资分责、政府担保；社会福利则呈现出政府和社会结合的管理趋势。

2. 根据社会保障管理的模块不同

根据社会保障管理的模块不同，划分为社会保障决策、社会保障计划、社会保障组织、社会保障协调、社会保障控制和社会保障监督。决策是根据社会保障立法进行行政或组织决策，制定社会保障管理程序和章程等；计划往往是以年度为单位，对社会保障事务进行规划，对社会保障基金收支进行预算安排；组织是通过建立相应的组织机构，培养专门的人才，筹集和分配相关资源；协调是对社会保障事务中的不同主体，不同社会保障项目之间进行协调；控制是努力确保社会保障与整体社会经济发展相适应，防止社会保障运行出现问题；监督是对社会保障管理的全流程监控。

3. 根据社会保障管理内容的不同

根据社会保障管理内容的不同，可以划分为社会保障行政管理、社会保障基金管理、社会保障信息管理、社会保障经办管理、社会保障服务管理等。行政管理主要是通过设立专门的行政机构，明确其在社会保障管理中的行政管理职责；基金管理主要涉及基金的预算、筹集、运营和给付；信息管理主要涉及社会保障的信息收集、储存、处理和分析等；经办管理是基层社会保障经办机构面向社会保障对象的参保、缴费、资格认定、待遇给付等；服务管理是指直接向民众提供养老等社会服务的过程。

三 社会保障管理目标

1. 支撑和确保体系运行的有效性和可持续性

社会保障行政管理体制的确立有利于明确主管部门的职责，有利于建立部门之间的合作机制，从而在分工明确的前提下发挥各个部门的优势，优化对社会保障的管理，确保制度目标的顺利实现。而社会保障基金管理则确保了社会保障基金的安全性，并为社会保障制度稳定运行提供物质基础。社会保障管理体制还有利于促进社会保障制度的可持续发展。例如，社会救助中的管理，有利于甄选出最需要救助的人群，确定合理的救助标准，从而使社会救助资金与服务更加准确地用在最需要的对象上；慈善福利事业的管理有利于使财政性社会福利资源得到合理分配，同时有利于吸引更多的社会资源参与慈善福利事业；救灾管理制度能够确保在发生重大灾害时及时协调相关部门积极应对灾情，减少灾害造成的损失；等等。这些管理制度确保有限的社会保障资源得以合理分配，进而实现社会保障体系的可持续发展。

2. 提高管理的效率和服务对象的满意程度

公平与效率的关系是当今社会保障制度最重要的关系。社会保障制度以公平为核心价值理念，社会保障管理则更倾向于提高管理效率和被服务对象的满意度。社会保障管理体制通过对人力资源和财力资源的有效配置，通过建立不同管理部门之间的协调与合作机制，以最便利和最高效的方式提供社会保障服务。社会保障管理对效率的促进还体现在协调政府与市场在社会保障管理中的作用。

四 社会保障管理原则

1. 依法管理

依法管理原则是指社会保障管理主体的确定、社会保障管理流程的设计以及社会保障管理系统的运行都要严格按照社会保障法律的相关规定进行，不可以超越或者是违反相关社会保障法律的规定。例如，社会保障管理主体的确定应当是依法授权或者是依法建立，不符合法律规定和要求的社会保障管理或服务主体会直接影响社会保障管理的有效性，甚至会对社会保障服务接受对象造成影响和损失。社会保障管理流程的设计也要遵循相关法律的要求，既不可以省略某些环节，也不可以颠倒不同管理环节的次序。

依法管理作为对社会保障管理的一项基本要求，既是为了避免因管理职责紊乱致使社会保障制度在运行中出现非正常状态，也是为了确保社会保障管理的权威性。因此，社会保障管理立法应当先于社会保障管理体制的建立，社会保障管理的基本任务就是保证现行社会保障法律、法规、政策的贯彻落实。

2. 公平与效率相结合

公平与效率相结合原则是指社会保障管理体制要在追求管理效率的同时，通过信息公开等方式确保社会保障制度的公平性不受损害。社会保障管理的效率体现为根据不同社会保障项目选择最为合适的管理主体，运用先进的管理手段和技术方法提供最便捷的管理服务等。

20世纪70年代以来，社会保障民营化趋势的主要表现形式就是市场主体越来越多地介入社会保障管理与服务中。但是，对社会保障管理效率的追求绝不能以损害社会保障制度的公平为代价。社会保障管理应当通过信息公开、管理主体的整合、管理流程的标准化等方式，促进社会保障制度公平性的提升。

3. 集中与分散相统一

集中与分散相统一原则是指根据不同社会保障项目的性质，在不同的社会保障管理环节，实现适度分散与适度集中的结合。不同类型社会保障项目的性质不同，对管理的集中程度要求也不同。例如，养老保险因为涉及参保者的一生，并因此可能涉及跨地区的协调，因此要求由中央政府相对集中管理；医疗保险因为以年度为基金平衡的基本单位，则可以由地方政府承担主要责任。在社会保障管理的不同环节，对管理集中程度的要求也有所不同，在编制社会保障计划时，需要适度集中，从而确保社会保障计划的统一性和完整性；在社会保障监督以及社会保障服务提供时，又需要适度分散，从而实现监督的多方位参与以及服务的多样化与个性化。

第二节　社会保障管理内容

一　社会保障行政管理

社会保障行政管理是指行政部门依法行使对社会保障事务的管理与监督权力，它是社会保障制度良性运行的保证。由于不同类型社会保障项目的特征和性质不同，行政机构在不同社会保障项目管理中的地位、角色以及职能也有所差别，但是世界上绝大多数国家的行政机构都会在社会保障管理中扮演重要的角色，从而确保社会保障制度的顺利运行和功能的充分发挥。

（一）社会保障行政管理的主体

随着生产和生活的社会化程度越来越高，社会保障的内容也就越丰富，涉及的关系也就越复杂，因而就越需要有社会化、专业化的社会保障管理机构对社会保障事务的管理承担职责。而社会保障管理体制的核心就是社会保障管理机构的设置。在社会保障行政管理机构的设置过程中，主要解决以下三个方面的问题。

1. 社会保障管理机构的横向分工问题

社会保障是一个外延较大的概念，包括社会救助、社会保险、社会福利、补充保障等内容，在有些国家还包括住房保障以及教育等有关内容。不同类型社会保障项目的特征存在显著的差异，如社会救助制度的主要职能是反贫困，往往由政府承担主要责任，在很多国家设置专门的社会事务部承担该项职能；社会保险则往往建立在劳资分责的基础上，与劳工权益密切相关，很多国家往往将该项职能安排在劳工部；医疗保障制度与公共卫生密切相关，很多国家往往将该项职能安排在健康与卫生部等。

与此同时，随着社会保障制度重要性的日益提升以及社会保障体系的相对独立性和整体性日益凸显，社会保障行政管理机构的横向分工面临的一个突出问题就是，是否需要通过部门之间的整合，形成一个独立承担社会保障事务的综合行政部门。

2. 社会保障管理机构的纵向分工问题

不同层级政府的职能有所不同,因此其承担的社会保障管理责任也会有所不同。社会保障行政机构的纵向分工会受到一国行政体制的影响,在中央集权制的国家,社会保障管理职能也往往集中于中央政府;在联邦制国家,州政府和地方政府则往往承担更多的责任。与此同时,纵向分工还会受到社会保障项目以及社会保障具体管理内容的影响。例如,由于养老保险制度涉及人的一生,往往跨越区域范围,因此通常由中央政府承担主要责任;医疗保险制度往往由地方政府承担主要责任。社会保障的行政决策与计划制订需要保证统一性的要求,因此往往由中央政府承担,而具体的经办和服务递送往往由地方政府承担。

3. 协调社会保障行政机构与其他行政机构之间的关系

社会保障是一个内容丰富的社会政策系统,因此不同的社会保障项目有可能由不同的社会保障行政机构负责管理,就需要不同社会保障行政主管部门之间的协调。例如,在中国,社会保险主要由人力资源和社会保障部主管,社会救助和社会福利则主要由民政部门主管,卫生与计划生育委员会、教育部、住房与城乡建设部也都不同程度地承担相关社会保障项目的管理责任。另外,社会保障制度还涉及资金筹集、公共财政投入等诸多内容,因此,社会保障管理也会涉及财政部、税务总局等相关职能部门,从而需要处理好业务主管部门与职能部门之间的关系,做到有效协同,高效管理。

(二) 社会保障行政管理的内容

社会保障行政管理的内容包括:设置高效的社会保障管理机构、配置精干的社会保障管理人员,明确社会保障管理组织的职责;制订社会保障计划,检查社会保障计划的执行情况,并不断完善社会保障计划;落实社会保障的法律、法规和政策,监督社会保障法律、法规和政策的实施;调解和处理社会保障活动中出现的行政纠纷等。[①]

(1) 从社会保障管理的程序上看,社会保障行政管理可以被划分为社会

---

① 童星主编:《社会保障与管理》,南京大学出版社 2002 年版,第 131 页。

保障行政决策、社会保障行政实施和社会保障行政监督三个部分。

社会保障行政决策主要是根据社会保障立法的基本原则和内容，对不同社会保障项目的覆盖对象、参保方法、认定机制、缴费与待遇标准、管理机构及其职责、经办程序等进行更加详细的规定，对社会保障行政争议进行复议。社会保障行政实施则是由社会保障行政机构或者是委托社会保障经办机构办理社会保障的参保缴费、待遇发放等具体事务，从而确保社会保障制度的顺利运行。社会保障监督是社会保障行政机构对其委托的社会保障经办机构或其他提供社会保障服务的机构进行资质的监督和质量的监督，从而确保社会保障管理服务主体的合法性以及社会保障管理服务的质量。

（2）从社会保障管理的内容上看，社会保障行政管理包括社会保障行政机构对社会保障事务的管理和社会保障行政机构的内部管理。

社会保障行政机构对社会保障事务的管理内容具体包括：落实社会保障的法律、法规和政策；制定社会保障的行政管理制度和具体实施细则；规定社会保障的实施范围与对象，享受保障的基本条件，资金的来源方式以及资金的投资管理办法，待遇支付的标准以及动态调整机制，等等。社会保障行政机构的内部管理包括：设置高效协同的社会保障行政管理机构，根据需要设立相应的岗位，甄选合适的社会保障管理人员，明确社会保障管理组织的职责，培养、考核、任命社会保障管理干部等。[1]

（3）人力资源和社会保障部是我国社会保险制度的主管部门。在人力资源和社会保障部的职能中，与社会保障管理相关的职能如下：

第一，拟订人力资源和社会保障事业发展规划、政策，起草人力资源和社会保障法律法规草案，制定部门规章，并组织实施和监督检查。

第二，统筹建立覆盖城乡的社会保障体系。统筹拟订城乡社会保险及其补充保险政策和标准，组织拟订全国统一的社会保险关系转续办法和基础养老金全国统筹办法，统筹拟订机关企事业单位基本养老保险政策并逐步提高基金统筹层次。会同有关部门拟订社会保险及其补充保险基金管理和监督制度，编制全国社会保险基金预决算草案，参与制定全国社会保障基金投资政策。

---

[1] 邓大松、刘昌平主编：《社会保障管理》，中国人民大学出版社 2011 年版，第 145 页。

第三，负责就业、失业、社会保险基金预测预警和信息引导，拟订应对预案，实施预防、调节和控制，保持就业形势稳定和社会保险基金总体收支平衡。

（4）民政部是我国负责社会救助与社会福利制度的主管部门。在民政部的职责中，与社会保障管理相关的职能如下：

第一，拟订民政事业发展规划和方针政策，起草有关法律法规草案，制定部门规章，并组织实施和监督检查。

第二，牵头拟订社会救助规划、政策和标准，健全城乡社会救助体系，负责城乡居民最低生活保障、医疗救助、临时救助、生活无着人员救助工作。

第三，拟订社会福利事业发展规划、政策和标准，拟订社会福利机构管理办法和福利彩票发行管理办法，组织拟订促进慈善事业的政策，组织、指导社会捐助工作，指导老年人、孤儿和残疾人等特殊群体权益保障工作。

二　社会保障财务管理

社会保障基金是社会保障制度运行的物质基础，对社会保障基金的财务管理贯穿社会保障制度运行的全过程。因此，社会保障财务管理构成了社会保障管理的重要内容。

社会保障财务管理是在社会保障基金筹集、运营、分配和支付等方面所体现的财务关系，是以现行社会保障法律法规和财政会计制度为依据，科学有序地组织、调节和监督社会保障基金的运行。①

（一）社会保障财务管理的目标

社会保障基金管理的目标至少包括以下四个方面：

第一，对社会保障基金收支的计划进行妥善安排，确保社会保障基金总体收支平衡，为社会保障制度的平稳发展提供基础，这个目标主要通过社会保障基金预算来实现。

第二，确保社会保障基金的安全，防止社会保障基金被挪用，确保相关人

---

① 林毓铭：《社会保障管理体制》，社会科学文献出版社2006年版，第89页。

群能够及时足额地获得社会保障待遇,这主要通过社会保障的专户管理来实现。

第三,确保积累制社会保障基金的保值增值。

第四,通过对社会保障基金收支状况的监测和预警,对相关制度做出评价和调整。

(二) 社会保障财务管理的内容

从层次上看,社会保障财务管理包括两个层次:一是政府财政、审计部门对社会保障财务收支及运行状况管理与监督;二是社会保障主管部门对社会保障经办机构的财务收支及运行状况管理与监督。

从环节上看,社会保障财务管理的环节包括:一是对社会保障基金筹集的管理,检查各责任主体(如国家、单位、个人)是否按法定标准供款,私人和社会团体的捐助是否符合法律的规定等;二是社会保障待遇给付的管理,即对享受者支付养老保险金、医疗保险金、工伤保险金、失业保险金、最低生活保障金等是否符合法律规范,有无违规现象、有无漏洞等,发现失范时及时纠正并处理;三是对社会保障基金运营的管理与监督,确保社会保障基金安全并尽可能地使其保值增值。[1]

(三) 社会保障财务管理的具体内容

1. 社会保障资金预算管理

社会保障预算是政府预算的重要组成部分,是国家为了实现社会保障目标,根据有关法律法规筹集和分配各项社会保障基金的计划,是政府财政全面反映、管理、监督各项社会保障资金收支活动的重要手段,是建立健全社会保障体系的重要保证。社会保障预算作为一种由政府编制的反映社会保障收支规模、结构和变化情况的计划,既是国家预算的重要组成部分,同时又具有相对独立性,在政府预算体系中占有重要地位。

社会保障预算的模式主要有两种:专门预算模式和政府公共预算模式。所谓专门预算模式是指在政府一般性公共预算之外,对社会保障(这里主要是

---

[1] 郑功成主编:《社会保障学》,中国劳动社会保障出版社 2005 年版,第 248 页。

指社会保险）资金的收支进行专门的预算编制，从而使社会保障基金管理相对独立于政府财政性资金的管理。所谓政府公共预算模式是指把社会保障基金收支纳入财政一般性收支预算，与其他的政府财政性收支统一编制预算，统一管理。社会保障预算模式的选择主要由社会保障的模式决定：在福利国家，政府承担社会保障的主要责任，并且直接提供社会保障产品和服务，因此往往纳入政府一般性财政预算；在社会保险型国家，社会保险资金与财政性资金相对独立，政府仅仅承担有限责任，因此往往采取社会保障专门预算的方式对其独立管理。

社会保障预算包括社会保障预算收入和社会保障预算支出两个部分，其中，社会保障预算收入包括社会保障基金征缴收入、财政补贴收入以及其他收入；社会保障预算支出包括社会救助支出、社会保险支出、社会福利支出等。总之，社会保障预算有利于对社会保障资金收支进行统筹安排，确保基金运行的总体平衡，有利于确保社会保障资金的安全与专款专用，防止社会保障基金管理的风险发生。2010年1月，国务院下发了《关于试行社会保险基金预算的意见》，标志着我国社会保险基金预算制度的初步建立。

2. 社会保障资金征缴管理

社会保障资金征缴管理的基本目标是筹集社会保障基金，为社会保障制度的运行提供坚实的物质基础。社会保障基金的来源非常丰富，并且不同类型社会保障项目的资金来源也不完全相同，因此征缴方式也有所区别。具体而言，社会救助制度完全由政府负责，基本来源于政府财政性资金，因此主要通过税收的方式征集。社会福利资金的来源相对多样化，既包括财政性资金，也包括民间资金以及企业和个人的捐赠资金，对于不同类型的社会福利资金，需要分别制定相应的管理办法。社会保险制度的资金征缴相对较为复杂，社会保险资金的来源既包括财政性资金，也包括参保人的缴费。其中，参保人的缴费往往采取社会保险费的形式，但征收主体既有社会保险经办机构，有时也由税务机构或者是其他社会机构代为征收。我国从1999年开始，允许由省级政府自行决定社会保险费的征收主体，致使部分省区由社会保险经办机构征收，部分省区由税务部门征收的混乱格局，对社会保障管理体制产生了不利的影响。

根据1999年1月颁布的《社会保险费征缴暂行条例》，社会保险基金征缴的基本要求和规定包括：第一，缴费单位必须向当地社会保险经办机构办理社会保险登记，参加社会保险。第二，缴费单位必须按月向社会保险经办机构申报应缴纳的社会保险费数额，经社会保险经办机构核定后，在规定的期限内缴纳社会保险费。第三，缴费单位和缴费个人应当以货币形式全额缴纳社会保险费。缴费个人应当缴纳的社会保险费，由所在单位从其本人工资中代扣代缴。第四，征收的社会保险费存入财政部门在国有商业银行开设的社会保障基金财政专户。第五，缴费单位未按规定缴纳和代扣代缴社会保险费的，由劳动保险行政部门或者税务机关责令限期缴纳；逾期仍不缴纳的，除补缴欠缴数额外，从欠缴之日起，按日加收2‰的滞纳金。滞纳金并入社会保险基金。

3. 社会保障基金投资管理

从财务模式上看，社会保障基金总体上可以分为三种模式，分别是现收现付制、完全积累制和部分积累制，其中，完全积累制和部分积累制在一个财务年度中都会有基金结余。为了防止基金贬值，就有必要对基金进行投资管理。

社会保障基金投资管理体制需要解决三个主要问题。第一，基金投资的主要领域。基金投资的领域主要由基金的收益率要求决定：对于长期积累的资金，如完全积累的养老保险个人账户基金，对投资回报率要求较高，投资周期也较长，可以选择风险稍大，但回报率较高的领域；对于短期积累的资金，如医疗保险的当期结余基金，对投资回报率要求很低，投资周期较短，应当以流动性较高的领域为首选。第二，基金投资的主体。由于社会保障基金的公共性质，有些国家成立了专门的机构负责社会保障基金的投资，例如中国于1999年成立的全国社会保障基金理事会，专门负责投资管理全国社会保障基金。但绝大多数国家都采取委托代理的形式，选择具有较好资质的市场机构进行委托投资，但国家会对投资领域进行较为严格的数量监管。第三，基金投资的风险控制与监督机制。对社会保障基金及其运营的管理与监督是社会保障财务管理的重点。它一般由专门的社会保障管理机构进行管理，并接受社会监督，在许多国家是由政府、雇主与劳动者代表三方组成的机构对基金进行监督管理。①

4. 社会保障待遇给付管理

社会保障待遇给付管理是指将社会保障待遇准确、及时地递送给被保障

---

① 郑功成：《社会保障学》，中国劳动社会保障出版社2005年版，第249页。

对象，社会保障待遇给付的内容以资金为主，服务为辅。广义的社会保障待遇给付包括社会保障对象的瞄准、动态调整以及社会保障待遇标准的确定和动态调整，狭义的社会保障待遇给付仅仅包括社会保障待遇的确定和动态调整。

所谓社会保障对象的瞄准和动态调整是指准确找到符合相关要求的社会保障待遇对象，例如符合救助标准的贫困家庭、满足养老金支付条件的参保者、满足领取失业保险待遇的失业者等。同时，由于被保障对象及其家庭本身的收入和就业情况是动态变化的，因此社会保障对象的瞄准也需要同步变化。所谓社会保障待遇的瞄准和动态调整是指根据社会保障待遇确定的原则，计算出被保障对象的待遇标准，并根据相关政策规定（如根据当地物价指数），对待遇标准进行调整。社会保障待遇给付是可以完全社会化的社会保障管理职能之一，目前，我国的职工养老保险制度已经基本实现了养老金社会化发放，即符合要求的参保对象可以到银行、邮局等领取养老金待遇，从而实现了管办分离、方便群众。

三　社会保障信息管理

（一）社会保障信息管理的内涵

（1）社会保障机构内部实现文档电子化和办公自动化，建立办公决策支持系统，提高分析、预测和决策的效率。通过办公自动化系统和网络的建设，能有效地提高政府部门的办事效率。

（2）将社会保障信息放到网络上，供社会公众了解与使用，即"政务公开"。通过信息公开，公众可以便捷地查询劳动与社会保障部门的工作职责、劳动法规、社会保障政策等内容，而劳动保障部门也可以通过该渠道收集反馈意见。

（3）建设统一的服务平台，使社会公众能够通过网络十分便利地获取服务，实现政务处理电子化。一体化的服务平台意味着消除不同部门间的界限，公众只要在劳动保障系统的网站上就可完成所需的各种事务，提高了服务的质量与速度。信息化在社会保障的政策决策、制度建设、管理模式、运行机制、机构设置、职能转变等方面都具有强大的促进作用。

(二) 社会保障信息管理的意义

1. 有利于社会保障制度规范化

社会保障制度的建立和运行都需要技术手段的支持，而技术手段的应用反过来也可以促进业务的规范化。制定的政策是否具有可操作性，通过计算机程序很快就可以检测出来。计算机管理信息系统是以系统化的科学方法对各管理环节进行优化，在制定出规范的业务流程的基础上，计算机系统能够对业务实行严谨科学、规范高效的管理。

2. 有利于提高工作效率，确保数据安全可靠

社会保障在很大程度上是各种社会保障基金的管理。社会保险基金管理包括基金征缴、个人账户管理、社会保障待遇发放等，数据量大、时效和安全性要求高、存储的时间长，人工处理是无法胜任的，必须使用计算机管理信息系统，做到异地备份，才能完成数据管理的任务。

3. 有利于增加工作的透明度和决策的科学性

对社会保障工作实行计算机管理，参加社会保障的人员可以通过计算机网络接受查询服务，方便地了解各项社会保障政策信息，同时也使社会保障经办机构能随时接受社会公众的监督。此外，通过计算机系统对各种社会保障基金的收支平衡、费率调整等情况进行测算，很容易做到多种方案的比较分析，从而实现准确测算、科学决策。

4. 有利于发挥社会保障体系的整体效益

社会保障体系是一个系统工程，其管理的信息包括就业、参保、社会保险项目数据及各种支付情况等。如果将这些信息分开管理，势必加大管理成本。而依靠信息技术的支持，通过信息系统将各类信息有机地组织在一起，实现信息共享，既可以节约资源，又可以充分发挥社会保障体系的整体效益。

5. 有利于促进社会保障服务均等化

信息化大大降低了信息的传播成本，能够最大限度地减少信息不对称的现象。长期以来，由于受到信息化水平的制约，农村地区的居民无法全面获得有关社会保障的政策信息，并由此导致城乡社会保障服务的非均等化。信息化基础设施和社会保障信息管理系统向农村的延伸，可以提高社会保障信息在城乡的均等化程度，并进而推进社会保障服务在城乡的均等化程度。

（三）社会保障信息系统设计的原则

社会保障信息系统既涉及所有参保人的个人信息，而且其提供的数据将为社会保障决策提供重要的参考，因此，在设计社会保障信息系统时，应当格外谨慎，严格遵守以下六个基本原则。

1. 实用性与先进性原则

社会保障计算机管理系统必须面向用户，系统设计要从实际出发，在不脱离实际承受能力的前提下，充分利用成熟先进的计算机技术和通信技术，保证社会保障各项业务管理全面实现。

2. 安全可靠性原则

系统的设计和实施必须有足够的安全措施，采用完善的密码控制机制，防止非法操作，对重要数据的更改保留必要的跟踪记载；同时，系统应具有较强的容错能力，避免崩溃，也不应因为局部问题而影响全局系统，应在较长时间内保证高比例的数据恢复能力；另外系统还应具有防范计算机病毒侵袭的能力或措施，保证系统中的数据在存储和传输过程中不出现差错。

3. 扩展性与灵活性原则

系统设计在技术上要采取必要的手段，如模块化设计，使得因业务政策和管理办法的变化所引起的系统修改尽可能小和简单，保证在不同的时期，随着社会保障业务的不断发展和数据量的不断增加，具有能够从现有小规模系统向较大规模系统、从单一的业务形式向较复杂的业务形式实现逐步升级的过渡能力。同时，针对各地社会保障业务发展不平衡的特点，系统在各地具体实施时，应具有广泛灵活的实现手段，即系统必须提供必要的在实施运行中的灵活应变与变通能力以及不断吸收容纳新技术、提高系统性能的能力。

4. 开放性原则

开放性是对于数据组织形式而言的。系统的设计在技术上要立足于长远发展，即无论是在服务器、网络设备等硬件设备选型中，还是在操作系统、数据库管理系统等软件环境的选择上，都要考虑所支持的工业标准是否具有开放性。采用开放式系统体系结构是规范的数据库系统的基本特征。

5. 标准化原则

社会保障业务处理流程一定要系统化和标准化，社会保障计算机网络管理系统设计过程、总体设计及局部设计也一定要规范化、标准化，技术指标要高度统一，力求与国际标准保持一致。

6. 易操作维护原则

系统设计必须贯彻面向用户的原则，建立友好的用户界面，提供在线帮助服务，尽可能地减少汉字输入，使操作简单、直观，易于学习和掌握。同时，应提供多种维护工具或方法，具备全面充实的文档资料，便于系统管理员对数据和系统的维护。

（四）社会保障信息管理的具体内容

1. 统一数据标准

数据标准的统一是信息交换和共享的前提，只有把基础数据和交换数据统一到国家标准、行业标准上来，才能实现不同系统间的数据交换和跨地区的信息交换，才能实现全国联网。

2. 在中心城市建立资源数据库

引入现代化的管理手段，建立资源数据库，在社会保障信息化中有着重要地位。这个数据库直接将各类型参保人员的基本信息和社会保障信息融为一体，可随时掌握变化情况，并且资源数据库还能支持业务开展、横向信息交换和业务统计等要求。做好资源数据库的建设工作，首先，各地和各业务系统之间的数据标准必须统一；其次，在中心城市管理的信息要做到全覆盖，即不论在城市内部各区县的数据如何分布，在市级数据库中要包含全部人员、单位、基金的数据。还要使数据库能支持省级政府和中央政府对数据统计的要求。

3. 建立统一网络

以市级网络建设为起点，建立覆盖社会保障行政主管部门、社会保障经办机构的网络，并逐步延伸到各基层单位，在城市联网的基础上逐步构建省网、全国网。通过统一规划和部署，在网络体系结构、通信方式、网络设备及安全设备选择上，按照统一的标准，采用主流和成熟的技术，以避免给网络互联带来障碍。

4. 建立网络信息采集制度

网络信息采集是通过网络对中心城市的资源数据库进行数据采集。网络信息采集是非实时的，它根据中央政府或省级政府的统计要求，将统计结果通过网络进行传送。这种采集方式与常规统计报表制度和抽样调查结合，能获取大量的真实数据，为宏观调控提供更加准确的信息。

5. 创建和实施统一的社会保障管理信息系统软件核心平台

目前我国社会保障管理政策还处于一个发展和完善的阶段，一些业务操作细则和流程难免发生变化。基层部门很难做出完整、准确和具有前瞻性的业务需求分析，也很难开发出可长期持续使用的业务软件。因此，就需要开发一个全国统一的社会保障应用软件系统，建立核心平台，使核心平台成为系统生成工具，保证各地系统建立和升级的使用，实现网络信息的有效利用。

6. 严格网络使用制度

各地应根据实际情况，制定一套完整的关于数据采集、录入、查询等方面的管理制度，实行全封闭网络管理，防止恶意破坏。信息每天都要进行备份，一旦服务器出现不可预测的问题，整个系统也较易恢复，相应提高了网络的可靠性和安全性。

7. 提高社会保障经办人员的素质

第一，提高社会保障工作人员的整体素质，培训其学会利用先进的技术手段，加强对网络的日常维护和管理。

第二，制定严格的网络管理制度，明确各级网络管理人员及操作人员的职责，强化责任意识，对出现问题的环节及岗位，要严肃追究责任，做到网络使用规范化。

第三节　社会保障管理体制

一　社会保障管理体制的国际比较

社会保障管理体制是指国家为实施社会保障事业而规定的从中央到地方的各种社会保障管理机构、管理原则和运行机制的总和。世界各国的社会保障管理体制因其政治、经济、文化、历史背景和民族传统不同而有很大差异。如根据政府介入的程度，可以概括为政府直接管理、政府和社会组织共同管理以及以私营公司为主的管理等模式。

在政府直接管理的模式下，政府不仅要负责制定社会保障的政策和法令，对社会保障的各项内容做出具体的规定，而且还要负责检查和监督这些政策法令的正确实施，受理社会保障申诉，调节社会保障纠纷。在政府与社会组织共同管理的模式下，政府负责社会保障行政法规的制定和监督，社会组织负责社会保障的业务管理，从而实现管办分离。在这样的体制下，负责社会保障具体管理工作的往往是不同于政府机构和企业的，具有自治性的公共团体，一般由雇员、雇主和政府方面的代表共同组成。在以私营公司为主的管理体制下，社会保障的日常管理工作全部由私营化的公司来承担。[1]

对社会保障管理体制的选择在很大程度上取决于这个国家的福利体制，对于由政府承担主要责任的福利国家而言，往往采取政府直接管理的方式；对于实行劳资分责、政府担保的社会保险型国家而言，则往往采取自治组织管理、政府监督的方式；而对于实行社会保障"私有化"，以基金积累制为主要模式的国家而言，则主要采取由私营公司为主的管理体制。

无论是在哪一种管理体制之下，政府都承担了一定的社会保障的管理职责，因此，社会保障管理职能在政府内部也存在纵向划分与横向划分的问题。从政府内部社会保障职能的集中程度，可以进一步地将社会保障管理体制划分为集中管理、分散管理、集散结合管理等模式。[2]

（一）集中管理模式

集中管理式是指把某些社会保障项目统一于一个管理机构，建立一套统一的管理体系，并对社会保障各项目的资金统一管理。在实行集中管理的国家里，一般从中央到地方都设立专门的行政管理机构和业务机构，配备专职的工作人员。判断是否属于集中管理模式可以从该模式的几个显著特征来区分：

（1）社会保障决策权是否集中在中央；

（2）社会保障预算权是否统一；

（3）地方社会保障管理接受双重领导还是单一领导。接受双重领导即地方管理机构不仅要向同级政府负责，还要服从中央政府的指令，同时，地方的社会保障收支规模与基本结构要由中央政府决定。

---

[1] 孙光德、董克用主编：《社会保障概论》，中国人民大学出版社 2008 年版，第 78—81 页。
[2] 郑功成主编：《社会保障学》，中国劳动社会保障出版社 2005 年版，第 244 页

英国社会保障管理实行自上而下、整齐划一的行政管理方式，从中央到地方都建立社会保障工作机构，并对社会保障实行统一的行政管理。英国政府的社会保障主管部门是就业与养老金部。该部下设五个执行机构，分别管理国民保险福利、非缴费型福利、与收入相连的福利以及战争年金等待遇政策和标准的制定；各种福利资金的筹集和预算；全国社会保障情况的信息收集、预测分析等。社会保障部在各区、郡、县市下设社会福利办事处，管理行政区域内国民保险金的缴纳、各种福利金的发放及收入调查。由此看来，英国的社会保障具有强调国家管理的特征，其社会保障管理是一种相对统一集中的模式。

新西兰是由社会发展部（Ministry of Social Development, MSD）主要负责管理社会保障的大部分项目。通过社会发展部的演变历史可以看出，从最初的老年退休保障部成立到今天的社会发展部，在演变过程中不断集合了养老、就业、社会福利、住房保障、相关的津贴和社会服务等管理职责。今天的新西兰社会发展部已经几乎集中管理了全国的所有社会保障项目，属于典型的集中管理模式。

根据挪威《社会服务法》（the Social Services Act）规定，挪威劳动和社会融合部（Ministry of Labor and Social Inclusion）是挪威社会保险计划的最高行政机关。该部下设九个直属司：福利政策司、萨米和少数民族事务司、老年人年金司（养老保险司）、一体化和多样化司、移民司、财务司、工作环境和安全司、劳动力市场事务司、人事行政司，对全国的养老保障、社会福利、失业保险等社会保障事务集中管理，体现了集中管理模式的特点。

同样是北欧福利国家的瑞典，其养老保险、医疗保险、儿童津贴和家庭、遗属补助这些项目由卫生与社会事务部管理，具有一定的集合性。虽然失业保险单列在劳动部管理，但从总体上看，瑞典的社会保障管理仍属于集中管理模式。

（二）分散管理模式

分散管理模式是指不同的社会保障项目由不同的政府部门管理，并各自建立一套管理监督机构。分散管理模式具有以下基本特征：

第一，各级政府及社会保障部门事权独立；

第二，各级政府及社会保障部门预算独立；

第三，政府将社会保障事务常常委托给社会保障经办机构管理，只对社会保障进行监督和相应的财务平衡。

在美国政府机构中,有15个部门负责社会保障事务,其中美国社会保障署主要管理老年、伤残与遗属保险,医疗保险的缴费数据与享受资格确定,补充保险业务,黑肺病,社会保障号的发放等。美国的劳工部主要负责就业、工资和福利、职业伤害及改善工人的生活条件等,失业保险、工伤保险则由各个州政府的劳动部门管理。健康与人类服务部的医疗与医疗救助服务中心主要负责医疗保险、医疗救助的具体业务,联邦政府一般采取补助的方式体现自身的责任。除此之外,美国还有农业部、教育部、能源部、退伍军人服务部、住房与城市发展部、紧急事务管理局、矿山安全和健康审查委员会、安全与健康审查委员会、人事管理办公室、养老保险公司及退休委员会等负责一些社会保障的具体事务。因此,美国的社会保障管理职责分散,属于分散管理。

新加坡的社会保障制度也分属于不同的管理部门,劳工部主要负责中央公积金监督,卫生部主要负责医疗保障服务提供和监督执行,社区发展、青年和体育部主要负责社会福利和救助,建屋发展局负责公共住房计划。还有一些私人机构主要是一些民间团体、组织,各种基金会等,它们根据国家政策主要从事社会福利和救助工作。因此,新加坡虽然其中央公积金制度具有一定的集中管理特点,但是就其整个社会保障制度而言,分散管理特点更加突出。

在中国台湾地区的社会保障行政管理中,就业安全属于"行政院"劳工委员会,医疗保健归"行政院"卫生署主管,住房保障的业务是"内政部"营建司的权责范围,福利服务业务则由"内政部"社会司主管。社会保险的各项制度也是归不同的部门分散管理,因此属于分散管理模式。

在法国和德国,由于民间非官方组织非常发达,各种公法机构以及工会的力量非常强大,因此这两个国家社会保障事业的经办往往是由非官方组织承担的,行业协会、基金会以及其他公法机构在其中承担主要责任。政府往往只制定政策,监督实施。从这个角度看,法国和德国的社会保障管理体制也属于分散管理模式。

(三) 集散结合管理模式

集散结合管理模式是指将相关的社会保障项目集中起来统一管理,而将特殊的项目单列,由专门的部门负责管理。这一管理模式把集中统一管理和分散自主管理有机地结合了起来。

日本的社会保障管理由厚生劳动省主管大部分项目,包括大部分社会保险、社会福利和社会救助;其他如大藏省和文部省也分管部分社会保障事业。厚生省负责管理包括基础年金和厚生年金在内的老年社会保险事业以及包括市町村国民健康保险、共济组合健康保险和企业健康保险在内的医疗社会保险事业。劳动省负责全国工伤保险和雇佣保险事业。大藏省和文部省分别管理公务员共济年金和私立学校员工共济年金。由此看来,日本的社会保障管理是一种集中和分散相结合的模式,即把共性较强的那部分项目集中起来实行统一管理,而把特殊性较突出的若干项目单列,由相关部门进行分散管理。

澳大利亚的社会保障事务由5个不同的政府部门管理,其中家庭、住房、社区服务及土著事务部提供抚恤金、救助金、补助金等各种收入支持计划;退伍军人事务部提供包括退伍军人抚恤、军属补助以及针对退伍军人及其家属的各种社会服务;卫生及老龄化部提供包括医疗保险、医疗救助、公共卫生、国民基础医疗保健,老年人服务等。教育、就业及工作关系部负责就业培训、就业扶持,特别是残疾人的就业扶持,失业救济金,儿童照顾和幼儿教育。民事组合部负责协调管理挂靠在该部的六家社会保障经办机构。由此看来,澳大利亚是将相似的社会保障项目放在一起由相应的机构管理,符合集散结合模式的特征。

二 社会保障管理体制的改革趋势

虽然不同国家的社会保障管理体制有显著的区别,但是在不断的发展和完善过程中,也显示出了一些共同的改革趋势,包括以完善的法律为基础,以充足的人力资源和财力资源为支撑,以管理信息化为技术保障以及以加强部门之间的协调和政府与社会的融合为基本方向。

(一) 以完善的法律为基础

国际经验表明,社会保障管理制度的建立和相关管理机构的设立都是以法律形式明确下来的。通过相关的立法来确定相应的社会保障项目,明确部门设置和各部门的职责分工,从而更好地保证社会保障管理和运营的规范、有序。

社会保障管理作为整个社会保障运行机制中的一个重要环节,实行依法管理包括两个方面：

（1）管理机构及管理岗位的设置需要有相应的法律、法规作为依据，有关法律、法规对此应当有明确而具体的规范。

（2）管理系统必须依法运行，即管理机构只能在既定的职责范围内行使权力，既不能不作为，也不能越权行事。

依法管理作为对社会保障管理的一项基本要求，既是为了避免因管理职责紊乱致使社会保障制度在运行中出现非正常状态，也是为了确保社会保障管理的权威性。因此，社会保障管理立法应当先于社会保障管理体制的建立，社会保障管理的基本任务就是保证现行社会保障法律、法规、政策的贯彻落实，是执行法治并确保法治的关键性工具。

（二）以充足的人力资源和财力资源为支撑

经济和社会的飞速发展使各国越来越重视本国的社会发展与民生问题，其中社会保障的建立健全就成为各主要发达国家的一项重要工作。这表现在社会保障管理机构从无到有，从从属到独立，表现在已有社会保障管理机构的权力和职责的不断增大，也表现在国家对社会保障管理部门在人、财、物等各个方面支持的加大。

从各国的经验来看，社会保障管理中都是根据服务对象人数的一定比例来确定相关管理机构的规模和人员数量。这是因为社会保障部门的人员编制与一般政府管理部门有所不同，社会保障部门是直接提供社会福利服务的部门，绝大多数的工作无法用现代化的机器来取代人。因此，随着社会保障项目的不断扩充，社会保障外延的不断延展，社会保障对象的不断增加，社会保障管理部门的人力和财力资源也需要在一定程度上进行扩充，以满足工作的需要。

同时，各国财政对社会保障事业发展的投入水平也在不断提高，一方面，财政资金对社会救助事业给予直接投入，同时对社会保险当期缺口给予补助，以充分实现公共财政职能，例如2009年美国社会保障署可支配预算将超过100亿美元。另一方面，各国财政对社会保障行政管理事业给予极大支持，例如，新加坡中央公积金局每年的薪金开支就超过8000万美元，瑞典中央财政每年要拨付超过60亿瑞典克朗以支付社会事务部的行政费用。

（三）以管理信息化为技术保障

随着计算机技术的发展，各国都在不断推进计算机信息化在各个领域的应用，以求更大程度地提高效率，促进经济社会的发展。社会保障管理领域也不例外，信息化管理已经成为未来社会保障管理的主流趋势。

信息化管理是解决人口流动与属地管理之间矛盾的需要。落后的信息化管理水平可能阻碍正常的人员流动，不利于人力资源的合理配置，从而影响整个经济和社会的发展。而管理信息化将会一定程度上为这种情况的解决提供技术保障，并给保障对象带来极大的便利。在欧洲，不仅一国内部的劳动力流动是一种常态，不同国家之间的劳动力流动也是一种常态，因此欧盟各国也在致力于联结各国的社会保障系统，以确保各国劳动者在跨国界的流动中社会保障权益不受损失。

国际经验表明，社会保障信息化管理系统必须与其他社会信息系统之间建立广泛的联结，以便高效地甄选出保障对象。例如，将社会救助管理系统与个人收入统计系统相连接将会更加准确地掌握救助对象的状况，从而更加准确地甄选出最需要救助的对象，发挥社会救助的最大功能。

同时，信息化还有利于促进不同社会保障管理部门之间的沟通和协调。例如，瑞典有将近40年的信息系统的历史，其信息系统十分完备。它由中央财政投资建设、全国社会保障系统共同使用，完全实现了信息共享，相关行政管理主体之间也实现了信息共享，这大大改善了部门协作，并实现了效率的提高。

（四）以加强部门之间的协调和政府与社会之间的融合为基本方向

不同社会保障项目的特征不同往往由不同的政府部门来管理，从全世界范围看，采取分散管理体制的国家数量要大于集中管理的数量，因此在管理中就必然出现不同管理部门之间的协调问题。

为了更好地发挥各个部门管理的效能就需要对这些部门的工作和职责进行协调，以防止管理盲区和推诿扯皮现象的出现。部门之间协调的基础是要明晰部门之间的责任，只有责任明晰才能实行有效的问责制度。比如，在澳大利亚，社会保障管理工作分散在5个不同的部门进行管理，但是这些部门的职能划分非常清楚，即便是针对同一人群，提供服务的侧重点也有不同，比如同样是针对残疾人，澳大利亚的家庭、住房、社区服务及土著事务部（Department Families, Housing, Community Services and Indigenous Affairs, FaHCSIA）主要是提供类似残疾抚恤金的现金补助，而教育、就业及工作关系部主要提供残疾人就业扶持和培训。同样针对老年人，社区服务及土著事务部负责养老金的发放，而卫生及老龄化部则侧重于老年人医疗保健和照料。同时，部分国家还成立专门机构协调部门间关系，降低行政成本。

很多国家在社会保障管理上引进了社会化的力量或实行市场化的运作。这样，一方面可以调动社会力量，运用各方面的人力、财力、物力，提高社会保障管理能力；另一方面也在社会保障管理领域引入了市场化运作和竞争，有利于提高社会保障管理效率，同时也有利于提高社会保障服务质量，从而提升整个社会保障管理体制的运作效力。例如在美国，一半以上的医院是私立非营利机构，约有2/3的社会服务机构是私立非政府组织。这些非政府组织在社会保障管理中发挥了重要作用。政府通过采取税收优惠政策使非政府组织充分参与社会保障管理，以不断提高社会保障的管理服务效率。

三　中国社会保障管理体制及其改革

伴随着中国社会保障制度的改革，中国的社会保障管理体制也相应地发生着变化，这种变化既包括政府社会保障管理职能的变化，也包括政府社会保障职能在不同层级政府以及不同政府部门之间分配结构的变化。人力资源和社会保障部及民政部是我国最主要的社会保障行政主管部门，其中民政部门主管社会救助与社会福利事业，人力资源和社会保障部主管各项社会保险事业。

（一）中国社会救助与社会福利管理体制的变迁

中华人民共和国民政部的前身是成立于1949年的"中央人民政府内务部"，1954年改称"中华人民共和国内务部"，1969年撤销，1978年设立"中华人民共和国民政部"，并延续至今。以民政部为主体的中国社会救助与社会福利管理体制变迁大体经历了四个阶段。

（1）第一阶段从 1949 年到 1968 年。1949 年 10 月 1 日，中华人民共和国中央人民政府正式成立，10 月 21 日，中央人民政府政务院宣告成立，11 月，中央人民政府内务部成立，主管民政工作。其内设机构有办公厅、干部司、民政司、社会司、地政司和优抚司 6 个单位。地方上的民政工作机构，大区设民政局，省设民政厅，专署和县设民政科。内务部成立之初，以救灾和政权建设工作为重点，1953 年 8 月，由于优抚和农村救灾等工作任务繁重，内务部增设救济司。将社会司所管的社会福利和社会救济工作中农村部分以及移民工作移交给救济司，同时，将优抚司改为优抚局。1955 年 5 月，内务部进行了机构调整，社会司改名为城市救济司，救济司改名为农村救济司，主管农村的自然灾害救济和农村的社会救济。1955 年 11 月，中国人民救济总会和中国红十字会合署办公，中国人民救济总会所管的国内救济工作并入内务部。

（2）第二阶段从 1968 年到 1978 年。1966 年 5 月，"文化大革命"开始，内务部被撤销，其收容遣送的工作交由公安部，救灾、救济、优抚、拥军优属等工作交由财政部管理。

（3）第三阶段从 1978 年到 1998 年。1978 年 3 月 5 日，第五届全国人民代表大会第一次会议通过决议，设立中华人民共和国民政部，其内设机构有办公厅、政治部、优抚局、农村社会救济司、城市社会福利司、民政司、政府机关人事局和中国盲人聋哑人协会。1981 年 2 月 12 日，国务院退伍军人和军队退休干部安置领导小组成立，其办公室设在民政部。3 月 4 日，国务院批准民政部设立退伍军人和军队退休干部安置局。1987 年 12 月，中国残疾人联合会成立，由民政部代管。1988 年 4 月，第七届全国人民代表大会第一次会议批准国务院机构改革方案，民政部属于保留的部。1990 年 7 月，国务院总理办公会议确定农村社会养老保险由民政部负责。1997 年 1 月，中编办批准成立民政部社会福利中心。

（4）第四阶段从 1998 年至今。1998 年，国务院再次进行机构改革，根据机构调整的方案，将农村社会养老保险职能交给当时的劳动和社会保障部（现人力资源和社会保障部前身），将民办非企业单位的登记管理工作交由民政部负责，将国家经济贸易委员会承担的组织协调抗灾救灾的职能交给民政部，撤销国务院退伍军人和离退休干部安置领导小组，其工作由民政部承担。在机构上，将优抚局与安置司合并为优抚安置局，将社会福利司与社会事务司合并为社会福利和社会事务司。1999 年 10 月，全国老龄工作委员会成立，其办公室设在民政部，日常工作由中国老龄协会承担。1999年12月，民政部成立民间组织服务中心。2000年，中国国际减灾十年委员会更名为中国国际减灾委员会，其办公室设在民政部。2002年4月，民政部国家减灾中心成立。2008年国务院机构改革，民政部增设政策法规司，原社会福利和社会事务司拆分成社会福利和慈善事业促进司和社会事务司、原低保司转为社会救助司、民间组织管理局增添了执法监察的权力。

除了民政部的相关司局之外，教育部、住房与城乡建设部、卫生与计划生育委员会也都参与教育救助、住房救助和医疗救助等专项救助的管理工作。

(二) 中国社会保险管理体制的变迁[①]

伴随着我国从单位保险向社会保险制度的转变以及从以劳动者为唯一参保对象的劳动保险制度向面向全民的社会保险体系的转变，我国的社会保险管理体制也经历了显著的变化。从总体上看，我国社会保险管理体制大体经历了四个阶段。

(1) 第一阶段从1949年到1981年。它属于单位自我管理服务的阶段。1951年，当时的政务院颁布《劳动保险条例》规定，中华全国总工会是全国劳动保险事业的最高领导机关，统筹全国劳动保险事业的发展；中央人民政府劳动部是全国劳动保险业务的最高监督机关，负责贯彻劳动保险条例的实施，检查全国劳动保险业务的执行。因此，这个阶段社会保险管理体制的特征是"工会管理、政府监督"。1966年开始的"文化大革命"对劳动保险制度产生了强烈冲击，中华全国总工会停止了活动，劳动保险退化为企业保险，并且完全由企业经办。

(2) 第二阶段从1982年到1998年。1982年，国务院机构改革，撤销国家劳动总局和人事局，组建劳动人事部，主管劳动人事工作。1984年，部分地区开始实行退休费用的社会统筹，1986年国务院颁布《国营企业实行劳动合同制暂行规定》，建立了退休费用的社会统筹制度，并且明确劳动合同制工人退休养老工作由劳动行政主管部门的社会保险专门机构管理。1988年4月国务院机构改革决定撤销劳动人事部，分设人事部和劳动部。1991年国务院

[①] 胡晓义主编：《走向和谐：中国社会保障发展60年》，中国劳动社会保障出版社2009年版，第470—478页。

颁布的《关于企业职工养老保险制度改革的决定》明确社会保险经办机构是非营利性的事业单位。1994年，劳动部社会保险事业管理局正式成立，标志着社会保险管理工作从"政事合一"走向"管办分离"。1995年通过的《中华人民共和国劳动法》明确了社会保险经办机构作为社会保险基金管理主体的地位和职能。

（3）第三阶段从1998年到2002年。1998年，国务院机构改革，在原来劳动部的基础上建立了劳动与社会保障部，成为统一的社会保障行政机构，由劳动部管理的城镇职工社会保险、人事部管理的机关事业单位社会保险、民政部管理的农村社会保险、各行业部门统筹的社会保险以及卫生部门管理的医疗保险，统一由劳动和社会保障部管理。与此同时，社会保障管理服务进入快速发展的时期，养老保险费征缴方式从差额缴拨转变为全额征缴，社会保险管理服务的社会化工作开始起步。2000年，国务院下发《关于印发完善城镇社会保障体系试点方案的通知》，将管理服务社会化明确作为社会保障体系建设的重要目标之一。

（4）第四阶段从2003年至今。2003年，中共中央办公厅、国务院办公厅转发了劳动和社会保障部等13个部委《关于积极推进企业退休人员社会化管理服务工作的意见》，要求加大推进企业退休人员社会化管理的力度。与此同时，随着工伤保险、新型农村合作医疗、城镇居民医疗保险以及新型农村养老保险和城镇居民养老保险制度的建立，社会保险经办机构的业务范围不断扩大。2008年，国务院机构改革，人事部、劳动和社会保障部合并为人力资源和社会保障部。

除了人力资源和社会保障部之外，卫生与计划生育委员会、财政部、全国社会保障基金理事会也都不同程度地承担农村合作医疗、社会保险基金管理以及社会保障基金投资的管理与经办职能。

（三）中国社会保障管理体制改革

社会保障管理体制的改革既受到社会保障制度客观发展规律的要求，也会受到一国行政体制改革的制约和影响。经过近三十年的改革，我国的社会保障管理体制已经初步实现了管办分离，管理能力和管理水平都有显著提高，但是，社会保障管理体制在不同部门之间的分工协作，不同层级政府的职责分配

等方面仍有待进一步改进。具体的改革方向和内容包括:[①]

(1) 在中央政府层面,建立适度集中的社会保障行政管理机构。政府集中监管是建立完备的社会保障监管体制的核心。在各国的社会保障管理实践中,权力与责任都是统一的而不是分割的,这样才能既确立主管部门与管理机构的权威,同时又让主管部门与管理机构无法推脱自己的责任。目前,我国的社会保障管理职能分布在多个中央部门,并且缺乏有效的协同机制。因此,理顺社会保障行政监督管理体制的关键,是用集中管理取代多头参与的分散管理,最终进一步整合管理职责,设置统一的社会保障监督管理机构,集中管理全国主要的社会保障事务。明确社会保障主管部门对社会保障事务进行集中监管的权力并承担起相应的责任,是十分必要的,同时,让财政、审计、监察等部门在法定职责范围内对有关社会保障事务及当事人进行监督。在这方面,维护主管部门的权威并切实推行行政问责制尤其重要,必须让主管部门切实担负起确保社会保障制度良性运行的重大责任,失职者应当受到责任追究。

(2) 根据不同层级政府的职能,将社会保障管理职能在不同层级政府之间进行合理分配。从主要的社会保障项目上看,养老保险制度应当由中央政府和省级政府承担主要责任;社会救助、医疗保险则主要由省级和市级政府承担主要责任,社会福利制度则可以由地市级政府承担主要责任。与此同时,由于社会保障管理服务是直接面向民众的,因此在基层需要建立适度集中的社会保险管理经办机构,这一方面有利于发挥规模优势,提高政策执行的效率,另一方面也有利于方便保障对象、提高民众满意度。相反,绝不能按照条块分割的方式来建立基层的社会保障经办机构。

(3) 根据不同类型社会保障项目的不同特征,建立相应的社会保障管理服务体系。社会救助是政府的当然责任,应当遵循"官管官办"的原则,建立专门的社会救助经办机构,还可以承担基层的其他社会保障事务。社会保险则应当根据制度自身的内在要求,尽快改变目前杂乱无序、五花八门的管理格局,建立并完善专门的社会保险经办机构。在现实基础上,宜主要以养老保险、医疗保险为服务内容,分别建立相应的经办机构。其中,基本养老保险经办机构应当根据全国统筹的目标,改属地管理实施体制为省以下垂直管理的体制;医疗保险经办机构则可以地市级为统筹单位,由统筹层级负

---

① 郑功成主笔:《中国社会保障改革与发展战略》,人民出版社 2008 年版,第 74—76 页。

责管理。工伤保险、生育保险以及未来可能建立的护理保险，均可以统一纳入医疗保险经办机构统一经办。社会保险费的征缴应当由一个经办机构负责征收。包括老年人福利、残疾人福利、妇女儿童福利在内的各项社会福利事业，宜遵循官助民办的原则，在政府主导的条件下，应当充分调动民间组织、社会团体的积极性，坚定不移地走社会化道路，以提高福利事业的运行效率。

【本章小结】

社会保障管理是为了确保社会保障制度顺利实施与运行，由政府机构或其他相关机构与组织采取一定的程序与方法，对各种社会保障事务进行决策、计划、组织、协调、控制和监督的过程。社会保障管理的目标是通过完善相关制度和机制，有效地配置相关资源，不断提高社会保障管理的效率和社会保障服务对象的满意程度，从而支撑和确保社会保障体系运行的有效性和可持续性。社会保障管理应当遵循依法管理原则、公平与效率相结合原则、集中与分散相统一原则。

社会保障行政管理的主要内容包括设置社会保障机构、制订社会保障计划、落实社会保障法律、监督社会保障实施以及解决社会保障行政纠纷。社会保障财务管理包括社会保障资金预算管理、社会保障资金征缴管理、社会保障基金投资管理和社会保障待遇给付管理。社会保障信息管理包括统一数据标准、建立数据库、建立统一网络等七个方面的具体内容。

社会保障管理体制是指国家为实施社会保障事业而规定的从中央到地方的各种社会保障管理机构、管理原则和运行机制的总和。根据政府介入的程度不同，可以划分为政府直接管理、政府和社会组织共同管理以及以私营公司为主的管理等模式。全球社会保障管理体制改革的基本趋势是以完善的法律为基础，以充足的人力资源和财力资源为支撑，以管理信息化为技术保障以及以加强部门之间的协调和官民之间的融合为基本方向。中国的人力资源和社会保障部以及民政部分别是社会保险和社会救助与福利的行政主管机构，中国的社会保障管理体制需要进一步明确横向分工与纵向分工，提高资源配置效率，确保社会保障制度的顺利运行。

【思考题】

1. 如何从多维角度理解社会保障管理的内涵？
2. 社会保障行政管理的核心内容有哪些？
3. 社会保障基金管理的核心内容有哪些？
4. 社会保障管理模式与福利模式的关系是什么？
5. 论述我国社会保障管理体制的改革方向。

第 五 章

社会保障基金管理

　　基金是社会保障之本，基金的管理构成了社会保障制度运行的核心环节，从世界各国来看，社会保障基金的构成是与一个国家的社会保障项目相一致的，社会保障基金是社会保障制度运行并有效发挥功能的基础。

第一节　社会保障基金概述

一　社会保障基金概念

　　社会保障基金是国家为了保证生存有困难的社会成员的基本生活需要得到满足，根据相关法律法规，按照社会保障计划而筹集的，用于社会保障待遇支付的专款专用的资金。在我国，社会保障基金按照社会保障体系的组成划分，可分为基本社会保障基金、补充社会保障基金和全国社会保障基金三部分。

　　（一）基本社会保障基金

　　基本社会保障基金主要由社会救助基金、社会保险基金、社会福利基金和社会优抚基金构成。

　　（1）社会救助基金。社会救助基金是指国家和社会用于对无劳动能力者或因自然灾害等原因造成生活困难，为维持其最低生活水平而向其提供的援助基金。由于社会救助是国家的责任，是政府动用国家力量、扶助社会最贫困阶层生活的一种政府行为，因此，基金来源主要是中央财政和地方财政。政府根据年度财政预算予以拨款。决定一个国家政府社会救助拨付额的因素,一是国家的综合国力,特别是国家财政实力;二是国内贫困人口的增减;三是社会救助制度的模式和政府的责任意识。

(2)社会保险基金。社会保险基金是国家通过立法筹集的,对于劳动者在遇到生、老、病、死、失业等风险,失去收入来源而给予物质帮助的基金。社会保险基金是社会保障基金中最重要的部分,按项目又可分为养老保险基金、医疗保险基金、失业保险基金、工伤保险基金和生育保险基金。

(3)社会福利基金。社会福利基金是国家和社会用于保障和维持社会成员一定的生活质量,满足其物质和精神生活的基本需要而提供设施和相应服务的基金。

(4)社会优抚基金。社会优抚基金是国家和社会筹集的用于按照规定对法定的优抚对象,提供确保一定生活水平的带有褒扬和优待抚恤的特殊社会保障基金。我国优抚资金主要来源于财政拨款,资金的管理使用由各级政府的民政部门及基层政府派出机构的有关部门负责。

(二)补充性社会保障基金的构成

补充性社会保障基金主要由企业年金、社会互助保障基金和个人储蓄积累保障基金等构成。

(1)企业年金。在我国,企业年金是企业为员工建立的本企业退休金,由企业缴费、职工个人缴费,并由企业年金投资运营收益和符合国家规定的其他资金组成。它是企业及职工在依法参加基本养老保险的基础上,自愿建立的补充性养老保险基金。

(2)社会互助保障基金。社会互助是由政府提倡引导,企业或社会团体组织举办,社会成员自愿进行互助共济的一种保障制度。它是对遇到较大风险、所需费用较大、社会保险给付后个人承担有困难,或生活贫困者以及生活不能自理者,予以经济上或服务上的帮助。社会互助保障基金一般由参与者缴纳,有的是由单位行政和工会予以资助,有的是由社会团体出资或社会各界人士捐赠。

(3)个人储蓄积累保障基金。个人储蓄积累保障是为了培养个人自我保障意识,发挥个人自我保障的积极性,弥补基本社会保险和企业补充保险的不足而建立的。个人储蓄积累保障基金的特点包括:一是实行个人自愿原则;二是储蓄多少由个人根据自身收入决定，国家给予政策优惠；三是企业可以进行适度补贴；四是被保人符合领取保险条件时可一次给付，也可分期分批给付。

（三）全国社会保障基金

全国社会保障基金是指中央政府集中并管理的社会保障基金，是国家重要的战略储备，主要用于弥补今后人口老龄化高峰时期的社会保障需要。目前其主要来源包括四个方面：中央财政拨款、国有股减持收入、利息税以及部分社会福利彩票收入。

二 社会保障基金特征

（1）强制性。一般而言，社会保障基金是国家通过立法，强制参与国民收入分配与再分配而形成的，如通过税收或社会统筹手段，筹集主要部分的社会保障基金，并以法律形式规定基金运营、发放。

（2）互济性。社会保障费用通常由国家、用人单位和个人三方共同负担，基金来源于社会统筹，用于遭受社会风险的社会成员，体现出互济性。

（3）政府干预性。社会保障基金的筹集、精算、测定都体现了政府所应承担的社会保障责任。这种责任不仅体现在三方负担的筹资方式和出资比例上，而且体现在政府以隐性债务方式承担的劳动者代际收入再分配的责任。

（4）基金积累性。由于筹集到的社会保障基金除一部分用于当前社会成员的基本生活保障外，还有相当一部分要储备起来，以备将来开支，这部分基金需要基金保值和增值。

三 社会保障基金管理原则与内容

（一）社会保障基金管理的原则

为了规范社会保障基金管理行为，确保社会保障基金在变化不定的经济环境下能够足额筹集、安全运营、保值增值，社会保障基金管理必须遵循如下原则：

（1）安全性原则。安全性原则是指社会保障基金在风险较小的前提下确保取得预期收益。预期收益取决于制度本身的设计安排与政府的宏观导向。社会保障基金所担负的特殊社会政策使命，关系到几代人的经济保障利益，关系到社会政治经济的稳定。如果风险较大，则不但无法取得预期收益，而且会危及社会保障的经济基础与社会基础，影响公众对制度的信心。因此，安全性原则显得尤为首要。

（2）分散性原则。在成熟的资本市场中，社会保障基金的投资不仅分散于单一股票和债券之间，还在不同投资类型中分散化，投资类型分类方式很多，如按揭债券、银行和保险公司股票等。

（3）流动性原则。流动性原则主要包含两层意思：第一，社会保障基金用于投资之外必须留有一定现金或活期存款，以满足当年及临时性的支付需求；第二，基金在投资时必须考虑投资对象流通与变现的难易程度。由于社会保障基金要不断地用来抵御风险，因此，保持一部分基金的可流动性或可兑现性是十分重要的。

（二）社会保障基金管理的内容

社会保障基金管理内容与基金活动过程相联系，包括筹集管理、分配使用管理、保值增值管理、监督管理、预（决）算管理，以及财政专户管理、会计管理、审计管理等多方面内容。

（1）社会保障基金筹集管理就是指专职的社会保障基金管理机构按照国家法律规定对各种基金的筹措环节进行的监督和管理。

（2）社会保障基金分配与使用管理就是指社会保障基金管理机构依法对各种基金的分配和使用进行的监督和管理活动，它是社会保障的目的和功能得以真正实现和发挥的关键环节。

（3）社会保障基金保值增值管理就是指社会保障基金管理部门按安全性、效益性原则对积累基金投资运营环节进行的监督管理。

（4）社会保障基金监督管理就是由国家行政监督机构、专职监督部门等相关监管主体对社会保障资金经办机构、运营机构或其他有关中介机构的管理过程及结果进行评审、认证和鉴定，以保证社会保障资金管理符合国家有关政策、法规的规定，最大限度地保证保障对象的利益。

（5）社会保障基金预决算管理，就是依据保障基金预决算，对社会保障基金的收支活动进行管理、监督、汇总、决策，它贯穿于基金管理的全过程。

第二节　社会保障基金筹集

社会保障基金的筹集是在一定的组织和资源条件制约下，国家或社会保障机构为维持社会保障制度收支平衡而对资金、有价证券、物资及其他相关服务和设施的筹措过程。社会保障基金的筹集和管理是社会保障制度的首要环节。

一　社会保障基金筹集方式

从世界各国实践看，社会保障基金的筹资渠道主要有国家财政资金、社会保险基金、民间资金和社会保障基金投资收益四个方面，并采用征收税款、收取费用和自由出资等方式。

（一）国家财政资金

国家财政是社会保障基金最重要的资金来源，具体而言，国家财政作为社会保障基金重要的筹资渠道，常用方式包括：

（1）直接拨款。如社会福利基金、社会优抚安置与社会救助基金，以及对各项社会保险基金项目的财政补助。

（2）各类社会保障机构的运行费用。社会保障制度的实施需要大量人力、物力、财力，许多国家都设有从中央到地方、为实现各种社会保障目标的机构，如养老保险基金的筹集发放机构、投资管理机构，社会福利性质的养老院、孤儿院等，这些机构的运行费用多由国家财政予以承担。这部分款项不直接运用于保障对象，但却是整个社会保障制度有序运转的必要条件。

（3）税收优惠。各国都规定社会保障缴费享受免税待遇，一定范围内、一定数额下的补充性社会保障缴费也可以享受该类税收优惠。同时，为鼓励企业和个人积极从事或参与慈善公益事业，凡对社会保障项目的捐赠达到规定标准者，还有额外的税收优惠政策。

国家财政对社会保障基金的直接拨款，从总体上说来源于税收，起着调节收入分配差距的作用。

（二）社会保险基金

在现代社会保障体系中，社会保险基金是构成社会保障基金的主要部分，在社会保障基金来源渠道中处于十分重要的地位。社会保险基金筹集的具体方式包括：

1. 开征社会保险税

社会保险税是国家为了确保用于各种社会保险所需要的资金而对雇主及受益人取得的工薪收入征收的一种税。开征社会保险税是不少国家采用的一种筹资方式。通过开征社会保险税的国家以这种筹资方式筹集的社会保险基金直接构成政府的财政收入，成为政府预算的重要组成部分。

社会保险税多由雇主和雇员分摊。各国税率不一，其水平高低主要取决于社会保险的覆盖面及受益人的受益程度。税率的形式有两种，一种是比例税率；另一种是累进税率。

2. 征缴社会保险费

征缴社会保险费即由雇主和雇员以缴费形式来筹集社会保险基金。社会保险基金由政府指定专门机构负责管理和运作，不直接构成政府财政收入，不足部分由财政专款补助。因此，政府财政部门不直接参与社会保险基金的管理和运营，但对社会保险收支进行监督。征缴社会保险费的国家，保险项目比较繁杂，且每一项目通常都有相对独立的一套缴费方法。

3. 建立预算基金账户

预算基金账户是一种强制性储蓄。具体方法是将雇员的缴费和雇主的缴费存入个人账户。这笔款项及由此产生的利息的所有权归个人，政府仅有部分使用权和调剂权。

（三）民间资金

民间资金是通过民间以非强制、非固定的方式筹集，用来充实社会保障基金来源的资金，常见的募资方式有：

1. 发行福利彩票

通过发行销售福利彩票所筹集的社会福利基金已经成为我国社会福利事业的重要支柱。这些资金主要用于扶老、助残、救孤、济困以及城市最低生活保障、补充国家社会保障基金等。

2. 社会捐赠

通过机构、企业和个人的捐赠是各国社会保障基金筹集的一条渠道。在我国，通过机构、企业和个人的捐赠来充实社会保障基金才刚起步，还有很大的发展空间。

3. 建立补充性保险

在国家政策引导下，由用人单位与劳动者通过订立协议，自愿建立各种补充性保险基金。一般而言，这种补充性保险基金的建立，是企业加强凝聚力、吸引和留住雇员长期为企业服务的有效手段。从发展趋势看，在整个社会保障体系中发挥着越来越重要的作用和影响力。

4. 服务收费

基于服务范围、对象的不同和接受服务者经济承受能力的不同，部分社会福利机构在坚持非营利性的原则下，得到管理部门的许可，通过服务收费的方式筹集部分资金，弥补社会福利基金不足或扩大福利事业规模。

5. 国际援助

当某一国家出现了一些大规模的、损失惨重的不幸事件时，如地震、海啸等，则可寻求国际人道主义援助，帮助其渡过难关。

（四）基金的投资运营收益

基金的投资运营收益即社会保险基金投资所获得的收益。实行完全积累制或部分积累制筹集社会保险基金的国家，其投资运营的收入也是社会保障基金的来源之一。

二 社会保障基金筹集模式

社会保障基金的筹集与运营，需要贯彻"收支平衡"的原则。对于这个原则，可以有两种理解：一种是横向平衡，即当年（或近几年）内某社会保障项目所提取的基金总和应与其所需支付的费用总和保持平衡；另一种是纵向平衡，即被保险者在投保期间提取的基金总和（包括银行利息和投资运营收益等）应与其在享受该项保险待遇期间所需支付的费用总和保持平衡。

这两种基金平衡方式在核心机制方面的区别在于有无基金积累。具体而言，按照基金积累程度不同，社会保障基金筹资模式可以分为现收现付制（Pay – as – you – go System）、完全积累制（Fully Funding System）和部分积累制（Partially Funding System）三种模式。①

（一）现收现付制

现收现付制是世界上不少国家社会保险制度所采取的基金管理模式。该模式不考虑资金储备，只从当年或近两三年的社会保险收支平衡角度出发，确定一个适当的费率标准向企业与个人征收社会保险费（税）。其特点是以支定收，根据保险给付需要，再筹集必要资金，因而是一种力图做到收支平衡的筹资模式。现收现付制的最大特点是代际赡养，因为基本没有或很少有积存资金，所以包括众多退休人员在内的所有受益人的待遇，都是来自那个时点现职劳动者的保险费缴付。通过代际赡养，同时完成了世代间的收入分配。

1. 现收现付制的主要优点

第一，给付较有保证。由于现收现付主要实行"以支定收"，根据需要向现职劳动者筹集保险费，因此在一定时期内，保险给付一般都能保证，不存在必须经过积存的过程。第二，风险相对减轻。由于没有大量的资金积累，可以免受或少受通货膨胀的影响，现收现付制不存在基金因物价上涨而贬值的问题。第三，再分配作用较强。除了通过筹集和给付实现再分配目的外，由于现收现付制是代际赡养，因此代际收入转移明显，由此带来的再分配作用进一步加强。第四，由于缴费率是按现实支出需要确定的，津贴支付的来源是当期在职劳动者的缴费，而不完全是受益人自己的缴费，因此，可以保证受益人分享经济增长的成果。

2. 现收现付制的主要缺点

第一，现收现付制较难以适应全球性人口结构老化和失业率提高的趋势。现代社会人们生活水平提高了，寿命在不断延长，而青年人受教育的时间也越来越长，造成缴费人数越来越少，受益人却在不断地增加。此外，社会经济结构变动以及经济景气循环等因素往往导致失业率居高不下，人口老龄化与失业率提高最终会导致生产性人口与退休人口的比例的严重失调，赡养系数增大，

---

① 林义：《社会保险基金管理》，中国劳动社会保障出版社 2002 年版，第 55—57 页。

现收现付筹资模式的收支平衡难以实现,面临严重的财务困境。

第二,现收现付制可能诱发代际矛盾。现收现付在其经济内涵上,表现出劳动者代际间的收入再分配特征。当制度运行几代人之后,尤其是在人口结构失衡的条件下,可能会造成严重的不平等、不合理格局。

(二) 完全积累制

完全积累制,又称基金积累制,是以远期纵向支付平衡原则为指导的社会保险基金筹集方式,即首先对有关人口健康和社会经济发展指标进行长期的宏观预测,然后在此基础上预计社会保险成员在享受待遇期间所需开支的保险基金总量,并将其按一定比例分摊到劳动者整个就业期或投保期。即所谓"先提后用",即以劳动者全部在业期间逐期提取储存的养老保险费,形成积累基金,在退休后用于每月支付的退休金。采取这种基金筹集方式,需要有生产发展稳定,物价变动比较平稳的长期环境,以便采取措施使积累积金能够做到保值与增值。往往是在养老保险制度实施之初,或是劳动者就业初始就开始实行此种筹资方式。

1. 完全积累制的主要优点

第一,完全积累体现了社会保险的储蓄职能,使社会保险津贴的支付有可靠的经济来源。尤其是在人口老龄化背景下,这种制度通过预提保险基金将劳动者本人在职劳动阶段的部分收入转化为退休时期的养老保险基金,并通过基金的投资营运使其滚动式地积累增值。这是完全积累制社会保险财务机制在许多面临老龄化问题的国家受到广泛重视的重要原因。

第二,完全积累制下劳动者为自己未来的养老而积累,基金的产权明晰,甚至可以将其视为一种直接转移或延期支付的工资。劳动者缴纳的保险费与其领取的保险金在数量上紧密联系,使得被保险人有很强的缴费意识,有利于克服由于现收现付制条件下基金的收支之间缺乏精算而产生的不良经济效应。

第三,完全积累制有助于增加国民储蓄,促进资本市场的形成与发展。社会保险作为一项拥有巨额资金的收支计划,其基金制度无论建立于何种筹资机制上,都会对经济运行产生重要影响。完全积累模式与经济运行有着更为直接的关联度。它通过资金积累、利率以及资本市场上各种投资工具,直接影响投资结构及其产出。

2. 完全积累制的局限性

第一，在完全积累财务机制下，筹资距离实施保险金给付一般需要若干年的积累，而现收现付模式下随时可以支付保险津贴，如果存在新旧体制转轨的时间差距，则会形成一个资金"缺口"，制度转轨的难度将会加大。

第二，完全积累制下社会保险基金的收与支之间的时间跨度大，滚存积累的保险基金容易受到通货膨胀的影响而贬值。如果不存在社会保险基金的指数化调节机制，则有可能影响退休者的收入保障。

第三，完全积累制财务机制的正常运转和实现其保障目标，取决于适度的投资收益和稳定的金融市场。众多发展中国家的资本市场发育不充分，存在严重缺陷，不仅难以保证稳定的投资收益，并且孕育着巨大风险。

第四，实行完全积累制的国家的实践表明，积累的社会保险基金很容易被政府用作其他用途或投资于收益极低的项目，从而直接影响到社会保险基金的支付能力。

(三) 部分积累制

鉴于现收现付制和完全积累制各有长短，人们在二者的适应性与局限性之间进行选择和组合的过程中，又有了第三种基金财务机制，即部分积累制，也称为"混合式"、"部分基金式"、"阶梯式"或"比例保险费制"等。部分积累制是介于现收现付制与完全积累制之间的一种筹资机制。现实中人们对部分基金制有两种理解：可以是全部保险项目中一部分实行基金制，另一部分实行现收现付制；也可以是不分项目，对保险基金总额中的一部分实行基金制，其余金额则实行现收现付制的平衡方式。当部分积累制取第二个内涵时，它实质是一种现收现付制和完全积累制的混合式。在这种模式下，社会保险金分为两个部分：社会统筹部分和个人账户部分，前者实行现收现付的财务机制，后者实行完全积累的财务机制。

由于现收现付制和完全积累制各有利弊，在不同的经济发展背景下，其侧重点及适应性各有不同。因此，作为二者之间的某种折中或调和方案的部分积累制也具有某些独特优点。

1. 部分积累制的主要优点

第一，部分积累制与多层次社会保险体系的兼容度较高。随着经济和社会的快速发展，同时养老保险面临的人口老龄化条件下的种种困境，多层次的社会保险模式则为其提供了一种较为现实的选择。

第二，部分积累制有助于解决社会保险覆盖面过窄的问题。它以建立个人账户方式将非公有制经济以完全积累制的方式纳入养老、医疗保险体系，其推行难度较小。

第三，部分积累制的设计特征使之可以采取"新人新制度、老人老制度"的方式，解决新老制度转轨时的历史遗留问题。具体来说，它可以通过现收现付的方式对"老人"和"中人"的既往劳动积累提供部分保险津贴，而成为一条由现收现付制渐进地过渡到完全的储备积累制的现实途径。对于某些原来实施现收现付制，之后又实行完全积累改革的国家来说，由于过去未提留积累，新建制度时势必面临偿还旧债和预筹新款的双重压力而困难重重。然而，部分积累的保险费率是呈阶梯调整的，有一定的资金可以使用，故被许多发展中国家作为过渡方案。

2. 部分积累制的局限性

第一，部分积累制缴费率计算繁琐，难以摆脱完全积累制的一些缺点。部分积累制既要考虑利率、通货膨胀率和工资增长率等因素的综合影响，又要考虑人口因素变动的影响，因此其缴费率计算很繁琐，在一定程度上难以完全脱身于完全积累制的缺点。通常，部分积累制根据分阶段以收定支、略有节余的原则确定缴费率，具有弹性费率的特点，即可以根据支出需求分阶段地调整费率。所以，部分积累模式下养老保险基金当年收支通常是不平衡的，在人口老龄化开始时积累基金，在人口老龄化严重时动用基金，旨在实现长期平衡。由于人口老龄化过程往往跨时几十年甚至上百年，因此部分积累制下的平衡时间跨度通常也比较长，此过程中累积的基金同样面临贬值压力。

第二，部分积累制可能会增加企业负担，其运行往往也难以取得预期效果。部分积累制的最终目标是希望既尽量避免积累制初期筹资压力过大的弊端，又能较好地解决现收现付制下缴纳率不稳定、易背上人口老龄化包袱的缺陷。但从实际运作角度来看，它并不能完全避免现收现付制和完全积累制的缺陷，而且会出现增加企业负担、统筹基金出现缺口时挪用个人账户基金等一系列问题。以中国"统账结合"模式为例，企业既要负担已退休的"老人"养老金，又要为在职职工积累部分养老金，在风险回避和利益机制的驱动下，相关主管部门往往会确定比较高的缴费率；而且在实际运行中，当统筹基金出现支付缺口时，如果不遵循严格的财经纪律，则极可能挪用个人账户基金，长期下去，会进一步增加原本因转制而产生的个人账户空账，这种情况在现实中已经有所发生。

第三节　社会保障基金偿付

一　社会保障基金偿付方式

目前，世界各国采用的社会保障基金偿付方式主要有三种：一是年金偿付制，绝大多数国家的养老保险采用这种方式；二是一次性偿付制；三是混合型偿付制。三种偿付方式各有特点，分别适用于不同的社会保障项目。一般情况下，一次性偿付方式适用于社会福利和社会救助金的偿付。在社会保险项目中，医疗保险、工伤保险等也采用一次性偿付方式；年金偿付方式通常适用于社会养老保险、失业保险等社会保障项目；混合型偿付制是年金偿付制和一次性偿付制两种偿付方式混合形成的，多用于补充保险基金的偿付。[①]

（一）年金偿付制

1. 年金的概念

年金（Annuity）是按有规则的时间间隔（如年、月、周等）提供的一种收入保障的方式。年金通常包括两层含义：第一，从偿付方式看，年金的解释是指在生存期内每年定期获得一定金额的收入，或作为一种提供定期的、每年支付的收入保险形式。退休金只是年金的一种特殊形式。

第二，其筹资模式选择的部分积累或完全积累模式，具有投资的功能。现收现付模式的社会养老保险严格来说不属于年金制度，与各国的福利救济制度非常接近。如具有投资功能的社会保险基金，在日本通常称为"国民年金"或"公共年金"，而在美国通常将公共年金称为公共退休金计划。企业年金是特指由企业举办的老年收入保障制度，在美国称之为"私人退休

---

① 殷俊、赵伟：《社会保障基金管理新论》，武汉大学出版社2007年版，第142页。

金计划"。

2. 年金偿付制的特点

（1）年金偿付制的优点：第一，能为被保障对象提供稳定的收入来源。例如，几乎所有的养老保险都采用年金偿付制，它为退休职工提供终生的收入来源，确保退休职工的生活。职工退休后有定期支付的年金做依托，不至于陷入经济困境。第二，定期支付能避免被保障对象资金运用不当的可能。例如，一次性发放的退休金，可能因退休人员安排退休金不合理在较短的时间内用完，导致后续生活费无着落而出现社会问题。退休人员也有可能因运用不当或投资失败，导致退休金无法收回，从而使退休人员陷入生活困境。因为年金偿付的标准仅为维持年金受益者的基本生活水平，少有结余资金，被保障对象不需要自己考虑结余退休金的保值增值问题。第三，年金偿付制有利于社会稳定。年金偿付制通常适用于失业保险基金和养老保险基金偿付管理，定期的偿付可以安定失业人员和退休人员的心理，也有利于社会的稳定。

（2）年金偿付制的缺点：第一，年金偿付制管理成本高且管理工作量大。年金偿付须按规定的间隔期定期支付，所需管理费用相当大，增加了财务负担。第二，年金偿付制下，社会保障基金的增值压力大、投资风险增加。例如，社会养老保险基金为应对通货膨胀和保证退休人员的基本生活水平，年金的偿付标准须依据有关的经济指标的变动而相应调整，势必增加社会保障基金的支出，有可能形成财务赤字，为了解决收支平衡问题，社会保障基金需要提高投资收益率。第三，就业者就业期间积累的保险金（包括企业和个人的缴费、政府的补助及利息和营运收入）采用年金偿付方式支付养老金时，如果预定的利率偏高，则在长时间内会形成巨额财务赤字；如果预定的利率偏低，则会损害投保人的利益，给年金管理带来一定困难。

（二）一次性偿付制

1. 一次性偿付制的概念

一次性偿付制是被保障对象在发生风险时，获得一次性经济补偿的偿付方式。例如，在社会养老保险制度中，退休职工在达到法定退休年龄时，退休职工可将劳动期间积存的养老保险金从养老保险管理机构一次性取走，自由使用，有关机构从此不再对他们负有保障责任。这种偿付方式多用于补充保险、社会救助等社会保障项目中。

2. 一次性偿付制的特点

一次性偿付制的管理相对简单，在相当多的社会保障项目中仍采用一次性偿付制。一次性偿付制不仅可节省大量的管理费用，而且降低了社会保障经办机构的保障责任。但是，被保障对象如果没有合理运营资金的能力，可能会造成资金的损失或浪费，因此，一次性偿付制通常适用于一些因突发性灾害等短周期风险造成损害的被保障对象的补偿，被保障对象通过这些社会保障项目的补偿能很快从灾害造成的损失中恢复正常的生活。

（三）混合偿付制

混合偿付制是兼顾年金偿付制和一次性偿付制特点的一种偿付方式，它是被保障对象在发生风险时，除了可获得的一次性经济补偿外还可获得定期的经济补偿的一种偿付方式。混合偿付制多用于社会优抚、工伤保险和部分补充保险项目中。

从混合偿付制的特点看，混合偿付制是既综合了一次性偿付制和年金偿付制优点，又避免了这两种偿付制缺点的偿付方式。例如，在有些国家的工伤保险项目中采用混合偿付制，其中一次性补偿部分可以解决工伤事故发生时急需用钱的燃眉之急，又有年金偿付制长期的生活补助弥补因伤残而丧失部分或全部劳动能力的职工基本生活所需。

二 社会保障基金偿付条件

（1）年龄。凡保险金发放是对一定年龄阶段对象的，均必须符合法定的年龄界限方可领取社会保险金，适用于退休养老、遗属抚恤及家庭津贴等项目。

（2）性别。主要是根据被保险人的生理特点不同而规定不同的偿付条件，以示充分的保障。多见于退休年龄和生育保险金的偿付方面。多数国家在退休年龄上都是男女有别，男性高于女性。生育保险则毫无例外地应由女性劳动者或受益人为偿付对象。

（3）保险金受益人的身份。保险金受益人的身份主要指被保险人所在部门或职业性质上的不同，以及保险待遇的受益人与被保险人之间的关系等。由于各项社会保险都有实施目标和范围的规定，对于不同身份的劳动者及其家属有不同的待遇标准。

（4）工龄与就业年限。工龄与就业年限是多数社会保险项目都要求的重要资格条件，标志着劳动者向社会保险基金或为社会所做贡献的大小，故一般均与所得保险金偿付额成正相关关系，多见于退休社会保险，一般都是累计计算的。一些国家对于就业年限还具体规定每年应就业的天数。

（5）投保年限和缴纳保险费的数额。在实行个人缴费制或个人账户制的社会保险项目上一般都规定一定的投保年限和按期、足额缴纳保险费的资格条件，并以此决定保险金偿付的条件和数额。

（6）居住年限。在少数实行普遍社会保险的国家，是以在本国居住年限来确定被保险人是否具有领取保险金的资格条件的。

（7）供养亲属的人数。主要是考虑被保险人丧失劳动能力后其亲属的实际生活保障需要，一般是供养亲属人数越多，偿付标准越高。

（8）工资以外的其他收入状况。一些国家为确保社会保险年金的偿付对象为真正无收入或较少收入、生活费确无其他来源的人，还在其他资格条件之外，另规定要对保险金申领人进行收入情况调查，只有完成收入情况调查并达到低收入标准，方可取得领取保险金的资格条件。

三 社会保障基金偿付标准

从偿付标准看，社会保险金有受益基准制和缴费基准制两种。

（1）受益基准制（Defined – Benefit System，DB）也叫"待遇确定型"，它是指受益人的社会保险津贴的获得方式和数额取决于主管当局事先规定的受益标准，比如工龄、年龄以及实际生活需要等，而与实际的缴费贡献无关或关系不大。这种制度模式意味着受益人未来可能获得的津贴标准在一定时期内是事先确定好的，而其缴费水平则要根据受益标准计算出来的所需基金总额适时地进行调整。一般来说，这种制度模式更注重社会公平，具有明显的再分配功能。

（2）缴费基准制（Defined – Contribution System，DC）也称为"供款基准制"或"缴费确定型"计划。受益人社会保险津贴的获得取决于本人过去在社会保险体系中所缴纳资金的数量，而且是谁出资谁受益，受益与既往的资金贡献完全对等。这种方式意味着受益人的缴费在相当长的时期内是固定的，而其受益则根据缴费所形成的基金及其投资运营所形成的投资收益加以确定。缴费时间越长、缴费额度越大、投资回报率越高，受益人领取津贴时越可以获得相对较高的津贴水平；而缴费时间越短、投资回报率越低，则只能够获得越低的收益。在基金积累期间，由于面临的投资环境是复杂多变的，投资收益率以及与此密切相关的津贴水平都存在许多不确定性。因此，缴费基准制下的受益人要承担投资风险、伤残风险和长寿风险等。这种模式注重对个人缴费的激励，但几乎不具备再分配的功能。

受益基准制和缴费基准制的不同比例的组合，还可产生各种类型的混合制。从它们的适用性来看，一般来说，无论是短期性津贴项目，如医疗保险、工伤保险等，还是长期性津贴项目，如养老保险、伤残保险等，受益基准制都具有适用性，而缴费基准制一般只适用于长期性津贴项目。从它们所承受的风险类别来看，在受益基准制条件下，投资风险、伤残风险等各种风险是由基金管理者或筹集者承担而不是由受益人来承担，但受益人却要承担雇主破产的经济风险或政府不认账的政治风险。相反，在缴费基准制条件下，投资风险完全由受益人承担而不是由基金管理者或筹集者承担。

第四节 社会保障基金保值增值

一 社会保障基金投资对象

社会保障基金保值增值的重要途径即投资，其中包括实业投资与证券投资。从世界各国社会保障基金投资的实践来看，社会保障基金的投资对象主要包括：

（一）银行存款

银行存款是社会保障基金最普遍采用的投资工具之一，其特点是具有较高流动性和安全性，但是收益性较差，且受到银行存款利率的影响较大，对通货膨胀的抵御能力也较低。

（二）债券

在现代资本市场中，债券是发行量最大、交易最活跃的投资工具之一，也是社会保障基金最重要的投资工具之一。债券有很多种类，比如国债、地方政府债券、公司债券等。

作为以国家财政收入做保证的国债，有"金边债券"的美称，因而国债投资是最重要的投资工具之一。20世纪90年代，国债曾是既安全又具有较高回报率的投资工具。但是随着利率市场化程度的提高，国债利率与银行利率的差距逐渐缩小，投资回报率也在逐渐下降。根据其他国家的经验，随着投资种类的增加，社会保障基金国债投资比重也在逐步下降，保持在一个适当的比例，以满足社会保障基金安全性的要求。

地方政府债券以地方的财政收入作为担保，信用级别虽然低于国债，但是由于各国中央政府对地方政府发行债券都进行严格的审查和控制，地方政府债券因此具有较高的安全性。

公司债券由于可能存在违约风险，故其在收益性上高于国债，但是风险却低于股票，也是社会保障基金重要的投资工具。公司债券是国外养老金的主要投资工具之一。

虽然债券是相对安全的投资工具，但其投资仍然面临着诸多风险。第一，利率风险，即利率变动，影响证券的市场价格，从而使债券投资的实际收益率偏离预期。由于债券价格与利率是负相关的，当市场利率上升，就会导致原有债券的价格下降，从而导致债券的当期收益和持有收益的下降。债券的期限越长、息票率越低，利率风险就越大。第二，通货膨胀风险，又称购买力风险。通货膨胀会通过实际购买力下降对债券的固定收益造成侵蚀。在较长的时期内，由于通货膨胀难以预期，因此对于期限较长的债券来说，通货膨胀风险是其面临的主要风险之一。第三，投资风险，当市场利率下降时，债券的再投资收益就会降低，对于期限较长的债券而言，再投资收益构成了其实际收益的大部分，因而利率下降将会导致实际收益的较大波动。第四，违约风险，一般来说，国债不存在违约风险，但是地方政府债券尤其是公司债券却有可能违约。

（三）股票

股票投资收益，包括股息红利、优先认股权、售股价差等。在一般情况下，股利的走势与税后利润的走势是一致的：利润增加，则股利增加；反之则减少。除了股利，股东还能通过持有股票获得优先认股权。所谓优先认股权是指在公司发行新股时股东有权按其持股比例优先认购新股的权利。售股价差亦称资本利得，即股东在交易市场上买卖股票所得的收益。在所有证券中，股票是收益高、风险也高的品种。

（四）证券投资基金

债券具有固定的收益率，虽然在到期前的价格是不确定的，但是不会偏离预期太大；股票投资的风险从短期看非常大，与社会保障基金的安全性原则相悖。证券投资基金作为股票和债券投资的分散化工具，一般而言收益大于债券而风险却小于单一的股票投资，其主要特点是集中资金、专家理财、分散风险。

上述投资工具均属于传统金融工具，是社会保障基金的主要投资工具。随着经济发展的日益金融化，金融工具在不断创新，社会保障基金的投资对象也日益丰富，以下列举几种新型金融投资对象：

（1）通过金融机构委托放款。委托具有经营性质、业绩良好的金融机构对社会保障基金进行间接融资。一般而言，金融机构具有长期积累的贷款经验，拥有广泛的投资选择余地，在业内享有一定的权威性，有一套严格的信贷审查与管理办法，能保证贷出的资金安全回收，贷款的利率也比较高，因此不失为一种较好的投资选择。

（2）建立社会保险银行直接对外投资。社会保险银行作为经营性企业，实行自主经营、自负盈亏，国家可通过免征营业税、所得税等方式增强其资金的实力。为确保银行投资的安全性，实际操作应选择流通好、变现快的短期项目或者效益好、稳定安全的中长期项目。公共事业、基础设施等是理想的投资选择，如医院、铁路、航空、高速公路、水电能源、信息通信设施，等等。

（3）海外投资。QDII（国内机构投资者赴海外投资资格认定制度）与CDR（预托证券）、QFII（国外机构投资者到内地投资资格认定制度）一样，是在外汇管制和资本项目未完全开放的情况下，允许国内投资者向海外资本市场进行投资的通行方式。利用这些政策可以有效规避国内资本市场风险以及获得更多的投资机会。对于实现我国社会保障基金的运作安全和保值增值具有重要意义。

(4) 投资证券化资产。在国际上，资产证券化是一种创新的投资工具。住房信贷、汽车信贷、不良资产等都可以成为证券资产支持。从实际资产向证券化资产的转化大大活化了资产的流动性，降低了资产的风险。

二 社会保障基金投资方式

社会保障基金的投资方式需要根据资本市场的发育程度以及对投资风险的控制能力进行选择。主要有两种：

（一）直接投资

社会保障基金入市的直接方式是指社会保障基金设立专门的社会保障基金管理公司或参与发起设立基金管理公司，对社会保障基金操作进行直接的管理、监督。这种入市方式的好处是社会保障基金自己掌握投资的主动权，并节省大量的基金管理费用。

（二）间接投资

社会保障基金委托证券基金管理公司、券商、银行保险公司等金融机构进行投资理财。从各国社会保障基金的投资实践来看，社会保障基金委托专业性投资公司间接进入资本市场，更符合社会分工细化的需要，一般运作效率更高。

根据对个人账户管理规定的不同，间接投资有两种方式：第一种模式是"零售"模式。在该种方式中，个人账户拥有者有较大的灵活性，每个个人账户拥有者都可以从国家核准的基金管理公司中自由选择投资管理人，委托其管理自己的个人账户。这样各个基金管理公司形成竞争，有利于提高运作效率以及加强外部监督。但这种模式也存在缺点，即管理运作成本费用较高。这种模式以智利为典型。第二种模式基本上介于集中统一运作和"零售"模式之间。该模式将集中起来的社会保障基金通过公开招标等形式，选取若干家业绩稳定、费用较低的商业管理机构，由其管理运作社会保障基金。新加坡、瑞典等国家较为典型。这种模式避免了由公共机构垄断运作带来的各种弊端，同时克服了零售模式管理费用高的缺点，有利于成本费用的下降和效率的提高。

第五节　社会保障基金监管

一　社会保障基金监管原则

社会保障基金监管的原则既是对以往基金监管经验的总结，又是建立和完善社会保障基金监管制度的基础。一般来说，社会保障基金监管的原则可以概括为六个方面：①

1. 法制性原则

法制性原则就是社会保障基金监管机构在从事社会保障基金监管工作过程中必须依法行政、依法监管。法制性原则主要体现在：第一，用法律形式确定监管机构的权力与责任，监管机构在社会保障基金监管过程中必须依据相关法律法规的规定，依法行政、依法监管；第二，用法律形式界定被监管对象的权利与义务，以及在社会保障基金管理过程中管理服务机构必须遵循的行为准则和操作标准；第三，以法律形式确定社会保障基金监管的监管程序和监管标准，监管机构依据法定的监管程序和监管标准判定管理服务机构的经营管理行为是否合法、合规，管理服务机构依据法定的监管程序和监管标准履行自己的管理服务职能，从而形成制度化、规范化的监管环境。

2. "三公"原则

"三公"原则，即在社会保障基金监管过程中必须坚持公开、公正、公平原则，避免暗箱操作和徇私枉法行为。

（1）公开原则。该原则是实现社会保障基金管理市场资格准入和退出的有效手段，也是提高社会保障基金监管机构权威性的前提。公开原则有两层含义：第一，监管机构应当保证社会保障基金管理服务机构的资格及其基本经营情况、相关准入标准和条件能够完全公之于众；第二，监管机构自身在准入和退出的监管制度和程序上的公开。

（2）公正原则。该原则是实现公开原则的保障。监管机构在履行职责时，必须根据法律赋予的权限开展活动，既不能超越权限，也不能懈怠职责，否则

---

① 孙建勇：《社会保障基金监管》，中国劳动社会保障出版社 2005 年版，第 188—190 页。

资格准入就可能由于监管机构和监管人员的行为不当而丧失公正。另外，监管机构对所有被监管对象都应给予公正待遇。

（3）公平原则。该原则是监管行为的结果，即监管机构通过公开披露相关信息和公正执法，给予每一个管理服务机构平等参与和公平竞争的机会，也给予每一个管理服务机构公平的待遇，让各管理服务机构在公平竞争的市场环境中优胜劣汰，最终实现竞争结果的公平。

3. 独立性原则

独立性原则是指监管机构依照法律法规独立行使行政监管权力，不受其他任何单位和个人的干预和影响。监管机构的独立性主要表现为：在结构上与政府政策部门分开，能够独立地执行监管政策而不受利益相关方的干扰；有充足的经费和人事自主权。

4. 审慎性原则

实行审慎监管，是为了保持社会保障基金管理体系稳健运行，发挥社会保障基金管理服务机构专业化管理功能。社会保障基金监管机构要将社会保障基金监管的重心从合规性监管逐步转向国际通行的以风险防范为重心的监管目标上来，从防范社会保障基金管理和投资风险的角度出发，制定并实施保证社会保障基金管理服务机构稳健运行的政策措施。监管机构要根据社会保障基金市场的发展、社会保障基金管理服务机构变化等情况，在认真评价和预测的基础上，及时制定和调整社会保障基金投资比例限制、禁止交易等一系列指标，通过实时监测和动态监管社会保障基金管理服务机构，有效防范社会保障基金风险和金融危机。

5. 效率性原则

效率性原则是指监管机构要以最低的监管成本，以价值最大化方式来实现社会保障基金监管目标。这要求监管机构既要对社会保障基金市场进行必要的监督和管理，又不能束缚社会保障基金市场应有的活力，必须能够及时为合法的社会保障基金管理活动提供保护，能够及时地遏制社会保障基金市场的非法行为，防止其扰乱社会保障基金市场的正常秩序，从而降低社会保障基金市场的管理成本。

6. 科学性原则

社会保障基金的监管是一个不断发展和完善的系统工程，是涉及监管组织体系、监管方式体系、监管法律体系、管理运营预警体系和风险监测体系等方面的风险管理系统。社会保障基金监管机构必须建立严密的监管法规体系和科学规范的监管指标体系，运用信息网络技术，不断提高监管水平、质量和效率。社会保障基金监管机构在制定社会保障基金管理服务机构稳健性指标和有关措施时，要考虑未来金融市场创新、管理服务机构资产的可能变化。此外，要建立社会保障基金监管的风险监测、风险评估体系和预警系统，加强对社会保障基金管理体系稳健性的监测，保证社会保障基金管理体系的稳健运行。

二　社会保障基金监管内容与模式

（一）社会保障基金监管的内容

1. 对制定和执行社会保障基金运营的有关规章制度的合法性的监管

合法性监督既包括其所制定的各项规章制度和经营决策是否符合有关法律法规和政策监督，也包括对具体经办机构内控制度的监督。后者的监督客体通常有内部组织结构、基金风险程度、会计系统、计算机业务系统运行状况及其他业务质量指标。

2. 对社会保障基金经办过程的监管[①]

以社会保险基金为例，对社会保障基金经办过程的监管主要内容包括：

（1）基金征缴的监管。对社会保险基金征缴进行监管，既要检查征缴机构是否依法征收保险费，又要检查缴费单位是否按规定缴纳保险费。

第一，对征缴机构行为的监管。在社会保险费的征缴过程中，监管机构依法对征缴机构的下列行为进行检查：征缴机构是否按规定的项目和标准，及时、足额征缴社会保险费；是否擅自提高或降低社会保险费的征缴比例，擅自对企业减免征收社会保险费；征缴机构有无转移或隐瞒基金收入，私设"小金库"或多头开户的问题；征缴机构有无挤占挪用收入户基金的行为；征缴机构是否将收入户基金及时、足额缴存财政专户；征缴机构有无不按规定收取滞纳金，或未将滞纳金列入基金收入的情况；企业有无以实物抵顶社会保险费，造成少征基金的情况。

第二，对缴费单位行为的监管。在社会保险费的征缴过程中，监管机构依

[①] 孙建勇：《社会保障基金监管》，中国劳动社会保障出版社 2005 年版，第 199—203 页。

法对缴费单位的下列行为进行检查：缴费单位或个人是否按规定缴纳社会保险费，有无隐瞒工资总额，造成少缴或漏缴的情况；缴费单位有无故意拖欠或拒缴社会保险费的情况，有无将应缴的社会保险费截留，用于单位其他开支的情况。

（2）基金偿付的监管。

第一，对经办机构或社会化发放机构行为的监管。在社会保险金支付过程中，监管机构依法检查经办机构或社会化发放机构是否存在下列行为：一是经办机构是否违反社会保险有关政策法规，任意扩大基金开支范围和标准，并由基金支付待遇。二是机构或社会化发放机构是否依法及时足额支付社会保险金，有无拖欠、截留的问题。三是险金支付是否按规定编制预算、计划，调剂金的分配、使用是否合理合法，资金的调度和用款计划是否按规定的程序报批。四是经办机构有无虚列支出、转移资金和挤占挪用等损害侵蚀社会保险基金的问题。五是内部控制制度是否健全，内部管理是否形成相互制约、相互监督机制，业务结算中是否出现计算差错，造成多付或重复支付。

第二，对参保单位或参保人行为的监管。在社会保险金支付过程中，监管机构或受托的经办机构依法审查参保单位或参保人是否存在下列行为：一是领取社会保险金的人员是否已参加社会保险并符合享受的条件；二是参保人员是否有骗取社会保险的情况；三是参保单位是否有多报离退休人数或死亡不报、冒领社会保险金的行为。

第三，结余基金的监管。一是各级政府、财政部门、经办机构和其他单位、个人有无将社会保险基金用于对外投资、经商办企业、自行或委托放贷、参与房地产交易、弥补行政经费和平衡财政预算以及为企业贷款担保、抵押等问题。二是机构的年度决算和有关会计账簿、凭证是否真实合法。三是经办机构的内控部门是否能够有效地行使权力，基金是否安全、完整，其保值增值是否合法、合规。四是管理人员有无贪污、私分基金等违法违纪行为。五是是否发生不可抗拒的基金损失，如盗窃和自然灾害事件。六是基金管理措施是否安全严密。

3. 社会保障基金投资运营过程的监管

社会保障基金投资运营监管包括对合规性（费率管理、现金管理、结算管理）、审慎性（资产管理、偿付能力管理）等方面的监督以及对社会保险投资运营机构的管理人员行为的监督管理。其主要内容具体包括：

(1) 社会保障基金投资运营的准入。对社会保障基金运营进行监督的第一道程序是对参与运营基金的银行等金融机构的准入，或称为审批、授权、认证和特许。大多数国家的法律规定，银行等金融机构只有在获得授权或特别许可以后，才能从事社会保障基金的运营业务，否则是一种违法行为。任何得到认证的金融机构都必须接受社会保障基金监督当局的监督。

(2) 社会保障基金运营的退出。与准入管理相对应，监管当局还必须实施保护性管理，即实行退出机制，限制或取消某一金融机构已经获得的管理运营基金的资格和权力。当某一金融机构或其分支机构出现"注册或自有资本不足"、"投资收益率过低"、"有违约行为"、"利用社会保障基金谋取私利"、"不良资产过高"等情况而不能履行责任和义务，并且威胁到基金的利益和安全时，监管当局有权采取措施限制其运营基金的某些活动，直至取消其资格。

(3) 外部托管监管。社会保障基金投资一般涉及三大主体，即基金委托人、基金托管人和基金管理人。委托人负责基金的筹集，托管人负责基金保管（包括数据加密、基金财务处理、信息披露等职责），管理人则拥有基金的经营权。托管人是管理人和委托人之间有效衔接的重要一环。托管人主要根据与委托人签署托管协议：依据法律法规和合同的要求，安全保管委托资产、监督投资管理人的投资运作、办理资金清算、会计核算、资产估值，并收取托管费的中间业务。申请办理社会保障基金托管业务必须具备严格的条件。

(4) 投资比例组合监管。欧美国家和一些拉美国家对社会保障基金的投资比例制定了比较严格的限制，目的是最大限度地保证基金的安全性、流动性和营利性，保护基金受益人的利益。基金投资比例监管的领域包括投资工具的选择、投资数量的限制、投资方法的限制。

(5) 信息披露监管。信息披露监管主要是为了规避当基金委托人或受益人与基金管理人之间利益不一致的情况下的代理风险。社会保障基金投资的周期越长，投资组合不一致，委托人或受益人的知识、关注的程度越有限，代理的风险或成本就越高。信息披露一般由基金管理机构负责公布，公布的内容包括投资收益、成本、资本与风险准备金等方面的信息。

(二) 社会保障基金运营的监管模式

1. 按监管遵循的主导原则划分

(1) 审慎性监管。审慎性监管是指根据审慎原则对基金进行监管，即监督机构不对基金资产的具体安排做任何数量化规定，但要求投资管理人的任何一个投资行为都要像一个"谨慎人"对待自己资产一样考虑各种风险因素。其主要特点包括：一是强调基金管理者对基金持有人的诚信义务以及基金管理的透明度，打击欺诈行为，保护基金持有人利益；二是要求对基金资产进行多样化组合，避免风险过于集中；三是限制基金管理者进行自营业务；四是鼓励竞争。在这种监督方式下监督机构较少干预基金的日常活动，在很大程度上是依靠审计师、精算师等市场中介组织对基金运营进行监管，只是在当事人提出要求或基金运营出现问题时才介入。这种监督模式给基金管理者依靠专业背景进行投资以很大的发挥空间。

（2）严格的限量监管。严格的限量监管是指预先配置好各种资产在总资产中的比例，然后按照既定的比例投入资金。其主要特点包括：监督机构独立性强，权力较大，除了要求基金达到最低的审慎性监管要求外，还对基金的结构、运作和绩效等具体方面进行限制性规定，监督机构根据这些规定，通过现场的和非现场的监督方式密切监控基金的日常运营。通常在资本市场和各类中介机构发育程度低，相关法律和制度环境还不完善的阶段，对社会保障基金应进行严格的限量监管。随着基金管理走向成熟，资本市场和中介组织发达程度提高以及法律制度的完善，监督机构应放松限制程度直至取消某些限制，监督方式可逐步转变为审慎性监督方式。严格限量监管的代理风险较小，但保值风险一般高于审慎性监管模式。

2. 按监管主体的监管方式划分

按监管机构的不同，还可划分为政府直接管理、政府间接管理、民营化管理和混合管理：

（1）政府直接管理。在这种模式下，社会保险基金机构既是公职部门，又是一个金融单位。通常由中央政府的一个部门或专门委员会，下设各分支机构，对社会保障基金实行自上而下的统一管理。在监管内容上：一是国家机关的监管，二是财政部门的专业监管。国家机关监管主要是对该机构的活动提出定期的观察报告，并就某个问题进行专门的调查；财政部门的监管则主要是对储备基金的监管和通过查账查钱对地方财政实施监察。此时，政府的监管内容既包括了社会保障政策法规的制定，又包括了社会保障的业务管理。政府既是监督者又是管理者。其代表为英国模式。

（2）政府间接管理。在这种模式下，监督和具体的业务管理分开：政府负责社会保障的立法和监督，公法机构负责社会保障基金的收支和营运。其中公法机构是区别于政府机构和私人企业的具有自治性的公共团体，一般由政府、雇主、雇员三方组成各种社会保障委员会或基金会，下设办事机构。委员会一般有较大的自主权，政府主管部门无权干涉其正常业务，但有权对其进行监察和监督，法律对社会保障基金运营一般只规定一些指导性条文。其代表为美国模式。

（3）民营化管理。在这种模式下，国家通常委托高度专业的私营公司管理社会保障基金。此时，政府几乎退出社会保险基金的实际运作管理领域，主要职能集中在监督审查上，一般会设立专门的监督管理委员会对私人管理公司进行约束。其代表为智利模式。

三　社会保障基金监管制度与体系

（一）社会保障基金监管制度[①]

社会保障基金监管的制度安排包括准入与退出制度、外部托管制度、投资比例限制制度、风险准备金制度、信息披露制度及佣金限制制度六个方面。

1. 准入与退出制度

（1）社会保障基金管理服务机构资格准入制度。社会保障基金监管的准入制度是指社会保障基金监管机构依据相关法律、法规，对从事社会保障基金管理服务的机构所应具备的条件和资格的限制和认定。对于拟从事社会保障基金管理服务的机构，首先应该向监管机构提交申请，监管机构审核相关文件资料后，依据社会保障基金管理服务机构准入的标准决定是否发放许可执照。合理的指标设定，能够维护社会保障基金市场健康有序地发展。一般而言，从事社会保障基金管理服务的机构应具备的基本条件有：经营主体类型和地域的限制；一定数量的实收资本和净资产；具有相关业务管理经验及与社会保障基金运营相适应的专业技术人员；具有完善的法人治理结构；具有符合要求的营业场所及安全防范措施。

（2）社会保障基金管理服务机构退出制度。社会保障基金管理服务机构

[①] 孙建勇：《社会保障基金监管》，中国劳动社会保障出版社2005年版，第246—270页。

退出制度是指社会保障基金管理服务机构在履行其职能时，由于管理不善或违规操作给社会保障基金造成较大损失，为了维护社会保障基金市场的规范性和健康性，而取消其社会保障基金管理服务资格的一系列制度规定。

一般出现以下情况，就应使其退出：注册资本及自有资本不足；投资收益率过低；违约行为；利用社会保障基金谋取私利或为第三方谋取利益；不良资产率过高。在一个社会保障基金管理服务机构退出市场后，它所管理的社会保障基金就转交经营状况较好的社会保障基金管理服务机构经营，从而保证社会保障基金的安全、保值。

2. 外部托管制度

基金投资有三方直接当事人，即投资人、托管人和管理人。三者之间的相互关系是：投资人的资金集中起来后组成基金交给托管人保管，由基金管理人去经营。基金管理人对所募集的资金有经营权，扮演投资顾问角色，起专家理财的作用。基金托管人有对基金资产的保管权，要确保基金资产的安全。基金经营权与保管权严格分离，二者之间既相互配合又相互制约。投资基金的组织结构是投资基金的本质要求，也与现代公司制的本质要求相一致。正是投资基金这种科学的组织结构，决定了外部托管人的不可或缺的地位。比如单个企业年金计划托管人由一家商业银行或专业机构担任。商业银行担任托管人，应当设有专门的基金托管部门。《企业年金基金管理试行办法》还规定，托管人发现投资管理人的投资指令违反法律、行政法规、其他有关规定或合同约定的，应当拒绝执行，立即通知投资管理人，并及时向受托人和有关监管部门报告。托管人发现投资管理人依据交易程序已经生效的投资指令违反法律、行政法规、其他有关规定或合同约定的，应当立即通知投资管理人，并及时向受托人和有关监管部门报告。

3. 投资比例限制制度

基金的投资决策和投资方案等都是由基金管理人做出，为了保护基金受益人的利益，实现社会保障基金投资的安全性等原则，一般都会制定较为严格的基金投资比例限制。对投资组合的限制一般包括：第一，投资工具的限制。如限制基金进行股票、国外证券等高风险投资。第二，投资数量的限制。投资数量的限制包括两个方面，一是对投资某一种股票的数量限制，即规定基金投资于任何一家公司股票的股份总额不得超过该公司已发行股份总额的一定比例；二是对某一种股票的投资总额在基金资产净值中所占比例的限制，即规定基金对于某一种证券的投资额不得超过该基金资产净值的一定比例。第三，投资方法的限制。禁止基金与基金关系人交易；限制同一基金管理人的多只基金之间相互交易；禁止信用交易等。

4. 风险准备金制度

社会保障基金风险准备金是指由社会保障基金监管机构规定提取比例，由社会保障基金管理服务机构从社会保障基金净收益和手续费中提取一定比例的资金，用于弥补社会保障基金投资亏损的一系列制度安排。大体上其资金有以下一些来源：从投资收益中按一定比例提取；从社会保障基金管理服务机构的自有资本中提取；从资产管理手续费中提取；其他的筹措方式。

5. 信息披露制度

为了防范和化解代理风险，保障基金的安全，应建立和完善基金的信息披露机制，加强信息披露方面的监管，将基金管理人置于基金受益人和监管机构的双重监督之下，防止基金管理人违规操作，损害基金受益人利益。信息披露制度的设立和完善以及监管对信息披露的制约，有利于将基金管理人的外控机制转化为内控动力。国家监管对信息披露真实性、完整性和及时性的要求，势必会给基金管理人的经营造成压力，使其增强透明度。基金管理人的经营都处在公众的视线内，经营不善将导致公众对其信心的丧失，他们就会努力完善内控机制，避免违规操作，保持良好的经营状态。完善的信息披露制度将使社会保障基金管理者、投资者等各方获得充分的信息，减少因信息不完全甚至虚假错误信息导致的风险和损失，同时这也是世界各国社会保障基金监管成功的经验。

6. 佣金限制制度

社会保障基金佣金限制制度是指由社会保障基金的监管机构对于社会保障基金运行中发生的佣金进行限制，规定最高的佣金水平。作为社会保障基金监管的一部分，社会保障基金佣金限制制度的根本作用在于通过控制费用的方式来增加社会保障基金的净收益。另外，在社会保障基金发展的初级阶段，由于社会保障基金管理服务机构有限，竞争不充分，甚至出现垄断的情况，导致社会保障基金的佣金过高，这就需要政府监管机构加强社会保障基金的佣金限制。

(二) 社会保障基金监管的体系

社会保障基金监管体系是指国家指定专业机构根据法律对社会保障基金征收、投资运作、基金给付等整个过程进行监管的制度和规则体系的总称。

社会保障基金监管体系，通常包括社会保障基金监管法律体系、社会保障基金风险监测预警体系、社会保障基金监管组织体系。

社会保障基金监管的组织体系社会保障基金管理和监督是一个复杂的网络体系。要建立组合监管体系，基本的思路是从内部监管和外部监管两个方面入手，形成一个分工明确、相互制衡的监管组织体系。内部监管主要涉及会计务监管和内部审计监督两个方面，外部监管主要涉及行政监管、审计监管和社会监管三个方面。

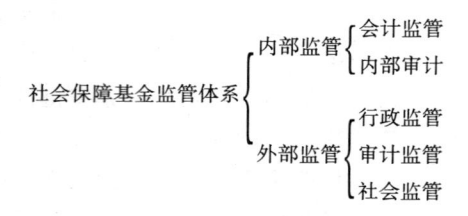

社会保障基金监管体系 { 内部监管 { 会计监管 / 内部审计 }, 外部监管 { 行政监管 / 审计监管 / 社会监管 } }

图5—1　社会保障基金监管体系

资料来源：巴曙松、谭迎庆、丁波：《社保基金监管的现状、问题与建议》，《当代经济科学》2007年第5期。

1. 社会保障基金的内部监管

社会保障基金的内部财务监管主要是指通过内部财务管理制度和管理活动，保证基金运行的合法性和合规性。在性质上，内部财务监管属于事前、事中监管和基金运行过程中第一层面的监管。具体内容包括社会保障基金纳入单独的社会保障基金财政专户，实行收支两条线管理，专款专用，任何地区、部门、单位和个人均不得挤占、挪用，也不得用于平衡财政预算；并建立健全财务管理制度，做好基金的计划、控制、核算、分析和考核工作，如实反映基金收支状况，加强监管和检查，确保基金的安全等。社会保障基金的内部审计监管主要是指基金管理服务机构通过岗位设置和职责分工来完成对自身基金管理行为进行审查的过程。在性质上，内部审计监管属于事中、事后监管和基金运行过程中第二层面的监管。

2. 社会保障基金的外部监管

社会保障基金行政监管是以国家权力机关为主体的监管子系统、各级政府行政管理机构为监管主体的行政监管子系统对社会保障基金运行情况进行的一种外部监管。在监管的效率上，社会保障基金审计监管属于第一层次的外部监管，监管的主要领域在于事中和事后。社会保障基金审计监管是由专门从事审计业务的部门按照法定管理权限对社会保障基金的财务收支、效益和违反财经纪律的行为所进行的经济监管。在监管的效率上，社会保障基金审计监管属于第二层次的外部监管，监管的主要领域在于事中和事后。社会保障基金的社会监管指社会公众，尤其是直接利害关系者通过各类社会团体和社会组织，各类群众自治组织，借助舆论的作用和影响，对社会保障活动进行的监管。在监管的形式上，社会保障基金社会监管属于第三层次的外部监管，监管的主要领域分布于事前、事中和事后。

四　社会保障基金监管方法[①]

社会保障基金监管方法可以分为现场监管和非现场监管。社会保障基金的监管部门采取何种监管方式方法是由相应的社会保障基金管理体制决定的，社会保障基金的管理体制又与一定的社会保障制度相匹配。

1. 现场监管

社会保障基金监管机构按国家有关规定和程序对被监管机构的社会保障基金管理和运营情况实施实地调查，从而了解被监管机构执行国家有关法律、法规的情况，实现对社会保障基金管理和运营状况的监控。现场监管按实施监管的时间和频率可以分为定期监管和不定期监管；按检查的内容可以分为综合监管和专项监管。

现场监管的内容：第一，基金收缴风险的检查。检查是否按规定的标准征缴保险费，保险费征缴中是否存在少缴、漏缴的问题。第二，基金支付风险的检查。检查是否按规定的项目、范围和标准支付，有无多支、少支、漏支、错

[①] 孙建勇：《社会保障基金监管》，中国劳动社会保障出版社 2005 年版，第 197—219 页。

支，是否存在骗取保险待遇的行为等。第三，基金结余风险的检查。检查征缴的保险费是否及时足额缴入收入户管理、转入财政专户等，是否按规定进行运营，是否存在挤占挪用基金等行为。

2. 非现场监管

社会保障基金的非现场监管是指利用现代信息技术手段采集与社会保障基金管理和运行相关的数据，通过计算机实现对数据的比对和分析，根据结果评价社会保障制度运行的态势和社会保障基金管理的状况，及时发现问题，为进一步采取措施或指定政策提供依据。《社会保障基金行政监督办法》明确规定："非现场监管是指监督机构对被监督单位报送的社会保障基金管理有关数据资料进行的检查、分析。"这是对非现场监管最简洁的概括。

非现场监管内容包括：第一，管理或运营的风险性。主要涉及资本充足性、资产质量、资金流动性、收益状况和经营管理水平、内部控制等。第二，管理或运营的合规性。主要涉及资产负债、注册资本、管理及运营人员资格、基金资产的结构和期限是否符合规定等。

【本章小结】

社会保障基金是社会保障制度运行及功能有效发挥的物质基础。在我国，社会保障基金主要由基本保障基金、补充保障基金和全国社会保障基金三部分构成。基本社会保障基金则由社会救助基金、社会保险基金、社会福利基金和社会优抚基金等构成。

按照基金积累程度不同，社会保障基金筹资模式可以分为现收现付制、完全积累制和部分积累制三种类型。现收现付制遵循的是横向平衡原则，完全积累制遵循纵向平衡原则。社会保障基金主要有年金式偿付、一次性偿付和混合型偿付三种偿付方式，偿付需要考虑的因素包括年龄、性别、身份、工龄和就业年限、缴费年限与总额、居住年限、供养亲属的人数以及工资以外的其他收入状况等等。

社会保险金可以按受益基准制和缴费基准制两种标准偿付。社会保障基金的性质及功能决定了其投资应该是在保障基金安全的基础上提高基金的收益率，同时保证其流动性需要。国际上，社会保障基金投资实业的比较少，更多的是投资于金融市场，投资可以选择直接和间接方式。为了规避金融市场的非系统性风险，通常采取组合式投资方式，并运用相关理论，选择合适的投资策略。

　　社会保险基金监管，按照遵循的主导原则不同，有审慎性监管和严格限量监管两种模式。在前一种模式下，监管机构不对基金资产的具体安排做任何数量化规定，但要求投资管理人的任何一个投资行为都要像一个"谨慎人"对待自己资产一样考虑各种风险因素。在后一种模式下，通常要对投资的资产种类和各自比例作出严格限制。

【思考题】

1. 如何理解"全国社会保障基金"的战略储备功能？
2. 社会保险基金的税、费筹集方式有何本质区别？
3. 如何理解部分积累制的优缺点？
4. 中国的社会保障基金有哪些，哪些面临较大的保值增值压力？
5. 如何理解社会保险基金监管的审慎人原则和严格限量原则？

第六章

社会养老保险

年老是人生的自然规律，老年阶段也是人生的一个重要阶段。随着生活水平的提高和医疗技术的不断进步，老年人口的规模在不断扩大，社会养老保险也由此成为绝大多数国家社会保障体系中最重要和最核心的制度安排。

第一节 社会养老保险概述

一 社会养老保险概念

在老年阶段，老年人都将面临劳动能力减退和自理能力下降等因素导致的各种风险，而社会养老保险则是现代社会应对老年风险的最主要的制度安排。

（一）老年收入风险及其传统应对方式

养老保险制度要应对和化解的风险实质上是老年收入风险，即人们因年老而导致收入下降的风险。在工业化社会，劳动所得往往是人们最主要的收入来源，但人们年老之后，其劳动能力和劳动技能就会随之下降，从而以退休的方式退出劳动力市场，并因此导致收入水平的下降。在出现社会化的养老保险制度之前，人类应对老年收入风险的传统方式主要有以下几种。

1. 家庭保障

家庭保障是以家庭内代际关系为基础的老年收入保障方式，人们在壮年时期养育自己的子女，到了晚年，子女则承担起赡养老人的责任，通过家庭内部的经济收入转移维持老年人的收入水平。

2. 个人保障

所谓个人保障就是指个人在年轻的时候通过储蓄等方式，积累一定的资金，从而维持本人在年老时期的经济收入水平。

3. 土地保障

在农业社会，土地是最重要的生产资料。人们在壮年时期，通过土地劳作，既维持生活也获得收入。在进入老年之后，既可以通过在土地上的劳作，实现基本生活的自给自足，也可以通过土地转移、租赁、兼并等方式获得收入，应对老年时期的收入风险。

4. 单位保障

单位保障是建立在一种特殊的雇佣关系基础之上，基于这种雇佣关系，人们在退出劳动力市场之后，仍然可以得到被雇佣单位的现金给付。这种性质的给付并不是对当期劳动付出的回报，而可以看成是劳动所得的延期支付。

（二）社会养老保险

社会养老保险是指用社会化的方式应对老年收入风险。这种社会化的具体体现就是建立在全社会代际关系基础上的收入转移支付，即通过全社会年轻人的缴费或者缴税，来维持老年人的收入水平。

社会养老保险与家庭保障、个人保障、土地保障和单位保障方式有着本质的区别，这四种方式使得老年人的收入都依赖于他人或者他物，一旦被依赖的人、物或者是机构自身遭遇经济风险，老年人的收入就无法得到保障，也就是说，这种保障机制本身就是面临风险的。

社会养老保险建立在全社会的代际关系基础之上，老年人的收入不取决于任何人或物，而来源于一种社会化的机制。只要人类还在繁衍，这种机制就能有效地应对老年收入风险，从而应当被称为最可靠、最有效的老年收入保障机制。

二　社会养老保险的发展历史

（一）德国社会养老保险制度的建立与发展

在养老保险制度的发展进程中，最早是 1669 年法国制定的《年金法典》。

它明确规定对于不能继续从事海上工作的老年海员发放养老金，这应当算是开养老保险立法之先河。

奥地利和比利时则分别于1854年和1868年实施了矿山劳动者养老金制度。但由于受当时历史条件的限制，这些制度根本不可能在较大的范围内实施，它只是针对一些特定行业而制定，并不具备社会养老保险制度社会化的本质特征。因此，法国、奥地利、比利时等国在早期实施过的养老金办法，并不能算是现代社会养老保险产生的标志。

具有现代意义上的社会养老保险，是以德国1889年颁布的《老年、残疾和遗属保险法》为标志的，这一立法正式确立了社会养老保险制度。19世纪末，德国的工业化迅猛发展，同时，由此导致的劳资纠纷和冲突也日益升级。为了协调劳资关系，维护社会稳定，1888年底，《老年和残疾社会保险法案》被提交到帝国议会。1889年5月24日，德国国会以微弱多数票通过了该部法案，并于1891年1月1日开始生效。该法案的主要内容是对工人和职员一律实行老年和残疾社会保险制度，费用由雇主和工人各负担一半，国家对领取老年和残疾保险金者每人补贴50马克。养老保险基金实行现收现付制度，退休金依据原工资等级和地区等级而定，达到退休年龄并缴纳30年以上养老保险费者可以领取老年和残疾保险津贴。

经过100多年的发展，德国养老保险制度自身不断发展和完善，成为社会保险型养老保障制度的典范，并为世界诸多国家所效仿。例如，丹麦于1891年、新西兰于1898年、瑞典于1903年、奥地利于1906年、澳大利亚于1908年、英国于1909年、法国于1910年、荷兰于1913年、意大利于1919年、俄罗斯于1922年、智利于1924年、加拿大于1927年、南非于1928年、美国于1935年相继建立了社会养老保险制度。此外，新加坡、马来西亚、印度、缅甸、泰国、菲律宾、墨西哥、阿根廷、巴西、沙特、科威特、埃及等也在第二次世界大战后先后建立了自己的养老保险制度。截至20世纪末，世界上已有166个国家建立了养老保险制度，这表明了养老保险不仅是人类社会发展的普遍需要，而且也是政府着力推进的重大的社会政策。[①]

---

① 郑功成主编：《社会保障学》，中国劳动社会保障出版社2005年版，第301页。

（二）英国社会养老保险制度的产生与发展

第二次世界大战后，英国的社会经济受到重创，急需进行社会重建。为了加强社会凝聚力，提高国家认同感，英国建立起了以国民身份为基础，全面覆盖、待遇水平均等化的全民社会养老保险制度。

1946年，英国政府颁布了国民保险法，实行强制性全民保险制度，建立了均一费率的国家养老金制度。制度规定雇员不论其收入多少，均按统一的标准交纳保险费，并按统一标准享受保险待遇。同年，英国政府筹建社会保险部，并将国家养老金制度（领取者按相同标准缴费，按相同标准领取津贴）纳入整个国民保险制度之中，成为综合社会保险的组成部分，这是英国养老金制度管理体制的一次重要变革。自第二次世界大战后，它就与物价指数和平均工资水平相挂钩，不论收入高低，各人缴纳的保险金费用标准全部一致，退休后所获养老金数额也全部一致，并覆盖到所有退休的公民。[①]

英国全民社会养老保险制度的建立是与《贝弗里奇报告》密切相关的。1942年，受英国政府委托，贝弗里奇完成了《社会保险及相关服务的报告》（又称《贝弗里奇报告》），报告阐述了英国社会保障制度改革的蓝图。报告提出了社会保障应当遵循的四项基本原则：普遍性、保障基本生活、统一性、权利与义务相对等。对于养老金制度，《贝弗里奇报告》提出了七项具体建议：[②]

第一，社会保障计划包括在已缴费的情况下，不经经济状况调查，为所有公民提供标准相当于失业和伤残保险待遇的基本养老金，即一对夫妇共同养老金标准为每周40先令，个人领养老金者为24先令。

第二，缴费养老金制度在20年过渡期内逐渐引入，在此期间基本养老金标准从一对夫妇25先令、个人领养老金者14先令逐步提高到全额标准。

第三，在所有达到领养老金年龄的人（男65岁、女60岁）中，对需要救助的（或属于缴费养老金不够基本生活、需要救助的，或无资格享受缴费养老金的），按《需要确定法》进行统一的经济状况调查后发给救济养老金。

第四，按社会保障计划，所有缴费养老金均为退休养老金，养老金只发给

[①] 杨立雄、杨俊：《公共养老金制度》，经济日报出版社2011年版，第30页。
[②] ［英］贝弗里奇：《贝弗里奇报告——社会保险和相关服务》，劳动和社会保障部社会保险研究所组织翻译，中国劳动和社会保障出版社2004年版，第110—111页。

已退出工作岗位的人,并且退休后取得任何工资收入的,都要从养老金中扣减其中的一部分。

第五,养老金基本标准是指达到男 65 岁、女 60 岁最低领养老金年龄的退休者所能领取的标准。在达到最低领养老金年龄后推迟退休的所有人,均有资格按推迟时间长短在基本养老金之外额外增加待遇。

第六,现已领取养老金的所有人其权利将得到保护,即这些人即使没有退休也能按现行标准领取缴费养老金,直到其决定退出工作为止。在退休后,养老金执行更高的标准。

第七,在现缴费养老金范围内的人和范围外的人采取不同的缴费养老金增长机制。之所以差别对待是因为前者在旧方案下已缴费,而后者未缴费。

《贝弗里奇报告》在不同程度上影响了英国的社会养老保险体系建设。之后,英国全面普惠的养老金制度为北欧诸国所效仿,他们更加充分地坚持了普遍性与均等化的原则,并且扩展到了社会保障的其他领域,建立起了"从摇篮到坟墓"的完善的社会保障体系。

(三) 全球社会养老保险制度的改革

1. 人口老龄化对社会养老保险制度的挑战

在社会养老保险制度中,其实质通过年轻人的缴费(缴税)构成养老保险资金的来源。这种财务模式受到了人口老龄化的严重挑战。

女性生育观念与生育行为变化,同时加上生育政策的控制,新生儿数量下降导致年轻人数量下降,老年人口比重因此相应提高。人的预期寿命的延长,因而老年人口数量增加,从而加速人口老龄化的进程。

人口老龄化对社会养老保险制度的影响非常明显,新生儿数量的下降必然导致劳动就业人口数量的下降,使得缺乏足够的年轻人为养老保险制度缴费,或者年轻人需要承担更重的缴费负担;老年人口数量的上升和人均预期寿命的延长,意味着对养老金的需求量不断增加。一方面是筹资不足,另一方面是支出增长,人口老龄化因此成为社会养老保险制度财务可持续性的最大挑战之一。

2. 社会养老保险的模式改革

为了应对人口老龄化对社会养老保险制度的挑战,从 20 世纪 70 年代开始,在全球范围内掀起了社会养老保险制度改革的浪潮。最引人注目的为智利的养老金制度改革和世界银行提出的多支柱模式的改革。其中，智利的改革实践和世界银行提出的多支柱模式可以被称为模式改革，在维持原有制度模式基础上对相关参数进行调整则可被称为参数改革。

1973 年，智利皮诺切特（Augusto José Ramón Pinochet Ugarte，1915—2006）军政府上台执政，该政府于 1980 年 11 月通过了相关法令，规定于 1981 年开始实行新型的养老金制度，这种新型养老金制度实行完全的个人账户制度，即个人在就业时期将收入的一部分存入个人账户，并由私人养老金公司负责运营管理，全部储存额与投资收益用于本人年老时期的养老金发放。智利社会养老保险制度改革有以下两个基本特点。

（1）首次将完全积累的个人储蓄作为公共养老金制度。个人储蓄制度很早就存在，并且是社会养老保险制度诞生之前人们用于应对老年期间收入下降的主要方式之一。但智利是全世界第一个用政府法令的形式，将个人储蓄制度作为国家公共养老金制度的国家。

（2）改革采取了"老人老办法、新人新办法"的原则，从而实现平稳过渡。根据 1980 年 11 月通过的相关法令，新参加工作的社会成员只能参与新制度，但允许已经工作的中、老年职工自由选择留在旧的养老保险制度内还是参加新制度，国家对选择继续留在旧制度中的中、老年职工仍然负责到底，对选择新制度的中、老年职工则通过发行认可债券的方式来补偿历史欠账。[①] 虽然智利的养老金制度改革引起了广泛的关注，但绝大部分社会保障学者并不认为智利完全积累的个人账户养老金属于社会养老保险制度。因为在这种制度下，老年收入风险完全由个人来承担，丧失了互济性和社会化，从而不具备社会养老保险的本质属性。

如果说智利的养老金制度改革是一次存量改革，即用完全积累的新养老金制度替代旧制度，那么世界银行提出的多支柱养老金制度模式可以被称为增量改革。1994 年，世界银行发布《防止老龄危机：保护老年人及促进增长的政策》的报告，提出建立三支柱的养老保障体系：第一支柱为公共管理的强制性制度，其目标是防止老年贫困；第二支柱是私人经营的强制性制度，其目标是提高老年人的生活标准；第三支柱是自愿储蓄制度，其目标是提高老年人生活质量。这三个支柱共同形成老年收入保障体系，从而降低了人口老龄化对传

---

① 郑功成：《智利模式——养老保险私有化改革述评》，《经济学动态》2001 年第 2 期。

统第一支柱的挑战。多支柱养老金制度的核心理念在于责任分担，即政府、市场和个人都应当承担应对老年收入风险的责任。

3. 社会养老保险的参数改革

为了应对人口老龄化对传统社会养老保险制度的挑战，很多国家在保持原有制度模式的基础上，进行了参数改革。这些改革措施主要包括：

（1）提高缴费率。通过提高缴费率来增加养老保险资金来源，但这种做法客观上提高了劳工成本，降低了企业竞争力，也加重了年青一代的负担。

（2）提高领取养老金的最低缴费年限和领取全额养老金的缴费年限。通过延长缴费年限增加养老保险资金来源。退休年龄和领取养老金年龄并不必然相同。当一个劳动者退休时，他可以退出工作岗位，但收入风险未必发生，因此他可以继续缴纳保险费，直到他认为需要通过领取养老金来应对收入风险时。

（3）调整养老金计发办法。或者是调整养老金计发公式中的相关参数，或者是调整养老金的调整机制，使养老金替代率有所下降，从而起到压缩养老金开支的作用。

三　社会养老保险功能

（一）应对老年收入风险

应对老年收入风险是社会养老保险制度的首要功能，也是最重要的功能。社会养老保险制度应对老年人收入风险的基本机制是建立在代际关系基础上的收入转移，因此，只要代际关系存在，社会养老保险的风险化解机制就能持续发挥功能。然而，随着老年人收入来源的多样化以及人口老龄化对社会养老保险制度的挑战，社会养老保险制度能够提供的老年收入份额呈现出下降的趋势，但从世界各国来看，社会养老保险仍是世界各个国家应对老年收入风险的最重要的制度安排。

（二）协调劳资关系

由德国创立的现代社会养老保险制度是工业化的产物。在工业化时代以前，老年收入风险往往都是由家庭或者土地来应对的，而工业化形成了一种新的社会关系，即劳动者与资本所有者之间的关系，或称之为劳资关系。

在工业化的早期，劳资双方的矛盾成为社会中最基本和最激烈的矛盾。德国有着非常悠久的工人运动历史，虽然德国不是最先开始工业化的国家，但却是劳资冲突最为激烈和尖锐的国家。正是在这样的背景下，德国创立了社会养老保险等一系列社会保险制度，旨在通过劳资双方的缴费来应对劳动者单方面的风险，从而缓和劳资矛盾，维持社会稳定。

时至今日，劳资自治仍然是德国社会保险制度最大的特点，并集中体现在养老保险管理体制上。自治管理机构是德国养老保险的经办机构，它是独立于政府的公法法人，由雇主和雇员代表按照相同的比例组成，接受国家的监督。自治管理机构的最高权力机构是全体代表大会，一般由60人组成，资方代表和劳方代表各30名，共同商议决策养老保险制度的重大调整问题。自治管理模式给养老保险关系中的直接利益方，即劳方和资方提供了平等的决策与管理机会，劳资双方通过协商与博弈，实现社会保险管理效率的最大化，因此是一种高效的并符合社会公平原则的管理方式。劳资自治的原则合理划分了劳资双方和政府在养老保险制度中的责任，有利于制度在自我调整中实现自我平衡和自我发展。

（三）调节收入分配

养老保险制度的收入分配性质较为复杂，兼具初次分配和再分配的属性，但主要是收入再分配。养老保险之所以具有初次分配的性质，是因为养老保险费可以被视为工资的延期支付，或者是"必要劳动的扣除"[①]，而财政资金的介入以及养老保险金计算公式中往往要考虑社会平均工资等因素则使之具有收入再分配的性质。

养老保险制度调节收入再分配的内容包括三个方面：

（1）它调节了资方与劳方之间的收入。养老保险制度的缴费来源于劳资双方，而最终的给付对象是劳动者本人，这种缴费与给付结构决定了其对初次分配形成的劳资分配格局进行了调整，增加了劳动者的实际收入水平。

（2）它调节了在职劳动者与退休者之间的收入。社会养老保险是通过在

---

① 中共中央马克思、恩格斯、列宁、斯大林著作编译局编译：《马克思恩格斯选集》第3卷，人民出版社1975年版，第9—11页。

职劳动者的缴费来应对退休者的老年收入风险，因此在职劳动者是缴费方，退休者是待遇领取方。社会养老保险从本质上说，就是一种代际的收入分配。

（3）它调节了不同收入水平劳动者之间的收入。社会养老保险与商业保险的重要区别在于，社会养老保险的待遇与个人的缴费水平有正相关的关系，但并不是完全的精算原则，即两个参保劳动者养老金水平的差异一定小于其缴费水平的差异。这主要是通过在养老金计发公式中引入社会平均工资等方式来实现。

总之，以上三种收入再分配，都是从收入较高的一方转移到收入较低的一方，因此社会养老保险具有正向收入再分配的功能。

（四）促进经济发展

养老金制度对经济增长的长期影响效应主要集中于四个方面：[①]

（1）养老金制度与物质资本积累的关系，主要体现为养老金制度对个人储蓄和国民储蓄的影响。

（2）养老金制度与人力资本积累的关系，体现为其对父母投资子女教育决策以及政府公共教育投入的影响。

（3）养老金制度对劳动力市场的影响，具体表现为养老金制度对劳动力供求、劳动力流动产生的影响。

（4）养老金制度对全要素生产率的影响，具体体现为养老金制度对资本生产率和企业劳动生产率的影响。

养老金制度对经济发展的影响途径和方式是多样的。从实践上看，养老金制度往往发挥了缓解经济危机、促进经济发展的作用。德国在全世界第一个建立了社会保险制度，缓和了劳资关系，推动了工业化进程；美国1935年出台的《社会保障法》则是应对经济危机的重要举措，并实质上发挥了作用；英国建立的福利国家制度，重新实现国家团结和国家振兴的重要基础。由此可见，养老金制度通过消除人们的后顾之忧，有利于缓和劳资矛盾，提高劳动生产率，从总体上看有利于促进经济发展。

[①] 胡秋明：《可持续养老金制度改革的理论与政策研究》，中国劳动社会保障出版社2011年版，第137页。

第二节　社会养老保险资金管理

社会养老保险的资金管理是养老保险制度的核心，主要涉及三个方面：资金的筹集、资金的给付和资金的投资运营。但由于社会养老保险制度大多追求资金的当期平衡，在人口老龄化的挑战下，资金的当期结余越来越少，甚至往往需要政府的财政补贴，因此，社会养老保险资金的投资运营管理并非资金管理的重点所在。资金管理的重点在于养老保险资金的筹集与给付。

一　社会养老保险筹资

（一）社会养老保险资金的征缴方式

从全世界范围来看，养老保险费的征缴方式主要有两种：养老保险税和养老保险费。一个国家采取养老保险费还是养老保险税的形式，主要取决于一个国家养老保险制度的模式。

社会养老保险制度从总体上可以被划分为英国创立的"北欧模式"和德国创立的"大陆模式"。北欧模式和大陆模式的相同点在于其在财务上都采取了现收现付的方式，其区别主要体现在给付方式上。大陆模式强调保险原则，即缴费水平越高，给付水平越高，而北欧模式则强调给付水平的均等化，即养老金的给付水平与缴费水平无关。

不同的养老保险制度模式决定了其采取不同的养老保险资金征缴方式。均等化给付是税收的基本特征，在征税的模式下，个体之间的差异不再存在，税收的给付无法与个人的缴税情况相挂钩。例如，国民缴税形成的公共财政资金在用于教育、国防等公共物品时，是无法与个人的实际缴税额挂钩的，不可能出现缴税水平越高，得到的公共物品与公共服务越多的情况。因此，税收的形式与北欧模式下养老金均等化给付的特征具有内在一致性，也就是说，均等化的养老金给付适宜采取养老保险税的形式。相应地，在缴费的模式下，个体之间的差别可以保留，缴费记录可以具体到每一个缴费对象的账户上，这样就为参保者待遇与缴费的密切挂钩奠定了基础。因此，缴费的形式与大陆模式下养老金水平与缴费水平相挂钩的特征具有内在一致性，也就是说，以德国为代表的社会保险模式适宜采取收费的方式。

虽然均等化的养老金给付方式最适宜采取社会保险税的形式，但并不排斥采取社会保险费的征缴方式，因为在采取收费的方式下，也可以实现待遇的均等化给付。但是，与缴费水平相挂钩的保险型给付方式却不能采取征税的形式，因为在征税的形式下，个人的缴费记录差别被抹杀，因此无法实现待遇与缴费相挂钩，也就是说，在保险制度下，与缴费相挂钩的差别化待遇给付与税收的均等化给付之间存在内在的矛盾。

（二）社会养老保险资金的财务模式

养老保险资金筹集完成之后，要面临的第二项任务就是选择养老保险资金的财务模式。世界各国的养老保险财务模式主要有现收现付式、完全积累式、部分积累式三种。财务模式的本质是养老保险资金的平衡周期，现收现付追求养老保险资金在一个财政年度的收支相抵；完全积累模式追求养老保险基金在个人生命周期内的收支相抵；部分积累则是介于两者之间。

1. 现收现付式（Pay As You Go, PAYG）

现收现付式，亦称为非基金式或统筹分摊方式。该模式从当年或近期养老保险资金收支平衡的角度出发，确定一个适当的费率标准，向企业与个人征收社会保险费（税）。

一般而言，现收现付制是以支定收，即根据预测的当期养老保险资金支出确定养老保险缴费率。现收现付模式在财务上的一个显著特点就是在财务年度结束后，收支完全相抵，不会出现基金结余。无论是欧洲大陆模式还是北欧模式，其财务模式都采取的是现收现付的方式，或至少追求的是现收现付的结果，即在财务年度结束后，实现收支相抵。现收现付的本质是对老年收入风险进行代际转移，因为无论是欧洲大陆的模式，还是北欧的模式，养老保险的资金都来源于年轻人的缴费或者是纳税。现收现付充分体现了对老年收入风险化解的社会化机制，因此，也被称为社会统筹（Social Pooling）模式。

现收现付式的优点是收支关系简单清楚，管理方便，无资金贬值的风险与保值增值的压力。其缺点是随着人口老龄化程度的加深，当期缴费者的压力会不断增大，既提高了企业的劳工成本，也容易造成劳动者代际矛盾。尽管如此，现收现付制以代际关系为基础，符合养老保险社会化的基本原则，它是社会养老保险制度最重要、最合理、应用最为广泛的方式。

2. 完全积累式（Fully Funded, FF）

完全积累式，也可称为基金式或预提分摊方式。该模式是在对有关社会经济发展指标，如退休率、伤残率、通货膨胀率等进行宏观上的长期测算后，从追求养老保险收支的长期平衡角度出发，确定适当的费率标准，将养老保险较长时期的支出总和按比例分摊到整个期间并向企业与个人征收，同时对已筹集的养老保险基金进行有效运营与管理。其特点是强调长期平衡，费率较为稳定，能够积累起养老保险基金。

完全积累制的本质是通过个人年轻时的收入积累来应对老年时的收入风险，是收入风险在个人生命周期中的转移。完全积累制其实就是一种强制储蓄，它与商业储蓄的差别在于：一是缴费可能不仅来源于个人，也来源于企业；二是该储蓄资金不得提前支取，只能满足一定条件后才可支取，从而确保用于应对老年收入风险；三是其投资管理有可能是市场化的企业，也可能是政府部门，例如新加坡的公积金制度。由于完全积累制下的养老保险基金往往都存储于个人账户之中，通常也被称为个人账户制（Personal Account）。

作为一种强制储蓄制度，完全积累制在 20 世纪 80 年代的智利养老金制度改革中被引入公共养老金体系，但是由于完全积累的财务模式基本不具备收入再分配的和互助共济的功能，因此并不是一种社会化的养老保险财务模式。完全积累制下的养老金待遇主要取决于养老保险基金的投资回报率，而资本市场回报的不稳定性使得本应当化解老年收入风险的养老金制度可能面临着新的风险。

3. 部分积累式（Partially Funding PF）

部分积累式，亦称为部分基金式或混合式，它实质上是现收现付式的变种。由于在现收现付式下，基金支出难以准确计算得出，因此纯粹的现收现付制几乎是不存在的。各个国家往往按照留有一定储备基金（如 3—5 个月的基金支出）的目标，计算养老保险缴费率，从而确保足够的养老保险基金收入用于给付。

该模式根据分阶段以收定支、略有节余的原则确定征收费率，目标是保持养老保险基金在一定时期内的收支平衡，它的特点在于，既能满足一定时期内的养老保险基金支出，又能有一定的资金积累；既实现了老年收入风险的代际转移，也不会面临太大的保值增值压力。

这里需要区分的是，有一些养老保险制度的运行结果符合部分积累的特征,但其并非部分积累的模式。最典型的就是中国城镇职工基本养老保险制度采取的"统账结合"模式。该模式由现收现付的社会统筹账户与完全积累的个人账户相结合,虽然从运行结果上看,符合部分积累制下有部分基金结余的特征,但"统账结合"模式并非部分积累制,而是现收现付制与完全积累制的板块式组合。

二 社会养老保险给付

(一) 社会养老保险给付的条件

由于养老保险是用于应对老年收入风险的,因此养老保险基金并非在任何条件下都可以给付,一般而言,养老金的给付通常需要满足以下两个条件:

(1) 最低缴费年限。为了保证领取养老金的水平,各个国家通常会规定最低的缴费年限。目前各国最低缴费年限也在不断延长。

(2) 达到符合领取养老金的最低年龄。一般而言,劳动者达到退休年龄之后就开始领取养老金,但随着老年人收入来源的多样化,目前也出现了劳动者退休后并不立刻领取养老金,而是继续缴费,直到其认为收入不足时,再通过领取养老金来应对收入下降。退休年龄也就成了领取养老金的最低年龄。

(二) 社会养老保险待遇的确定因素

在不同的社会养老保险模式下,养老金待遇的确定因素是完全不同的。在北欧的模式下,养老金待遇均等化,因此其水平与个人缴费水平基本无关,而是由社会平均工资水平(或居民消费水平)与养老金替代率共同决定。这种模式也被称为普遍生活保险模式。

在完全积累的模式下,养老金水平主要与参保者的缴费水平、整个积累时期内养老保险资金的投资回报率以及劳动者退休时的余命决定。参保者的缴费水平和养老保险资金投资回报率越高,养老保险积累资金总量就越高,养老金水平就越高;劳动者退休时间越早,余命就越长,每个月领取的养老金水平就越低。

欧洲大陆模式的养老保险待遇确定因素相对比较复杂,从总体上看,养老保险待遇的水平与其缴费水平密切相关,因此也被称为收入关联模式。① 具体而言,至少包括以下三个因素。

(1) 参保者实际缴费水平。即参保者在整个参保缴费周期的缴费水平。在德国,这个因素体现为收入分值,它是指投保人每年的工作报酬与当年所有投保人的平均收入之比,反映投保人的相对收入情况。

(2) 领取养老金时的社会平均工资水平。该因素既是养老金替代率的基础,也确保了养老金具有调节不同收入群体劳动者收入水平的功能。

(3) 参保者实际缴费年限。该因素可以确保参保者缴费年限越长,养老金水平越高。例如,在德国,养老金待遇确定公式中引入了时间调节因子,如按照法定领取全额养老金年龄退休,则该因子为 1。每提前一个月,养老金数额降低 0.3%;每延迟一个月,养老金数额提高 0.5%。这种机制可以很好地防止提前退休,并鼓励劳动者延长缴费年限和延迟退休。

但随着人口老龄化对现收现付制养老保险制度的挑战,很多国家的养老金待遇确定机制不再严格遵守"待遇与缴费相挂钩"的原则,而引入了一些其他的因素。例如,德国直接将人口老龄化的程度纳入养老金计发公式中,人口老龄化程度越高,其养老金水平就会有所下降,从而体现不同代际人口共同承担人口老龄化对养老金制度带来的挑战。同时,上述因素都仅仅决定了领取养老金起始期的养老金水平,即退休当月的养老金水平。但养老金水平并非由养老金计发公式决定,而是由养老金调整机制决定。各国的养老金调整机制有所不同,基本都包括通货膨胀率、在职职工工资增长率或消费水平等因素。

(三) 社会养老保险给付的模式

(1) 待遇确定型(Defined Benefit, DB)。待遇确定型是指社会养老保险的发起者承诺养老待遇的水平,或者是替代率,然后根据此替代率,并结合相关因素进行测算,根据以支定收的原则来确定养老保险的缴费比例。在这种模式下,退休者的养老金相对水平可以得到确保,退休者的长寿风险和人口老龄化带来的挑战都由养老保险的发起者(往往是政府)和当期的缴费者来分担。一般而言,现收现付财务模式的养老保险制度都采取待遇确定型模式。

---

① 董克用、王燕主编:《养老保险》,中国人民大学出版社 2000 年版,第 37 页。

(2) 给付确定型（Defined Contribution，DC）。给付确定型是指当期缴费者的缴费率相对确定，而退休者的待遇却并不确定。退休者的待遇将取决于养老保险资金的投资回报率或者是工资增长率等其他因素，因此是一种以收定支的模式。在这种模式下，退休者的养老金水平主要由其自身的缴费水平决定，个人的长寿风险也由个人承担。一般而言，采取完全积累财务模式的养老金制度往往采取给付确定型模式，即劳动者或者劳资双方将缴费全部纳入个人账户中，再对个人账户的积累资金进行投资运营，等到参保者退休时，根据其个人账户的资金总额，或者根据其余命按月发放养老金，或者一次性给付全部养老金。

三 社会养老保险类型

根据不同的划分标准，可以将养老金制度划分为不同的类型。例如，按照责任主体，分为公共养老金计划和私人养老金计划。根据受益人是否承担缴费责任，可以将养老金制度划分为缴费型养老金制度和非缴费型养老金制度。根据参保人缴费与其养老金待遇之间的关联程度，可以划分为精算关联型、准精算关联型和非精算关联型。根据养老金制度的强制性，可以划分为强制性养老金制度和自愿性养老金制度。根据养老金制度的管理方式，可以划分为政府集中管理型、自治管理型和私人机构管理型三种模式。

（一）福利国家型（北欧模式）和社会保险型（大陆模式）

在这些根据单一标准的划分方式中，最重要的是根据养老保险待遇的确定因素与均等化程度，将其划分为福利国家型（北欧模式）和社会保险型（大陆模式）。

（1）福利国家型（北欧模式）。福利国家模式强调参保的普遍性与待遇的均等化，它是一种非缴费型、非精算关联型的公共养老保险制度，政府既是制度的发起人，也是制度的直接管理者和责任人。

（2）社会保险型（大陆模式）。社会保险模式强调劳资分责以及待遇与缴费水平相挂钩，它是一种缴费型、准精算关联型的公共养老保险制度，政府往往是制度的发起人，但劳资双方是责任主体，他们分担缴费义务，政府在制度运行中只起到担保的作用。世界上绝大多数国家的公共养老金制度都是以这两种模式为基本模板，并结合自身国情而形成的混合型制度。

(二) 根据双重标准划分的类型

在养老金制度中，财务模式和给付模式是最重要的两个参数，因此，可以根据不同财务模式与给付模式的搭配对养老金制度进行双重标准的划分。养老保险的财务模式主要可以分为现收现付和基金积累；养老保险的给付模式可以分为待遇确定型和缴费确定型。因此，按照这两个划分标准，养老保险制度从理论上可以被划分为待遇确定型现收现付制（Non–financial Defined Benefit，NDB）、缴费确定型现收现付制（Notional Defined Contribution 或 Non–financial Defined Contribution，NDC）、待遇确定型基金积累制（Financial Defined Benefit，FDB）和缴费确定型基金积累制（Financial Defined Contribution，FDC）四种。从政策实践来看，待遇确定型现收现付制和缴费确定型基金积累制是较为传统的养老保险模式，而缴费确定型现收现付制和待遇确定型基金积累制则是新近出现的养老保险模式。

(1) 待遇确定型现收现付制。待遇确定型现收现付制是最为传统的模式，无论是德国创立的欧洲大陆模式，还是英国创立的北欧模式，都属于待遇确定型的现收现付模式。其在财务模式上都是现收现付制，当期没有基金结余。在给付方式上，虽然欧洲大陆模式强调待遇与缴费水平相挂钩，而北欧模式强调待遇的均等化，但它们都以达到一定的替代率水平为目标，因此都属于待遇确定型。在这两种模式下，都是根据当期养老保险基金的支出确定养老保险费（税）率，从而实现年度的财务平衡。

(2) 缴费确定型基金积累制。缴费确定型基金积累制是较为传统的基金积累式养老金制度。它最早出现于智利的养老金制度改革，之后为一部分拉丁美洲国家所效仿，我国香港地区的养老金制度也采取这种模式。在这种模式下，从给付方式上看，参保者的缴费率是确定型的，不会根据人口老龄化的程度加深而有所变化，因此是缴费确定型的，但是其并不承诺一定的养老金待遇水平，养老金水平主要由积累资金的投资回报率决定。从财务模式上看，养老保险基金全部来源于参保者的缴费积累及其投资回报，有大量的基金结余，因此属于完全积累的模式。

(3) 缴费确定型现收现付制。缴费确定型现收现付制也被称为名义账户制，是20世纪90年代以来养老保险制度的一种新的混合型模式。其在财务模式上仍然采取现收现付的方式，但是在给付方式上却是缴费确定型的。该制度的特征是每一个参保者都存在一个名义账户，该账户中并没有实际的基金积累，但当参保者领取待遇时，个人账户中的名义资产便年金化。在该制度下，养老金水平主要由个人账户缴费的积累以及名义资产的投资回报率等因素决定。①

（4）待遇确定型基金积累制。待遇确定型基金积累制也是一种混合型的养老金模式，其在财务模式上采取完全积累的方式，但在给付方式上采取待遇确定的方式。在传统的基金积累制养老金制度下，养老金待遇与养老保险资产的投资回报率有关，因此其待遇水平无法确定。在待遇确定型基金积累制的制度下，养老金制度的发起人或管理者（通常为政府）确定一个统一的长期记账利率，从而平滑了不同年份资产收益的差别，进而实现了待遇的确定。

第三节　中国社会养老保险制度的发展与改革

一　中国社会养老保险制度的历史变迁

（一）计划经济时期养老保险制度的建立（1950—1983）②

新中国成立之后，劳动部和中华全国总工会根据《共同纲领》的要求和在革命根据地、解放区以及东北地区实行社会保险经验的基础上，于1950年拟定了《劳动保险条例（草案）》，并于1951年2月26日正式颁布实施。职工养老保险是劳动保险制度的重要组成部分，《劳动保险条例》对职工退休条件和退休待遇做了具体的规定。

1955年12月29日，国务院发布了《关于颁发国家机关工作人员退休、退职、病假期间待遇等暂行办法和计算工作年限暂行规定的命令》，正式确立了国家机关、事业单位工作人员的退休年龄。为了统一国家机关、事业单位和

---

① 郑秉文：《"名义账户"制：我国养老保险制度的一个理性选择》，《管理世界》2003年第8期。

② 胡晓义主编：《走向和谐：中国社会保障发展60年》，中国劳动社会保障出版社2009年版，第78—83页。

企业职工的退休制度，国务院于 1958 年 2 月 9 日公布施行了《关于工人、职员退休处理的暂行规定》。

"文化大革命"期间，劳动保险制度受到破坏，养老保险管理机构被取消，退休费用社会统筹被取消，并退化为企业保险。"文化大革命"结束后，相关部门起草了《国务院关于安置老弱病残干部的暂行办法》和《国务院关于工人退休、退职的暂行办法》，并由国务院于 1978 年 6 月 2 日颁布施行。这两个暂行办法将干部和工人的退休分别进行了规定。

（二）城镇职工养老保险制度的建立与改革（1984—2008）

改革开放之后的养老保险制度改革可以从 1984 年开始算起，当时国家在国有企业中进行退休费用统筹和建立固定工养老保险制度的试点。1986 年，国务院颁布《国营企业实行劳动合同制暂行规定》，建立了劳动合同制工人的养老保险制度，这一暂行规定规范了国家、企业、个人三方共同缴纳养老保险费原则。1991 年，国务院颁布《关于企业职工养老保险制度改革的决定》，它对企业职工养老保险制度改革做出了较为原则性的规定，明确了建立多层次养老保险体系的目标。1993 年，中共十四届三中全会通过的《中共中央关于建立社会主义市场经济体制若干问题的决定》中提出，"城镇职工养老和医疗保险金由单位和个人共同负担，实行社会统筹和个人账户相结合"，明确了养老保险制度实行"社会统筹与个人账户相结合"的原则。1995 年，国务院又发布《关于深化企业职工养老保险制度改革的通知》，提出了社会统筹与个人账户相结合的基本养老保险制度的两种具体方案。其中，由国家体改委提出的方案更强调建立个人账户；由劳动部提出的方案更突出建立社会统筹，国务院允许各地、市有权自行选择，以致全国各地的统账结合模式大相径庭。

1997 年 7 月，国务院发布《关于建立统一的企业职工基本养老保险制度的决定》。该《决定》的基本内容主要包括：明确确立社会统筹和个人账户相结合的养老保险模式；统一企业和职工个人的缴费比例；统一个人账户的规模；统一基本养老金的计发办法。《决定》还提出进一步扩大养老保险的覆盖范围，基本养老保险金的管理内容以及统筹层次和行业统筹的归属管理问题。至此，社会统筹与个人账户相结合模式正式成为有中国特色的职工基本养老保险制度模式。

1998 年 3 月，国务院实行机构改革，在劳动部的基础上新组建了劳动和社会保障部、人事部、民政部等部门负责社会保险事务的职能与机构统一被划到劳动和社会保障部，原来由多部门分割管理的社会保险管理体制由此迈向统一集中管理。社会保险管理体制的统一，使养老保险制度改革步伐进一步加快，其中最为重要的事件是国务院发布了《关于实行企业职工基本养老保险省级统筹和行业统筹移交地方管理有关问题的通知》，将原来由11个行业分割统筹的基本养老保险业务统一到政府的社会保险经办机构集中管理；其次是国务院颁布《社会保险费征缴暂行条例》，对包括养老保险费在内的社会保险征缴进行了规范。

2000年12月25日，国务院发布并实施《完善城镇社会保障体系改革试点方案》，同时选择辽宁作为试点省。在这一改革方案中，基本养老保险制度改革的一个重要变化就是针对实践中的个人账户"空账"现象，明确将职工所缴养老保险费全部记入其个人账户，并真正做实个人账户。2004年，国务院又确定将完善城镇社会保障体系改革试点方案的试点扩展到黑龙江与吉林两省，该方案确定的基本政策成为我国基本养老保险制度发展的基本取向。2005年，国务院颁布《关于完善企业职工基本养老保险制度的决定》，进一步明确了职工基本养老保险的参保对象、缴费比例和做实个人账户，调整了养老金计发办法。2011年7月1日正式实施的《社会保险法》对城镇职工基本养老保险的参保对象、制度模式、待遇领取标准以及管理方式等进行了规定。

目前，我国城镇职工基本养老保险基金分为社会统筹基金与个人账户基金，分别来源于企业缴费与劳动者个人缴费。其中，企业缴纳基本养老保险费的比例，一般不得超过企业工资总额的20%，具体比例由省、自治区、直辖市人民政府确定，企业缴费全部记入社会统筹基金；个人缴费的标准为工资的8%，全部记入个人账户，并属于职工个人所有，可以继承。在享受资格方面，除有特殊规定外，现行政策规定享受基本养老保险金需要具备的条件有两个，一是达到了国家法定退休年龄；二是在基本养老保险覆盖范围并且参加保险缴费期限满15年。职工退休时的养老金包括来自社会统筹基金中的基础养老金和来自个人账户中的养老金两个部分。个人缴费年限累计不满15年的，退休后不享受基础养老金待遇，其个人账户储存额一次性支付给本人。

（三）城乡统筹社会养老保险制度的建立与完善（2009年至今）

2009年，国务院下发《关于开展新型农村社会养老保险试点的指导意见》，建立了针对农村居民的、个人缴费、集体补助、政府补贴相结合，统筹账户与个人账户相结合的养老保险制度，到 2012 年底，该制度实现了全覆盖。2009 年 12 月 28 日，国务院办公厅转发了人力资源和社会保障部、财政部《城镇企业职工基本养老保险关系转移接续暂行办法》，旨在解决企业职工跨区域流动过程中的养老保险待遇衔接问题，确保劳动力流动过程中的养老保险权益不受损害。

2011 年，国务院又下发了《关于开展城镇居民社会养老保险试点的指导意见》，建立起了针对城镇非从业居民、个人缴费与政府补贴相结合，社会统筹和个人账户相结合的养老保险制度。由于以上两个制度的政策框架基本一致，因此很多地区将新型农村社会养老保险和城镇居民社会养老保险进行合并实施，称为城乡居民社会养老保险。2014 年 2 月，国务院正式决定合并新型农村社会养老保险和城镇居民社会养老保险，建立全国统一的城乡居民基本养老保险制度。至此，机关事业单位离退休金制度、城镇职工基本养老保险制度和城乡居民社会养老保险制度共同构成了我国的基本养老保险体系，实现了制度全覆盖。

二 中国社会养老保险制度的改革成就与问题

（一）养老保险制度改革取得的成就

经过 20 多年的改革，我国养老保险制度改革取得显著成就，主要表现在以下几个方面。

1. 基本养老保险体系初步形成

目前，我国已经初步形成了由城镇职工基本养老保险、机关事业单位离退休金制度、城乡居民社会养老保险共同构成的基本养老保险体系，从而实现了从对部分人群的覆盖转变为制度的全覆盖。任何职业身份、工作地点的适龄人口都有相应的养老保险制度可以参加。与此同时，还初步建立起了养老保险的待遇确定机制、养老金的社会化发放机制、职工基本养老保险待遇转移接续机制等确保养老保险制度顺利运行的重要机制，基本实现了基本养老保险制度的顺利运行。

2. 职工基本养老保险实现了制度的整体转型

城镇职工基本养老保险制度是最重要的养老保障制度安排，它从原有的劳动保险制度通过改革转化而来，从整体上实现了从"国家包办、单位负责、封闭运行"的国家—单位保障制向"国家主导、责任分担、社会化运行"的国家—社会保障制转型。责任分担机制的建立使国家或单位包办转变为用人单位或雇主与劳动者分担责任，辅之以政府补贴，这种三方分担养老保障责任的机制，不仅符合绝大多数国家的惯例，而且有利于增强制度的财务稳定。养老保险制度从单位封闭运行向社会化运行的转变，使这一制度由单位保险真正转变成了社会保险。

3. 维系并促进了我国的经济改革与社会发展

中国的养老保障制度改革，缘起于为国有企业改革配套服务。国有企业改革的目标是走市场经济道路。经济体制改革导致单位包办的原有劳动保险制度面临崩溃，一些企业的退休人员不能按时足额领到养老金。在这样的背景下，以社会统筹为取向的基本养老保险制度得以产生并逐渐发展。尤其是1998年以来，中央政府强力推进"两个确保"和建立养老金社会化发放机制，及时给予相应的财政补贴，实现了保障全体退休人员按时足额领到养老金的目标，从而避免了市场经济改革对退休人员权益的损害以及由此引起的巨大社会风险。因此，养老保险制度改革不仅是经济体制改革的必然结果，也较好地化解了我国经济改革中的风险，维护了社会的基本稳定。

4. 实现了制度创新

为了实现养老保险的责任分担，并且有效地应对老龄化对养老保险制度构成的挑战，中国改革没有简单地照搬国外模式，而是在借鉴国外经验的基础上，将现收现付为基础的社会统筹制度和以完全积累为基础的个人账户制度相结合，形成了"统账结合"的养老保险制度。这种全新的制度模式，既非现收现付制，又非完全积累型，亦非传统的部分积累型，而是现收现付制与完全积累制的板块式组合，其目的是实现互助共济与抵御老龄化风险的双重功能。尽管"统账结合"模式在实际运行中出现了一些偏离，但这种制度架构是养老保险领域的新探索，为其他国家养老保险制度应对老龄化挑战提供了借鉴的经验。

（二）养老保险制度改革面临的问题

在养老保险取得显著成就的同时，我国的养老保险体系还存在很多问题，主要包括以下几个方面：

1. 养老保险制度体系尚不统一

我国现行的养老保障制度体系，总体上处于过度分割、杂乱无序的状态。在全国范围内，不仅有城镇职工基本养老保险制度、机关事业单位离退休养老制度、新型农村社会养老保险制度和城镇居民社会养老保险制度四项制度，各地还有农民工养老保险、计划生育夫妇养老保险、失地农民养老保险，老年津贴制度、城市孤寡老人福利制度等具有老年经济保障性质的制度。同时，这些制度之间的边界也不清晰，既存在制度重叠的现象，也存在制度真空的现象，反映出社会保险制度改革还缺乏系统性。

2. 养老保险制度权责分配仍然模糊

权责模糊是现阶段我国养老保障制度建设面临的一个关键性问题。它主要表现在三个方面：第一，养老保险制度的历史责任与现实责任未划分清楚。这主要是针对传统的现收现付制向现行的统账结合制转变所产生的转轨成本偿还机制尚未形成。第二，政府、市场与个人的权责不清。政府对养老保险的财政补贴持续扩大，但却未法定化、比例化；政府责任边界不清，又导致市场在资金运营管理以及发展补充性保障制度方面无法充分发挥作用；参保者个人由于名义工资与实际工资的差别，亦导致所负责任不尽相同。第三，不同层级政府之间、政府职能部门之间的权责还未能够真正理顺。一方面，中央政府和地方政府的权责划分不清，中央政府承担了主要的财政补贴责任，而养老保险却一直处于地方统筹的层次。另一方面，业务主管部门与相关职能部门的权责边界一直未能够理顺，不仅对我国养老保险制度建设构成了严重的负面影响，而且无法推进行政问责制。

3. 养老保险制度核心制度不健全

以受雇劳动者为主要对象的职工基本养老保险制度，是整个养老保障体系中最重要的组成部分，但目前我国的职工基本养老保险制度还不健全，统一性、公平性与有效性严重不足。第一，职工基本养老保险制度统筹层次较低，与全国统一劳动力市场的内在要求相悖，不仅严重损害了制度的统一性、公平性与互济性，而且直接影响着劳动力的流动。第二，基本养老保险制度的长效机制缺失。制度转轨成本的化解机制、财政补贴的分担机制、个人账户基金投资管理体制、养老保险经办体制、养老金增长机制等重要机制都尚未形成。第三，相关配套制度改革滞后。户籍制度、收入分配制度、公共财政体制与行政管理体制改革滞后，都在不同程度上制约了养老保险制度的改革与完善。

4. 待遇水平差距过大

第一，从养老保障制度的待遇水平来看，总体上仍然偏低。基本养老保险制度的实际替代率不足50％，加之补充养老保险发展滞后，商业寿险也未获得应有发展，多层次的养老保险体系尚未形成，单一层次的基本养老金难以保证老年人的基本生活。第二，不同养老保障制度之间的待遇差距巨大。尤其是企业退休人员的养老金与机关事业单位退休人员的养老金差距（即"双轨制"）在持续拉大，违背了社会公平的基本原则。

三 中国社会养老保险制度的改革方向

（一）中国社会养老保险制度改革的基本目标

中国养老保障制度改革与发展的宏观思路是，将"公平、正义、共享"作为制度建设的核心价值理念和改革的重要标准，将免除所有国民老年后顾之忧、确保老年人生活质量作为制度建设的基本目标，以"统筹兼顾、循序渐进、增量改革、新老分开"为改革的基本策略，逐步建立起以缴费型养老保险制度为核心的、具有中国特色的多层次养老保障体系。[①]

（二）中国社会养老保险制度改革的主要内容

1. 构建以缴费型职工基本养老保险制度为支柱的养老保障体系

中国养老保障体系的目标模式应当以缴费型职工养老保险制度为支柱，而不能以福利性养老保障为主体。缴费型养老保险制度有利于实现责任分担，有利于对参保人形成有效的激励与约束机制，是确保制度可持续性的必然要求。根据这个目标，国家应以立法的形式，明确将城乡各类企业职工、自雇者、社会团体从业人员和民办非企业单位从业人员统一纳入职工基本养老保险范畴，对私营企业主和个体工商户采取引导和激励的措施。同时，在未来的发展进程中，机关事业单位亦可以推行建立在劳动合同制基础之上的雇员制，对实行雇员制的机关事业单位工作人员同样纳入缴费型职工养老保险制度。这样，在未

[①] 郑功成主笔：《中国社会保障改革与发展战略：理念、目标与行动方案》，人民出版社 2008 年版，第 124 页。

来的养老保险体系中,被缴费型职工养老保险制度覆盖的劳动者将占全部从业人员的85%以上,真正成为整个养老保障体系的主体。

2. 通过多层次的制度安排提高养老保障水平

基本养老保障制度只能提供适度水平的老年经济保障,为了确保老年人可以享有较高质量的生活,还必须依靠基本养老保障制度之外的其他补充保障措施。因此,我国应当建立的是多层次的养老保障体系。通过构建多层次的养老保障体系,可以合理划分政府、企业和个人的责任,发挥个人及家庭、企业与市场在解决养老问题中的积极作用。从国际经验和我国的传统出发,我国多层次的养老保障体系可以由四个层次组成:家庭保障、基本养老保障、职业性养老保障和商业性养老保障。

其中,家庭保障是基础,包括个人储蓄、家庭成员互助等方式。基本养老保障制度是国家的正式制度安排,它包括公职人员基本养老金、职工基本养老保险、城乡居民养老保险等形式。职业性养老保障是与职业相关并以职业福利形式设立的补充养老保险,包括公职人员职业年金、企业年金以及其他可以提供老年人生活来源的职业福利制度。商业性老年保障主要是指通过商业性人寿保险以及其他通过市场获得的老年经济保障。国家应当通过制定实施免税、延期征税等优惠政策,加快发展企业年金、职业年金和商业保险。

3. 通过建立长效机制确保制度稳定、高效运行

为了实现基本养老保障制度的公平性与有效性,确保养老保障制度稳定高效运行,应当着力建设以可持续的筹资机制、高效的运行体制、合理的待遇确定机制以及社会化的服务机制为主体的四大长效机制。

(1)筹资机制应当坚持以支定收、精算平衡的原则,以劳资双方缴费为主体,确立合理、统一的缴费率;同时,固化财政责任和各级财政的分担机制,通过设立与一般性财政预算相分离的社会保障单独预算,明确财政资金在公职人员养老金制度中的雇主责任和在其他养老保障项目中的公共财政责任。多元筹资机制应当确保基本养老保障制度的长期财务可持续性。

(2)高效的运行机制应当按照"谁管理、谁负责"的基本原则,明确主管部门的管理主体地位,建立社保稽核、银行代征的基本养老保险费征收体制和全国统一的基本养老保险经办体制。同时,建立以主管部门行政监督为核心、立法机关与司法机关监督为两翼,其他相关利益主体充分有效参与的监督体系。适度集中的监管机制应当确保养老保障制度的高效运行,并有利于推行行政问责制。

（3）合理的养老金待遇确定机制，应当包括养老金待遇的确定、衔接及调整。养老金的待遇确定应以维护老年人基本生活为原则，在充分考虑养老金替代率的基础上，与个人缴费情况适当挂钩，同时有效控制不同群体的养老金待遇差距，处理好与其他保障标准的关系。要通过完善养老保险关系转移接续政策，确保劳动者在不同类型基本养老保险制度中积累的权益可以有效衔接和累加。养老金待遇调整应当与物价指数挂钩，重在维护老年人的生活水准，避免物价上涨损害老年人的生活质量。

（4）社会化的养老服务机制要求建立与完善独立于企事业单位之外的养老金社会化发放机制和养老服务的社会化供给机制。国家应当加快建立社会养老服务体系和发展老年服务产业，充分调动社会资源与市场资源，完善机构养老、社区养老和居家养老的模式，有效满足不同类型老年人的不同层次老年服务需求。

（三）中国养老保险制度改革的关键措施

1. 实现职工基本养老保险全国统筹

目前，中国职工基本养老保险还处于省级统筹的层次，不同省区之间的企业养老保险缴费率存在较大的差异，它严重违背了市场经济公平竞争的原则，不利于我国产业结构的升级和劳动力的自由流动。原本统一的养老保险制度呈现出地区分割的局面，不同地区的养老保险基金不可以调剂使用，并由此导致养老保险基金结余与财政对养老保险基金补贴同时增加的现象，从而违反了制度的公平性与互济性。基本养老保险全国统筹已经成为改革的目标，需要加快统一不同省区的养老保险缴费率，并通过预算制实现养老保险基金的统收统支，充分发挥制度的互济性，确保制度公平性。

2. 启动机关事业单位养老金制度改革

由于历史的原因和现实因素的制约，我国机关事业单位一直维持着相对独立的离退休金制度。伴随着城镇职工养老保险制度的改革，机关事业单位离退休人员与城镇职工退休者的养老金待遇差距逐步拉大，并成为社会关注的焦点问题，严重破坏了制度公平与可持续发展。因此，应当尽快启动机关事业单位养老金制度改革。考虑到机关事业单位人员劳动关系、工作内容的特殊性，应当在保持其总体待遇水平的基础上，通过结构调整，并引入个人缴费来实现责任的重新划分，确保城镇职工与机关事业单位退休人员基础养老金的相对公平。

3. 强化农民养老保险的缴费激励

目前，我国的农民养老保险制度采取的是非缴费型福利性津贴与完全积累的个人账户相结合的制度。然而，非缴费型福利津贴的激励功能严重不足，不利于制度的长期可持续发展。因此，农民养老保险制度的改革方向应当是从补出口（即提高福利性津贴的标准）转变为补入口（即对农民进行参保补贴），由政府承担农民雇主的角色，加强对农民个人缴费的激励。与此同时，目前我国正处于工业化与城镇化快速发展的阶段，因此不宜对全体农民实施强制参保，而是优先将中老年农民纳入制度，年轻农民待其职业身份稳定后，再根据相关规定参加城镇职工或者是农民的制度。

【本章小结】

社会养老保险是指用社会化的方式应对老年收入风险的制度安排。由德国创设并在欧洲大陆普遍流行的社会养老保险制度，与由英国创设、并在北欧诸国流行的全民养老保险制度共同构成了现代社会养老保险制度的两种基本模式。为了应对人口老龄化的挑战，从20世纪70年代开始，在全球范围内掀起了养老金制度模式改革与参数改革的浪潮。社会养老保险的功能包括应对老年收入风险、协调劳资关系、调节收入分配和促进经济发展。

社会养老保险制度的资金管理涉及三个方面：资金的筹集、资金的给付和资金的投资运营。其中，资金筹集和给付是管理的重点。社会养老保险资金的征缴方式分为养老保险费和养老保险税，这是由不同的养老保险制度模式决定的。养老保险财务模式主要有现收现付式、完全积累式、部分积累式等三种。社会养老保险的待遇给付条件主要包括年龄条件和最低缴费年限。在不同的社会养老保险模式下，养老金待遇的确定因素是完全不同的。社会养老保险待遇的给付模式主要有两种，分别是待遇确定型和给付确定型。不同的财务模式与不同的给付模式共同构成了不同的养老金类型。

中国的养老金制度经历了从单位保险到社会保险的转变过程，并确立了统账结合的基本模式。中国的社会养老保险制度改革伴随着市场经济体制改革进行，取得了令人瞩目的成就，也面临着诸多问题。中国养老保险制度的基本目标是免除老年人的后顾之忧，有效应对和化解老年人的收入风险，建立起以职工基本养老保险制度为核心、公职人员养老金制度和城乡居民社会养老保险制度为重要补充的基本养老保险体系。

【思考题】

1. 从土地保障和家庭保障转变为社会养老保障的根本原因是什么？
2. 德国和英国的社会养老保险模式有哪些区别？
3. 社会养老保险制度的筹资模式有哪几种？
4. 社会养老保险的给付模式有哪几种？
5. 论述我国社会养老保险制度的改革方向。

第七章

社会医疗保险

生、老、病、死乃人之常态，社会中的每个人均难以避免疾病风险的来袭。社会医疗保险起源于疾病风险及其给个人和家庭带来的健康、经济损失。全世界大多数国家都在不同程度上建立了社会医疗保险制度。社会医疗保险制度被认为是现代社会保障制度最重要的组成部分。

第一节　社会医疗保险概述

一　社会医疗保险产生背景

在自给自足的传统社会中，疾病的产生与社会生产的关联性不强，通常不会形成社会问题，疾病的风险一般都是在家庭中解决。

（一）社会医疗保险制度产生和发展的基础

随着工业化和城市化的发展，生产方式、组织方式及社会结构等都发生了根本变化，为社会医疗保险制度的产生和发展奠定了基础。

1. 传统家庭结构发生改变，家庭功能逐渐弱化

工业革命导致生产方式向集约化、社会化方向转变，劳动者的流动性随之增强，使得传统家庭结构发生改变，小型化、核心化发展趋势渐趋明显。传统社会中的家庭劳动者转变为现代社会中的社会劳动者，在这一情况下，社会成员依靠家庭不足以支持个体在遭遇疾病时的风险应对，因此，有了对社会医疗

保险的需求。

2. 社会生产方式转变，社会成员生产和生活风险加剧

市场竞争的压力以及机器化大生产等生产方式，使得社会成员罹患疾病或伤残的可能性大大增加，且一旦面临疾病风险，社会成员甚至其家庭成员均会在随后的市场竞争中处于极为不利的地位，甚至无法保障其基本生活，因此，需要通过社会共济、社会风险共担等制度形式，帮助社会成员抵御疾病风险，降低社会成员的生产和生活风险，促进社会的良性运行。

3. 工业和科学技术的大发展，增加了社会成员对医疗保险的需求

工业社会的发展使得社会物质生产极大丰富，促进了医疗保险的经济基础形成。工业发展的经济成果在新科技、新技术的支持下，社会成员对于医疗保险供给、健康服务支持等需求日益高涨。从世界各国，特别是发达国家的发展经验来看，都优先将医疗保险作为国家制度建设和发展的重点。

（二）社会医疗保险制度发展过程和特点

1. 社会医疗保险发展过程

（1）社会医疗保险制度的萌芽期。在工业社会发展早期，疾病、工伤事故等风险的不断增加，威胁到工人的健康和工作，促使工人们自发成立了一些互助性组织，共同分担相应风险，这些简单的互助组织具有人与人之间相互扶助的特征，成为现代社会医疗保险的雏形。

（2）社会医疗保险制度的建设期。在这一阶段，工人们的自发互助组织形式，难以防范大工业生产所带来的各种风险，导致各种社会问题、社会运动产生。在这一背景下，德国俾斯麦政府于1883年颁布了世界第一部《疾病保险法》，标志着现代社会保险制度的确立。《疾病保险法》规定国家建立健康保险计划，对从事工业性经济活动、收入低于一定标准的工人实行强制性疾病社会保险，保险费由工人及其所在企业共同缴纳。

（3）社会医疗保险制度的扩张期。19世纪末20世纪初，伴随世界性经济危机的扩散，医疗保险制度在欧洲获得了推广，保险覆盖范围进一步扩展，甚至包括部分高收入群体。保险的品种亦有增加，扩展到住院医疗、牙科、眼科等。这一阶段，医疗保险制度还由欧洲传入亚洲的日本、南美洲的智利等国家。

（4）社会医疗保险制度的发展期。第二次世界大战后，社会医疗保险的发展伴随福利国家的发展，进入快速发展期。1952年，国际劳工组织《社会

保障最低标准公约》规定了疾病津贴、医疗护理等保险项目应遵从的最低标准，标志着社会医疗保险成为全球性事业。迄今，全世界已有170多个国家和地区实施了社会医疗保险制度。

（5）社会医疗保险制度的争议期。北美、西欧、北欧等发达国家在建立福利国家的过程中，社会医疗保险费用不断上涨，促使社会对医疗保险的实施和管理效率、医疗保险与经济增长水平的关系等方面展开激烈的讨论，医疗保险制度改革成为各国社会保障制度改革的热点，并成为公认的世界性难题。

2. 社会医疗保险发展特点

当前，社会医疗保险已成为每个国家关乎民生发展的重要制度，通观各国社会医疗保险的发展历程，有以下几个方面的普遍特征。

（1）从各国的医疗保险发展情况看，社会医疗保险占据医疗保障的主导地位。

（2）社会医疗保险制度在工业化和城市化的基础上形成，并与工业化和城市化发展水平相一致。

（3）社会医疗保险制度的建设，在覆盖率和保障水平方面总体上是一个逐渐增长的过程。

（4）从各国医疗保险制度来看，医疗保险途径多元、模式多样，根据历史传统、社会发展水平和居民健康需求等多方面因素，各国都在积极探索适合本国国情的医疗保险制度。

二 社会医疗保险概念和特征

1. 社会医疗保险概念

社会医疗保险是由国家通过立法对公民实施的医疗保险制度，通过强制性社会保险原则和方法筹集资金，在公民面临患病、伤残、年老、生育、失业等风险时，按照权利和义务对等的原则，保证公民获得适当医疗服务的一项社会保险制度。

2. 社会医疗保险特征

社会医疗保险作为社会保障体系的重要组成部分，具有一系列特征。

（1）社会医疗保险在管理方面具有国家主体性、立法强制性和管理复杂性等特征。社会医疗保险的管理主体往往是国家，国家通过立法强制实施社会医疗保险制度，具体保障管理和实施部门按照相关法律、法规政策执行。社会医疗保险系统是一个复杂的系统：第一，涉及政府、用人单位、医疗机构、社会保险机构、患者等多方主体，所涉各主体职责差异明显，利益诉求及需求等目标方向各异，各主体间关系复杂；第二，医疗领域存在着信息不对称，同时医疗费用等资源的合理控制和利用存在较大难度，使得医疗保险费用支付及补偿管理系统情况复杂；第三，社会医疗保险涉及面广，涉及国家经济发展，涉及公共医疗保健服务的需求和供给，涉及社会公众的健康权益的维护，因此，社会医疗保险直接影响社会的稳定和发展。

（2）社会医疗保险在资金运营方面具有来源多元化、形式多样化和使用目的性、支付难控性等特征。社会医疗保险的筹资来源多元，多数国家的筹资途径包括政府、企业、个人、基金运营获益等途径获得。资金获得的方式也呈现多样化，如政府通过税收或社会保险缴费等方式筹集医疗保险基金，而组织和个体则按相关规定以缴费或缴税等方式进行缴纳等。

医疗保险资金的筹集和使用还具有明确的目的性：对参保人补偿其医疗费用给付的补偿。从各国社会医疗保险运行情况来看，医疗费用的补偿往往与参保人个体缴纳的保险费无紧密关系，而与其实际病情需要关系更为密切，这使医疗保险与其他社会保险项目给付完全不同，前者强调补偿目的、限定具体用途，后者强调定额现金给付，而对具体用途并不特别强调。

疾病的发生发展则受人类认识自身的能力和医学科学发展水平所限往往难以预测，相关医疗费用的产生又易因个体差异、疾病差异、治疗方式方法差异等而数额差异巨大难以确定和控制，加上医疗服务提供者的私利行为及其他道德风险等对医疗费用的发生产生影响，使得医疗保险费用的支付具有不可预测性、不确定性，因而，社会医疗保险对治疗费用的适当补偿问题是一个全球性难题。[①]

（3）社会医疗保险在服务对象方面具有服务普遍性、发生经常性和补偿特殊性等特征。不同于生育、工伤、失业等风险，疾病是社会成员常常需要应对的风险，合适的医疗保险几乎可能惠及所有参保人员，而且伴随终生，因此社会医疗保险是被服务对象最广、受益时间最长的社会保险项目。

相对养老、生育等风险而言，疾病风险的发生具有随机性和不可预测性，

[①] 赵曼、吕国营：《社会医疗保险中的道德风险》，中国劳动社会保障出版社2007年版，第6页。

因此针对疾病风险的应对困难更易发生。为增强社会成员应对医疗风险的能力，社会医疗保险显得尤为重要，其补偿金额的提供频率高，且更需注重短期、经常、适当。这使医疗保险补偿具有特殊性，补偿常以患病后实际发生的医疗费用为基础支付。因疾病治疗费用常因患者身体情况、治疗方法甚至医疗服务提供者的个体特征等差异明显，因此，社会医疗保险在补偿标准方面与其他保险项目不同，常不根据保险享受者缴纳的费用确定补偿，而根据医疗费用的不同进行费用补偿，即相同的疾病会享受不同的补偿水平。

（4）社会医疗保险的实施运行具有社会互济性和风险共担性。医疗社会保险作为社会保险体系中的重要组成部分，还具有强制性、互济性、福利性、社会性等社会保险的共有特点。通过扩大社会医疗保险的覆盖面，使得社会成员间实现互助与风险分担，降低少数个体的疾病风险影响性，增强社会成员应对疾病风险的能力，促进社会整体的发展进步。

三 社会医疗保险功能

社会医疗保险的建设和完善是一个现代化国家发展的必备要素之一，其根源就在于社会医疗保险具有一系列功能，已经成为维持劳动力再生产乃至社会再生产不可缺少的重要环节。

1. 促进经济建设和发展

社会医疗保险的发展，通过个体和企业两个不同的层面，促进劳动力再生产，保证人力资源总体存量，进而促进劳动生产率的提高和经济建设及发展。

从个体层面来说，社会医疗保险有利于劳动者的身心健康，有利于解除劳动者的后顾之忧，从而促进劳动就业、提高劳动生产率。在这一过程中，劳动者的健康意识随之提升，健康消费增加，直接可以促进健康产业的发展。

从企业层面来说，社会医疗保险制度的发展有利于减轻企业负担，有利于增强企业的凝聚力，促进企业的目标实现和良性发展，促进社会经济发展。

2. 提高国民应对疾病风险的能力

在现代工业社会发展过程中，疾病风险发生的可能性和普遍性都大大增加。当人们罹患疾病时，既可能是由于因疾病影响工作导致收入下降，也可能是因需要支付医疗费用治病致经济下滑，引发经济风险。尤其是在医疗技术日益进步、治疗费用明显上升的情况下，特别是对一些患有大病、较严重慢性病、需要长期治疗的患者而言更是如此。社会医疗保险和其他社会保险一样，具有社会互济的功能，通过医疗费用的风险在健康人和病人之间分担以及人们健康时段和生病时段的分担，有助于分散遭受医疗风险的社会成员因疾病治疗产生的医疗费用所带来的财务风险，防范因病致贫、因病返贫的问题出现。正因为社会医疗保险的这一功能，社会医疗保险成为社会保险各项目中最早发展也是最基础的项目之一。

3. 维护社会安定，促进社会安全

社会医疗保险通过强制性手段，建立覆盖全社会的医疗保险体系，普遍性的保障和提升劳动者的身体素质，促进劳动者身心健康的同时也增加了劳动者对社会满意度的提升。因此，医疗保险对患病的劳动者给予经济上的帮助，有助于消除因疾病带来的社会不安定因素，是调整社会关系和社会矛盾的重要社会机制。

5. 通过再分配功能，增进社会互助共济

社会医疗保险作为一项基本公共服务，通过征收医疗保险费和偿付医疗保险服务费用来调节收入差别，是政府一种重要的收入再分配的手段。这一再分配功能又可体现在纵向和横向两个方面，在纵向上，在人们身体健康时缴纳社会医疗保险费用，以确保自身在罹患疾病时的开支；横向上，具有国家、组织和个体之间的再分配作用。

第二节　社会医疗保险管理

一　社会医疗保险类型

社会医疗保险已经成为现代国家社会制度的必要组成部分。虽然各国社会医疗保险的类型多样，大致可以划分为国家福利型医疗保险模式、社会保险型医疗保险模式、商业保险型医疗保险模式、强制储蓄型医疗保险模式四类。

1. 国家福利型医疗保险模式

国家福利型医疗保险，又称为全民医疗保险或者国家免费医疗保险，代表国家有英国、瑞典、加拿大等。这种模式的主要特点有：

（1）医疗服务具有完全的公共产品特性，因此强调国家或政府直接负责举办医疗保险事业，向本国公民直接提供免费或低费的医疗服务。

（2）保险基金的运行主要通过税收筹集、财政预算等国家财政形式对基金进行筹集和管理，确保基金的健康运行。

（3）医疗服务成为国家福利的一部分，覆盖对象为全体国民，所有国民均可享受免费或低费的医疗服务，由财政支付医疗保险经费。

（4）免费或低费医疗服务提供机构主要是公立医疗机构，具有较高的社会公平性，但存在医疗服务成本过高、运行效率低下等突出问题。

2. 社会保险型医疗保险模式

社会保险型医疗保险强调社会医疗保险制度的建设，代表国家有德国、法国、荷兰等欧洲国家，亚洲的日本、韩国以及中国台湾等，是全球流行最广的一种社会医疗保险模式。这种模式主要特点有：

（1）强调通过国家立法强制实施，强调国家、雇主、雇员三方共责，雇主、雇员共同承担主要缴费责任，缴纳部分或全部基金，国家或政府承担主要管理责任和一定财政补贴责任。

（2）强调权利和义务对等原则，参保人需要履行一定的义务后才能够享受医疗保险的相应权利，即当参保劳动者及其家属因病受伤或生育等医疗风险需要支付医疗服务费用时，由保险基金予以适当费用补偿。

（3）鼓励通过社会慈善赞助和各类社会募捐增加医疗保险基金支持，强调疾病风险应对的社会互济共担责任。此种社会医疗保险模式由俾斯麦政府时期的德国社会保险制度发展而来。

3. 商业保险型医疗保险模式

商业保险型医疗保险模式是将医疗保险和医疗服务作为一种特殊商品，按市场方式自由经营医疗保险和医疗服务市场。代表国家为美国等。这种模式的主要特点有：

（1）医疗保险机构和医疗服务提供机构属于营利性机构，常以私立为主。

（2）医疗保险费用通过市场筹集，主要来源于参保者个人及其雇主缴纳的保险费，政府财政一般不出资或补贴。

（3）医疗服务通过市场买卖行为实现，买方可以是企业、社会团体，也可以是政府或个人；卖方是商业保险公司。

（4）保险体系主要以个人商业医疗保险为主、社会医疗保险为辅的多元化的医疗保险体系，参保自由且灵活多样，政府仅负担老人和穷人等特殊群体的医疗保险，大多数公民基于自愿原则参加商业性医疗保险获得医疗服务。

（5）该模式效率性较高，但公平性较差。

4. 强制储蓄型医疗保险模式

强制储蓄型医疗保险模式强调通过国家立法，强制劳动者或劳资双方按规定缴费，以劳动者的名义建立医疗储蓄个人账户，用于支付个人及家庭成员的医疗费用的医疗保险制度，代表国家有新加坡、马来西亚等。这种模式的主要特点有：

（1）根据相关法律规定强制性地把个人收入以储蓄个人公积金的方式转化为医疗保健基金以筹集医疗保险基金。

（2）强调保险的个人和企业的缴费责任，强调个人责任基础上的社会共济、风险分担作用，政府主要承担管理责任，如建立中央公积金制度、管理基金的投资与运营等。

（3）强制储蓄型医疗保险模式通常适用于社会差距不大、平均化程度较高的规模较小的国家。

二 社会医疗保险筹资

科学合理的筹资是社会医疗保险得以可持续发展的重要环节，因此筹集需要遵循以下几个方面的原则。[①]

1. 多方位、多渠道筹资原则

社会医疗保险资金的筹集除了国家通过税收支持，企业、个人承担相应缴费责任外，通常还强调社会参与、慈善捐助、基金运营收入等多渠道筹措。

2. 适当的缴费比例原则

多渠道的筹资途径决定了不同筹资途径的缴费比例必须要适当。如果缴费比例中个人承担比例过高，会损害医疗风险的社会共济，降低个人的参保意愿和社会医疗保险的各方面功效；如果组织单位承担比例过高，则容易增加企业负担，降低企业竞争力，阻碍企业效益的实现；如果国家承担比例过高，不利于体现权利和义务对等原则，易导致医疗社会保险的可持续发展性问题。因此，需要从实际出发，科学确定各渠道适当的缴费比例。

---

① 仇雨临、孙树菡主编：《医疗保险》，中国人民大学出版社2003年版，第98—99页。

3. 慎重制定保障基线，确保收支适当平衡的原则

医疗服务费用的发生具有不确定且不易控的特征，因此医疗保险基金的运作必须遵循"收支适当平衡"的原则才能可持续发展。因此，医疗保险基金的开支应该在保证基本医疗供给的基础上，量入为主，适当提升相应服务水平。所以针对社会医疗保险的相关政策出台需要慎重，相关费用补偿既要考虑社会发展水平的实际情况，也要考虑符合基金筹集水平的高低；既要考虑切合被保险人的健康利益，也要考虑避免过度医疗和医疗资源浪费等问题。

三　社会医疗保险给付

社会医疗保险的基本目的在于帮助参保者应对由于疾病治疗所带来的经济风险，保证医疗行为的可及性和公平性。因此社会医疗保险金的给付也是社会医疗保险管理的重要内容，确保基金的收支平衡，实现社会医疗保险的可持续发展。

生活水平的提高、医学技术的发展、人类寿命的延长等因素，导致医疗服务上涨，直接影响到社会医疗保险基金的运行和给付。一般来说，社会医疗保险基金的给付管理包括给付范围、给付形式和给付标准三个方面。

1. 社会医疗保险基金的给付范围

社会医疗保险基金的给付范围，包括病种、服务、水平等内容，即医疗保险基金对疾病种类、医疗服务项目给予费用补偿的规定等。

各国社会医疗保险基金的给付大多经历了一个从窄到宽的过程。比如医疗保险给付范围不仅仅包括单纯的医疗服务，还包括越来越多的与健康相关的服务项目。此外，与健康相关的部分项目和服务也被纳入医疗保险费用补偿范畴。因此，越来越多的国家，甚至商业医疗保险公司，都开始把特定的预防项目、疾病筛查项目、健康教育和健康干预服务项目纳入医疗保险基金的给付范围。

2. 社会医疗保险的给付形式

社会医疗保险的给付形式，有实物补偿、现金补偿和服务补偿三种基本方式。一般情况下，参保者个人及其家庭由于医疗而产生的经济风险包括疾病治疗费用的经济风险、疾病治疗期间的收入损失以及医疗照顾造成的支出增加

等。因此，在一些发达国家的社会医疗保险中，给付范围不但包括治疗的经济风险（实物补偿），还包括收入损失风险（现金补偿），甚至包括生活照料的服务补偿（实物补偿＋现金补偿）等。

3. 社会医疗保险的给付标准

社会医疗保险的给付标准，指针对符合给付范围的各类医疗服务，给予何种程度和水平的医疗费用补偿，包括控制医疗费用的上涨和制定适当医疗保险基金补偿标准两个具体内容。由于医疗服务的费用开支具有难以控制性，因此控制医疗费用的上涨是社会医疗保险基金给付方面的重要相关内容。给付标准的确立需要考虑社会医疗保险基金的收支情况、参保人生活水平情况、健康恢复状况、疾病经济风险等多方面情况进行综合测算后制定。

第三节　中国社会医疗保险制度的发展与改革

一　中国社会医疗保险制度的历史与现状

新中国成立后，中国社会医疗保险制度的发展总体上可以分成两大时期：计划经济时期中国的医疗保险制度以及改革开放后中国的医疗保险制度。

（一）计划经济时期中国的医疗保险制度

新中国成立后，中央政府于1951年颁发了《中华人民共和国劳动保险条例》，规定全民所有制企业和集体所有制企业职工享有劳动保险，确立了城镇劳保医疗制度。

1952年政务院又颁发了《关于各级人民政府、党派、团体及所属事业单位的国家工作人员实行公费医疗预防措施的指示》，规定各级人民政府、党派和事业单位工作人员及残废军人享有公费医疗，公费医疗与劳保医疗制度的待遇基本相同。

从20世纪60年代中期以后，国家卫生部、财政部、劳动部和全国总工会等部门发出了关于改进公费医疗制度和劳保医疗制度管理问题的通知。进入

70年代，国家又陆续出台有关基金使用等方面的政策规定，如明确职工福利基金计提的渠道和比例等。

至20世纪70年代末，公费、劳保医疗覆盖了全国75%以上的城镇国有单位职工及离退休人员，享受公费医疗的人群达到2300万人，享受劳保医疗的人群达到1.14亿人。[①] 这套建立在计划经济体制基础上的国家工作人员的公费医疗制度和工人职工的劳保医疗制度构成了当时中国城镇职工医疗保险的基本体系，覆盖了绝大多数城镇劳动者。

在公费医疗方面，经费由国家财政预算拨款，各级政府卫生行政部门按各单位编制人数比例进行分配，实行专款专用、单位统一使用的原则，门诊、住院所需的诊疗费、手术费、住院费、门诊或住院的药费，均由公费医疗经费开支。1952年，国家卫生部、财政部等部门颁布《国家工作人员公费医疗预防实施办法》，1965年进一步颁布《关于改进公费医疗管理问题的通知》等行政法规，逐步扩大了公费医疗制度覆盖范围，包括各级党政机关、社会团体以及科教文卫体等事业单位的工作人员及其离退休人员、在乡二等乙级以上革命残废军人、大专院校在校生等。

城镇劳保医疗制度则规定全民所有制工厂、矿场、铁路、航运、邮电、交通、基建、地质、商业、外贸、粮食、供销合作、金融、民航、石油、水产、国营农牧场、造林等产业和部门的职工及其供养的直系亲属均可享受劳保医疗待遇，城镇集体所有制企业参照执行。劳保医疗经费按照企业职工工资总额的一定比例提取，在企业生产成本项目中列支。如享受劳保医疗的职工患病在本企业自办医疗机构或指定医疗机构就医享受免费医疗，其供养直系亲属可享受半费医疗。[②]

公费医疗和城镇劳保医疗制度的实施对当时保障城镇职工身体健康、促进经济发展和维护社会稳定发挥了积极的作用。但随着经济体制转轨，该制度的缺陷日益突出，如，经费完全由国家和单位包揽，缺乏合理有效的医疗经费筹集机制的同时，还存在严重浪费；制度覆盖面窄，农村和部分城镇劳动者无法享受医疗保险；单位保障的制度在管理和服务的社会化程度均水平较低，且易

[①] 郑秉文等：《社会保障体制改革攻坚》，中国水利水电出版社2005年版，第57页。
[②] 邓大松、刘昌平等编著：《2011中国社会保障改革与发展报告》，人民出版社2011年版，第252页。

造成用人单位沉重的医疗费用负担等。①

在我国广大的农村地区，1955年农村合作化高潮时期，山西、河南等省农村出现了一批由农村生产合作社举办的保健站，采取由社员群众出"保健费"和生产合作公益金补助相结合的办法，有些地区农民群众为了解决看不上病的问题，由群众集资合作医疗，实行互助互济。

1956年，全国人大一届三次会议通过的《高级农业生产合作社示范章程》中规定，合作社对于因公负伤或因公致病的社员要负责医疗，并且要酌量给以劳动日作为补助，从而首次赋予集体介入农村社会成员疾病医疗的责任。政府对农村医疗保健公共问题采取行动的标志是卫生部于1959年11月在山西省稷山县召开了全国农村卫生工作会议之后，在其写给中共中央的报告中及其附件《关于人民公社卫生工作几个问题的意见》中指出："关于人民公社的医疗制度，目前主要有两种形式，一种是谁看病谁出钱；一种是实行人民公社社员集体保健医疗制度。根据目前的生产力发展水平和群众觉悟程度等实际情况，以实行人民公社社员集体保健医疗制度为宜。"1960年2月2日，中共中央转发了卫生部的报告及其附件，认为"报告及其附件很好"，并要求各地参照执行。从此，合作医疗便成为政府在我国农村实施医疗卫生工作的一项基本制度。1965年9月，中共中央批转卫生部党委《关于把卫生工作重点放到农村的报告》，强调加强农村基层卫生保健工作，推动了农村合作医疗制度的发展。合作医疗大面积普及是在1966年以后的"文化大革命"期间，由于广大农村为防病治病的需要，更重要的是毛泽东亲自批发了湖北省长阳县乐园公社办合作医疗的经验，并发布了"合作医疗好"的指示。在当时浓烈的政治气氛下，合作医疗很快在全国发展起来，农村绝大多数地区的县、公社和生产大队都已建立医疗卫生机构，形成了较为完善的三级预防保健网，从当时情况来看，公社卫生院的运行主要依赖于社队财务的支持，大队卫生室则靠集体经济维持，卫生室的房屋和器械由大队投资，流动资金和人员经费主要是生产队拨款。这期间有两项措施促进了农村医疗保健的可及性和可得性，一是恢复振兴中医，强调使用中医的草药和技术；二赤脚医生的培养。②

20世纪80年代，初步建立起了农村三级医疗卫生预防保健网和"赤脚医

---

① 赵曼主编：《社会保障学》，中国财政经济出版社2003年版，第59页。
② 林闽钢：《中国农村合作医疗制度的公共政策分析》，《江海学刊》2002年第3期。

生"队伍，在保护和增进我国农民的健康方面发挥了积极作用。当时我国农村地区所实施的这种集预防、医疗、保健于一身的三级（县、乡、村）医疗卫生服务网络被我国以社区为基础进行筹资和组织的农村合作医疗以其可及性和可得性惠及多数农村居民，被世界卫生组织和世界银行誉为"以最少投入获得了最大健康收益"的"中国模式"。①

随着农村家庭联产承包责任制改革的进行，分级管理的财政体制的确立，使合作医疗基金筹资面临危机。农村合作医疗中的"合作"，指的是农民之间相互合作和集体与个人的合作，而且历来是以集体出资为合作的"大股"，农民个人只缴很少的一部分。这样的"合作"在农业合作化和"三提五统"时没有什么问题，因为个人部分由集体代扣，集体有足够的经济支付该集体负担的部分。农村实行"费改税"之后，集体没有扣缴合作医疗费的权利和机会，个人部分只能上门收缴，加上当时农村人口流动性增强，这部分费用的收缴到账出现了明显的问题；还有许多经济薄弱的地区在"费改税"后成了"吃饭财政"，不少村组甚至负有债务，根本没有出资参与"合作"的能力；同时乡镇企业的改制，加剧了公共积累的大幅度下滑，出现了合作医疗基金筹资困难等问题，这些问题造成了基层合作医疗组织流于形式或自行解体，出现了集体合作医疗无法维持，乡村医生个人承包、私人开业，农村预防保健工作难以实施等问题。②

（二）改革开放后中国的医疗保险制度

1978年，十一届三中全会开启了我国改革开放的序幕，20世纪80年代随之开展的社会主义市场经济体制建设，使计划经济时期建立的医疗保险制度难以适应新形势发展的需要。在这样的情况下，从20世纪80年代中后期开始，我国开始城镇医疗保险制度改革，经历了以下几个发展阶段。

1. 第一阶段：改革主要围绕费用控制进行

（1）第一步是从20世纪80年代中后期至1994年，以引入个人负担部分医疗费用的机制和实行大病医疗费用的统筹为主要特征。

---

① 世界银行编：《1993年世界发展报告：投资于健康》，中国财政经济出版社1993年版，第210—211页。
② 林闽钢：《我国农村合作医疗制度治理结构的转型》，《农业经济问题》2006年第5期。

为减少浪费，控制医疗费用过快增长，自1984年开始，国家开始制定一些措施，例如，在公费医疗单位实行定额包干，超定额部分按一定比例报销，并且在部分城市的企业试点大病医疗费用社会统筹办法。1988年，国务院批准由卫生部牵头，多部门参加，成立了国家医疗制度改革研讨小组，起草了《职工医疗保险制度改革设想（草案）》，明确改革方向：建立费用由国家、单位、个人三方共担的多形式、多层次的职工医疗保险制度，并提出试点方案。国务院又批准国家体改委提出《1989年经济体制改革要点》，决定在辽宁省丹东市、吉林省四平市、湖北省黄石市、湖南省株洲市进行医疗保险制度改革试点，重点仍是控制医疗费用。

除了继续强化需方费用意识外，政府也开始将费用控制的重点转移到医疗服务供方。比如改革公费医疗管理制度和公费医疗经费管理办法，将经费按享受人数和定额标准包给医院，结余留用，超支分担，以激励医院主动控制成本和费用开支；制定药品目录和公费医疗费用报销目录，控制药品的滥用等。1992年劳动部颁发《关于建立试行职工大病医疗费用社会统筹的意见》，在此指导下，至1993年末，全国有225个市县、2.33万个企业、262万名职工参加了大病统筹。[①]

（2）第二步则是1994年开始，以建立社会统筹和个人账户相结合的社会医疗保险制度为主要特征。[②]

1993年，按照《关于建立社会主义市场经济体制若干问题的决定》所提出的"城镇职工养老和医疗保险金由单位和个人共同负担，实行社会统筹和个人账户相结合"的改革方向，开始确定将江苏镇江和江西九江两市作为医疗保险制度改革试点。

1994年，经国务院批准，国家体改委、财政部、劳动部、卫生部印发了《关于职工医疗制度改革试点意见》，进一步对构建新型体制下职工医疗保险费用的筹措机制、个人账户与社会统筹医疗基金的运行机制、医患双方的费用约束机制等做出明确规定。在此基础上产生的《镇江市职工医疗制度改革实施方案》和《九江市职工医疗制度改革的实施方案》得到国务院的同意和批

---

① 田勇、冯振翼主编：《医疗保险基本理论与实践》，中国劳动社会保障出版社2003年版，第266页。

② 赵曼主编：《社会保障学》，中国财政经济出版社2003年版，第59页。

复。1994年12月"两江"方案正式实施，主要内容包括：用人单位和个人共同缴纳医疗保险费，按规定比例建立个人账户和社会统筹基金，支付医疗费用的顺序是根据医疗需求顺次，由个人账户、个人按工资比例支付，最后社会统筹基金按一定比例支付，对账户的管理实行"个人账户—自费段—社会统筹段"的三段通道式管理，特点是筹资的统账结合与分段递进式的账户使用方式。

随着"两江"试点改革的推进，1996年国家又在更大范围内进行试点，进一步探索统账结合的具体方式和运行机制。海南、深圳、青岛等地按照"统账结合"模式，对支付机制进行了一系列探索。上海等地探索了先从住院医疗保险起步，再逐步建立个人医疗账户的办法。各地的改革试点取得了初步成效：一是通过建立用人单位、职工个人共同缴费的机制和社会化管理的医疗保险基金，实现了稳定的基金来源。二是形成了不同单位、不同年龄人群和健康人群与患者之间分摊医疗费用的共济机制。三是建立了医疗费用的双方分担机制和合理结算医疗服务费用的控制机制。

1998年，国务院发布《关于建立城镇职工基本医疗保险制度的决定》，要求在全国范围内建立以城镇职工基本医疗保险制度为核心的多层次医疗保障体系和相应的管理机构，标志着中国城镇医疗保险制度由过去国家财政包干医疗费用的传统模式向国家、企业、职工三方共责的新模式正式转变。到2000年前后，全国绝大多数地区完成了医疗保险制度改革方案的组织实施，标志着城镇职工基本医疗保险制度在全国基本建立。

2. 第二阶段：改革主要围绕新农合制度的建立和发展以及新医改的开展而进行

（1）以制度改革为主，完善我国的城乡社会医疗保险制度建设。随着整个医药卫生体制改革和社会医疗保险制度改革的深入，社会医疗保险制度也随之不断发展与完善。2002年，国务院下发《中共中央、国务院关于进一步加强农村卫生工作的决定》，提出要"逐步建立以大病统筹为主的新型农村合作医疗制度"，并且"从2003年起，中央财政对中西部地区除市区以外的参加新型合作医疗的农民每年按人均10元安排合作医疗补助资金，地方财政对参加新型合作医疗的农民补助每年不低于人均10元"。

2003年，国务院办公厅转发了卫生部等部门《关于进一步做好新型农村合作医疗试点卫生工作的指导意见》，随后新型农村合作医疗在全国展开。在经过三年试点的基础上,卫生部等七部委于 2006 年初通知要求各地积极推进新型农村合作医疗试点工作,并提出全国要在 2010 年实现新型农村合作医疗制度基本覆盖全国农村居民的目标。新型农村合作医疗制度就此在全国逐渐展开。

（2）新医改启动,目标实现人人享有基本医疗卫生服务,城镇居民医疗保险制度的建设。2005 年,国务院发展研究中心课题组的研究报告《对中国医疗卫生体制改革的评价与建议》,认为中国医疗卫生体制改革"从总体上讲,改革是不成功的"[1],引发新一轮关于我国医药卫生体制改革的讨论与实践。2006 年国务院新医改启动。2009 年,国务院公布《关于深化医药卫生体制改革的意见》和《医药卫生体制改革近期重点实施方案（2009—2011年）》,明确提出要从我国国情出发,借鉴国际有益经验,着眼于实现人人享有基本医疗卫生服务的目标,着力解决人民群众最关心、最直接、最现实的利益问题。坚持公共医疗卫生的公益性质,坚持预防为主、以农村为重点、中西医并重的方针,实行政事分开、管办分开、医药分开、营利性和非营利性分开,强化政府责任和投入,完善国民健康政策,健全制度体系,加强监督管理,创新体制机制,鼓励社会参与,建设覆盖城乡居民的基本医疗卫生制度,不断提高全民健康水平,促进社会和谐。

在这样的背景下,由于我国的城镇职工医疗保险覆盖范围为用人单位职工,导致城镇非就业人口被排除在外。为了扩大医疗保险覆盖面,让更多的人享受基本社会医疗保险服务,2007 年,国务院下发《关于开展城镇居民基本医疗保险试点的指导意见》,提出通过试点推动覆盖全体城镇非从业居民的城镇居民医疗保险在全国全面推广。城镇居民基本医疗保险制度最初覆盖的是具有统筹地户籍、不属于职工医疗保险覆盖范围的大专以下的学生（包括职业高中、中专、技校学生）、少年儿童、老年居民等城镇非从业居民,之后大部分地区将保障对象的范围扩大,并不局限于统筹地户籍。国务院在 2008 年下发《关于将大学生纳入城镇居民基本医疗保险试点范围的指导意见》,正式将大学生纳入城镇居民医疗保险中。至此,包括在校大学生、没有参加城镇职工基本医疗保险的退休人员、下岗失业人员和农民工等人群,在自愿的基础上,

---

[1] 国务院发展研究中心课题组编:《对中国医疗卫生体制改革的评价与建议》,《中国发展评论》（增刊）2005 年第 1 期。

都可以参加城镇居民基本医疗保险。

2010年,人力资源和社会保障部、财政部发布《关于做好2010年城镇居民基本医疗保险工作的通知》,进一步对各地试点城镇居民医保制度做出政策性规范。2011年的《中华人民共和国社会保险法》进一步明确将享受最低生活保障的人、丧失劳动能力的残疾人、低收入家庭60周岁以上的老年人纳入制度保障范围内。

(3) 依托"城乡一体化"政策进行医疗保险方面的"城乡一体化"探索。《中共中央国务院关于深化医药卫生体制改革的意见》指出,要"有效整合基本医疗保险经办资源,逐步实现城乡基本医疗保险行政管理的统一"。据此,各地均先后开展了城乡医保管理职能的一体化改革。

(4) 商业医疗保险机构尝试经办社会医疗保险管理服务。2004年,中国保监会向国务院报送《关于保险业参与新型农村合作医疗情况的报告》,介绍了江苏"江阴模式"和河南"新乡模式"的基本运行情况和取得的成效。其中,江阴新农合的模式是政府牵头、行政领导、征管分离、专业化运作和多方监督,其最大特点是政府搭台并由商业保险公司(太平洋保险)实施专业化管理。[①] 启动于2003年的新乡市新型农村合作医疗,以2004年4月中国人寿新乡分公司成功参与运行为契机,决策部门果断推行"政府组织引导,职能部门监督管理,中国人寿承办业务,定点医疗机构提供服务"的管办分离的运行机制,被称为"新乡模式"。

2009年,中国人民健康保险股份有限公司湛江中心支公司通过竞标承办湛江市城乡居民医疗保险,形成"湛江模式"。该模式大胆将市场机制引入社会医疗保险,充分发挥商业医疗保险机构对医疗供方的谈判功能和监督功能,同时利用潜在进入者的竞争压力保证签约商业保险机构的工作动力。河南洛阳市也在社会医疗保险领域引入商业保险参与经办,探索建立以"政府主导,专业运作,管办分离,合署办公,医院直补"的"洛阳模式"。[②]

总体而言,当前我国覆盖城乡的医疗保险体系架构已基本确立,但医疗保险制度的发展仍在不断改革和完善的过程中。

[①] 陶鹏、林闽钢:《新型农村合作医疗的"江阴模式"研究——基于交易成本比较视角》,《今日南国》(理论创新版)2009年第2期。

[②] 陈维良:《基本医保委托管理:"洛阳模式"剖析》,《中国医疗保险》2011年第4期。

二 中国社会医疗保险制度的主要问题

中国社会医疗保险制度已实现了由"公费医疗、劳保医疗制度"向"城镇职工、城镇居民基本医疗保险制度"、"新农村合作医疗制度"以及"医疗救助制度"的"三险一助"制度的全面改革,基本实现医疗保险人群全覆盖的目标。我国社会医疗保险制度主要问题体现在以下几方面。

(一) 实现了"广覆盖",但保障水平低

作为社会医疗保险而言,覆盖面和保障水平是最重要的指标。一般来说,覆盖率达到90%就可以认为是全民医保,我国2011年覆盖率已达95%,即已进入全民医保国家行列。2012年,我国参加城镇职工基本医疗保险、城镇居民基本医疗保险和新型农村合作医疗保险"三类医疗保险"人群更是已超过13亿人,广覆盖的目标基本实现。

根据2011年的统计数据显示,我国医院门诊病人次均医药费用为179.8元,住院病人人均医药费用6632.2元。一次住院费接近城镇居民年人均收入的1/3,几乎相当于农民一年的人均纯收入。[①] 从这一标准而言,显然目前覆盖全国大多数人口的社会医疗保险的实际水平仍然非常低,不足以缓解全国大多数因病致贫、因病返贫的情况发生。

(二) 社会医疗保险基金结存量过大

我国医疗社会保险基金的筹集和使用是按照"以收定支、略有结余"的原则进行。作为社会医疗保险的经济基础,基金运行的健康情况直接关系到社会医疗保险的健康运行情况。从2002年至2012年我国城镇基本医疗保险基金收入和支出情况来看,自2006年以来我国城镇基本医疗保险的快速发展的同时,也伴随城镇医疗社会保险基金的收入和结存量不断上涨,至2012年城镇医疗保险社会统筹基金和个人账户基金累计结存已超7500亿元。医疗保险不

[①] 中宣部理论局:《多管齐下促"减负":看病费用如何降低》,《人民日报》2012年7月11日第23版。

同于养老保险，其基金沉淀过多，虽可防止基金账户赤字出现，但影响到医疗资金资源使用以及基金运营的压力。

（三）社会医疗保险的公平性面临巨大挑战

我国的《社会保险法》规定，城镇职工基本医疗保险、城镇居民基本医疗保险、新型农村合作医疗制度是我国的基本医疗保险制度。这三类基本医疗保险制度本身在制度设置上存在较大差异，且每一类制度内部也仍然存在经济发达地区和经济落后地区的差异，收入高的个体和低收入群体的差异等情况。

相对而言，贫困地区或个体的收入低、生活困难，所享受的社会医疗服务水平、医疗保险费用补偿等均较低。这样的社会医疗保险制度安排并没有很好地体现社会保障制度本身对贫困地区、贫困人口的再分配目标，不利于社会医疗保险公平性的实现。

（四）中国的社会医疗保险制度仍需加强制度化、法制化建设

随着改革的不断深入，社会主义市场经济的进一步建立，我国社会医疗保险制度的制度化、法制化建设也开始启动。例如2010年12月通过的《社会保险法》作为我国第一部社会保障方面的正式法律文件意义重大。但社会医疗保险的具体执行方面，仍主要依靠行政管理条例进行。我国的社会医疗保险的制度化、规范化、法制化程度明显不足，需要进一步发展。

三 中国社会医疗保险制度的改革

（一）社会医疗保险制度改革目标

我国社会医疗保险制度的制度框架已经基本确定，覆盖城乡的基本医疗保险制度已实现，但"看病难、看病贵"的问题依然存在。

在《关于深化医药卫生体制改革的意见》中，明确提出"建立健全覆盖城乡居民的基本医疗卫生制度，为群众提供安全、有效、方便、价廉的医疗卫生服务"的近期目标。同时提出"到2020年，覆盖城乡居民的基本医疗卫生制度基本建立。普遍建立比较完善的公共卫生服务体系和医疗服务体系，比较健全的医疗保障体系，比较规范的药品供应保障体系，比较科学的医疗卫生机

构管理体制和运行机制，形成多元办医格局，人人享有基本医疗卫生服务，基本适应人民群众多层次的医疗卫生需求，人民群众健康水平进一步提高"的长远目标。

(二) 社会医疗保险制度改革原则

(1) 坚持以人为本，把维护人民健康权益放在第一位。坚持医药卫生事业为人民健康服务的宗旨，以保障人民健康为中心，以人人享有基本医疗卫生服务为根本出发点和落脚点，从改革方案设计、卫生制度建立到服务体系建设都要遵循公益性的原则，把基本医疗卫生制度作为公共产品向全民提供，着力解决群众反映强烈的突出问题，努力实现全体人民病有所医。

(2) 坚持立足国情，建立中国特色医药卫生体制。坚持从基本国情出发，实事求是地总结医药卫生事业改革发展的实践经验，准确把握医药卫生发展规律和主要矛盾；坚持基本医疗卫生服务水平与经济社会发展相协调、与人民群众的承受能力相适应；充分发挥中医药（民族医药）作用；坚持因地制宜、分类指导，发挥地方积极性，探索建立符合国情的基本医疗卫生制度。

(3) 公平与效率统一，政府主导与发挥市场机制作用相结合。强化政府在基本医疗卫生制度中的责任，加强政府在制度、规划、筹资、服务、监管等方面的职责，维护公共医疗卫生的公益性，促进公平、公正。同时，注重发挥市场机制作用，动员社会力量参与，促进有序竞争机制的形成，提高医疗卫生运行效率、服务水平和质量，满足人民群众多层次、多样化的医疗卫生需求。

(三) 社会医疗保险制度改革措施

(1) 建立政府主导的多元投入机制。明确政府、社会与个人的投入责任。确立政府在提供公共卫生和基本医疗服务中的主导地位。公共卫生服务主要通过政府筹资，向城乡居民均等化提供。基本医疗服务由政府、社会和个人三方合理分担费用。特需医疗服务由个人直接付费或通过商业健康保险支付。

建立和完善政府卫生投入机制。中央政府和地方政府都要增加对卫生的投入，并兼顾供给方和需求方。逐步提高政府卫生投入占卫生总费用的比重，使居民个人基本医疗卫生费用负担有效减轻；政府卫生投入增长幅度要高于经常性财政支出的增长幅度，使政府卫生投入占经常性财政支出的比重逐步提高。

新增政府卫生投入重点用于支持公共卫生、农村卫生、城市社区卫生和基本医疗保障。

按照分级负担的原则合理划分中央和地方各级政府卫生投入责任。地方政府承担主要责任，中央政府主要对国家免疫规划、跨地区的重大传染疾病预防控制等公共卫生、城乡居民的基本医疗保障以及有关公立医疗卫生机构建设等给予补助。加大中央、省级财政对困难地区的专项转移支付力度。

完善政府对公共卫生的投入机制。专业公共卫生服务机构的人员经费、发展建设和业务经费由政府全额安排，按照规定取得的服务收入上缴财政专户或纳入预算管理。逐步提高人均公共卫生经费，健全公共卫生服务经费保障机制。

完善政府对城乡基层医疗卫生机构的投入机制。政府负责其举办的乡镇卫生院、城市社区卫生服务中心（站）按国家规定核定的基本建设经费、设备购置经费、人员经费和其承担公共卫生服务的业务经费，使其正常运行。对包括社会力量举办的所有乡镇卫生院和城市社区卫生服务机构，各地都可采取购买服务等方式核定政府补助。支持村卫生室建设，对乡村医生承担的公共卫生服务等任务给予合理补助。

完善政府对基本医疗保障的投入机制。政府提供必要的资金支持新型农村合作医疗、城镇居民基本医疗保险、城镇职工基本医疗保险和城乡医疗救助制度的建立和完善。保证相关经办机构正常经费。鼓励和引导社会资本发展医疗卫生事业。

（2）加快建设医疗保障体系。加快建立和完善以基本医疗保障为主体，其他多种形式补充医疗保险和商业健康保险为补充，覆盖城乡居民的多层次医疗保障体系。

建立覆盖城乡居民的基本医疗保障体系。城镇职工基本医疗保险、城镇居民基本医疗保险、新型农村合作医疗和城乡医疗救助共同组成基本医疗保障体系，分别覆盖城镇就业人口、城镇非就业人口、农村人口和城乡困难人群。

坚持广覆盖、保基本、可持续的原则，从重点保障大病起步，逐步向门诊小病延伸，不断提高保障水平。建立国家、单位、家庭和个人责任明确、分担合理的多渠道筹资机制，实现社会互助共济。随着经济社会发展，逐步提高筹资水平和统筹层次，缩小保障水平差距，最终实现制度框架的基本统一。探索建立城乡一体化的基本医疗保障管理制度。

（3）积极发展商业健康保险。鼓励商业保险机构开发适应不同需要的健康保险产品，简化理赔手续，方便群众，满足多样化的健康需求。鼓励企业和个人通过参加商业保险及多种形式的补充保险解决基本医疗保障之外的需求。在确保基金安全和有效监管的前提下，积极提倡以政府购买医疗保障服务的方式，探索委托具有资质的商业保险机构经办各类医疗保障管理服务。

【本章小结】

社会医疗保险起源于疾病风险及其给个人和家庭带来的健康、经济损失。全世界大多数国家都在不同程度上建立了社会医疗保险制度。社会医疗保险制度被认为是现代社会保障制度最重要的组成部分。随着工业化和城市化的发展，生产方式、组织方式及社会结构等都发生了根本变化，为社会医疗保险制度的产生和发展奠定了基础。

社会医疗保险是由国家通过立法对公民实施的医疗保险制度，通过强制性社会保险原则和方法筹集资金，在公民面临患病、伤残、年老、生育、失业等风险时，按照权利和义务对等的原则，保证公民获得适当的医疗服务的一项社会保险制度。社会医疗保险具有促进经济建设和发展、提高国民应对疾病风险的能力、维护社会安定和增进社会互助共济等作用。

从世界各国来看，社会医疗保险的类型多样，可以划分为国家福利型医疗保险模式、社会保险型医疗保险模式、商业保险型医疗保险模式、强制储蓄型医疗保险模式四类。

科学合理的筹资是社会医疗保险得以可持续发展的重要环节，因此筹集需要遵循以下几个方面的原则：多方位、多渠道筹资原则；适当的缴费比例原则；慎重制定保障基线，确保收支适当平衡的原则。社会医疗保险基金的给付管理包括给付范围、给付形式和给付标准三个方面。

新中国成立后，我国社会医疗保险制度的发展总体上可以分成两大时期：计划经济时期的医疗保险制度以及改革开放后的医疗保险制度。总体而言，当前我国覆盖城乡的医疗保险体系架构已基本确立，但医疗保险制度的发展仍在不断改革和完善的过程中。我国社会医疗保险制度主要问题体现在：实现了"广覆盖"，但保障水平低；社会医疗保险基金结存量过大；社会医疗保险的公平性面临挑战；我国的社会医疗保险制度仍需加强制度化、法制化建设。

中国社会医疗保险制度的制度框架已经基本确定，覆盖城乡的基本医疗保险制度已实现，但"看病难、看病贵"问题依然存在。社会医疗保险制度改革原则为：坚持以人为本，把维护人民健康权益放在第一位；坚持立足国情，建立中国特色医药卫生体制；公平与效率统一，政府主导与发挥市场机制作用相结合。社会医疗保险制度改革措施为：建立政府主导的多元投入机制。加快建设医疗保障体系。积极发展商业健康保险。

【思考题】

1. 社会医疗保险的概念和特点是什么？
2. 各国社会医疗保险的类型是什么？
3. 社会医疗保险的基金筹集原则有哪些？
4. 社会医疗保险基金的给付管理主要包括哪三个方面？
5. 请简述我国社会医疗保险制度的历史与现状。

第 八 章

失 业 保 险

失业是现代社会中,经济周期波动、产业结构调整所带来的社会问题,也是各国政府劳动政策关注的焦点。失业保险是世界各国社会保障体系的重要组成部分,是社会保险的主要项目之一。

第一节 失业保险概述

一 失业保险概念

(一) 失业及相关概念

1. 就业概念

就业有广义和狭义之分。广义的就业是指劳动力要素和生产资料要素结合的状态,它是通过劳动过程中人和物的结合所形成的社会生产力来为社会创造财富。狭义的就业是指具有劳动能力并处在法定劳动年龄阶段的人,从事某一岗位的工作或合法的社会经济活动以获取劳动报酬或经营收入的一种活动。

各国一般采用就业的狭义界定,国际劳工组织同样如此,认为就业是指一定年龄阶段内的人们所从事的为获取报酬或为赚取利润所进行的活动。[①] 在我国,"就业人员"是指男性在16—60岁,女性在16—55岁的法定劳动年龄内,从事一定的社会经济活动,并取得合法劳动报酬或经营收入的人员。其中劳动

[①] 刘燕斌、李明甫:《国际劳工组织关于"就业""失业""不充分就业"的定义》,《中国就业》2002年第12期。

报酬达到或超过当地最低工资标准的，为充分就业；劳动时间少于法定工作时间，且劳动报酬低于当地最低工资标准、高于城市居民最低生活保障标准，本人愿意从事更多工作的，为不充分就业。

2. 失业概念

失业是与就业相对的概念。对失业的理解，也有广义和狭义之分。广义的失业是指劳动者和生产资料相分离的一种状态，在这种分离的状态下，劳动者的主观能动性和潜能无法发挥，不仅是社会资源的浪费，还会对经济社会发展造成负面影响。狭义的失业通常是指具有劳动能力的处在法定劳动年龄阶段并有就业愿望的劳动者，失去或没有得到有报酬的工作岗位的社会现象。

国际上通用的失业概念是指符合就业年龄，具有劳动能力和劳动意愿的劳动者失去工作机会和工作岗位而形成的劳动人口相对工作岗位过剩的一种社会经济现象。因此，失业包括了四个要素：失业者必须是处于法定劳动年龄以内的劳动者；失业者必须有劳动能力；失业者还需有劳动意愿；失业者得不到适当的工作机会。

在我国，"失业人员"是指在法定劳动年龄内，有工作能力，无业且要求就业而未能就业的人员。即使从事一定社会劳动，但劳动报酬低于城市居民最低生活保障标准的，视同失业。

3. 失业率概念

（1）失业率。国际上通常以失业人数与在业人数和失业人数之和的比例反映。

（2）城镇登记失业率。通常是以城镇登记失业人数与城镇就业人数和城镇登记失业人数之和的比例反映。

（3）城镇调查统计率。是通过城镇劳动力情况抽样调查所取得的城镇就业与失业汇总数据进行计算，通常是以城镇调查失业人数占城镇调查从业人数与城镇调查失业人数之和的比例。

在我国，失业率统计采取的是城镇登记失业率。这一失业率以城镇和登记为构成要件，虽然未能全面反映没有登记者的失业状况，也没有涵盖农村劳动力和进城务工劳动力，但反映了劳动力市场就业最为困难的群体的状况，最为困难的群体包括两类：一是失业者中再就业比较困难的群体，需要政府提供就业帮助；二是需要政府提供失业期间社会保障的人群。

西方国家公布的失业率是既包括城镇又包括乡村的全社会失业率，一般采取的是调查失业率。

4. 失业类型

根据不同的原因和特点，一般可将失业分为摩擦性失业、季节性失业、技术性失业、结构性失业、循环性失业、隐藏性失业等。

(1) 摩擦性失业。由于劳动市场结构不健全，或基于某些社会性原因（如籍贯、性别、身份和外貌等）使得适合空缺职位的失业者无法立即就业而产生的失业状态。

(2) 季节性失业。由于某些行业生产条件、服务或产品受到气候条件或购买习惯影响，使劳动力需求出现季节性变化而导致的失业现象。如农业、建筑业、渔业等产业。

(3) 技术性失业。由于使用新机器设备或材料，采用新的生产程序或新的生产管理方式，以致出现社会局部劳动力过剩而导致的失业。主要表现为随着生产技术、资本对劳动力需求的相对减少，半熟练或不熟练工人容易遭遇失业的风险。

(4) 结构性失业。大多属于社会经济结构发生变化，如由于经济、产业结构以及生产形式、规模的变化，致使劳动力结构发生相对应的调整而导致的失业。

(5) 循环性失业。市场经济国家由于经济循环的周期性萎缩而导致的失业，或称为周期性失业。

(6) 隐藏性失业。此类失业表面看似乎没有失业存在，但就实体而言，却发生了失业现象。一般来说，劳动者虽然没有失业，但从事与其专长不符的工作，未能充分发挥其专长。换句话说，即是劳动力未能充分地使用。此种失业在发展中国家比较常见。

在各国失业状况中，原因错综复杂，往往各种失业类型并存，因此，失业成为影响一国稳定和发展的重点和难点问题。

(二) 失业保险概念

失业保险是指国家通过立法实行的，由社会集中建立基金，对因失业而暂时中断生活来源的劳动者提供一定时期物质帮助及再就业服务的社会保险制度。失业保险作为解除劳动者后顾之忧和化解失业带来的不利影响的一种制度安排，其保障对象是社会劳动者，主要采取向失业者提供失业保险金以保障失业期间失业者及其家属的基本生活，通过再就业培训和就业指导帮助失业者尽快实现再就业等手段，来提高劳动者抵御失业风险的能力，是社会保险系统的重要组成部分。

二　失业保险特点

失业保险属于社会保险系统，同其他社会保险项目一样，具有强制性、普遍性、互济性等特点，除了这些共同特点之外，失业保险还具有其他社会保险项目不同的特点：

1. 失业保险的对象是失业劳动力

社会保险体系中，其他社会保险项目主要化解的是丧失或暂时丧失劳动能力下收入损失的风险；失业保险化解的是劳动者在仍具有劳动能力的条件下失去了劳动机会的风险。也就是说，失业保险与其他保险项目的最大不同点是保障没有丧失劳动能力的人。

2. 失业保险的功能多元化

社会保险的其他保险项目是通过给付社会保险金来保障丧失劳动能力者基本生活需求，目标与功能一般比较单一，如医疗保险满足劳动者的疾病医疗需求，养老保险给予劳动者养老提供经济保障等，而失业保险除了保障失业者的基本生活外，还肩负着尽快实现失业者再就业的功能，包括了失业预防、失业补救和失业保险三个方面。

3. 失业保险呈周期性特征

与经济运行规律一样，失业保险具有周期性特征，失业保险基金的收缴、发放规模伴随着经济上的变化呈周期性的变动，经济运行情况良好时失业率会下降，缴纳失业保险费的人多，领取失业保险金的人少，失业保险基金处于收多支少状态，反之亦然，这一特性可以达到调节经济的效果。

4. 失业保险资金采取现收现付制

养老保险、医疗保险可以实行部分积累制或者完全积累制，失业保险资金只能实行现收现付制，主要解决当前的失业问题。

三　失业保险分类

世界各国的失业保险制度，按照国家、雇主、个人的不同责任分担和受益人享受失业保险待遇等的不同，可以分为以下几种类型。

（一）强制性失业保险和非强制性失业保险

按照国家、雇主、个人的不同责任分担，即参加失业保险的意愿是否具有强制性，可分为强制性失业保险和非强制性失业保险。强制性失业保险是指由国家立法或政府制定规章来强制实施的，符合规定条件的劳动者或用人单位必须参加，双方必须依据法规规定履行各自的供款义务。目前，美国、加拿大、中国实行强制性失业保险。非强制性失业保险取决于投保人个人意愿，一般是由工会组织实施的，用人单位和劳动者自愿参加，政府不参与管理，而是由工会建立的失业基金会管理、政府提供一定的资金支持。如丹麦、冰岛等国家实行的是非强制性失业保险。

（二）权利型失业保险和调查型失业保险

按照受益人享受失业保险待遇的不同，可将失业保险分为权利型失业保险和调查型失业保险。权利型失业保险指失业者只要符合规定的缴费年限、非自愿失业等条件，就可以领取失业金，而不用考虑失业者的家庭收入情况，这种情况下，领取失业保险金是其合法的权利。强制性失业保险和非强制性失业保险都属于此类。调查型失业保险也是由政府组织实施，但是建立在收入调查的基础上的，以调查结果为依据，对于那些"确认"无法生存的失业者提供资助的制度。这种类型的失业保险也被称为失业救助，并不是严格意义上的社会保险。澳大利亚、阿根廷、新西兰等国实行的是失业救助制度。

（三）单一型失业保险和复合型失业保险

按照失业保险制度不同层次的安排，可将失业保险分为单一型失业保险和复合型失业保险。单一型失业保险是指仅有一个层次的失业保险制度，如只有强制性失业保险或只有非强制性失业保险，根据不同的划分标准，也可以说只有权利型失业保险或调查型失业保险。

复合型失业保险一般指权利型失业保险与调查型失业保险同时并存的情况，通常是将权利型失业保险作为第一层次的失业保障措施，将调查型失业保险当作第二层次的保护屏障。复合型失业保险较好地将社会保险和社会救助两方面结合起来,既发挥两者优势,又弥补各自不足。在发达国家,复合型失业保险呈现出多种形式。①

1. 美国的"失业保险+企业补充失业津贴"叠加形式

在美国,除了政府的失业保险金外,第二次世界大战后,一部分失业者还可以领取补充失业保险金。美国实行强制性失业保险,虽然各州存在差异,但其覆盖面还是比较广泛的,除一般雇员外,公务员和家佣也包括在内。失业保险费用主要由雇主承担,给付标准较低,通常限制在工资的50%以下。1955年后,美国福特汽车公司率先在企业内实施"企业补充失业津贴"制度,后来,该制度逐步延伸到行业内其他企业乃至其他不同行业。"企业补充失业津贴"的费用由雇主和工会共同承担,津贴标准为本人失业前工资收入30%左右,领取期限为1年。补充失业保险金的数额一般比失业保险金还要高一些。两者相加,最高可达到原工资的90%。

"企业补充失业津贴"制度的建立,是对强制性失业保险的补充,减缓了失业对失业者及其家庭的冲击,同时也为降低法定失业保险的给付水平创造了条件。不过,要享受这种福利,必须具备以下较为严格的条件:一是必须在公司工作10年以上;二是必须接受公司指派的新工作,或公司的补充失业保险基金已达到10亿美元左右。上述限制因素决定了补充失业保险只能在有实力的大企业中实行,因此,这一形式在世界各国也并不普遍。

2. 加拿大的"强制性失业保险+特殊失业补助"援助形式

它是加拿大社会安全保障体系中的主要支柱,其费用由雇主、工人和政府三方共同承担,失业保险给付可达本人失业前工资的75%,期限最长为50周。其中,在普遍实施失业保险的同时,加拿大还给予失业者中有特殊困难的群体社会性援助,即"特殊失业补助"。其对象既有特殊困难的伤病失业者,也涵盖了老年失业者和女性孕期失业者。"特殊失业补助"职能,主要是对失业保险对象中的特殊困难者提供1—15周的补助,资金来源于国家财政,属于国家援助性质。不同于失业救济,它是专门针对法定失业保险受给者中的特殊困难群体。

---

① 邹根宝编著:《社会保障制度:欧盟国家的经验与改革》,上海财经大学出版社2001年版,第161页。

3. 德国的"失业保险 + 失业救助"衔接形式

德国实行强制性失业保险，对象涵盖了几乎所有就业人口（公务员和雇主除外），保险费用由劳资双方各负担一半。给付的标准为本人失业前3个月平均月工资的63%，领取期间根据工作年限1年以上或10年以上确定，分别为最短6个月和最多32个月。但是，如果失业者在规定的失业保险给付期间，仍未找到工作而发生生活困难，不会被纳入社会公共救济系统，而是进入失业救助阶段，改发失业救济金。由于失业救济金的财源来自国家财政，因此失业者不承担缴费义务，其待遇水平低于失业保险给付额水平（约低10%），期限亦短于失业保险（1年）。德国的复合型失业保险不但展现了失业救济与失业保险的特性，同时又考虑到救济对象是失业者（非贫困者），其待遇水平要比社会救济高些，鼓励失业者再就业。两种失业保险类型的衔接，可以避免部分失业者因未能及时再就业而陷入难以维持生计的境地。

4. 日本的"强制性失业保险 + 补贴性自愿保险"的形式

和德国一样，日本也实行强制性的失业保险，其原则上强制适用于所有行业的单位。但是也有例外，法律规定对部分农林水产业及其工人不满5人的个体经营的企业单位，允许其选择性适用。保险费用由雇主和雇员负担，国家给予一定的补贴。给付的标准为失业者失业前工作水平的60%—80%，支付期限依据被保险者再就业的难度和加入保险时间的长短从90天至300天不等，并有7天的等待期。此外，日本为促进失业者再就业和老人、妇女连续就业，会给予一笔促进就业保险金和连续就业保险金。其中，促进就业保险金包括重新就业补助、常用就业准备金、必需的搬家费、求职活动费等。连续就业保险金的目的是促进老年人和妇女连续就业，不因育儿、护理家人而终止工作，最长支付期为3个月。日本的失业保险模式可以说覆盖了各个阶层的失业群体，保险体系比较完备，同时统一由政府专门设立的部门，即劳动厚生省职业安定局负责，具有鲜明的特色。

四 失业保险功能

从宏观上看，失业保险主要通过保障失业者在失业期间的基本生活来维持社会稳定，同时保证劳动力的合理流动，促进劳动力资源的合理配置，发挥"稳定器"的作用。从微观上来看，失业保险主要是通过对非自愿失业者提供物资帮助，维持他们失业期间的基本生活，从而为他们再就业提供缓冲期，使他们有时间寻找新的工作，同时还为失业者提供就业培训和指导，通过帮助失业者提高劳动技能促使他们尽快实现再就业。因而，失业保险的功能是多方面的，具体如下：

（一）保障基本生活

首先是生活保障功能，即失业保险机构通过向符合条件的失业者支付失业保险金，从而保障失业者失业期间的基本生活，维持劳动力的再生产；其次是就业保障功能，即通过加大再就业培训支出的比重和建立就业导向的机制等来促进失业者再就业，后者在现今有逐渐增强的趋势。

（二）促进就业

促进就业是失业保险功能的主要内容，体现在失业保险机构重视对失业者的职业培训、职业介绍，积极开展就业信息的及时传递和沟通，从而使失业者增强信心，重新获得工作机会和岗位。

（三）合理配置劳动力

一是失业者在寻找新的就业岗位过程中能获得经济保障，免除后顾之忧，促使失业者有条件寻找与自己的兴趣、能力相符合的工作岗位，有利于劳动力的合理配置；二是由于失业保险的设立，用人单位减轻了向外排斥冗员的经济、社会压力，有利于用人单位制定理性的、合理的用人决策，间接合理配置劳动力。

（四）稳定和调节功能

一方面，失业保险为失业者提供生活保障，不会使其因无法生存铤而走险或心理上严重失衡而危害社会，从而维持经济和社会的稳定；另一方面，失业保险可以通过向失业者提供物资资助来调节社会上的贫富差距，通过劳动力的合理配置、高效的劳动生产率来调节经济的运行。

第二节　失业保险管理

一　失业保险覆盖范围

从理论上讲，在市场经济中，每一个有可能面临失业风险、成为失业者的劳动者都应该被覆盖。但纵观失业保险的发展，可以发现失业保险的覆盖范围经历了一个从小到大、从严格到宽松的演变过程。在失业保险建立初期，覆盖范围仅限于参加正式的社会经济活动并有稳定职业的劳动者，即"正规部门"的劳动者，而不包括季节工、临时工及"非正规部门"的劳动者，也不包括职业稳定、无失业风险的国家公务员。

随着社会经济的发展变化，各国对失业的理解也发生变化，失业保险的覆盖范围也不断拓宽。失业保险的覆盖范围大小与一个国家或地区的经济发展水平、价值取向、历史传统有很大关系，因此，各国的失业保险覆盖范围不尽相同。从经济发展水平这个层面观察，高收入国家失业保险的覆盖范围一般比较大，绝大多数中、低收入国家失业保险的覆盖范围一般比较小，处于失业保险发展的初级阶段。

失业保险存在覆盖范围，意味着享受失业保险具备一定的资格条件。一般而言，必须具备以下几个条件：

（1）失业者必须是非自愿失业。失业者失业是由社会的、自然的等非失业者个人能控制的因素造成（如企业破产、经济危机引起的裁员、自然灾害等），国家和社会有责任为他们提供失业保险。

（2）失业者必须处于法定劳动年龄。劳动年龄的界限因国而异。我国法律规定的劳动年龄，男性为16—60岁，女性为16—55岁，未达到或者超过这一年龄段的，不能享受失业保险待遇。

（3）失业者有劳动能力和就业愿望。在我国，失业者失业后，除必须到政府指定的劳动就业服务机构登记和定期与失业保险机构联系并汇报个人情况外，还应表示愿意或接受政府指定机构所提供的职业培训和就业指导，才有权享受失业社会保险待遇。

（4）失业者失业前履行一定义务。一般而言，失业者失业前必须有为企业和社会工作过一段时间的经历，同时要缴足一定期限的保险费。此外，也有国家对刚毕业但还没找到工作的大中专毕业生有所倾斜照顾，允许他们领取失业金。

除规定失业者享受失业保险须具备的资格条件外，有的国家还规定对有些情况造成的失业，或者对部分失业者，不能提供失业保险。主要包括：第一，失业者"行为不端"而被解雇的；第二，不接受职业介绍机构提供的适当工作；第三，拒不参加职业介绍机构举办的职业技术培训；第四，无正当理由自动离职者；第五，出于经济或政治原因，介入劳资纠纷而导致企业停产而使自己失业的；等等。

二 失业保险筹资

失业保险基金是在国家法律或政府行政强制下集中建立起来的，用于化解失业风险，给予符合领取条件的失业者物资补偿的资金。筹集失业保险基金主要涉及四个方面内容：

（一）筹资原则

筹集失业保险资金的原则与社会保险基金筹措的基本原则一致，即最大限度做到资金筹集与资金支出相当。由于失业社会保险属短期给付，在一国经济发展不出现大的波动的情况下，其年度开支将保持在相对稳定的水平，因此，失业保险的筹资方式一般采取现收现付制，即当期的保险费收入用于当期的保险给付。具体就是每年根据预先的精算估计，提取必要的资金，保证当年的开支，实际上一般会提取稍多一些用作特别准备基金，以应付资金短缺或意外开支。

（二）筹资方法

失业保险主要有三种筹资方法：一是征收失业保险税的办法；二是按照工资的一定比例征收失业保险费，采用这种方法，一般设置收费最低标准和最高标准；三是按固定金额征收，即不论参保人的收入高低，一律按一个固定金额征收。失业保险的筹集办法与社会保险的筹资办法通常是一致的。

（三）资金来源

失业保险基金主要来源于用人单位或雇主缴纳的失业保险费、劳动者缴纳的失业保险费以及失业保险基金的运营收益，但有的国家也直接承担着失业保险责任，如在本国失业保险基金入不敷出时，政府通过财政拨款予以补贴。通常用人单位或雇主和劳动者共同支付失业保险费是比较普遍的情况，但也有少数国家实行政府和用人单位或雇主单方付费制。

（四）缴费比例

确定缴费比例，先要根据经济的周期性变化，对失业保险的压力、负担进行测算，确定每个劳动者的负担金额，再将金额在用人单位和劳动者两者之间分配，并根据社会平均工作水平，折算成一定比例。世界各国在失业保险基金筹集的渠道和负担比例上有不同的情况。按其筹措的实际途径，一般分为五种类型：

（1）政府、企业和被保险人三方共同负担，其负担比例视本国的保险政策而定。这种类型最为普遍，主要以德国、加拿大、日本、丹麦、瑞典等国家为代表。

（2）由企业和被保险人双方负担。实行这种类型的国家主要有法国、荷兰、希腊、瑞士等国家。

（3）由政府和企业双方共同负担。这种类型以美国大部分的州、意大利、埃及为代表。

（4）由企业一方全部负担。这种类型以俄罗斯、印度尼西亚、阿根廷等国家为代表。

（5）全部由政府负担。实行这种类型的国家主要有英国、澳大利亚、智利等。

三　失业保险给付

给付失业保险待遇和促进就业是失业保险基金最主要的两个使用方向。在一些国家中，失业保险的日常行政管理经费也从基金中提取，因此，失业保险的管理费用也构成失业保险基金的另外一个使用方向。

失业保险待遇一般包括失业保险金、失业补助和附加补助金，如医疗补助金、丧葬抚恤金等，是维持失业者基本生活的主要来源，其构成失业保险基金支出的最大部分。促进就业支出细分为开展职业培训方面的支出、抑制失业及开发就业岗位、职业介绍等各部分的支出。

失业保险管理费在一些国家完全是政府财政补贴，如日本，而在一些国家则是由失业保险基金支付，或是按一定比例提取，或是按固定金额提取，其使用效率高低会影响失业保险基金在其他两个方面即生活保障和促进就业方面的支出，从而一定程度上影响失业保险的实施效果。中国失业保险管理费之前是从失业保险基金中按一定比例提取，但如今已调整规定失业保险机构所需经费列入政府预算，由财政拨付。

（一）失业保险金的给付原则

各国经验表明，失业保险给付水平越低，给付时间越短，非自愿失业的人数越少，失业率越低；相反，非自愿失业的人数越多，失业率就越高。对此，失业保险给付水平的确定，应当充分考虑以下几个原则：

（1）必需性。失业保险金给付水平的确定应能确保失业者及其供养直系亲属的基本生活需要。劳动者失业后，失业保险金是其主要的生活来源，失业者及其家属的基本生活需求应该很大程度影响失业保险金的给付水平。

（2）适度性。失业保险项目和给付水平的确定应该从一国经济发展水平出发，确定适度的失业保险金给付水平。

（3）合理性。失业保险金给付水平不应高于失业者原有的工资水平。为了有利于促进失业者尽快重新就业，失业保险金的给付标准必须低于职工在职时的收入水平。

（4）可行性。失业保险金给付水平的确定应考虑当地物价指数和当地最低工资标准。失业保险金的给付水平要设计在一定的期限内给付，超出期限者，则属于社会救助的范围。

（二）失业保险金的给付标准

关于失业保险金的给付金额，各国的实践表明，失业者的失业保险金为该失业者最近时期平均工资的一定百分比，一般为 40%—75%，其数额与其工龄、投保期限、工资水平及年龄、是否供养配偶及其他亲属等因素相关联。给付额度一般有三种计算方法①：

（1）薪资比例制。即按失业者离职前工资的一定比例给付。使用这种给付方法的国家有一个共同点：对低收入者给予一定的照顾，其比例或定额要高些，有些国家还规定最低标准和最高限额。

（2）均一制。即对符合规定的失业者一律按同一基准给付失业保险。这是对给付以离职前本人劳动收入为依据的方法的改进，主要是防止人们不愿从事较低收入职业的现象出现。一般有两种实施方法：一种是按近期社会平均工资的一定比例给付，如德国和加拿大的比例是 60%，美国为 50%。另一种是按政府规定的一定金额数给付，有孩子者酌情另加。

（3）混合制。即将工资比例制和平均制结合而形成的一种方法。实行这一方法，失业保险金一部分和失业前的工资水平挂钩；其余部分按一定绝对数额给付。如法国的失业保险给付是离职前工资的 40%，再加上定额给付，合起来约占离职前工资的 58%。这种给付方式的特点是失业保险金定额发放与动态发放相结合，既可满足失业者及其家庭的基本生活需求，又可根据环境变化进行修正，因此起到一种调节的作用。

一些国家除了发给失业者失业保险金外，还提供失业援助，这样，失业者领取正常救济金期满后，如果经济收入低于规定水平，或者家庭抚养负担较重，仍可继续得到一些经济援助。

（三）失业保险给付待遇

失业保险待遇一般包括：失业保险金的领取条件、领取期限以及失业保险待遇的终止。

1. 失业保险金的领取条件

领取失业保险金需要满足一定的条件，并不是所有参加失业保险的人均可以享受失业保险各项待遇。与其他保险待遇给付不同，失业保险待遇的领取有主、客观标准。从主观标准看，失业者必须是没有失业的故意，即不是自己自

---

① 谢冰主编：《社会保障概论》，武汉大学出版社 2011 年版，第 198 页。

愿放弃工作岗位，并且在失业后有就业的愿望和到职业介绍机构或失业保险机构进行求职登记，参加培训和合理接受提供的就业机会。从客观标准看，失业者首先必须处于法定劳动年龄范围以内并具有劳动能力，如我国男性是16—60岁，女性是16—55岁；其次是失业者必须在失业前参加了失业保险并履行了相应的缴费义务（规定有最短缴费期限）；最后是需要向失业保险机构登记失业。不过，有些国家的失业保险覆盖了初次就业者，即工作年限、投保年限不作为享受失业保险待遇的必要条件。

2. 失业保险金的领取期限

失业的暂时性和阶段性，决定了失业保险金的领取有一个给付期限，主要包括失业保险的等待期、失业保险的最长给付期以及失业保险的封锁期。

（1）失业保险的等待期。基于节约管理成本和防止冒领失业保险金行为，为失业保险金的领取设置一个等待时间是国际普遍的做法。等待期的长短，取决于各国的财政状况、失业保险基金的规模以及所实行的就业政策，因此各不相同。一般来说，3—7天是比较普遍采取的期限，如美国大多数州为7天；日本为7天；瑞典为5天；英国为3天；也有一些国家已取消等待期，从失业的第一天起便可享受失业金待遇，如法国、德国、西班牙等国家；而在一些经济欠发达国家，由于刚刚建立失业保险，基金积累不足，往往规定较长的等待期，如加纳为30天，厄瓜多尔为60天，阿根廷为120天。

（2）失业保险的最长给付期限。关于失业保险金的最长给付期，国际劳工组织有明确规定，失业保险金的给付上限是156个工作日，下限为78个工作日。如美国多数州为26—30周，英国为6个月，日本为100天，西班牙为3—6个月。对于失业保险金的最长给付期的确定，通常有两种方法：一是将最长给付期与参加失业保险时间的长短结合起来，如我国规定，失业人员失业前所在单位和本人按照规定累计缴费时间满1年不足5年的，领取失业保险金的期限最长为12个月；累计缴费时间满5年不足10年的，领取失业保险金的期限最长为18个月；累计缴费时间10年以上的，领取失业保险金的期限最长为24个月。二是将最长给付期与失业的时间长久结合起来，如德国规定，失业期长达12个月的失业者，可以领取4个月的失业保险金；失业期为18、24、30和36个月的分别可以领取6、8、10和12个月的失业保险金。此外，失业保险金的最长给付期的确定也受年龄、失业率以及经济环境的影响。

（3）失业保险的封锁期。在一定时期内，由于失业者的过失而导致社会保险经办机构拒发失业保险金，视为失业保险的封锁期。通常以下几种情况会封锁失业者的失业保险待遇：一是违反劳动合同规定被解雇；二是没有合理的理由自动解除劳动关系；三是恶意被雇主解雇；四是拒绝接受职业介绍所介绍的合适工作；五是没有重大理由而中断了失业保险部门安排的职业培训；等等。例如，德国《就业促进法》规定，封锁期最少6周，最长12周。如果失业者进入封锁期，其享受的失业保险的期限就要缩短。

3. 失业保险待遇的终止

各国都规定了失业保险待遇停止支付的各种情况。除了因领取期限已满，失业保险金自动停止支付外，在另外一些情况下，也有可能停止支付失业保险。例如，根据中国《失业保险条例》规定，失业人员在领取失业保险金期间有下列情形之一的，停止领取失业保险金，并同时停止享受其他失业保险待遇：

（1）重新就业的。这一规定是指失业者在享受失业保险待遇期间重新找到工作，应该停止享受失业保险待遇。

（2）应征服兵役的。失业者一旦应征服役，就不再具有失业者的身份，也就不应该再享受失业保险待遇。

（3）移居境外的。失业者移居国外，就不在本国政府管辖的范围内，也就不再享受失业保险待遇。

（4）享受基本养老保险待遇的。根据我国养老保险的规定，如果个人参加了基本养老保险，并按照规定缴纳养老金，在其达到法定退休年龄时，基本生活将由养老保险金予以保障，同时，应当停止享受失业保险待遇。

（5）被判刑收监执行或者被劳动教养的。

（6）无正当理由，拒不接受当地人民政府指定的部门或者机构介绍的工作的。

（7）有法律、行政法规规定的其他情形的。这些规定既防止了失业者不劳而获，又防止了部分人享受双重待遇，在一定程度上促进了职工积极主动地就业和社会的公平正义。

第三节 中国失业保险制度的发展与改革

我国失业保险制度初建于1986年，经过二十几年的发展，经历了从无到有，从不规范到相对规范，从不成熟到逐渐成熟的发展过程。

一 中国失业保险制度的历史与现状

中国失业保险制度的历史最早可追溯到新中国成立初期，当时新中国面临的失业问题非常严重。为此，1950年6月，政务院（国务院前身）制定了《救济失业工人暂行办法》，对失业保险享受范围、基金来源、发放办法等内容做了规定，以保证社会安定，生产恢复，新生政权得到巩固。该办法对失业人员采取了失业救济与就业安置相结合的保障措施，通过以工代赈、生产自救、发放救济金、专业培训和动员返乡生产等多种方法解决旧社会遗留的失业问题，到1957年基本消除了新中国成立前的失业现象。

1958年起，受限于当时的历史政治原因，在理论上和实践上我国都否认了失业问题。理论上国家将失业问题归结为资本主义特有的现象，否认在社会主义公有制体制下也存在失业的问题。实践中，国家采取的是"统包统配、安置就业"的制度，实行的是"铁工资、铁饭碗、铁交椅"的"三铁制度"，劳动者一旦被录用，就意味着端上了铁饭碗，"终身"就业。这种表面上的"零失业"，由于掩盖了"低工资、高就业"政策所带来的劳动效率低下的"隐性失业"，导致我国没有也不可能把失业保险问题放到正确的位置予以考虑，在这一时期，我国没有出台关于失业保险的法规，失业保险也归口到国家民政部门，纳入社会救济的范畴。可以说，新中国成立后的30年，我国失业保险制度基本处于空白时期。

改革开放后，"统包统配"用工制度渐渐不再满足政企改革的潮流，其弊端逐渐暴露，国营企业迫切需要改变固定用工制度。对此，国务院于1986年7月颁布了《国营企业实行劳动合同暂行规定》、《国营企业招用工人暂行规定》和《国营企业辞退违纪职工暂行规定》，初步确立了国有企业的劳动合同制度、新的用工制度和辞退职工制度，开始形成劳动市场的流动性，国家也不再实行无条件"包下来"的政策;同时,一些长期效益不良的国有企业走向破产,导致长期存在的隐性失业开始显性化,失业保险制度应运而生。从1986年至今,失业保险制度走过20多个年头,大致可以分为三个阶段。

(一) 失业保险制度的产生 (1986—1993)

1986年7月,国务院颁布的《国营企业职工待业保险暂行规定》(以下简称《暂行规定》)为中国建立失业保险制度的标志。《暂行规定》初步构建了我国失业保险制度的基本框架,对失业保险的实施范围、资金来源、支付标准、管理机构做了规定,虽然还不完善,偏向于社会救济,并且使用了"待业"代替"失业"一词,但在保障失业人员权益方面迈出了非常重要的第一步,为以后失业保险制度的完善和发展打下了基础。

(二) 失业保险制度的发展 (1993—1999)

随着经济改革的深化,特别是确定社会主义市场经济体制改革目标后,国营企业纷纷转变经营管理机制,精减人员,压缩职工规模,将富余人员剥离出企业。1993年4月,国务院发布《国有企业职工待业保险规定》(以下简称《规定》),取代1986年颁布的《暂行规定》。

《规定》对原有的失业保险制度做了调整:一是扩大了失业保险覆盖范围,将保障对象从原来的国有企业的四种人员扩大到撤销和解散企业的全部职工;停产整顿企业被精简的职工;企业辞退、除名或者开除的职工;宣告破产企业的职工等七类九种人员;二是适当降低失业保险的统筹层次,将基金省级统筹调整为市、县级统筹,并在省和自治区建立调剂基金;三是明确失业保险应当与就业服务工作紧密结合,同时授权省级人民政府,可以批准从失业保险基金中支出为解决失业人员生活困难和促进再就业确需支付的其他费用;四是将缴纳基数由企业标准工资总额改为工资总额,并对费率规定了一个幅度,对失业保险待遇的分发办法也进行了修正等。

(三) 失业保险制度的确立 (1999年至今)

为了建立统一的劳动力市场、实现劳动力资源合理配置,1999年1月,国务院正式颁布《失业保险条例》(以下简称《条例》),《条例》及相关政策的出台，标志着中国失业保险制度的基本确立。

与1993年颁布的《规定》相比，《条例》在以下几个方面取得了突破：一是改"待业保险"为"失业保险"；二是失业保险范围扩大到城镇企业事业单位职工；三是明确失业保险基金由国家、企业、职工个人三方共同承担；四是失业保险的对象由原来的七种人扩大到凡非自愿失业、办理了失业登记并有求职要求、按规定履行缴费义务的失业人员；五是调整了失业保险金的给付期限和计发办法；六是对失业社会保险制度与社会救济制度的衔接做出规定；七是对违反《失业保险条例》规定的一系列行为，制定了惩罚条款；八是失业保险基金开支中增加了职业培训和职业介绍补贴的项目。

随着我国社会主义市场经济体制的逐步建立和完善，失业保险制度在现实中遇到了不少问题，主要有：

（1）数据统计还有待完善。失业率作为失业保险制度的基础指标，是制定失业保险政策的参考依据，因此对其准确统计是建立和完善失业保险制度最基本的要求。我国这项指标历史短，而且没有随着就业形势的变化而不断调整，统计周期偏长和统计数据欠准确。例如，城镇登记失业率采取以年度为时间单位，用年底最后一天的失业人数计算出来，对一年中的失业动态，如失业期限的变化情况等缺乏及时的反馈和动态的反映。调查失业率，则由于调查手段、方法相对落后以及经济成本等方面原因，影响了数据的准确性。这些都不利于失业保险政策的制定和调整。

（2）实际覆盖面仍然较窄。我国《失业保险条例》规定的关于失业保险的覆盖范围，虽然比过去有所扩大，但也仅包括城镇企事业单位的职工，不包括乡镇企业职工、城镇企业的农村籍工人和国家公务员。即使同属城镇企事业单位职工类别，全国城镇就业人员在2012年末为76704万人，可实际参加失业保险者为15225万人。我国实际参保人数与应参保人数还存在差距，失业保险覆盖面仍然较窄。

（3）收支运行情况不良。在基金征缴上，由于实际参保人数与应保人数相差大，实收保费低于应收保费是必然结果；另外，部分企业还会出现擅自降低缴费基数、无力缴费和不愿缴费的问题，也是造成实际征缴费用不足的主要原因。在管理环节上，一些地方还存在挪用失业保险基金，或者利用部分基金结余投资失误造成的基金损失。在基金支出上，冒领失业保险金的现象仍然存在。此外，失业保险基金的支出结构也不太合理，在保险金发放与培训服务、就业促进方面的支出结构还有一定调整优化的空间。

（4）统筹范围过窄，层次较低。在基金统筹层次上，按照《条例》规定，失业保险基金实行市、县统筹，在设区的市要实行全市统筹，省、自治区可以集中部分失业保险金调剂使用。但是，在实际操作过程中，多数设区的市没有实行全市统筹，如果某一地区出现大量失业人口，就很难通过其他地区调拨资金来缓解失业问题，无法使失业保险基金发挥应有的作用，总体而言，失业保险统筹层次较低、抗风险能力较弱。

（5）监督机制尚未健全。根据《条例》规定，劳动和社会保障部门对失业保险费的征收和失业保险待遇的支付进行监督，财政部门和审计部门对失业保险基金的收支和管理情况进行监督。但是目前失业保险管理部门的配合、协调不够，造成失业保险作用的发挥有限。如劳动和社会保障行政部门对企业失业保险费缴纳情况的检查与监督基本上仅仅是在每年年初进行一次，而且一些检查变成了走形式；财政部门和审计部门对失业保险基金的收支和管理情况进行监督亦未完全到位。

二 中国失业保险制度面临的挑战

根据中国当前的就业情况和未来发展趋势，失业保险将面临以下几个方面的挑战。

（1）经济结构调整导致的失业率上升。在相当长的时期内，中国经济都处于不断调整发展之中，产业结构调整带来的就业压力会随时出现。另外，每年新增的劳动力、原有的失业下岗人员以及农村剩余劳动力形成了城乡，特别是大中城市的三大就业压力源，而就业岗位的增速放慢甚至大规模的裁员，都会直接导致就业竞争日益激烈，失业保险基金的收支自然也受到影响。因此，就业形势严峻、失业率上升对失业保险制度是一个巨大的挑战。

（2）制度设计不合理带来的非周期性。失业保险具有周期性，它能够通过失业保险费筹措和失业保险给付的时间差，起到抵御经济危机的作用。在经济繁荣时期，失业率通常较低，劳动者缴费形成基金积累，减少部分消费支出有抑制生产扩充的作用；在经济萧条时期，提供失业者丧失收入时的生活费用，形成一定消费支出，缓和失业萎缩现象，故失业保险根据经济发展周期寻求自我平衡，也具有周期性。中国目前的失业保险制度设计还缺乏前瞻性，还没充分考虑应对经济危机时的调节举措，只是一种被动的、单纯的为追求失业保险而设计的非周期性制度安排，显然将无法应对日趋复杂、影响深远的经济发展周期变化。

（3）新型就业方式带来的多样化挑战。在经济全球化进程中，就业竞争日益激烈，人们的就业观念也发生了很大的变化，临时就业、弹性就业、劳务式工作大量出现，非全日制、临时性、阶段性和弹性工作时间成为新型就业的主要特点。新的就业方式虽然能够带来新的劳动力需求，为缓解就业压力提供了可能，但伴随着就业方式多样化产生的将是不规则的失业，这一部分劳动者随时可能因被遗漏在失业保险网外而没有资格享受社会保障权益，从而不利于失业保险制度基金的积累，无法维护失业者的基本生活权益。因此，寻求新的失业保险方式来覆盖这类人群，将是失业保险制度现在和未来面临的一个新挑战。

三 中国失业保险制度的改革路径

纵观世界各国失业保险制度的改革历程，可以看到基本方向大致是变消极的生活保障为积极的就业保障。结合世界各国失业保险制度进行改革的发展趋势，中国失业保险制度的改革方向应是积极的就业保障，特别是在努力促进就业方面要进一步推进，更主动、更积极地解决失业人员的基本生活保障问题。因此，进一步完善失业保险制度，促使失业保险更好地向既能够促进失业者就业，又能够保障失业者基本生活的就业保障机制转化，这是我国失业保险制度改革的方向。

（一）扩大失业保险覆盖范围

失业保险金的运行遵循"大数法则"，覆盖范围越大，保障作用越强。但目前我国失业保险的实际覆盖范围与制度设计的目标相比还有一定差距，要在考虑经济发展和公共财政承受能力的前提下进行扩大覆盖面。

根据《失业保险条例》的规定，应逐步将外商投资企业、港澳台投资企业、乡镇企业、私营企业和事业单位及其职工、城镇个体经济从业人员以及进城务工人员纳入失业保险体系中。进一步规范基金征缴，规定所有企业职工只有缴纳一定期限的保险费之后，方能享受失业保险待遇，同时妥善解决职工在不同经济类型组织之间转换关系的接续问题，以适应灵活就业、临时就业等新型就业形式。在失业保险费率问题的处理上，采取行业差别费率制。在计算各行业不同失业率的基础上，将对各行业的失业保险费用征缴比率与该行业的失业风险程度结合起来，实行不同的失业保险金缴纳比率的制度和分段费率制，即以宏观经济的不同景气阶段决定失业保险缴纳比率，使失业保险基金的征缴更具合理性，保障到更多的失业者。

（二）促进就业保障立法

从保障基本生活到促进就业保障的观念转变，要求在制度设计上进行完善，加快推进失业保险的立法进程。目前，我国实施的《失业保险条例》是国务院制定颁布的行政法规，并且对一些问题只做原则性规定，容易形成对违法行为追究不力、查处不严，让强制性的失业保险制度变为实际操作上的自愿性保险。此外，实行强制性失业保险模式的发达国家，其失业保险的立法层次都是以国家名义的立法，并且多数将《失业保险法》改为《就业保险法》。如日本和加拿大分别于1974年和1996年将失业保险法更名为《雇用保险法》和《就业保险法》；韩国在1993年直接立法为《就业保险法》。英国1996年则对失业保险制度实行了改革，将失业津贴改为求职津贴等。因此，我国要积极促进就业保障立法，既可以为失业人员提供更加规范有效的必要援助，保证其基本生活和求职活动，又能较好地协调国家与地方政府关系、明确各相关政府部门的责权，保障失业保险制度的高效、有序和规范运行。

（三）提高失业保险统筹层次

随着中国城镇化的迅速推进，城乡劳动力的流动加快，跨区域失业问题会越来越凸显，对我国失业保险基金的统筹管理带来了一定的困难。目前我国失业保险基金管理模式是在直辖市和设区的市实行全市统筹，省、自治区建立失业保险调剂金。这种管理方式统筹层次低、调剂范围小，容易出现失业率较高的经济欠发达地区失业保险基金短缺，难以支付失业保险金，而失业率较低的经济发达地区却储备大量失业保险基金的现象，造成地区之间不平衡，无法发挥失业保险的保障功能。因此，有必要提高失业保险基金的统筹层次，扩大失业保险基金的调剂范围。以提高失业保险基金的使用效率，更好地发挥失业保险应付劳动风险的能力。

（四）加强失业保险基金支出监管

在失业保险制度的实施过程中，加强失业保险基金监管，规范基金的合理支出，不仅起到保障失业者的基本生活和促进再就业的作用，而且还关系到失业保险制度能否健康有序地发展。

在失业保险基金的支出环节，首先，要保证失业者能及时、足额领到失业保险金和享受其他失业保险待遇，杜绝冒领、骗领失业保险金的行为，防止失业保险金入不敷出。其次，调整基金的支出结构，向积极的就业政策方向倾斜，促使失业者尽快实现再就业，从根本上减少基金支出，减轻政府和企业的负担；同时，在保障生活和促进就业这两个支出项目中做好监管工作，建立监督机制，对基金的征收、管理、使用以及支出结构是否合理、高效进行管理规范，增强失业保险基金承受能力，保证失业保险制度持续发挥作用，并有可靠的资金支持。另外，针对当前许多临时就业、弹性就业等部分用工形式难以界定的问题，通过制定科学、可操作的就业认定标准，规范失业保险金发放流程，并明确具体申领和操作程序。

（五）增加失业保险促进就业功能

构建失业保险与就业服务联动一体的工作机制是今后我国失业保险工作的重点。一是在失业保险的支出上进行调整，增加对就业培训的投入，将失业保险金的发放与参加就业培训结合起来，重点做好失业人员的职业培训和再就业工作。二是政府主导，建立规范的职业介绍机构和就业培训中心，建立健全就业服务体系，为各类不同的失业人群提供就业培训和服务平台，推动劳动力供求信息的交流。三是加强促进就业的培训。一种是职业培训，主要是为提高劳动者从事某一职业所需要的专业知识所进行的培训。另一种是转业培训，主要是因为产业结构调整，使得一部分劳动者必须从原来的工作岗位上分流出来而转到新的工作岗位。四是要拓宽就业渠道，培育新的就业增长点，不断开发就业岗位。通过采取积极的政策和各种优惠措施，大力发展有利于安排劳动者就业的第三产业、中小型企业和非公有经济，鼓励劳动者从事社区服务业，对失业人员自谋职业应给予各种优惠政策。通过各种措施的落实，实现失业人员的再就业。

【本章小结】

　　失业是与就业相对的概念，指具有劳动能力的处在法定劳动年龄阶段并有就业愿望的劳动者，失去或没有得到有报酬的工作岗位的社会现象。衡量一个国家或地区失业状况的主要指标是失业率，通常是以城镇登记失业人数与城镇就业人数和城镇登记失业人数之和的比例反映失业率。造成失业的原因是多方面的，国际上一般根据失业的原因和特点将失业分为摩擦性失业、季节性失业、技术性失业、结构性失业、循环性失业、隐藏性失业等。

　　失业保险是指国家通过立法实行的，由社会集中建立基金，对因失业而暂时中断生活来源的劳动者提供一定时期物质帮助及再就业服务的社会保险制度。失业保险制度隶属社会保险系统，同其他社会保险项目一样，具有普遍性、强制性、互济性、社会性、水平适当、专款专用等特点；同时，区别于其他社会保险项目，具有对象不同、功能多元、周期循环、现收现付等特殊性。根据世界各国的失业保险制度实施，按照不同标准，可以分为强制性失业保险与非强制性失业保险、权利型失业保险和调查型失业保险、单一型失业保险和复合型失业保险等不同类型。失业保险起源于欧洲，美国、德国、英国、日本建立了不同形式的失业保险模式。

　　失业保险的覆盖范围主要解决的是向谁提供失业保障的问题。由于各国或地区的经济发展水平、价值取向、历史传统不同，各国或地区的失业保险覆盖范围也不尽相同。要享受失业保险待遇，必须具备一定的资格条件：失业者必须是非自愿失业；失业者必须处于法定劳动年龄；失业者必须有劳动能力和就业愿望；失业者失业前有履行一定义务等。

　　失业保险基金在筹措时要最大限度坚持资金筹集与资金支出相当的原则，采取现收现付制度，按照征收失业保险税、以工资一定比例征收、固定金额征收等方式进行筹措。资金来源渠道主要有六种：由雇主、被保险人、政府三方共同负担；由雇主和被保险人分担；由雇主和政府承担；完全由雇主负担；完全由政府负担；完全由被保险人负担。

　　失业保险基金在给付时普遍遵循四个原则：适度性、必需性、合理性和可行性。给付标准一般有三种计算方法：薪资比例制、均一制、混合制。为失业保险规定等待期和给付期上限是世界各国失业保险制度的通行做法，如果因失业者过失导致社会保险经办机构拒发失业保险金,就会导致失业保险金的封锁和终止。

中国失业保险制度的建立始于1986年,历经多年的发展,逐渐从无到有,从不成熟走向成熟,经历了产生、发展、确立三个时期。随着我国社会主义市场经济的逐步完善,失业保险制度在实施过程中将遇到不少的问题和挑战,客观要求失业保险制度的实施要加强顶层设计,变消极的生活保障为积极的就业保障,采取综合措施促进就业。

【思考题】

1. 什么是失业和失业保险?
2. 失业保险有哪些类型?
3. 失业保险包括哪些内容?
4. 中国失业保险的历史发展如何?
5. 如何完善中国的失业保险制度?

第九章

工伤保险

随着工业化和城市化的加速发展，人类面临的工业事故和工业伤害风险也在逐渐增加，"工伤"成为一个被广泛关注的社会问题。1884年，德国颁布的《工伤保险法》是世界上第一部关于工业事故、职业病及工伤预防和补偿的重要法规。工伤保险是世界上实施较早、实施范围最广的一种社会保险项目。

第一节 工伤保险概述

作为社会保险的一个分支，工伤保险对保障因工受伤、致残或死亡以及因工作原因而受到职业病侵害的职工及其供养的直系亲属的生活，对保证正常的生产活动和维护社会稳定起到了积极的作用。

一 工伤保险概念

（一）工伤内涵的演变

世界各国对"工伤"的概念界定不尽相同，其内涵经历了一个从初期仅指工伤事故，到后来包括职业病在内的逐渐扩大的过程。

最早对"工伤"一词做出界定的是1921年在国际劳工大会上通过的《国际劳工公约》，它认为"由于工作直接或间接引起的事故为工伤"，可见，当时对工伤的界定并未包括职业病。随着工业化的不断发展，职业病给劳动者带来的伤害也越来越大，成为与工伤事故对劳动者造成严重工业风险的两个重要原因之一。于是，各国开始逐渐将职业病纳入工伤的范畴。例如，第 13 届国际劳动统计会议文件就将工伤定义为，包括雇佣事故和雇佣伤害两个部分，雇佣事故指由雇佣引起或在雇佣过程中发生的事故；雇佣伤害指由雇佣事故导致的所有伤害和所有职业病。在美国国家标准 ANSIZ16.1《记录与测定工作伤害的办法》中，将工伤定义为，任何由工作引起并在工作过程中发生的伤害和职业病，即由工作活动或工作环境导致的伤害或职业病。

与显性的工伤事故不同，职业病是指在生产经营等职业活动过程中，由于接触有害物质或长时间处于恶劣的工作环境中而造成的隐性疾病。职业病的范围也是动态扩大的。1952 年召开的国际劳动大会首次把铅中毒、汞中毒和炭疽病感染三种情况划入职业病范围，1964 年国际劳动大会通过的《职业伤害赔偿公约》又把职业病扩大到 15 种，而到 1980 年职业病的种类已扩大到 29 种。

我国卫生部 1957 年首次将职业病伤害列入工伤保险的保障范畴，并将危害工人健康和影响生产比较严重的职业中毒、职业性皮肤病等 14 种职业病正式列入职业病范围。在 1987 年公布的《职业病范围和职业病患者处理办法的规定》中将职业病定义为，职业病系指劳动者在生产劳动及其他职业活动中，接触职业性有害因素而引起的疾病。

（二） 工伤保险概念与特征

工伤保险是指由政府强制实施的，当劳动者在生产经营活动或在特殊环境中，因工作原因而遭受意外伤害、职业病以及因上述原因造成死亡或永久、暂时丧失劳动能力时，劳动者及其直系遗属能够从国家、社会得到一定物质补偿的社会保险制度。这种物质补偿不仅包括劳动者失去劳动能力后的生活保障所需，也包括工伤的治疗和肢体康复所需。

实施工伤保险既是对劳动者生活、医疗、康复的重要保障，也是预防工业风险的重要途径。早在 1964 年第 48 届国际劳工大会上通过的《工伤事故和职业病津贴公约》以及《工伤事故津贴建议书》中就认为，实施工伤保险的目的是为受雇人员发生不测事故时，提供医疗护理、现金津贴，进行职业康复，为不同程度的伤残者安排适当职业，采取措施防止工伤事故和职业病的发生。我国 2003 年颁布的《工伤保险条例》也指出，实施工伤保险的目的是"为保障因工作遭受事故伤害或者患职业病的职工获得医疗救治和经济补偿，促进工伤预防和职业康复，分散用人单位的工伤风险"。

作为世界上实施范围最广的一种社会保险项目，与其他社会保险项目相比，工伤保险具有如下特征：

1. 缴费的单向性

与养老保险、医疗保险等实行三方缴费不同，工伤保险费完全由企业或雇主承担，劳动者个人不缴费。实行工伤保险制度的大部分国家，都是规定企业按照职工工资总额的一定比例，或者按照统一的比例向当地社会保险经办机构缴纳工伤保险费，并且在不同的行业，根据发生工伤风险的大小实行浮动的差别费率制。在工伤保险的实践中，各国也基本都接受了劳动者不用缴费这一原则，实行工伤保险费的单向征缴。

2. 无过失赔偿性

无过失赔偿也叫无责任赔偿，是指工伤事故的发生不管是劳动者个人的责任，还是企业或雇主的责任，都应由雇主承担经济补偿责任，在这一过程中，不能说工伤事故发生的过错不在雇主这一方，雇主就不承担赔偿责任。工伤保险的这一特征是基于"职业风险"理论形成的，因为工业生产在给人类带来物质丰裕的同时，也不可避免地会导致职业伤害的发生，发生工伤具有必然性。所以，由雇主缴费形成工伤保险基金，并在一定社会层面内实现风险共担，可以很好地补偿工伤劳动者的经济损失和精神损伤。

3. 功能的复合性

与其他社会保险项目相比，工伤保险待遇表现出明显的复合性，是一个集工伤预防、工伤补偿、工伤康复于一体的复合体系。目前，"安全第一，预防为主"的生产理念已被社会广泛接受，运用工伤保险基金，采取工业防护措施，实施工伤预防已成为工伤保险的一项重要内容。做好工伤预防，既可以减少工伤事故的发生，也可以节约工伤保险基金，适应了雇主和劳动者双方的要求。但是，工伤事故不幸发生时，对工伤者进行必要的经济补偿和基本的生活保障，也是工伤保险的应有之义，是建立工伤保险制度最直接的动机。同时，对工伤者进行身体和职业康复，尽快恢复其重返社会的能力，也是工伤保险制度的一项重要内容。

4. 实施的技术性

工伤保险在实施过程中的技术性，主要体现在以下几个方面。第一，严格区分"因工"和"非因工"伤害，这是进行工伤补偿的前提和基础，需要通过严格的技术手段予以确认。因为,从实践来看,劳动者因工受伤、致残、死亡等所获的补偿,要比非因工以及与职业因素无关的事故补偿高得多。第二,严格确定伤残或职业病的等级。对伤残程度和职业病鉴定是一个专业性和技术性很强的工作,伤残等级的不同以及是否为职业病,对劳动者获得补偿的多少和能否获得补偿都有重要影响。各国在工伤保险制度实施过程中,也都制定了严格的伤残和职业病等级,并通过专门的机构和人员予以鉴定,然后施以不同标准的待遇水平。第三,严格区分工伤补偿的直接经济损失和间接经济损失。工伤补偿只针对因工受伤导致的直接经济损失,一些兼职收入、业余收入等都是不计算在工伤补偿的范畴里的,这也是一个复杂的技术问题。

二 工伤保险分类

由于历史传统、经济水平、政治体制以及文化背景的不同,实施工伤保险的国家大体采取了社会保险型、雇主责任型、混合型三种工伤保险制度。每种类型的工伤保险其内涵和模式各有不同,保障程度也有高有低。但从发展趋势来看,社会保险型工伤保险越来越成为工伤保险的主流模式。

(一) 社会保险型工伤保险

实行社会保险型工伤保险的国家是将工伤保险划归为社会保险的一个分支,由政府成立专门的工伤保险管理机构,负责工伤保险各项制度的实施。这种模式下,凡受工伤保险法约束的雇主,都必须定期向社会保险经办机构缴纳工伤保险费,在此基础上形成工伤保险公共基金,当发生工伤补偿或工伤死亡抚恤时,由社会保险机构从工伤保险基金中予以支付。目前大约有2/3实行工伤保险制度的国家采取的是这一模式。

但是,实行这种类型的国家在具体操作中也是有所区别的,有些国家将工伤保险设为一项单独的制度,在行政管理和基金运作方面具有自主权,不受整个社会保险制度的约束。而且,工伤保险的各个环节也是独立运行的。例如,加拿大就由各省根据自己的实际情况制定劳工赔偿法,并由各省的劳工部负责监督管理,由劳工赔偿局负责具体的业务经办。还有些国家虽然工伤保险是单独设立的,但被纳入整个社会保险制度中,工伤保险的行政管理、业务经办、基金运作均由社会保险经办机构统一负责,工伤保险的各项制度安排,必须在社会保险的整体框架内运行。

（二）雇主责任型工伤保险

实施这种类型的国家将工伤保险的补偿责任完全归咎于雇主，在发生工伤赔付时，不是由政府的社会保险经办机构承担支付责任，而是在一定的法律框架下，由雇主按照不低于最低保障标准，承担直接向其雇员支付保险金的责任。目前仍有40多个国家实行的是雇主责任型工伤保险制度。

受这种工伤保险类型约束的国家，在具体实施中也是有所不同的。有的国家是由雇主缴费形成企业工伤保险基金，这部分基金的管理、使用、运营完全由企业负责，发生工伤赔付时在企业基金中支出。有的国家则完全没有企业工伤保险基金，当发生工伤赔付时，在企业运营资金中随时支付。还有些国家则是与私营保险公司签订工伤保险合同，由雇主缴费形成具有一定规模的工伤保险费，然后投保私营保险公司，当企业员工发生工伤赔付时，由保险公司负责赔付。这种借助第三方赔付的做法，可以很好地分散雇主的风险，也能为员工提供较为安全的保障。

（三）混合型工伤保险

从国际劳工组织的统计来看，还有一些实行工伤保险制度的国家则是上述两种方式并存，在一国内既有政府负责的社会保险型工伤保险，也有企业负责的雇主责任型工伤保险，实行了一种混合型的工伤保险制度。例如，在美国，工伤保险事宜不是由联邦社会保障署负责，而是由各州自行制定规则，自己组织实施。在此过程中，有些州实行的是社会工伤保险，有些州则实行的是雇主工伤保险，但联邦法律同时规定，不管属于何种情况雇主必须为工伤员工提供工伤赔付。

此外，也有一些国家实行的是社会保险支付员工工伤保险待遇，与雇主支付部分工伤待遇（如误工工资、医药补贴、伙食补助等）并存的形式。这种做法一方面使企业在社会保险制度的保护下，减轻了雇主责任保险的负担，为企业的正常运营提供了保障，规避了风险；另一方面，由雇主支付一定的工伤待遇，也能增强雇主对员工安全与防护的责任心，是法定工伤社会保险的一种有益补充。例如，在德国、俄罗斯等国政府就强化了雇主在工伤预防、工伤补偿、工伤康复等方面的责任要求。

三 工伤保险功能

作为一项社会保险制度，工伤保险在保障员工合法权益，减轻企业经营负担，减少工伤事故发生，维护社会稳定方面发挥着重要作用，体现了工伤保险的社会促进功能。

（一）维护伤残员工的合法权益

与个人因素、工作环境、健康看护或者其他制度性影响相比，工伤是使劳动者缺席劳动最主要的原因，而且，工伤状况决定了一个员工职业生涯的长短。[1] 可见，实施工伤保险，保障员工的身体健康和职业能力具有重要意义。

随着工业化与城市化的推进，工伤事故的发生率也随之增高，劳动者所面临的职业伤害风险也在不断增加。一旦发生工伤，有些企业往往会以劳动者违规操作，或不遵守生产纪律为由，拒绝为其进行工伤认定和履行工伤赔偿责任，很容易使处于弱势地位的劳动者的合法权益受损。

企业员工参加了工伤保险，一旦发生工伤事故，不是由企业而是由当地劳动保障行政部门依法进行工伤认定，在被确定为工伤的情况下，遵循"无过失赔偿"的原则，由政府劳动鉴定机构对工伤员工的伤残情况进行等级鉴定，并由政府社会保险部门按规定进行工伤赔偿，这样就能很好地维护企业员工的合法权益。

（二）减轻企业的经营负担

对于企业来说，员工不参加工伤保险，一旦发生工伤事故，则只能由企业在其运营资金中支付员工工伤所带来的医药费、伤残补助金、伤残津贴等费用。对企业来说，这种风险会使企业的经营活动始终处于一种高度的不确定之中，不利于企业扩大再生产等活动。

---

[1] Peter M. Smith, Oliver Black, Tessa Keegel, "Alex Collie. Are the Predictors of Work Absence Following a Work – Related Injury Similar for Musculoskeletal and Mental Health Claims?", *Journal of Occupational Reabilitation*, 2013.

企业员工参加了工伤社会保险，只需向所在地的社会保险经办机构，根据员工工资总额的一定比例定期缴纳较少的工伤保险费，形成社会统筹的工伤保险基金，不论企业发生何种工伤事故，其所需有关费用都可以由政府社会保险机构按规定进行赔偿。这样，就可以大大减轻企业因工伤而引起的经济负担，减少企业经营的不确定性。

（三）减少工伤事故的发生

工伤事故的发生在很大程度上是企业和员工安全意识淡薄，不重视安全生产造成的。如果员工没有参加工伤保险，他们只能依靠平常的工作经验，或者企业中非制度化的做法去预防工伤。这种自我预防的保障性并不是很强，往往对一些严重的和大型的工伤事故起不到预防作用，与"安全第一，预防为主"的理念有较大的差距。

一旦企业参加了工伤保险，通过向政府社会保险机构缴纳工伤保险费，就必须要严格遵守法律所规定的一些强制性工伤预防措施，同时，政府相关部门也经常会进行一些专业的工伤预防宣传，从工伤保险基金中支付一部分费用，用于生产教育、上岗培训等活动，并通过严格的监督、检查、管理督促安全生产理念的落实，从而增强企业和员工的安全意识，对企业预防事故发生起到良好的促进作用，从而减少工伤事故的发生。

（四）维护社会的稳定

在不参加工伤保险的情况下，一旦发生工伤事故，就只能由企业方从自身经营状况出发，对工伤员工进行灵活的赔付。工伤员工和其家属往往会对处理工伤事故的公正性产生怀疑，进而对处理结果表示不满，容易导致劳动关系紧张甚至矛盾激化，产生对社会的不安定因素。

如果企业参加了工伤保险，在发生工伤事故后，就由企业向当地劳动保障管理部门上报事故情况，劳动保障部门调查核实后进行工伤认定。如果认定为工伤，则享受工伤保险待遇，用于待遇支付的资金来自劳动保障部门掌管的工伤保险基金，而不是由企业来负担。由于工伤保险基金实行的社会统筹模式，工伤赔付对企业当期的生产经营不会造成什么影响，企业便会以积极的态度和行动来处理工伤事故。这样，企业与员工之间就能够较好地处理好工伤事故，协调好双方的劳动关系，有效防止不稳定因素的产生。

第二节 工伤保险管理

工伤保险管理是指国家为实施工伤保险制度而做出的各种规定与行动的总称，包括工伤保险覆盖范围的确定、工伤的认定、工伤保险基金的筹集、工伤保险待遇的给付以及工伤保险的监督与管理等。

一 工伤保险范围与认定

从各国工伤保险制度的发展过程来看，其覆盖范围都经历了一个由小到大逐渐扩展的过程。而且，各国对工伤的认定也都由专门机构负责执行，并制定了一套严格的认定程序。

（一）工伤保险的范围

随着工伤范围的扩大以及经济发展水平的普遍提高，各国关于职业伤害的立法在理论上已经适用于所有雇员，让每一位受到职业伤害的雇员都获得了物质补偿的法律支持，各国的工伤保险覆盖范围在不断扩大。

中国工伤保险的实施范围，也经历了一个逐渐扩展的过程。新中国成立初期，我国没有对工伤保险单独立法，关于实施范围和工伤补偿都体现在综合性的《劳动保险条例》中，当时主要在国有企业和集体企业中实施工伤保险制度。随着劳动保险从"社会化"到"企业化"的转变，工伤保险的鉴定、补偿完全成为一种企业行为，由企业独立负责。这使得小企业在员工发生工伤时就很难做到及时和足额赔偿，许多工伤员工的工伤待遇得不到落实，工伤保险的覆盖范围也难以得到大的提高。改革开放以来，工伤保险覆盖范围窄的弊端暴露无遗，广大非公企业中的工伤员工急需得到工伤保险的保护与补偿。

鉴于此，1996年劳动部发布了《企业职工工伤保险试行办法》，规定工伤保险的覆盖范围为所有城镇企业及其职工，而且，要求有条件的地区可以探索在乡镇企业开展工伤保险的具体办法和措施。但是，由于监督管理的滞后与不到位，相当多的非公企业并没有很好地贯彻执行这一办法，这类企业中发生的工伤事故很难得到合理的赔偿。2003年颁布的《工伤保险条例》把工伤保险的参保范围明确确定：第一，中华人民共和国境内的各类企业。无论何种所有制性质、无论规模大小，凡是已经在工商部门登记注册的企业，都应参加工伤保险；第二，有雇工的个体工商户。因此，我国工伤保险覆盖的范围全面扩大，在保护工伤职工的合法权益方面起到了积极作用。

（二）工伤认定

工伤认定是指社会保险行政部门根据工伤保险法律法规及相关政策的规定，对雇员受到的伤害进行鉴定，看其是否可以被确定为工伤或视同工伤对待的情况。职工在受到事故伤害或遭受职业病时，要获得工伤待遇，首先必须向当地的社会保险行政部门申请工伤认定，它是获得工伤保险待遇的前提和主要依据。

1. 工伤认定的对象、特点与原则

根据《工伤保险条例》等相关法律的规定，工伤认定的对象一般包括如下职工：第一，所在单位参加了工伤社会保险制度；第二，存在受到事故伤害或患职业病的事实；第三，与用工单位存在劳动关系，包括事实劳动关系；第四，工伤职工要持有相关的医疗诊断证明或职业病诊断证明。凡符合上述条件的职工，在提出工伤认定申请时，社会保险行政部门都应予以受理。即使是用工单位没有为职工参加工伤保险，如果上述职工提出工伤认定申请，社会保险行政部门也应予以受理。如果用工单位非法经营，或者使用童工等造成伤残或死亡，受伤职工无须进行工伤认定申请，直接由雇主予以一次性赔偿，拒不支付赔偿的，由社会保险监察机构予以处理，或通过法律程序予以解决。

工伤认定具有如下特点：第一，工伤认定必须进行申请，必须由职工本人或者近亲属、职工所在单位向当地社会保险行政部门提出申请。属于须申请的行政行为。第二，申请和受理工伤认定的主体是由法律明确规定的，社会保险行政部门不为非法律规定主体提供工伤认定。第三，工伤认定没有数量的限制，只要符合认定条件都可以被认定为工伤。而且，工伤认定的结论具有法律约束力，用工单位和社会保险经办机构应根据工伤认定结论，对工伤者支付法律所规定的工伤待遇。

工伤认定对工伤职工能否享有工伤待遇，享受何种程度的工伤待遇具有重要意义。因此，工伤认定必须严格遵守下列原则：第一，依法认定的原则。在工伤认定中，无论是工伤范围还是伤残等级或者是否为工伤，都应严格按照工伤或职业病的相关法规做出结论，没有法律依据的工伤认定都是不能成立的。第二，合乎情理、以人为本的原则。在法律法规过于原则、灵活性不足的情况下，在具体的工伤认定过程中，还应视具体情况而定，依据社会公德、人性良心等约定俗成，对工伤事实做出灵活认定，对于法律规定边缘性的那些可认可不认案件，应尽量予以认定为工伤。第三，工作原因断定原则。即指在工作时间、工作地点发生的受伤害事实，在排除了是非因工作的情况下，就应该断定是因为工作原因而造成的，应该被认定为工伤。

2. 认定为工伤

《工伤保险条例》第14条分事故伤害、意外伤害、职业病以及其他情况四类，对下述七种情况规定要认定为工伤：

第一，在工作时间和工作场所内，因工作原因受到的事故伤害。这是工伤认定最基本的一种情况，它所讲的"工作时间"是指法律规定的或者单位规定的工作时间，因工作需要在工作时间前后所做的预备性或收尾性工作所占用的时间。"工作场所"是指职工日常工作所在的场所，或者单位临时指派其所从事工作的场所。

第二，工作时间前后在工作场所内，从事与工作有关的预备性或收尾性工作受到的事故伤害。

第三，在工作时间和工作场所内，因履行工作职责受到的暴力意外伤害事故。这种情况较为复杂，是否属于因履行工作职责所受到的暴力伤害，应对当时的情况进行综合分析，由社会保险行政部门和公安等部门共同做出判断，没有证据否定职工所受到的暴力伤害与履行工作职责有必然的联系，在排除其他非履行工作职责的情况下，应该认定为工伤。

第四，职业病患者。职业病是指职工在职业活动中，因接触放射性物质、粉尘以及其他有毒有害物质而引起的各种疾病，由具有职业病诊断资格的医疗卫生机构进行诊断，并按规定的职业病项目范围出具职业病诊断证明的工业伤害病变。工伤保险中的职业病，一是指在工伤保险法律法规范围内的用人单位职工；二是职工在职业活动中所患的职业病。如果某人患了职业病目录中的某种职业病，但他不是在职业活动中，而是由于周围生活环境的恶化引起的，则不应该被认定为工伤保险中的职业病。2002年我国公布的《职业病目录》中，职业病包括10大类，120多种。

第五，因公外出期间，由于工作原因受到伤害或者发生事故下落不明的。"因公外出"是指由于工作需要和安排，职工到本单位以外的地方从事与本职工作或本单位业务有关的工作。这里"外出"可以是不在本单位但还在本地区范围内，也可以是离开本地区到境外等。"下落不明"是指职工因遭受各种情况的事故而失去任何音信的情形。这也是情况比较复杂的一种工伤认定，一旦下落不明者被发现，则要撤销工伤认定结论，并追回所发放的工伤待遇。

第六，上下班途中，受到非本人主要责任的交通事故或者城市轨道交通、客运轮渡、火车事故伤害的。关于在上下班途中发生的交通事故是否可以认定为工伤，在2010年通过的《国务院关于修改〈工伤保险条例〉的决定》中已有明确规定，确认这种情况下发生的交通事故应该认定为工伤。

第七，法律、行政法规规定应认定为工伤的其他情况。

3. 认定为视同工伤

认定为视同工伤是指所发生的伤害虽然与本单位工作没有直接关系，不具有职业伤害的本质属性，但考虑到对职工权益的保护和社会影响，也应该被认定为工伤，根据工伤保险的相关法规享受工伤待遇。我国《工伤保险条例》规定下列三种情况，应该认定为视同工伤。

第一，在工作时间和工作岗位，突发疾病死亡或者在48小时之内经抢救无效死亡的。这里的"工作时间"包括正常工作时间和加班加点时间，"工作岗位"指正常的工作岗位和单位临时委派的工作岗位，突发疾病指上班期间突然发生的任何种类的疾病。"48小时之内"的起算时间是从医疗机构的初次接诊时间开始算的，如果是在工作时间和工作地点发病，送到医疗机构经48小时治疗之后死亡的，则不属于视同工伤，这样做主要是为防止将工作岗位的突发疾病无限制地扩大到工伤保险的范围。

第二，在抢险救灾等维护国家利益、公共利益活动中受到伤害的。职工参与抢险救灾等维护国家利益的行为，虽然与本单位工作没有直接的联系，但这种行为应该受到鼓励与保护，职工因此受到的伤害应该得到相应的补偿。在此情况下，工伤的认定不受工作时间、工作地点、工作原因等的限制。关于这一点，国际劳工组织1964年在《工伤事故和职业病津贴建议书》中也表述到，各会员国在必要时，将有关工伤或职业病津贴的法律实施范围应逐步扩大到承担抢险救灾或维护秩序与法制任务的志愿人员；其他从事公益活动或参与公民义务事业的人员，例如自愿协助公共部门的人员。

第三，职工原在军队服役，因战、因公负伤致残，已取得革命伤残军人证，到用人单位旧伤复发的。关于对这部分人"旧伤复发"的确认，应由社会保险行政机构所认可的医疗机构出具相应的医疗诊断证明。这样做的目的是考虑到职工在军队服役期间负伤致残，已经享受了军人的各项待遇，旧伤复发后新产生的费用就应该由工伤保险基金来支付。

4. 不认定为工伤或视同工伤

虽然工伤保险实行的是无过失赔偿原则，但只有那些与工作具有因果关系的伤害才被纳入工伤的范围，一些因犯罪或故意伤害所造成的伤残，都不被认定为工伤或视同工伤。我国《工伤保险条例》和《社会保险法》规定，对下列四种情形不予认定为工伤。

第一，故意犯罪导致的事故伤害。因为故意犯罪本身会给社会带来一定的危害，并且是一种违法行为。所以行为者对其后果应承担法律责任，应受到一定的惩罚而不是获得工伤的赔付。将故意犯罪排除在工伤认定范围之外，也是世界上大部分国家的普遍做法。

第二，醉酒或吸毒导致的事故伤害。醉酒或吸毒后继续工作，会使人的判断能力和行为能力变得迟缓、笨拙，这种条件下从事工作极易发生职业伤害，但醉酒或吸毒是一种个人行为，与工作没有必然的联系，因之而导致的职业伤害自然也不能被认定为工伤。

第三，自残或自杀导致的事故伤害。自残与自杀被视为是死伤者具有主观故意，在这种情况下发生的伤害完全是一种个人不良行为的结果，与工作没有直接的关系，如果对这种行为导致的事故认定为工伤，就有违于工伤保险制度设立的初衷。

第四，法律、行政法规规定的其他情形。

二 工伤保险基金筹集与给付

工伤保险基金是进行工伤赔付的物质基础，是指国家为实施工伤保险制度，通过一定的法律法规程序，筹集建立的专门用于工伤预防、工伤补偿和工伤康复的资金。工伤保险基金的筹集与给付是工伤保险制度运行中两个重要的环节，对保障工伤员工的合法权益具有重要意义。

（一）工伤保险基金的筹集

工伤保险基金的筹集是指社会保险行政管理部门按照工伤保险制度所规定的征缴对象和方法，定期向用人单位征收工伤保险费的政策行为。工伤保险基金筹集涉及基金来源、基金构成、缴费费率等多项内容。

1. 工伤保险基金的来源

世界上大多数实行工伤保险制度的国家基本都采取了雇主缴纳工伤保险费，职工个人不缴费的筹资原则，也有极个别国家实行完全由国家税收出资的工伤保险基金筹资方式，而且筹集起来的工伤保险费以工伤保险基金的形式，现收现付地在一定统筹层次调剂使用。

我国《工伤保险条例》规定：中华人民共和国境内的企业、事业单位、社会团体、民办非企业单位、基金会、律师事务所、会计事务所等组织和有雇工的个体工商户应当参加工伤保险，为本单位全部职工或雇工缴纳工伤保险费。此处的"职工"既指与用人单位签订了一定期限或无固定期限劳动合同的劳动者，也包括与用人单位形成了事实劳动关系的临时工、学徒等劳动者，此外，试用期内的劳动者也符合此处"职工"的概念。

针对个体工商户规模不等、用工灵活等特点，《工伤保险条例》并没有要求所有的个体工商户都参加工伤保险，而是规定有雇工的个体工商户需要为其职工参加工伤保险，各省、自治区、直辖市可以根据本地个体工商户的实际情况，出台此类人群参加工伤保险的办法。工伤保险基金由用人单位缴纳的工伤保险费、工伤保险基金的利息和依法纳入工伤保险基金的其他资金构成。

2. 工伤保险基金筹集的类型

社会保险型、雇主责任型、混合型三种工伤保险制度，每种制度都有不同的筹资模式与之相匹配，工伤保险基金的筹集类型大体有如下三种。

第一，企业自我保障型。这种类型的工伤保险制度，严格地来说并不能算是真正的社会保险制度，因为它没有体现出社会保险的互济功能。但是，企业保障型也有政府的参与。它由政府制定相关法规，不强制要求建立工伤保险基金，对工伤赔付的标准也没有具体的规定，但凡在法规覆盖内的用人单位，都必须对本单位员工的工伤待遇承担赔付责任。各用人单位必须在政府法规的监管下，根据自身的经济实力制定本企业自己的工伤赔付办法与标准，发生工伤时从企业运营资金中提取一部分款项用于支付工伤待遇。如果用人单位与职工发生了工伤赔付纠纷，则由当地的劳动仲裁机构或法院做出裁决。

第二，企业保险型。这种类型下，政府强制要求用人单位为其职工办理工伤保险赔付，雇主按照职工工资的一定比例承担全部工伤保险费，并形成工伤保险基金。然后，把这笔资金交由理财能力强、社会信誉好的商业保险公司负责运营，以一种购买保险的形式，以企业为被保险人，参加商业保险公司的工伤保险制度。当企业职工发生工伤事故时，由该保险公司根据参保条例，按照不低于政府规定的最低标准向工伤职工提供工伤赔付。与企业自我保障相比，这种经由保险公司投保的做法，分散了风险，增强了企业抵御风险的能力，而且提高了工伤职工工伤赔付的保障能力。

第三，社会保险型。这种类型一般都是由政府立法规定用人单位必须为职工参加工伤保险，根据一定的缴费基数和比例，定期足额向社会保险管理机构缴纳工伤保险费，职工个人不缴费，在此基础上形成工伤保险基金，当发生工伤事故时由社会保险机构为其进行赔付。同时，工伤保险管理机构也会从工伤保险基金中拿出一部分资金用于职工的工伤预防。工伤保险基金一般都是以现收现付的形式，在一定社会层面统筹使用，基金并不考虑纵向的长期平衡，而是在收支大体平衡的前提下，考虑横向短期平衡，当年积累，当年提取，基金积累一般不会太多。与前两种筹资方式相比，社会保险型筹资能够最大限度地发挥大数法则的功能，在较大层面上实现工伤保险基金的互济使用，能很好地保障工伤职工的赔偿权益。

3. 工伤保险基金的缴费

工伤保险缴费的多少直接决定着工伤保障程度的高低，其缴费主要涉及缴费基数和缴费费率两项内容。

第一，缴费基数方面，较为普遍的做法是以单位职工工资总额为缴费基数，由企业按照一定的比例向社会保险管理机构缴纳工伤保险费。这里所说的职工工资总额是指单位直接支付给本单位所有职工的劳动报酬总额，包括计时工资、计件工资、奖金、津贴、各类补助、加班工资等。由于单位职工的流动与增减，导致职工工资总额每年都是变化的，所以，用人单位需要每年把职工工资总额的证明呈送社会保险管理部门，以确定准确的缴费基数。我国目前实行的就是这种做法，并且规定，用人单位一般以本单位职工上年度月平均工资总额为缴费基数，企业缴费基数低于统筹地区上年度社会平均工资总额60%的，按60%征缴；高于统筹地区上年度社会月平均工资总额300%的，按

300%征缴。也有些地方是完全以当地社会平均工资，作为企业向职工缴纳工伤保险费的缴费基数。

　　第二，缴费费率方面，工伤保险没有固定的费率，实行的是行业差别费率和浮动费率。实行行业差别费率，是国际上通用的一种确定工伤保险费率的方法，因为不同的行业，其工伤事故的发生数、职业病的患病情况是不同的，其对工伤保险基金的使用也是不同的，所以考虑到行业间的不同情况，在工伤保险基金差别使用的前提下，实现工伤保险费用的差别负担，也就是合情合理的一种做法，它可以把工伤保险互助互济和雇主责任的原则有机地结合起来，把工伤保险的预防和补偿结合起来，既实现了对工伤职工权益的保护，又分担了企业的工伤风险。

　　从实践来看，一般是按照工伤事故和职业病的发生情况来划定行业工伤风险程度。我国将行业划分为风险较小行业、中等风险行业、高风险行业三种，每个行业都有不同的工伤保险缴费费率，幅度从职工工资总额的2.0%—0.5%不等。确定差别费率的主要依据包括工伤事故发生次数、因工致残人数、因工死亡人数、工伤事故发生率、职业病发病率等。

　　在确定行业间的差别费率后，为鼓励企业积极进行工伤预防，降低工伤事故和职业病发生，以降低劳动者的工作风险，几乎所有实行工伤保险制度的国家，又在同一企业内实行了浮动费率制，即工伤保险管理部门根据企业工伤事故率、工伤保险基金的使用情况，适时调整企业工伤保险缴费费率。对那些工伤预防较好、工伤事故率较低、工伤保险基金使用较少的企业，在接下来的年度内下浮工伤保险缴费费率，反之则上浮缴费费率。例如，我国规定每1—3年可以浮动一次工伤保险缴费费率。在行业缴费费率的基础上，各可上下浮动两个档次：上浮第一档到本行业缴费基准的120%，上浮第二档到本行业缴费基准的150%；下浮第一档到本行业缴费基准的80%，下浮第二档到本行业缴费基准的50%。

（二）工伤保险待遇的给付

　　工伤保险待遇给付包括领取工伤保险待遇对象的确定，工伤保险待遇的支付项目与渠道，以及不得享受工伤保险待遇的情况等内容，它是工伤保险制度保障工伤职工合法权益最直接的体现。

　　享受工伤保险待遇的对象是因工受伤、致残、死亡或患职业病的职工本人或其生前供养的近亲属。上述职工凡是单位为其参加了工伤保险，且被当地劳动行政部门认定为工伤，均可获得工伤待遇。工伤保险待遇的支付项目，主要包括：

第一，医疗待遇。职工因工受到事故伤害或患职业病，享受到的医疗待遇，一是治疗工伤期间在医疗机构产生的一些药品、住院服务等费用；二是用于工伤康复的一些康复性治疗费用，这可能发生在工伤治疗期间，也可能发生在工伤治疗之后；三是安装辅助性器具，例如假肢、矫形器等的费用；四是住院期间的伙食补助费；五是转诊治疗的交通费和食宿费。当然，工伤职工在治疗工伤期间如果顺便治疗了非工伤引发的疾病，其产生的费用是不可享受工伤待遇的。

第二，工资待遇。职工因工受伤或患职业病暂时离开工作岗位接受工伤治疗，设置一定时间的停工留薪期，在此期间原来的工资福利不变，由单位按月支付。如果超出这个停工留薪期，则需要根据工伤保险的相关法规，享受工伤待遇。

第三，伤残待遇。根据目前所划分的十级伤残标准，由专门的工伤鉴定机构对其所受到的伤害进行等级划定，并给予相应的待遇补偿。包括一次性伤残补助金、伤残津贴和生活护理费三部分，每项可享受的补偿标准都有明确的法律规定。

第四，死亡待遇。职工因工死亡，其近亲属可获得的死亡待遇，包括丧葬补助金、供养亲属抚恤金和一次性工亡补助金，具体的待遇标准也有明确的法律规定。

以上项目均在工伤保险基金中支付。此外，还有一些特殊情况的工伤待遇支付。例如，被派往国外、境外工作期间发生工伤的待遇支付；用人单位是非法主体，或者虽然是合法主体，但雇用童工的工伤待遇支付；用人单位破产、倒闭的工伤待遇支付；涉及第三方责任赔偿的工伤待遇支付；工伤保险与人身意外伤害保险的关系等。上述工伤待遇支付在我国的《工伤保险条例》、《非法用工单位工伤人员一次性补偿办法》等法规制度中都有详细规定。

工伤待遇的给付渠道有两种，一种是由工伤保险基金支付；另外一种是由用人单位支付。凡是参加了工伤保险制度的用人单位，其职工发生工伤或患职业病的工伤待遇由工伤保险基金予以支付，但在支付过程中需严格遵守相关的法律法规，避免出现危害工伤职工和工伤保险基金的人为行为。用人单位支付的工伤待遇包括停工留薪期间的工资和福利待遇；属于五、六级伤残职工按月领取的伤残津贴；终止或解除劳动关系时，工伤职工领取的一次性伤残就业补助金。但是，如果用人单位没有为职工参加工伤保险，那么在发生工伤后应由用人单位予以支付相关工伤待遇，如果用人单位拒绝支付，则可以先从工伤保险基金中支取，再由用人单位偿还，用人单位拒绝偿还的话，可以根据《社会保险法》中的相关规定予以追责和处罚。

三 工伤保险管理与监督

工伤保险管理是指为实施工伤保险制度而采取的各项措施的总称，包括工伤认定、劳动能力鉴定、工伤待遇给付、工伤预防、工伤康复等工作。这些工作又可归纳为行政性工作和事务性工作两大类，行政性工作例如工伤保险法律法规的制定与实施、监督，事务性工作，如工伤保险费的征缴、工伤待遇的发放等。同时，为保证工伤保险管理事务的顺利实施，国家也设立了相应的监督机构，采取积极的监督手段，以保障工伤职工的合法权益。

（一）管理机构

工伤保险工作内容繁多，既有事务性工作，也有行政性工作，还有一些技术性工作，涉及单位也较多，既有劳动保障的行政部门，也有工伤保险的具体经办机构，还有一些工伤鉴定的协议服务机构。

1. 行政管理机构

我国《工伤保险条例》规定，国务院社会保险行政部门负责全国的工伤保险工作，县级以上地方各级人民政府社会保险行政部门负责本行政区域内的工伤保险工作。

具体而言，人力资源和社会保障部是国家工伤保险的最高行政机关，其再设置专门负责工伤保险的下级行政机构。国家工伤保险行政机构负责制定全国各类用人单位工伤保险的政策与法规，规划全国工伤保险的发展战略，拟定工伤保险的浮动费率和缴费办法以及工伤保险基金和具体工伤保险事务的程序等，从宏观和全国视角制定工伤保险的法律法规。省、市、县各级人力资源和社会保障部门对照中央的设置，设立相应的工伤保险管理机构。其中，省级工伤保险行政机构从本省具体实情出发，在国家工伤保险政策的指导下，制定具体的符合本地实际情况的工伤保险实施条例，并把下级行政机构反映上来的问题向国家机构反馈。市、县工伤保险行政机构则具体负责工伤保险制度实施的行政管理工作，并履行相应的监督职责。

2. 具体经办机构

为有效开展工伤保险工作，我国《工伤保险条例》规定，社会保险行政部门按照国务院有关规定设立社会保险经办机构，具体承办工伤保险事务，包括人力资源和社会保障部设立的社会保险事业管理中心，地方各级社会保险行政部门设立的社会保险经办机构。在经办机构内部又根据工作的不同，设置不同的部门和岗位，从事具体的工伤保险经办管理工作。

根据《工伤保险条例》规定，社会保险经办机构的法定职责包括：根据省、自治区、直辖市人民政府规定，征收工伤保险费。核查用人单位的工资总额和职工人数，办理工伤保险登记，并负责保存用人单位缴费和职工享受工伤保险待遇情况的记录。进行工伤保险的调查、统计。按照规定管理工伤保险基金的支出。按照规定核定工伤保险待遇。为工伤职工或者其近亲属免费提供咨询服务。与医疗机构、辅助器具配置机构在平等协商的基础上签订服务协议，并公布签订服务协议的医疗机构、辅助器具配置机构的名单。

3. 协议管理服务机构

与其他社会保险制度不同，工伤保险有个特殊的协议管理过程。协议管理是指工伤保险经办机构与医疗机构、康复机构、辅助器具配置机构就有关工伤职工就诊、康复、配置辅助器具期间提供相关服务和费用结算、费用审核、争议处理等内容形成书面协议的一种管理方式。这样做的目的：一是利用协议规范工伤保险的各项管理事务，约束双方行为，明确涉及工伤处置各方的责任、权利与义务，为工伤职工提供及时、规范的工伤服务。二是通过协议管理控制不合理的费用开支，提高工伤保险基金的使用效率。同时，也可以在不同的医疗机构间促成竞争，提高工伤康复的服务质量。

我国《工伤保险条例》规定，经办机构与医疗机构、辅助器具配置机构在平等协商的基础上签订服务协议，并公布签订服务协议的医疗机构、辅助器具配置机构的名单。协议管理的内容：工伤医疗管理、工伤康复管理、工伤辅助器具配置管理，与之相联系的各服务提供主体即为协议管理服务机构。

(二) 管理内容

工伤保险的管理内容：包括工伤保险的登记、工伤保险费的征缴、工伤预防管理、工伤待遇核定与支付以及工伤康复管理等方面，是系统的政策执行过程。

1. 工伤保险的登记

工伤保险的登记包括：第一，参保登记。第二，变更登记。第三，注销登记。其中，参保登记是指凡受工伤保险制度约束的用人单位，都必须依法申报参加工伤保险制度。工伤保险经办机构在受理其参保申请时，需用人单位如实填写《社会保险登记表》等材料，并出示企业的相关证件和资料。经办机构必须在15个工作日内将材料审核完毕，通过审核的，由经办机构确定行业风险缴费率，为其正式办理、备案参保手续。对没有通过审核的，经办机构也必须给出合理的原因。

2. 工伤保险费的征缴

工伤保险费征缴包括：第一，确定缴费数额。工伤保险经办机构根据参保单位填报的工资报表、工资发放表等，依据统筹地区行业分类基准缴费率确定其初次缴费的费率，以后根据参保单位每年发生工伤的情况，工伤保险基金的使用情况，确定年度缴费率。由此，确定参保单位的应缴数额，并告知参保单位。第二，费用的征收。目前，主要存在两种工伤保险费的征收方式，一种是由经办机构征收；另一种是由税务机关征收。第一种征收方式下，经办机构一般委托银行代收，银行根据经办机构提供的征收依据，按月收缴并存入专门账户，并及时将征收情况告知经办机构。第二种征收方式下，税务机关根据经办机构提供的征缴依据按月征收工伤保险费，并将到账情况及时反馈到经办机构。经办机构根据反馈的信息，对未能及时、足额缴纳工伤保险费的参保单位下达催缴通知，直至采取强制措施。第三，欠费的补缴。对筹资困难的参保单位，由经办机构与其签订分期缴费协议，逐渐补缴。对于破产等无法补缴工伤保险费的企业，则由经办机构统计、清算，提交上级相关部门处理。

3. 工伤预防管理

工伤预防是指通过经济、技术、管理等手段，事先防范工伤事故或职业病的发生，减少发生工伤的隐患，改善和创造一个安全的工作环境，以确保劳动者在劳动过程中的安全与健康。通过职业培训、教育等途径加强工伤预防，尽管会增加一些经济成本，但其回报是减少了伤害事故的发生，这要比工资性投入更为值得。①

　　工伤预防管理的手段主要有两种，一种是通过行业间的差别费率和同一参保单位的浮动费率制来实现，通过这种费率的差异设计，鼓励用人单位采取措施降低工伤事故的发生，这样不仅保护了自己的员工，也为单位节约了工伤保险费的开支。另一种是直接使用工伤保险基金用于工伤预防。具体的措施是从工伤保险基金中划拨出一定比例的费用，用于工伤保险的宣传、员工的教育培训、安全生产的奖励，或以课题的形式邀请相关专家进行工伤保险的理论与实践研究等，从而增强职工的安全意识，提高员工自我工伤预防的能力。

　　4. 工伤待遇核定与给付

　　一旦不幸发生工伤，则必须及时对工伤职工予以工伤待遇的给付。这一管理内容，一是对享受待遇人员资格的核定，二是对工伤待遇标准的核定。随着社会经济的发展以及统筹区域内实际情况的变化，工伤待遇的标准也应该做出适当的调整，这也是需要核定的一个内容。

　　在确定上述项目后，就需要对工伤待遇进行及时的给付。给付项目包括经办机构确定的伤残津贴、护理费以及供养近亲属的抚恤金、丧葬补助金、一次性工亡补助金等，需要配置辅助器具的费用以及其他开支。

　　5. 工伤康复管理

　　作为工伤保险管理的最后一个环节，工伤康复对保障工伤职工的健康权益也有重要的作用。实施工伤康复管理的目的：一是通过工伤康复降低职工的伤残程度，帮助其恢复身体机能，增强其参与社会活动的能力。二是通过工伤康复，尤其是一些职业能力的训练，使其提升职业能力。三是通过工伤康复管理，可以规范工伤康复服务，提高其服务水平。工伤康复管理的内容包括对康复机构的选择与服务协议的签订，康复机构的服务内容与范围的确定，康复机构康复报告的提供以及康复费用的结算。

（三）监督管理

　　为保证工伤保险制度的顺利实施，我国《工伤保险条例》对工伤保险工

---

① Melville H. Litchfield. "Agricultural Work Related Injury and Iii – Health and the Economic Cos", *ESPR – Environ. Sci. & Pollut. Res.* 6（3）1999：175 – 182.

作的监督管理也做出了详细的规定，形成了工伤保险行政管理、事务管理、监督管理的完整体系。

除了对经办机构负责的具体管理事务做出规定外，《工伤保险条例》在监督管理方面还规定：在属地化管理的原则下，各地劳动保障行政部门应依法对工伤保险费的征缴和工伤保险基金的支付情况进行监督检查，对任何组织或个人对工伤保险违法行为的举报进行及时的调查、处理。财政部门和审计机关采取定期或不定期的做法，依法对工伤保险基金的收支、运营、管理情况进行监督，对发现的问题及时通报给工伤保险的行政管理部门，并及时处理。

此外，工会作为职工利益维护者的组织，在工伤保险制度实施中也有重要的监督职能。具体包括如下几个方面：一是监督用人单位是否参加工伤保险，如果发现企业没有依法为职工参加工伤保险，可以通过举报等手段向工伤保险行政部门反映。二是监督用人单位是否依法足额缴纳工伤保险费。三是监督用人单位是否及时支付工伤待遇。四是监督用人单位是否贯彻了"安全第一，预防为主"的工伤保险工作方针，为劳动者提供良好、安全的工作条件。

第三节　中国工伤保险制度的发展与改革

中国的工伤保险制度建立于 20 世纪 50 年代，1951 年颁布的《劳动保险条例》对工伤保险待遇做出了较为详细的规定，形成了与劳保医疗、生育待遇混合一体的工伤保险制度。2003 年，《工伤保险条例》的颁布则标志着中国工伤保险制度走上了法制化、规范化道路。2010 年 10 月颁布的《社会保险法》中关于工伤保险的专章规定，进一步明确了工伤保险制度的法律地位。2010 年 12 月，国务院发布的《关于修改〈工伤保险条例〉的决定》，对工伤保险的诸多制度规定进行了修订，中国工伤保险制度在发展中逐渐完善。

一　中国工伤保险制度的历史与现状

（一）工伤保险制度的建立

中国工伤保险制度的建立以 1951 年颁布的《劳动保险条例》为标志。该条例第 12 条规定：工人与职员因工负伤，全部治疗费、药费、住院时的膳食费与就医路费，均由企业行政或资方负担。在医疗期间，工资照发。因工负伤致残，完全丧失劳动能力退职后，饮食起居需人扶助者，发给本人工资75%的因工残废抚恤费，付至死亡时止；饮食起居不需人扶助者，发给本人工资60%的因工残废抚恤费，付至死亡时止。部分丧失劳动能力尚能工作者，企业应给予适当工作，并按其残废后丧失劳动力的程度，发给本人残废前工资5%—20%的因工残疾补助费，至退职养老或死亡时止。1952年、1953年、1955年国家分别三次修订了《劳动保险条例》，对我国工伤保险的覆盖范围、待遇标准进行了调整与提高。

随着工业生产的不断发展，职业病的危害也逐渐显现出来，成为影响职工健康的一个重要因素。因此，1957年卫生部颁布了《职业病范围和职业病患者处理办法的规定》，首次将职业病伤害列入工伤保险的保障范围，并确定将职业中毒、尘肺、职业性皮肤病等14种病种纳入职业病范围，规定患职业病的职工在治疗或修养期间及医疗终结确定为残废或治疗无效而死亡时，均根据《劳动保险条例》有关规定按因工待遇处理。

1958年和1978年，国务院先后颁布了《关于工人、职员退休处理暂行规定》和《关于工人退休、退职的暂行办法》两个文件，对工伤保险的一些项目做了调整，并适时地提高了工伤保险的待遇水平。1987年，修订颁布了《职业病范围和职业病患者处理办法的规定》，扩大了职业病的涵盖范围，将物理因素职业病、职业性耳鼻喉疾病等9大类、共99种职业病列入工伤保险的保障范围。

至此，我国的工伤保险制度通过上述一系列法律法规的颁布得以正式建立，对保障职工工伤权益起到了重要作用，也为后来工伤保险制度的发展、改革和完善奠定了基础。

（二）工伤保险制度的改革

1966年开始，十年"文化大革命"使工伤保险制度的整个体系都遭到了破坏，组织实施方面也从原来的"国家保险"演变为"企业保险"，工伤保险制度陷入了参差不齐、混乱分散的境地。

"文化大革命"期间及之后的几年，我国一直实行的是以企业为主要责任主体的工伤保险制度，这种企业自保的工伤保险弊端十分明显。第一，实施范围狭窄。有能力实施这一制度主要是一些国有或集体大中型企业，改革开放之后发展起来的私营企业、"三资"企业并没有被涵盖在工伤保险制度约束的范围内，所以也没有实行国家强制实施的工伤保险制度。第二，没有体现分散风险的功能。由于工伤保险是以企业为单位，孤立、封闭运行，所以，没有体现社会保险的互济功能，没有能在不同企业间实现劳动风险的分担。第三，待遇水平偏低。受当时整个全社会低工资制度的影响，工伤待遇水平也较低。而且由于工伤待遇的资金来源是企业经营所得，企业在效益低下的情况下也没有可能把更多资金用于职工的工伤赔偿。第四，工伤制度运作不规范。包括工伤认定、评残等事关工伤职工获得补偿多少的关键环节，完全由企业自行组织、自行认定，存在徇私舞弊等不规范行为。第五，没有很好地体现工伤保险制度的工伤预防功能。一直以来，我国的工伤保险制度侧重于事后补偿，而忽视事前预防，没有起到工伤保险的"保险"作用。

鉴于上述问题，随着经济体制改革的深入发展，我国从20世纪80年代开始对传统工伤保险制度进行全面改革。主要表现在：

1. 工伤保险制度的试点改革

1988年，劳动部在广泛调研和专家研讨的基础上，制定了我国的社会保险制度改革方案，方案中对工伤保险制度的诸项规定，形成了我国工伤保险制度改革的思路与主要内容。具体包括：第一，针对"企业保险"的弊端，决定实行工伤保险社会化管理，由专门的劳动保障行政部门负责工伤保险费的收缴、支付等管理工作，并在此基础上形成工伤保险基金，在一定社会范围内统筹使用。第二，工伤保险基金实行现收现付模式，按照"以支定收，留有储备"的原则，进行工伤保险费的征收，并且实行行业间的差别费率和企业内部的浮动费率制。第三，提高工伤待遇水平，在原来只发放重度伤残补助金的基础上，增加发放定期抚恤金和一次性补助金，提高丧葬费的标准，并建立工伤保险待遇的调整机制。第四，规范工伤保险制度的管理，对工伤认定、劳动能力鉴定标准、工伤待遇支付等环节都做出了严格的规定，尽量避免人为因素的干扰。

为使工伤保险制度改革能够顺利进行，国家提出可选择有条件的地方先行试点，然后再广泛实施。于是，1989年以后，国家先后在海南省海口市，辽宁省东沟县、铁岭市、锦州市，广东省东莞市、深圳市，福建省将乐县、霞浦县，吉林省延吉市等十几个县市开展了改革试点。到1995年，全国参加工伤保险制度改革试点的市县达到 1103 个，参保人数达 2615 万人。[①] 从改革内容来看，主要改革措施为，扩大覆盖面、调整工伤待遇、建立工伤保险基金、实行社会化管理等。这些改革措施，为工伤保险制度改革在全国范围的推广积累了经验，也为工伤保险制度的改革理清了思路。

2.《企业职工工伤保险试行办法》等相关法规的颁布

随着试点地区的逐步扩大，工伤保险制度的全国性改革时机也日益成熟。1996 年，劳动部在试点经验和借鉴国外经验的基础上，颁布了《企业职工工伤保险试行办法》（以下简称《试行办法》），对原来的工伤保险制度进行了根本性改革，提出了一系列改革措施。同时，作为此次改革的配套措施，原国家技术监督局也在 1996 年颁布了《职工工伤与职业病致残程度鉴定》，把职业病种类从原来的 99 种扩大到 102 种，为职工的工伤保护提供了更全面的安全网。《试行办法》一经公布，迅速在全国开展起来，截至 1998 年底，全国已有 28 个省、自治区、直辖市的 1713 个县市开展了工伤保险制度改革，参保职工 3718 万人。[②]

《试行办法》的主要内容包括：第一，彻底改变工伤保险"企业保险"的性质，实行工伤保险基金社会统筹，并确立"以支定收，收支基本平衡"的筹资原则，在一定社会层面实现工伤保险基金的统筹、调剂使用。第二，扩大覆盖面，把工伤保险的覆盖范围扩大到各类企业及全体职工。第三，建立差别费率和浮动费率制。第四，提高工伤待遇标准，并确立了待遇调整机制。第五，明确了管理责任，规范管理流程，并提出要建立工伤预防、工伤补偿、工伤康复完整的工伤保险制度体系。《职工工伤与职业病致残程度鉴定》则明确规定了工伤或职业病鉴定的范围、因工致残的分级原则以及致残等级，它的颁布使我国工伤和职业病致残评定工作有了科学、规范的依据，推动了工伤保险制度的发展。

3.《工伤保险条例》的颁布

《试行办法》的实施虽然推动我国工伤保险制度的发展，但工伤保险的总体参保人数和运行状况还未能满足社会发展的需要。截至 2002 年末，虽然全国绝大部分省区都制定了工伤保险地方法规和实施细则，但参保人数仅为

[①] 胡晓义主编：《工伤保险》，中国劳动社会保障出版社 2012 年版，第 20 页。
[②] 孙树菡主编：《工伤保险》，中国劳动社会保障出版社 2007 年版，第 32 页。

4406万人，其中国有企业3408万人，集体企业670万人，外资企业328万人，仍有许多非公企业和个体工商户职工没有参加到工伤保险制度中来。① 因此，需要更强有力的工伤保险法规来继续推动工伤保险制度的发展。

2003年4月，国务院颁布了《工伤保险条例》，从2004年1月开始实施。其权威性和法律效力都大大提高，成为维护职工工伤权益的主要法规。与《试行办法》相比，《工伤保险条例》在下列方面取得了突破：第一，对"职工"概念进行了明确的界定，该法规指出只要与用人单位存在劳动关系（包括事实劳动关系）的各种用工形式、各种期限的劳动者都属于"职工"的范畴。第二，在工伤认定的范围上延伸到"从事与工作有关的预备性或收尾性工作受到事故伤害"的情况，并且增加了"视同为工伤"的三种情况。第三，规定如果用人单位没有在规定的时间内提交工伤认定申请，在此期间发生的工伤待遇将由用人单位承担。如果工伤职工与用人单位出现了工伤争议，则由用人单位承担举证责任。第四，对各种形式用人单位（包括没有经营资格的企业）发生事故的工伤赔偿责任进行了明确规定。第五，在劳动能力鉴定方面，由经办机构、用人单位、鉴定专家等组成劳动能力鉴定委员会，实行"公示制度"，提高劳动能力鉴定的透明度，最大限度地降低道德风险。第六，明确了经办机构、用人单位、工伤职工等有关人员在工伤保险中的法律责任，对违规者严厉追究其法律责任。可见，《工伤保险条例》对我国工伤保险制度的诸多方面进行了全面的规范与指导。

4. 《关于修改〈工伤保险条例〉的决定》的颁布

2010年12月，为与同年10月颁布的《社会保险法》相衔接，国务院常务会议讨论通过了《关于修改〈工伤保险条例〉的决定》，成为我国完善工伤保险制度的重大举措。

与《工伤保险条例》相比，《关于修改〈工伤保险条例〉的决定》在下列方面进行了内容修订。第一，扩大了工伤保险的适用范围，其范围扩大到除参照《公务员法》管理的事业单位以外的所有事业单位，以及社会团体、民办非企业单位、基金会、会计师事务所、律师事务所等组织。第二，扩大了工伤认定范围，将上下班途中非本人主要责任的所有交通事故，包括非机动车事故、城市轨道交通、客运轮渡和火车事故都认定为工伤。第三，简化了工伤认

---

① 胡晓义主编：《工伤保险》，中国劳动社会保障出版社2012年版，第24页。

定程序,将事实清楚、双方无争议的工伤认定申请期限,由原来的60天缩短到15天,并取消了工伤认定争议处理中行政复议前置的规定。第四,提高了一次性工亡补助金和一次性伤残补助金的补偿标准。第五,扩大了工伤保险基金的支付范围,将工伤预防中的宣传、培训等费用也纳入工伤保险基金的支付范围,同时将原来由单位支付的一部分工伤待遇也改为由工伤保险基金支付。第六,提高了工伤保险的强制性,对拒不参加工伤保险的单位以及不协助工伤认定的企业都规定了严格的行政处罚措施。

(三) 工伤保险制度所取得的成就

从1951年《劳动保险条例》的颁布,到2010年《关于修改〈工伤保险条例〉的决定》的通过,我国工伤保险制度经历了60多年的发展,其主要成就包括:

1. 覆盖范围不断扩大,参保人数逐年增加

《劳动保险条例》实施阶段,我国工伤保险制度的覆盖范围主要是一定规模以上的国有企业和集体企业,未能覆盖到所有的工业工人,到1995年底参保人数也仅为2615万人。1996年的《试行办法》把覆盖范围扩大到有雇工的各类企业,包括"三资"企业中的中国工人和非公有制企业职工,随着参保范围的扩大,参保人数到2003年底增加到4575万人。2003年的《工伤保险条例》将工伤保险的参保范围扩大到有雇工的个体工商户,部分地方甚至在公务员和参照公务员的事业单位实施了工伤保险。随着覆盖范围的扩大,工伤保险的覆盖人数也大幅增加。2004年《工伤保险条例》实施以来,参保人数从2004年的6845万人,增加到2010年的16161万人,2004—2010年的5年间参保人数年平均增长率为36%。[1]

2. 基金规模不断扩大,待遇水平逐步提高

随着参保人数的逐年增加,工伤保险基金的规模也不断扩大。2004年工伤保险基金收入58亿元,支出33亿元,当年结余25亿元;2012年工伤保险基金收入526亿元,支出406亿元,当年结余120亿元。以全国来看,截至2011年末,全国工伤保险基金累计结存642亿元,储备金结存101亿元。[2] 同

---

[1] 胡晓义主编:《工伤保险》,中国劳动社会保障出版社2012年版,第29页。
[2] 国家统计局编:《中国统计年鉴2012》,中国统计出版社2012年版。

时，全国大部分地区的工伤保险待遇也在不断提高。例如，2011年领取工伤保险伤残津贴等定期待遇人员平均待遇每人每月1523.40元，比2005年增加769.30元，增长102.02%，年均增长12.43%，大大改善了工伤人员的生活条件。① 而且，我国已经建立了工伤保险待遇标准随经济发展水平和物价水平变动的调整机制。

3. 管理规范化，管理水平不断提高

《工伤保险条例》等法律法规的颁布与实施，不断规范着工伤保险制度的业务经办程序和行政管理模式，管理的科学性得到了较大水平的提高。在计划经济时期，我国的工伤保险制度基本由企业组织实施，在一个企业内封闭运行，管理的层次很低，成为制约企业发展的一个重要因素。但是经过几轮改革的大力推动，目前绝大部分的工伤保险制度从企业自保中剥离出来，实现了社会化管理，普遍建立起了独立于企事业单位之外的工伤认定、劳动能力鉴定、工伤保险经办管理机构，形成了系统化、专业化的工伤保险管理态势。管理的专业化与规范化，提高了工伤保险制度的管理水平，使工伤职工享受到了及时、周到的社会保险服务。

4. 工伤保险体系初步形成

工伤保险制度改革之前，其偏重于工伤事故的事后补偿，主要是通过经济手段解决工伤职工及家庭的生活困难问题。改革之后，工伤保险已形成了工伤预防、工伤补偿、工伤康复有机结合的制度框架，努力实现对工伤事故和职业病的全程管理。

工伤预防方面主要采取两种措施：第一，根据企业的风险系数和发生工伤事故的统计，实行差别费率和浮动费率制，以激励和督促企业积极改善生产条件，减少工伤事故的发生。第二，从工伤保险基金中提取出一定的款项，用于工伤保险的宣传，上岗前的工作培训，安全生产的奖励以及科研活动等。工伤补偿方面主要是制定享受工伤待遇的条件，劳动能力的鉴定，工伤等级的评定，工伤待遇标准的确定以及工伤待遇的发放等。工伤康复方面，一是在政策层面制定工伤康复服务的模式、标准、工作机制等，例如劳动和社会保障部就曾颁发过《关于加强工伤康复试点工作的指导意见》。二是采取工伤保险经办机构"直接管理"和委托康复机构"协议管理"的工伤保险康复管理模式，

---

① 国家审计署：《全国社会保障资金审计结果》（2012年第34号公告），2012年8月2日。

完善了工伤康复的管理工作。

二 中国工伤保险制度的主要问题

2004年我国《工伤保险条例》的实施，2010年《关于修改〈工伤保险条例〉的决定》的通过以及工伤保险、职业病相关地方法规的颁布，对完善我国工伤保险制度保障职工的合法权益起到了重要的作用。但是，实践中的工伤保险制度仍然存在着一些亟待解决的问题，表现为：

（一）参保率较低

虽然我国工伤保险的制度覆盖范围已经扩大到有雇工的所有企业，但工伤保险的实际参保率却较低。例如，截至2011年底，全国工伤保险参保人数为17695.9万人，仅占我国4.8亿劳动力的1/3，仍有大量职工没有工伤保险的保护。[①] 造成参保率较低的原因是多方面的。第一，工伤保险的执行监察不到位，降低了工伤保险的强制性。第二，一些用人单位出于降低生产成本的考虑，拒绝为职工参加工伤保险，或者采取少报、瞒报的做法，只为部分职工参加工伤保险。第三，就职工个人来说，由于缺乏职业风险意识，对工伤保险的制度规定不了解，同时劳动者自身也不积极争取自己合法的工伤保险权利。

（二）基金管理不规范

工伤保险基金管理不规范主要表现在两个方面：一是在工伤保险基金的筹集过程中，用人单位往往采取少报、瞒报职工总数的做法，来减少工伤保险缴费。或者在申报缴费基数时，不是根据实际的工资水平，而是以当地规定的最低缴费基数来申报，这使得工伤保险基金的积累受到大大的削弱，在发生工伤赔付时由于基金积累少，赔偿标准低而经常引发工伤纠纷。二是在工伤保险基金的日常管理中，有些地方随意扩大工伤保险基金的支付范围，用于工伤保

[①] 熊杰：《我国工伤保险现状问题与对策研究》，硕士学位论文，湖南师范大学，2012年，第25页。

经办机构的工作经费或者用来建造办公场所，甚至用工伤保险基金来平衡地方财政预算。有些经办机构不进行严格审查，对不符合领取工伤保险条件的人员发放工伤待遇，有些工作人员盗用职工信息，骗取工伤保险基金。还有些地方仍然存在企业自保和社会保险的工伤保险基金运作模式，使得一些工伤保险基金在某些单位内封闭运行，执行不同于当地的工伤保险政策和标准。部分地区工伤保险基金未纳入财政专户管理；部分经办机构多头开户、违规开户。部分征收机构延压工伤保险费收入。部分工伤保险基金预算编制不规范，未纳入当地社会保险基金决算，调剂金管理不规范，存在会计记账和核算错误等问题。部分地区财政补助资金未及时足额拨付到位，部分征收机构擅自减免工伤保险费，擅自核销欠费。部分经办机构未及时发放工伤保险待遇等其他业务管理不规范问题。

（三）统筹层次低

《工伤保险条例》规定："工伤保险基金在直辖市和设区的市实行全市统筹。"因此，目前我国的工伤保险制度实行的是较低层次的市级统筹，统筹层次低会造成工伤保险基金不能在全社会范围内调剂使用，体现不出工伤保险基金风险共担的功能，限制了工伤保险基金调剂能力的发挥。

市级统筹背景下，受各地人口、地理以及经济发展水平的制约，职工的人均收入、工业化程度以及工伤事故发生率都有很大的不同，这就造成不同省份乃至同一省份或区域内工伤保险基金收支情况大相径庭，实际享受工伤保险待遇的标准也不一致。

（四）预防和康复功能不足

目前，世界上几乎所有的工伤保险都形成了"工伤预防—工伤补偿—工伤康复"的"三位一体"的制度框架，实现了工伤保险的全过程管理。但是受经济、观念等多方面因素的影响，中国的工伤保险制度一直以来"重补偿，轻预防、康复"，形成了制度短板，限制着其功能的进一步发挥。

工伤预防的目标是减少工伤事故或职业病的发生，从而在根本上解决工伤问题，这应该是工伤保险中最为重要的一项内容，但目前的工伤预防工作并没有被充分重视，没有得到很好的落实与加强。主要原因是没有形成一个统一的工伤预防综合协调机制，监督检查力度的减小，最终导致用人单位工伤预防效能的逐渐下降。在实际工作中，工伤预防也没有被充分重视，例如，在工伤保险经办机构中，基本没有设置专门从事事故预防的科室，以加强工伤预防工作。上述因素都影响了工伤预防工作的开展与实施。

工伤康复工作在我国起步较晚，一直没有得到充分的发展，职工发生工伤后只注重经济损失的补偿，身体和心理康复服务少之又少。较多的工伤职工还不能享受到应有的工伤康复服务。

三　中国工伤保险制度的改革路径

尽管无论从理论上还是从实践上来讲，避免任何形式的工伤事故发生是不可能的，因为根本就没有零风险的工作。但是通过综合的、多层面的途径，一个减少工业伤害事故的机制是可以形成的。[①] 针对我国工伤保险制度中存在的主要问题，政府应在工伤保险领域率先形成覆盖城乡所有用人单位和劳动者的工伤预防、工伤补偿、工伤康复制度体系，提高工伤待遇水平，使其与经济社会发展水平相适应，并建成高效、规范的工伤保险管理服务体系。改革的具体思路和措施包括：

（一）扩大覆盖范围，提高参保率

为使更多的劳动者在发生工伤后能得到制度性保护，需继续扩大工伤保险制度的覆盖范围，争取将一切形式的劳动者，例如个体劳动者、农民等都纳入工伤保险制度中，实现制度和参保的全覆盖，这既是工伤保险制度得以持续、顺利、健康发展的前提，也是我国国情和现实情况的必然选择。

在扩面工作中，应将农民工这一最脆弱，且工伤发生率最高的群体作为目标的首选对象。其次，工伤保险的扩面不仅要面向各类正式的企业，还应扩大到有雇工的个体工商户，还应向分布在农村和工业园区的乡镇、乡村企业延

---

① Tyler Amell, Shrawan Kumar, "Work-Related Musculoskeletal Disorders: Design as a Prevention Strategy. A Review", *Journal of Occupational Rehabilitation*, December 2001, Vol. 11, No. 4, pp. 255–265.

伸，通过加大监察力度等措施，将一切有雇工的经济组织都纳入工伤保险制度中来，变企业的被动参保为主动、依法参保。最后，在扩面对象上，应全面地将非法用工、临时工甚至是个体劳动者都纳入制度中，并为他们建立相应的参保制度。在实现扩面的同时，相关职能部门应加大对政策落实的监督检查工作，大力提高参保率，实现工伤保险制度的"应保尽保"。

（二）完善法律法规，提高立法层次

《工伤保险条例》和《关于修改〈工伤保险条例〉的决定》的颁布与实施，为我国工伤保险制度的发展提供了有力的支持，在此推动下，各地结合自身实际情况也相继出台了工伤保险的实施细则。但是，工伤保险的相关配套制度或法律法规的建设却比较落后，需要进一步完善相关政策。例如，考虑出台灵活就业人员、个体劳动者的工伤保险参保政策；研究建立公务员的工伤保险参保政策，加快解决历史遗留下来的"老工伤"问题等。这些配套政策的贯彻实施，对推动工伤保险事业有重要意义。

与此同时，应注意提高工伤保险的立法层次，因为无论是《工伤保险条例》还是《关于修改〈工伤保险条例〉的决定》，都属于国务院层面的条例，还必须提高立法层次，使之从条例上升到正式的法律，通过立法层次的提高来加强工伤保险的强制性和权威性。在加快立法的同时，必须加大对工伤保险法律政策的宣传力度，增强企业和职工对工伤保险重要性、必要性的认识，使工伤保险制度深入人心，使企业和职工自愿参与到其中来，为工伤保险制度的深入开展创造良好的社会环境。

（三）规范管理制度，提高服务水平

针对工伤保险多头管理、政出多门的管理弊端，应提高工伤保险的统筹层次，从目前的市级统筹过渡到省级统筹，在条件成熟时实现全国统筹。统筹层次的提高意味着管理层级的提高和管理水平的提高，提高统筹层次，使工伤保险在更高的层面上规范、严格运行，这是工伤保险得以发展的必然要求。

与提高统筹层次相适应，在科技高度发达的今天，需要以精细化、信息化提高工伤保险的管理水平和服务质量。建立统一的工伤保险信息系统，能为全

国工伤保险的运行提供全面、准确的数据和信息，有利于工伤保险统筹层次的提高。在此过程中，要加强工伤保险管理机构和工作队伍的建设，通过专业化的途径，提高工伤保险的组织管理水平，为工伤保险的发展提供强大的组织和智力支持。而且，可以借鉴西方发达国家的成功管理经验，从政府对工伤保险的全面管理，逐渐转变为工伤保险的自我管理。

【本章小结】

工伤保险中的"工伤"包括事故伤害和职业病两方面内容，与其他社会保险制度相比，工伤保险具有缴费的单向性、无过失赔偿性、保障的复合性和实施的技术性四个显著特征。从世界范围来看，工伤保险大体可分为社会保险型、雇主责任型、混合型三种模式，在维护伤残职工合法权益，减轻企业经营负担，减少工伤事故发生，维护社会秩序稳定方面发挥着重要的社会功能。

工伤认定分为认定为工伤、认定为视同工伤、不认定为工伤或视同工伤三种情况。在基金的筹集和支付方面，工伤保险基金由用人单位缴纳的工伤保险费、工伤保险基金的利息和依法纳入工伤保险基金的其他资金构成。筹集起来的工伤保险基金形成企业自我保障型、企业保险型和社会保险型三种模式，其缴费则实行行业差别费率和浮动费率制。工伤保险待遇给付分为医疗待遇、工资待遇、伤残待遇、死亡待遇四种，待遇的给付渠道有两种，一种是由工伤保险基金支付，一种是由用人单位直接支付。

中国工伤保险制度建立于1951年，在《企业职工工伤保险试行办法》、《工伤保险条例》、《关于修改〈工伤保险条例〉的决定》等一系列法律法规的推动下，我国工伤保险制度不断得到完善。我国的工伤保险制度覆盖范围不断扩大，参保人数逐年增加；基金规模日益增大，待遇水平逐步提高；管理趋于规范化，管理水平不断提高；而且，初步形成了"工伤预防—工伤补偿—工伤康复"的完整体系。但是，当前的工伤保险制度仍存在着参保率较低、基金管理不规范、统筹层次低、预防和康复功能不足的问题。因此，需要扩大覆盖范围，提高参保率；完善法律法规，提高立法层次；规范管理制度，提高服务水平方面对其进行改革与完善。

【思考题】

1. 什么是工伤保险？工伤保险具有怎样的特征？

2. 实践中的工伤保险制度主要有几种类型?
3. 如何理解工伤保险范围与工伤认定的变化?
4. 简述工伤保险基金的筹集与给付。
5. 我国工伤保险制度面临的主要问题有哪些?
6. 如何理解我国工伤保险制度改革路径的选择?

第 十 章

社 会 福 利

　　福利是与人的生活幸福相联系的概念。从一般的意义来说，福利就是能使人们生活幸福的各种条件。社会福利是超出个人范畴的"福利"，它是现代社会广泛使用的一个概念，社会福利成为人们追求福利理想的理念。而社会福利作为一种制度，则是社会保障体系的重要内容。

第一节　社会福利概述

一　社会福利概念

（一）社会福利的含义

　　"福利"（Welfare）一词一直与人类追求美好福祉（Well-Being）的努力密切相关，而"社会福利"（Social Welfare）首见于1941年《大西洋宪章》及1945年的《联合国宪章》。

　　在历史上，最初的"社会福利"几乎是"慈善"的同义词，它是宗教机构针对穷人而提供的有限的物质援助。进入20世纪以后，由于国家的制度性干预，有限济贫转变为经常性的社会福利项目，建立了由国家统一规划的社会福利制度。

　　第二次世界大战后，随着西方福利国家的扩张，社会福利几乎扩展到家庭生活的各个方面，范围扩展到更多的社会成员，成为公民一项重要的社会权利。可见，随着历史的演变，社会福利的对象发生着质的变化，而社会福利在内涵和外延上也不断深化和延伸。

　　从狭义的角度，社会福利是指对社会上不幸的人给予物质或金钱的救助，即传统的补救型方式，又可称为消极社会福利。从制度设计上来看，它比较专门和具体，通常是指国家和社会为有特殊需要的个人，尤其是弱势群体提供的具体服务，如老人服务、残疾人服务、青少年服务等。

　　从广义的角度，社会福利指向社会上全体民众的需要，是指将社会福利视为现代社会的制度之一，与经济制度相协调合作，积极为健全社会发展目标而努力，又可称为积极的社会福利。具体来说，广义的社会福利与狭义的社会福利相比具有以下五点不同：

　　第一，"以照顾服务为中心"来替代传统的"以收入维持为中心"。传统的社会福利政策坚持以收入维持为中心，未必能满足生活照顾的需求，因此，积极型社会福利主张国家与民间部门相合作来提供照顾服务，国家的角色需要更积极，以保证服务品质和维持服务价格。

　　第二，强调"增加工作机会"来替代传统的"工作关联"。传统的收入维持制度十分强调个人的工作状态，但积极型社会福利认为民众未能充分就业的原因在于缺乏工作机会，而非缺乏工作动机，因此各种照顾服务产业的发展可创造工作机会，并有助于女性劳动参与率的提升。

　　第三，强调社会融合，减少社会排斥。传统社会福利政策易造成弱势者被标签化与福利依赖，导致社会阶层之间出现隔阂；而积极社会福利强调普及式的福利服务，并透过风险分摊和互助合作的财务机制，促进社会共同体意识的形成。

　　第四，强调"投资型"以替代传统"消费型"的福利提供。传统的社会福利政策主要是维持个人的购买力以保障其基本生活，而缺乏投资性意识；照顾体系的发展使家庭照顾工作变成有收入的经济生产活动，使得家庭照顾需求得到满足的同时，也减少了对政府福利支出的依赖。同时，照顾服务产业的发展也促进了其他相关产业的发展，实现了"社会效益"与"经济效益"的结合。

　　第五，强调"女性主义观点"以替代传统的"男性主义中心"。传统的社会福利政策是以男性为中心的体系；而积极型社会福利体系鼓励照顾工作专业化，鼓励女性的参与。

(二) 社会福利的特点

1. 普遍性

社会福利的享受对象是全体公民，充分体现出社会福利权利的一致性。社会福利面向广大社会成员，通过各种福利设施和福利项目为社会成员提供改善生活质量的服务项目。

2. 利益投向呈一维性

社会福利不要求被服务对象缴纳费用，只要公民属于立法和政策划定的范围之内，就能按规定得到应该享受的津贴服务。

3. 单向性

社会福利的经费来源于国家和各级财政拨款，强调国家在福利设施建设中的作用。

4. 服务性

社会福利一般通过各种福利机构和福利设施为社会成员提供全面周到的社会福利服务，而所提供的服务与日常生活密不可分，涉及生活的各方面，满足人们的实际需求。

5. 高层次性

社会福利不仅保障社会成员的最基本的生活需要，而且有助于提高人民生活质量，是社会保障的最高层次。

6. 供给多元性

政府在社会福利的筹资、服务递送和监管方面发挥着重要作用，同时倾向于与社会组织在社会福利的提供中建立伙伴关系，实现社会福利的多元供给。

(三) 中国社会福利的含义

目前，中国对于社会福利的理解属于狭义范畴。早在《国民经济和社会发展"九五"计划和2010年远景目标纲要》中就确定把"发展社会救济、社会福利、优抚安置、社会互助、个人积累等多层次的社会保障，初步形成适合我国国情的社会保障制度"作为我国社会保障政策的发展目标。党的十七大对建立中国特色社会保障体系，提出要以社会保险、社会救助、社会福利为基础，以基本养老、基本医疗、最低生活保障制度为重点，以慈善事业、商业保险为补充，加快完善社会保障体系；到 2020 年，实现"覆盖城乡居民的社会保障体系基本建立，人人享有基本生活保障"的目标。

可见，社会福利是从属于我国社会保障系统的其中一个子系统，是指国家、社区组织和企事业单位为保障其社会成员（包括一般的社会成员和有特殊需求的老人、儿童和残疾人等群体）或本单位职工的基本物质文化生活而提供、组织和实施的具有福利性质的收入保障和服务保障，既要保障人们的基本生活，又要不断满足人们日益增长的生活质量需求。

在我国，社会福利与社会保险同属于社会保障体系的有机组成部分，两者的区别主要体现在以下几个方面。

第一，保障对象不同。社会保险的对象是具有职业和收入的劳动者，而社会福利的保障对象是全体社会成员。

第二，权利与义务的关系不同。社会保险的筹资与给付重视权利与义务对称的原则，劳动者获得保障是以履行相应的义务为前提的；而社会福利则不考虑受惠者的贡献。

第三，保障资金来源不同。社会保险资金主要来源于企业和个人的缴费，当社会保险资金不足时，由财政资金弥补缺口，而社会福利的资金主要来源于政府财政资金，单位、个人不需要缴费。

第四，保障手段不同。社会保险提供保险津贴为主，而社会福利以提供各种服务为主，货币给付为辅。

第五，保障标准不同。社会保险以满足劳动者的基本生活需求为目标，而社会福利的目标是满足公民较高层次的发展需求。

第六，管理主体不同。社会保险的管理主体一般是政府的有关机构，而社会福利的管理主体不仅有国家，还包括社会组织等。

二　社会福利模式

社会福利模式多样，之间有较大的差别，按政府与市场的关系，可以把社会福利模式划分为：

（一）二分法

1. 残补式（Residual）社会福利

以美国为典型代表。主张家庭和市场作为满足社会福利需求的主导力量，它们可以自行解决绝大部分社会问题，只有当它们无法发挥正常功能时，政府才弥补其缺失，并且国家所提供的协助不能超过维持基本生活的标准，而受助者必须通过政府指定的严格的程序才能获得受助资格。

2. 制度式（Institutional）社会福利

以北欧斯堪的纳维亚国家为典型代表。主张政府在社会福利提供中占主导地位，对全民实施普遍性的社会福利，强调政府责任与公民权利。国家成为提供社会福利的正常机制，而且是最基本的福利机制。

（二）三分法

1. 残补式社会福利

早期的社会福利，如英国的济贫法属于这种模式，其目的在于补充经济的短暂失调，政策重点在于社会救助。在此模式中，市场和家庭是社会福利供给的两个主要途径，政府处于消极地位，只有当家庭、市场失灵后，国家才针对值得帮助的社会群体提供社会救助。这一模式排斥以全体国民为对象的社会福利的发展，倾向将贫困者打上社会烙印。

2. 工业成就表现式社会福利

工业成就表现式社会福利主张社会福利待遇的确定应当依据个人本身的工作成就和贡献而定，社会福利的资格、津贴水平与每个人在劳动力市场的地位、收入和缴纳保险费挂钩。社会福利的目的在于追求生产力的提升，激励及酬赏个人的成就。这种模式注重教育、公共卫生和社会安全等方面的福利制度建构。然而，社会政策作为经济政策的附属品，就长期而言，将造成资源分配的不平等。

3. 制度再分配式社会福利

制度再分配式社会福利强调社会政策与经济制度同等重要，在市场外，按照需要的原则，提供普遍性的服务，对全体社会成员实行普遍性、制度化的社会福利，福利项目扩展到所需要的所有领域。根据这一模式，人的需要不会因阶级、种族、性别和宗教的不同而有重大差异，按人的需要来提供社会福利服务，将有助于提升社会团结和促进社会正义。

三　社会福利分类

（一）按照服务的形式划分

按照服务的形式，社会福利可以分为：①货币形式提供的社会福利，即以现金的形式发放各种津贴；②服务形式提供的社会福利，如对老人的长期护理服务，对儿童特殊照顾和护理，对残疾人的就业咨询和培训，家庭主妇服务等；③实物形式提供的社会福利，如向儿童提供免费午餐，向残疾人提供免费义肢等；④假期形式，如探亲假期。

（二）按照服务的对象划分

按照享受福利待遇的不同对象，社会福利可以划分为：①老年人福利，对象为老年人，制度安排包括敬老院、托老所等；②残疾人福利，包括向残疾人提供学校教育、就业训练和康复服务等；③未成年人福利，包括妇幼保险、优生咨询和义务教育等；④其他有需求的社会群体的社会福利，包括职工福利和妇女福利等，前者主要指在业和失业者享受到的社会福利服务，如探亲补助、交通费补贴以及企业举办的种种集体福利事业等，而后者指专门向妇女保护的福利待遇，如例、产假等。

（三）按照社会福利的层次划分

按照社会福利的层次，可分为：①国家福利，是指在全国范围内以全体社会成员为对象而举办的福利事业；②社区福利，是指在一定地域以该地区的居民为对象而举办的福利事业；③职工福利，又可以叫作集体福利或单位福利，是指在企业、事业和机关单位范围内以职工为对象而举办的福利事业。

四 社会福利功能

（一）补救功能

社会福利的目的是通过制度化或非制度化的手段，恢复弱势群体的社会功能，弥补市场失灵和家庭功能的不足，从而满足弱势公民群体在福利服务方面的平等需求。一个社会中，老年人、儿童、青少年、残疾人、妇女等弱势群体，由于自身能力或经济、社会条件的制约，需要社会提供必要的服务，使他们受到照顾，并在教育、就业、安全保护等方面享受到平等的服务，进而实现社会平等和公平的福利政策目标。

（二）维持功能

社会福利通过提供各种福利服务照顾弱势群体，通过提供各种专业社会工作解决社会问题，维持社会稳定。在社会福利制度安排中，边缘性社会福利服务是其中很重要的一项内容，例如在英国，针对儿童和青少年的社会福利的首要目的是保护儿童和青少年免受身体、精神等方面的剥削或虐待，帮助管教那些有潜在行为偏差的人，确保他们能够正常成长。

（三）发展功能

社会福利的提供有助于提高人力资本，稳定就业，提升社会活力，促进社会融合。在欧盟，社会福利发挥着重要的社会融合作用，它不局限于对弱势群体的保护，而是将服务对象扩展到全体人群，例如社会援助服务、就业和培训服务、社会住房以及长期照护等，有助于促进人力资本和社会融合，从而为欧盟的基本目标如社会、经济和领土整合、高水平的就业、社会和经济增长做出了重要贡献。

第二节　社会福利内容

一　社会福利的项目

各国社会福利项目不同，通常包括一般性社会福利和特殊性社会福利，一般性社会福利是指针对社会弱势群体所提供的各项照顾和服务，包括老年人社会福利、残疾人社会福利、儿童社会福利和妇女社会福利，而特殊性社会福利则包括就业福利和住房福利。

（一）老年人社会福利

1. 老年人社会福利的概念

快速的人口老龄化已经成为当今世界各国所面临的共同挑战，为了因应老龄化社会的需求，联合国在1991年通过的《联合国老人纲领》中提出独立、参与、照顾、自我实现、尊严五个要点，作为1999年国际老人年后各项行动的指导原则。老年人社会福利，是指国家或社会为了安定老年人生活、维护老年人健康和充实老年人精神生活而采取的政策措施和提供的设施与服务体系。老年人社会福利包含了政府和社会为老年人所提供的各类福利，包括健康保健、长期照护、文体娱乐福利等。

2. 老年人的需求

随着老年人口比例的快速增长、家庭规模的缩小、人口流动的加剧，老年人问题逐渐成为一个社会问题，老年人的需求开始逐渐被重视。老年人的个人特征及其所对应的需求包括以下四个方面。

（1）老年阶段生理功能衰退，抗御疾病的能力下降，患病的概率增加，影响其行动能力和独立生活能力，面临健康照护的需求。

（2）收入来源减少，收入水平下降，经济缺乏保障，面临经济安全保障的需求。

（3）社会参与减少，社会地位下降，有可能增加相对剥夺感，因而面临再融入社会的需求。

（4）老年人寿命延长，但是知识和技能可能无法适应社会的需要，面临再培训和再教育的需要。

3. 老年人福利的主要内容

（1）医疗保健。老年人医疗是老年人福利的一项重要内容，具体内容有：第一，老年人定期健康检查和保健服务，这可以由老年人所在单位或社区组织老年人开展定期身体检查，发现疾病，及早治疗；第二，中低收入老人医疗费用补助和重病住院看护费补助，虽然许多国家已经实施全民医疗保险，但中低收入老年人往往在自行负担医疗费用和患重病请专人看护等方面仍有经济障碍，因此需要提供额外补助。

（2）经济安全。为保障老年人生活质量，针对无子女抚养、未接受收容安置、生活自理能力缺乏需专人照顾等的困难老人，政府提供生活补助、生活津贴和特别照顾津贴等。

（3）教育与休闲。当老人物质生活充足时，精神生活就显得格外重要，教育和休闲就成为了老年人福利的一项重要内容，其具体内容包括：第一，兴建老年文体活动中心，提供老人休闲、文艺、康乐及联谊活动；第二，创建老年大学，为满足老人求知成长的需求，提供多元性课程；第三，各类优惠措施，包括公共交通工具和景点、公园门票优惠。

（4）照护服务。照顾服务是老年人社会福利中最为重要的一部分，也是近年来各国老年社会福利政策的焦点，以服务输送为重点，整合各项照顾服务，主要包括：

第一，居家式老人福利服务。居家式的老人福利服务是长期照护中的重要一环，主要服务对象是居住在家庭中的失能老人。

第二，社区式老人福利服务。所谓社区照顾是指动员并整合社区内的人力、物力、财力等资源，针对社区中不同对象的不同需求提供各项福利服务，使老人能在所熟悉的环境中就近获得资源协助以满足要求，社区照顾主要通过民间机构来实现。社区照顾的主要措施包括老人保护、营养餐饮服务、日间照顾、短期或临时照顾等。

第三，机构式老人福利服务。随着高龄人口的增加和家庭结构的改变，老人对于机构养老的需求也快速增加。如何增进机构福利服务功能，提升专业品质，保障老人安全，使受照顾的长者受到有尊严的对待，均为重要的政策议题。机构式的服务主要包括住宿服务、医护康健服务、餐饮服务、生活照顾服务等。

4. 中国老年人社会福利体系

中国老年人福利事业起步较晚，但发展较快。政府对老年人的社会福利工作非常重视，早在1996年就通过并颁布了《中华人民共和国老年人权益保障法》，对老年人的福利问题做了些原则性的规定。在我国，老年人福利体系主要包括：①物质生活福利，建立福利院和敬老院，收养没有生活保障的老年人，和向困难老人提供生活补贴等；②医疗保险，建立老人健康检查制度，设立老年病科，建立专门的老年人康复和治疗机构；③休闲娱乐，建立老年活动中心、老年人娱乐活动设施等。此外，我国社会福利体系具有明显的城乡二元化特征，农村与城市的老年人社会福利制度有很大区别。

（二）残疾人社会福利

1. 残疾人社会福利的定义

残疾人社会福利是政府和社会以资金、设施和服务等形式对残疾人在年老、疾病、缺乏劳动能力及退休、失业、失学等情况下提供基本的物质帮助，并根据社会的经济、文化发展水平，给予残疾人相应的康复、医疗、教育、劳动就业、文化生活、社会环境等方面的权益保障，实现残疾人"平等、参与、共享"的目标。

2. 残疾人的定义

残疾人是指身体、智力或者精神状况违反常规和偏离正常状态（相较于相同年龄的正常健康状况而言），而使其参与社会的能力受到影响的人。根据世界卫生组织的分类，残疾的定义可以分为三个层次：

（1）机能损伤（Impairment）。任何心理、身体、解剖构造或生理机能的丧失或异常；

（2）功能障碍（Disability）。由于机能损伤造成生活活动功能限制或丧失；

（3）社会适应障碍（Handicap）。由于功能障碍，造成个人不便，阻碍完成社会应有的正常角色。

我国在1987年公布了《中国残疾人评定标准》，经1996年修改后，以《中国实用残疾人评定标准》公布实施，对包括视力残疾、听力残疾、言语残疾、肢体残疾等各类残疾人的分级和标准做出了具体规定。

3. 残疾人福利的主要内容

（1）残疾人津贴。残疾人津贴是由国家提供各项津贴以保障残疾人的生活水平，主要内容有照顾津贴、护理津贴、就业津贴等，而这些津贴项目大都是不需要财产调查、非缴费型的补贴。照顾津贴主要是针对需要生活照顾或监管的人群。

针对65周岁及以上的残疾人，英国设立了护理津贴制度，为其提供帮助和照顾。实施就业和支持津贴项目，目的在于通过对残疾人加强就业技能培训，提高残疾人就业能力。

（2）残疾人就业。帮助残疾人就业是各国仍在探索的问题，是指达到法定劳动年龄、具有劳动要求和一定劳动能力的残疾人获得劳动岗位并取得合法收入。从目前各国解决残疾人劳动就业的经验上看，大体可以分为：

第一，支持性就业，通过国家立法的形式，保证政府和企事业单位中有一定比例的残疾人就业。

第二，通过国家投资兴办残疾人企业的方式解决残疾人就业问题。

第三，主要通过就业津贴的方式。

我国残疾人就业采取集中与分散相结合的方式，集中就业是指在福利企业、医疗、盲人按摩等单位集中安排残疾人就业；分散就业则是因地制宜的个体从业或自谋职业。

（3）残疾人教育。残疾人教育是指政府和社会为保障残疾人受教育权利而实施的各种措施的总称，运用特殊的方法设备和措施，对盲、聋、哑、智力发展落后的儿童、青少年或成人进行教育，我国所采取的主要措施为：

第一，教育救助。针对贫困儿童的义务教育问题，1998年我国开展以减免家庭经济困难残疾学生的杂费、教材费或对家庭经济困难的寄宿制残疾学生提供生活补贴为主要内容的资助活动。随后，继续推进自主残疾儿童少年接受义务教育，将残疾儿童少年义务教育助学金纳入义务教育助学金体系；对接受高级中等以上教育的贫困残疾学生，减免有关费用，优先提供助学金和助学贷款；在贫困地区试行向义务教育阶段残疾儿童少年免费提供教材等措施。

第二，机构保障。1951年，政务院颁布《关于改革学制的决定》规定：各级人民政府应成立聋哑、盲目等特殊学校，对生理上有缺陷的儿童、青年和成人，施以教育。同时，该规定开始将特殊教育并入国民教育体系中，与普通教育统筹改革统筹考虑。

(4) 残疾人康复。残疾人康复是由国家和社会采取措施，帮助残疾人恢复，促进其参与社会活动的能力。以有康复需求的贫困残疾人为对象，政府补贴为他们配发用品用具，配置辅助器具，并补贴康复训练经费，实施矫治手术等。

康复工作是一项综合性工作，涉及面广，包括了心理康复、体疗、矫形器装配、职业康复、精神病的治疗康复等。

（三）未成年人社会福利

1. 未成年人社会福利的定义

未成年人是指18周岁以下的公民，他们是社会的弱者，对自身的保护能力和对社会的适应能力还未形成，具有生理、心理上的依赖性，需要家庭和社会的关心、帮助和教化。未成年人社会福利是指政府和社会为各年龄层次的未成年人在就业前提供的福利，包括教育福利、健康福利和生活福利等。

2. 未成年人福利服务的范围

（1）支持性服务。支持或增强父母之能力，以适应需要的未成年人福利服务，包括对在自己家庭中的未成年人的个案工作，对被忽略儿童的保护性服务以及未婚母亲的服务等。

（2）补充性服务。补充家庭中父母应有但不足的未成年人的福利服务，包括对家务服务和家庭与团体的日间服务等。

（3）替代性服务。代替父母（部分或全部的未成年人的福利服务），包括寄养服务、领养服务等。

（4）保护性服务。保护未成年的权益，包括被虐待或被忽视未成年人的保护、童工的保护、卫生保健服务等。

3. 未成年人社会福利的模式①

（1）社会救助模式。

社会救助模式年代最为久远，可追溯至13—14世纪国家宗教团体的慈善服务，目前，部分发展中国家仍采用这种模式。社会救助型未成年人福利认为父母是孩童的最佳保护者，家庭是孩童成长的最佳场所，未成年人不须被赋予

---

① 刘继同：《儿童福利的四种典范与中国儿童福利政策模式的选择》，《青年研究》2002年第6期。

个别独立权利；未成年人福利政策目标是保障未成年人的生存权利，而服务对象也主要局限于各种陷入困境的未成年人，包括弃婴、孤儿、残疾儿童、贫童；未成年人福利服务内容主要是为孩童提供"类家庭"或替代性家庭服务，服务方式主要是院舍照顾，例如寄养之家、收养之家或儿童教养机构。这个阶段，未成年人福利服务是消极、被动和补救性的，基本是对未成年人社会问题的被动回应，社会功能主要是社会管理和规范贫困家庭。

（2）教养取向发展型未成年人福利模式。

该模式产生于近现代社会早期阶段，普遍存在于发达国家和发展中国家，是指以所有未成年人为服务对象，以未成年人的启蒙、教养健康发展为目标的未成年人福利体系。这种政策取向认为每个未成年人都具有巨大发展潜力，青少年儿童的全面发展是包括生理、心理、精神和人格道德各方面在内的，而在复杂的现代社会中，没有家庭能够完全自给自足，每个家庭都需要帮助和支持。

未成年人福利服务对象不仅包括不幸儿童、问题儿童和边缘少年，而且包括一般的正常未成年人及其家庭；福利服务内容广泛，不仅包括维护家庭功能的支持性服务和补充性服务，而且替代性服务开始发展，例如社区教育与社会发展、社区康复与康复训练、家庭寄养、收养服务和儿童福利院的照顾服务。未成年人社会福利的性质是发展性、积极性与补救性和剩余性并存，但是以发展性为主。

（3）社会保护取向型未成年人福利模式。

这主要产生于工业化和都市化社会，特别是家庭功能结构和社会经济结构变迁的西方国家社会中，社会保护是指国家和社会机构针对受虐待、疏忽、剥夺、剥削或处于不健康或不道德情境中的青少年和儿童提供服务的社会福利体系。保护观点认为国家是未成年人的保护者，这在英国《济贫法》和"代行亲权"中可见，而美国也早在1820年，基于孩童的安全和福祉，规定法庭也能行使裁量权将孩童从父母处移置。在19世纪末期，通过少年法庭的成立、公立学校大量兴建、强制教育立法、强制儿童保护通报等法案的出台及儿童局成立等，国家干预迅速扩张。在这一取向下，未成年人福利服务内容主要包括初级的预防工作、家庭维持服务、家庭重整服务和受虐儿童永久安置服务，服务方式是医生、护士、警察、社会工作者、司法人员等专业人员的专业性干预和服务介入。

（4）社会参与式整合型未成年福利模式。

这是未成年人福利事业的理想模式。社会参与式未成年人福利认为对孩童最有利的，应该是赋予其独立个别的法定权利，而不是仰赖父母或国家代表；儿童不是消极被动地接受救助、教养、发展和社会保护，而是积极主动和广泛参与家庭生活、文化生活和社会生活。在这一发展趋势下，未成年人在各方面的权利有所扩张，国家与社会有责任支持未成年人全面参与社区的政治、经济、社会和文化生活的发展。

4. 未成年人社会福利的内容

（1）一般未成年人福利服务。第一，家庭福利服务。包括妇幼保健、健康检查、家庭补助、家庭教育、保护服务、家庭个案工作等。第二，学校社会服务。在学校设置社会工作，针对未成年人心理及行为问题，对未成年做调查、访问、联络家庭协调指导工作，给予青少年心理健康服务。第三，未成年人行为指导。以情绪障碍、心理或精神受阻碍的未成年为对象，给予医药、教育或社会工作的治疗。第四，青少年休闲娱乐活动。在各社区内增设儿童乐园、青少年活动中心、青少年俱乐部、举办青少年假期活动等。

（2）机构未成年人福利服务。第一，托儿所。如父母因工作、教育等因素无法在日间照顾幼儿时，由托儿所来分担照管责任。第二，寄养。包括寄养家庭及机构照顾，例如幼儿园、孤儿院等。第三，领养。主要包括自由安置、机构安置等。

（3）特殊未成年福利服务。第一，身体残障未成年人服务。主要包括针对盲、聋、哑、视觉、听觉、语言障碍青少年、肢体障碍未成年人等的福利服务。第二，心理缺陷未成年人服务。包括对智障、情障、自闭症、精神病未成年人的福利服务。第三，问题儿童及青少年感化教育。如少年法庭、少年感化院等。

5. 中国未成年人社会福利

在中国，未成年人社会福利发展较晚，基本处于以社会救助为主、教养取向发展和社会保护为辅的阶段，但是随着1990年和2000年两个中国儿童发展十年纲要的出台，国家未成年人福利事业发展迅速。

我国未成年人社会福利的内容主要包括：①义务教育。我国实行九年制义务教育，凡年满6周岁的儿童都应当就近接受义务教育，国家对接受义务教育的学生免收学费；②医疗保健设施和服务。卫生部门对儿童实施预防接种制度，积极防治儿童常见病和多发病；兴办儿童保健专科医院，定期进行儿童健康检查、预防常见病和多发病等；③照顾服务。国家和社会建立照顾机构集中养育孤儿、弃儿和伤残儿童。儿童福利院就是我国民政部门在城市开办的以孤儿为主要收养对象的社会福利事业单位，其主要职责就是收养城市中无家可归、无生活来源、无法定义务抚养人的孤儿和收养家庭无力看管的残疾儿童；④活动场所，国家和社会建立和普及托儿所、幼儿园，为婴幼儿提供良好的保育服务；建立儿童活动中心、儿童公园、少年宫等为未成年提供良好的活动场所。

（四）妇女社会福利

1. 妇女社会福利的概念

妇女社会福利是指政府和社会为妇女所提供的有关平等就业、健康保健、生育和家庭照顾等方面的福利。

2. 妇女社会福利的主要内容

一般来说，妇女社会福利可以包括以下措施：①妇女保护服务：主要目的在于保护妇女免受人身安全的威胁，并提供基本生活安全的保护，例如婚姻暴力防治、反性骚扰、人身安全保护等。②妇女经济保护：指对妇女个人和其家庭的经济补助，避免妇女经济匮乏，维护妇女基本生活需求，包括单亲家庭生活保障、受害妇女临时生活补助、离婚妇女生活协助、老年妇女经济安全保障等。③妇女劳工福利：指因为"女性"特殊性别角色所提供的各项福利措施，包括有就业机会均等（工作权）的保障、安全卫生保护、工时限制、托育服务、子女养育津贴等。④亲职照顾服务：这类型福利服务在于协助女性减轻照顾角色的压力，包括托老和养老服务、居家看护和居家护理服务等。

在我国，妇女社会福利主要是劳动者福利，与工作挂钩，一是以生育津贴和产假为主的特殊津贴与照顾；二是劳保福利，我国《劳动法》规定了劳动过程中保护妇女安全健康的特殊保护措施；三是为妇女提供保健服务等，包括妇幼保健院、妇产医院等。

(五) 就业福利

1. 就业福利的概念

就业福利主要指在职者和失业者所享受的各种社会福利服务。

2. 就业福利的内容

①企业年金。它是指企业为提高职工退休后生活水平的补充性养老金计划，一般缴费大多由雇主提供，雇员自愿参加；②职工带薪假期。即职工在非工作时间内按工作时间发放工资；③职业介绍和职业培训。其目的在于使得具有工作意愿和工作能力的人，获得适合的工作，或通过职业训练的方式来提升其工作技能。

3. 中国就业福利的内容

在中国，受计划经济的影响，职业福利成为就业福利中最为重要的一部分，它是指劳动者因其所从事的职业而从企业所获得的福利待遇，主要目的在于提高职工的物质文化生活水平，满足职工的一般性需求。

中国职业福利主要包括：①职工集体福利。第一，职工集体文化福利，包括图书馆、体育场、俱乐部等；第二，职工集体生活福利，包括卫生所、职工食堂、职工宿舍、幼儿园等。②补充性职工福利，主要是指各种经济性福利项目，多以货币和实物形式发放的，一般称为福利性补贴。第一，企业年金，职工退休后，可以获得企业年金的给付；第二，职工生活困难补助，为了解决或者缓解职工由于某些原因临时性或长期的生活困难，在社会保险以外给予一定的经济补偿，以保障职工及其家属的生活；第三，夏季高温补贴和冬季取暖补贴，这是企业提供的季节性福利；第四，探亲假补贴，这是照顾职工与亲属团聚的福利补贴制度；第五，其他补贴，在条件允许的单位，可以实行工作餐补贴、油费补贴等。

二　社会福利的提供

社会福利提供是指将福利服务从福利项目的设计者送到需要者手中的过程。一般来说，福利资源主要来源于四个部门：一是非正式部门，由亲属、朋友与邻居提供的社会和医疗服务，即社区照顾与家庭照顾；二是志愿性部门，与非正式部门比较，志愿性部门具有严谨的组织结构，包括邻里组织、自助或互助团体、非营利机构、社会研究团体、协调资源的中介组织等;三是商业部门,即营利性的私有市场;四是政府部门。

(一) 公私部门合作伙伴模式

公私部门合作伙伴模式(Collaboration Partnership Model)成为近年来西方国家社会福利提供的重要实践方式,典型方式是政府与第三部门共同合作负担福利供给,但并非独立运作,政府和第三部门在服务的决策与管理过程中都具有影响力。建立合作伙伴关系,主要包括下列方式:

1. 共同决策

福利政策的决策除了邀请政府行政人员与学者专家的参与之外,可邀请民间福利机构的工作者共同参与,因为他们将是未来福利政策的执行者。

2. 费用补助

与民间部门相比较,政府所拥有的资源更为丰富,所以公私部门的合作通常是政府给予民间部门经费协助。目前政府提供经费而由民间部门提供福利服务的方式通常有补助和委托两种。补助是指民间部门在规划及执行时若存在经费不足,可向政府部门申请。在这一合作关系中,政府提供经费,但服务策划主体是民间部门。

3. 委托方式

政府规划福利服务提供并赞助全部或大部分经费,民间部门负责执行。委托方式通常包括方案计划委托和机构委托。但目前政府委托民间部门提供福利服务仍面临着困境,即福利需求剧增,复杂性较高,因而对于民间部门回应福利需求的专业能力要求也相对提高,因此,政府需要有计划地协助民间部门提高其专业能力。

4. 相关方案投资计划

相关方案投资计划(Program Related Investments Plans)是较新的经费协助方式,这一经费赞助不同于传统的补助,而是一种贷款的形式,接受赞助的结构必须要有偿还贷款的能力。赞助者希望通过经费的赞助协助民间部门提升专业能力。

(二) 福利服务民营化

民营化是指减少政府的活动范围而增加民间的福利服务提供范围,包括公营事业民营化、民间办理政府的社会福利事业、降低政府补助或负担等,其目的在于促进社会福利提供的效率。社会福利服务民营化的方式可归纳为以下九类,这九种方法可以单独或组合采用,以提高效率和降低成本。

(1) 政府服务:由政府雇用员工提供社会福利服务。

(2) 外包契约:也就是政府购买服务,将公共服务委托民间营利或非营利机构提供服务,这是最普遍采用的方法。

(3) 特许经营:政府特许私人部门独占性的生产某种服务,由政府限定价格。

(4) 补助制:政府为保障民众获得基本需求的服务,通过补助降低使用价格。

(5) 凭单制:由政府提供给特定对象的消费者,以鼓励他们使用民间部门服务,促进服务竞争。

(6) 市场:消费者自行从市场中购买服务,政府完全不参与,但有时会设定标准适度管理。

(7) 志愿服务:通过慈善机构或志愿机构提供原本由政府提供的服务。

(8) 自助性服务:家庭一直是最原始的、最有效率的自助性服务单位。

(9) 政府出售(Government Vending):由民间部门安排政府"生产"的公共服务。

第三节 中国社会福利制度的发展与改革

一 中国社会福利制度的历史与现状

新中国成立以来,我国社会福利制度从无到有,从改革到发展,经历了曲折发展、逐渐转型的过程。60多年来,中国社会福利制度变迁大致经历了三个发展阶段:社会福利制度的创建阶段、社会福利制度的发展阶段以及社会福利制度的转型阶段。

(一) 社会福利制度的创建(1949—1957)

新中国成立后,随着国民经济的恢复和发展,社会福利的创建工作逐渐提上日程。这一时期，我国社会福利制度的发展主要在民政福利和职工福利两个方面。

1. 民政福利

由于当时这类救济福利事业工作的管理部门是内务部（民政部前身）以及各级民政部门，故被称为"民政福利"。民政福利与社会救济紧密结合，主要面向无依无靠的城镇孤寡老人、孤儿或残疾人等。它分为社会福利事业与社会福利企业两大类，前者主要包括各种福利院、精神病院等收养性机构，后者则是通过建立福利企业吸收残疾人就业的方式解决他们的生活保障问题。

从1952年起，一些城市本着"生产自救"的方针，开始组织由烈军属和城市贫民参加的手工业或小型工业生产，这些生产单位发展后，逐渐吸收部分残疾人参加生产。1956年后，民政部门对这些自救性生产单位进行了统一规划，转变为专门安置残疾人的企业，即后来"社会福利企业"。

1956年12月，内务部在北京召开城市残老教养、烈军属贫民生产工作座谈会，首次提出"社会福利生产"概念。此外，在政府的倡导下，部分全国性民间社会福利团体组织建立起来：1950年4月，中国人民救济总会成立；1950年8月，中国福利基金会改名为中国福利会；1953年3月，中国第一个残疾人福利组织——中国盲人福利会成立；1956年2月，中国聋哑人福利会成立。这些全国性民间福利组织为创建新中国社会福利工作组织体系，组织救灾救济和提供直接福利服务等方面发挥了重要作用。

2. 职工福利

城镇多数居民的福利保障则主要是通过各个机关、企事业单位提供职工福利的方式获得。职工福利由职工所在单位举办，以城镇职工为主体，本单位正式职工才可以享受。职工福利作为新中国社会福利制度最重要的组成部分，有三个方面功能。

（1）举办职工集体福利设施。如单位宿舍、食堂、浴室、幼儿园等。1953年1月，劳动部公布了《劳动保险条例实施细则修正草案》，规定实行劳动保险的企业应根据工人职员的需要及经济情况，单独或联合其他企业设立疗养所、营养食堂、托儿所等，其房屋设备、工作人员的工资及一切经常费用，完全由企业行政方面或资方负担。1956年教育部、卫生部、内务部联合发出通知，要求"为了帮助母亲们解决照顾和教育自己的孩子的问题，托儿所和幼儿园必须相应地增加"。

(2) 为减轻职工生活费用开支而建立的福利补贴。如生活困难补助、探亲补贴等。1953年5月，财政部、人事部发布《关于统一掌管多子女补助与家属福利等问题的联合通知》，初步确立了面向城镇居民家庭的津贴政策；1954年3月，政务院发布《关于各级人民政府工作人员福利费掌管使用办法的通知》，对机关事业单位工作人员的福利待遇及经费来源、管理和使用做出规定。

1955年9月，财政部、卫生部、国务院人事局联合发出《关于国家机关工作人员子女医疗问题的通知》，家属享受半费医疗待遇成为新的福利政策；1956年，全国总工会向各级工会发出了《职工生活困难补助办法》，对有关职工困难补助的原则、补助对象、经费来源、补助办法等进行了规定。

(3) 为丰富职工精神文化生活建立的设施和组织的活动。如文化宫、俱乐部以及各种文娱体育活动等。1950年6月颁布的《中华人民共和国工会法》规定：工会有改善工人、职员群众的物质生活与文化生活的各种设施之责任，各级政府应拨给工会以必要的房屋与设备，用于工会办公、会议教育、娱乐及举办集体事业等。

为了建立职工福利设施和发展文化福利事业，在这一时期，国家在经费上给予保证。如1953年政务院财经委规定，企业可按工资总额的2.5%提取福利补助费，用于企业各种福利开支不足的补贴；国家机关和事业单位的职工福利费是按财政部规定提取一定的资金。1956年规定，区级以上工作人员福利费标准按工资总额的5%提取，乡镇干部按3%提取；工会会费中的20%部分可用作职工困难补助，福利经费还可从单位行政事业费、各项福利设施的收入、国家提供的各种基本建设投资中所包含与职工福利有关的建设幼儿园、食堂、职工住宅等方面的费用中提取。

(二) 社会福利制度的发展 (1957—1983)

在计划经济体制下，中国社会福利制度经过20多年的探索，初步形成了国家负责、板块分割、封闭运行的传统福利体制框架。即国家主要通过"高就业、低工资、高福利"的方式保障：单位就业人员的职工福利；对未就业的单位以外的人员、"三无"城镇孤寡老人、孤儿、残疾人等群体的民政福利；农村五保供养制度；城镇居民的价格补贴以及国家举办的某些科教文卫事业方面的公共福利。

1. 职工福利

职工福利成为这一时期传统福利制度的核心内容。1957年1月和5月，国务院先后发出了《关于职工生活方面若干问题的指示》、《关于国家机关工作人员福利费掌管使用的暂行规定的通知》，就职工住宅、交通、生活必需品供应、困难补助以及职工福利费用的来源和使用做出明确规定。同年9月，中共八届三次（扩大）会议召开，要求逐步开展职工福利事业，"二五"期间要对劳保福利工作进行整顿，整顿不合理的制度，适当降低过高的福利待遇；提倡依靠群众集体力量办福利，采用互助互济的办法解决职工生活中的某些困难问题。

对此，各地区、各有关部门做了部分改革：一是暂缓建立或者取消部分不合理的补贴制度；二是降低福利费标准，如中央机关工作人员的福利费由过去按工资总额5%提取改为按2.8%提取，区以上各机关和中央各机关驻在外地的机构按3%提取、乡镇机构按1%提取；三是取消部分产业部门不合理的房贴制度。1962年4月，国务院发布了《关于企业职工福利补助费开支办法的规定》，修订了企业职工福利补助费开支办法。1965年8月，内务部下达了《关于国家机关和事业单位工作人员福利费掌管使用问题的通知》，规定福利费仍以解决工作人员及其家属生活困难为主。

"文化大革命"期间，我国社会福利事业受到严重的挫折。如规定国有企业的职工福利经费先按职工工资总额的11%在成本中提取，不足部分再在企业税后利润中列支，与企业的经营好坏不挂钩。此外，全国原有的300多个疗养院、福利院等机构被取消，劳动保险费改由企业自行负担，社会保险走向"企业保险"，社会福利事业也发生了相应的转变，形成了"企业办社会"状况。

2. 城市民政福利

1958年6月，内务部召开了第四次全国民政会议，总结推广了举办精神病人疗养院、退休人员公寓、贫民疗养院等福利事业的经验。随后，全国各地新建、扩建了许多养老院、精神病人疗养院和儿童福利院等社会福利机构。社会福利生产企业在1959年7月的第五次全国民政工作会议进行了分类定型，明确以安置残疾人就业为主的生产单位为社会福利企业，享受国家的优惠政策。"文化大革命"期间，民政福利发展同样受到严重破坏，许多福利事业单位被强行合并和撤销，福利设施遭到破坏。

1978年2月，民政部成立，内设城市社会福利局，负责城市社会福利事务，包括社会福利设施、社会福利工厂、社区福利服务，等等。1979年11月，全国城市社会救济福利工作会议召开，进一步明确了城市社会福利事业单位的福利性质，制定了恢复和发展社会福利事业的方针和政策。

3. 农村"五保"供养

在计划经济时期，我国农村的社会福利制度主要是"五保"供养制度。1956年6月，一届人大三次会议通过的《高级农业生产合作社示范章程》规定：农业生产合作社对于缺乏劳动能力或者完全丧失劳动能力、生活没有依靠的老、弱、孤、寡、残疾的社员，在生产上和生活上给以适当的安排和照顾，保证他们的吃、穿和柴火的供应，保证年幼的受到教育和年老的死后安葬，使他们生养死葬都有依靠。文件规定的保吃、保穿、保烧、保教和保葬，简称"五保"，享受这种照顾的家庭和人被称为"五保户"和"五保对象"。从此，"五保"供养制度成为各级政府以及民政部门的一项长期性工作。此外，为了解决一些老年人无人照料的问题，部分地方开始试办敬老院，对"五保"对象实行集中供养。

（三）社会福利制度的转型（1984年后）

随着我国经济改革的全面推进，市场经济体制逐渐确立，社会福利制度的内在缺陷和问题日益凸显。为此，对福利制度进行改革，构建中国特色社会福利体系。

1. 职工福利

改革开放后，国家颁布了国有企业破产、职工待业保险等方面的法规政策。一旦劳动者所在的单位破产，其所享有的各种福利待遇也随之丧失。因此，在向市场经济转轨过程中，职工福利制度改革伴随左右，沿着两条改革路径展开。一是厘清福利与工资的关系。把各种带工资性质的福利补助纳入工资分配范畴，不从企业职工福利基金中列支；把保险费用与福利费用分开，通过设立企业社会保险基金，把在职职工和非在职职工的养老、医疗、待业、工伤、生育等保险项目囊括其中。2007年1月实行《企业财务通则》已没有应付福利费及其计提的内容，标志着职工福利基金开始从企业税后利润中提取、列支，即企业要根据自身经济效益状况设置职工福利项目、决定职工福利水平以及待遇。二是加快单位福利设施服务社会化。1992年6月，中央发布了

《关于加快发展第三产业的决定》，提出，现有的大部分福利型、公益型和事业型第三产业单位要逐步向经营型转变，实行企业化管理，要以社会化为方向，积极推动有条件的机关和企事业单位将现有的信息、咨询机构、内部服务设施和交通运输工具向社会开放，开展有偿服务，自主经营，独立核算。自此，企业开始了以"企业后勤服务社会化、产业化"为主要内容的福利设施服务改革，推进企业参与市场竞争，实现了由封闭福利型到开放经营型的过渡。

2. 民政福利

改革开放以来，民政福利的改革方向由"补缺型"向适度"普惠型"转变。

（1）在改革社会福利机构方面。

1984年11月，民政部召开了全国城市社会福利事业单位改革整顿经验交流会，提出了社会福利事业要向国家、集体、个人一起办的体制转变，由救济型向福利型转变；由供养型向供养康复型转变；由封闭型向开放型转变的发展方向。

1999年12月，民政部颁布《社会福利机构管理暂行办法》，开始将各种福利机构与公益机构纳入统一、规范管理的轨道。2005年11月，民政部发布《关于支持社会力量兴办社会福利机构的意见》中提出，推进社会福利社会化必须广泛动员社会力量多渠道、多层次参与福利事业、兴办福利机构，开展形式多样的系列化服务。

（2）在改革社会福利企业方面。

坚持分散安置与集中安置相结合，倡导在全社会做好残疾人劳动就业工作，大力发展社会福利生产。其中，1992年1月，民政部发布了《关于加强社会福利生产管理工作的决定》；1999年9月，劳动社会保障部等部门发布了《关于进一步做好残疾人劳动就业工作若干意见》。随后，各地民政部门及福利生产管理部门对福利企业进行改制、改组，提供优惠政策和扶持措施。

（3）在社会福利经费来源方面。

逐步打破了国家或单位包办的格局，形成了多渠道的福利经费来源，以政府财政拨款为主，集体投入和发行福利彩票为必要补充的社会福利供款格局和责任分担机制正在形成。

3. 社区服务

1987年9月，民政部召开了第一届全国城市社区服务工作座谈会，明确了社区服务的性质、特点、内容和范围。

1993年8月，民政部等部门联合发布了《关于加快发展社区服务业的意见》，对社区服务业的任务、规划、资金筹措、管理等做了原则性规定。

自2000年全面推进城市社区建设以来，社区作为加强社会管理和提供社会服务的新平台，发挥着越来越重要的作用。2006年4月，国务院颁布了《国务院关于加强和改进社区服务工作的意见》，提出大力推进公共服务体系建设，使政府公共服务覆盖到社区。2007年5月，国家发展改革委、民政部联合印发《"十一五"社区服务体系发展规划》，该规划是国家就社区服务问题制定的第一个发展规划。2011年，民政部在对"十一五"期间社区工作成果的基础上，发布了《城乡社区服务体系建设"十二五"规划》，提出逐步建立面向全体社区居民，主体多元、设施配套、功能完善、内容丰富、队伍健全、机制合理的社区服务体系。

2012年民政部、财政部联合出台了《关于政府购买社会工作服务的指导意见》。2011年和2012年，中组部、民政部等多部委联合出台了《关于加强社会工作专业人才队伍建设的意见》和《社会工作专业人才队伍建设中长期规划（2011—2020年）》，专业社会工作服务有了长期规划。

随着社区成为社会服务提供、生产与消费的基本单元，为了满足社区居民日益增长的社会服务需求，需要建立以政府为主、非政府力量为重要辅助的多元化提供模式成为了共识。针对目前社区社会服务"单中心"模式存在的弊端，我国社区社会服务要引入契约、委托代理机制，已成为当今社区服务提供和生产的首要选择。在改革措施上，一方面要进行行政管理体制改革，政事、政社分开。另一方面要创建以需求为导向，以项目为载体的社会服务模式。[1]

总之，我国社会福利制度的保障范围逐渐拓展，逐步由补缺型向适度普惠型转变，而且社会福利社会化特征也日渐凸显，社会福利制度经历制度重塑并向新的社会福利制度模式转变，中国特色的社会福利体系正在形成。

---

[1] 林闽钢：《我国社会服务管理体制和机制研究》，《华中师范大学学报》（人文社会科学版）2013年第3期。

二 中国社会福利制度的主要问题

改革开放以来,中国社会福利制度的发展与改革取得一定的成就,但还存在明显的不足。

(一) 制度"补缺",覆盖面较窄

与社会保险的覆盖范围和覆盖对象相比,现行的社会福利体系除了将可以纳入儿童福利的九年义务教育上升到法律层面并普遍实施外,迄今并无其他普惠性的社会福利法律法规。在民政福利模式下,国家在社会福利提供中的作用有限,社会福利资源不足,社会福利内容十分有限,主要包括为孤寡老人、孤儿和残疾等特定困难群体提供的政策措施,社会福利受益对象十分狭窄。目前的社会福利制度属于典型的补缺式制度安排,与社会救助混杂在一起,覆盖范围窄,受益人口少。这种残补式制度安排,已经无法适应市场经济条件下社会转型和社会变迁的需要,无法满足广大民众的福利需求。

(二) 城乡分割,运行机制落后

在中国社会福利事业的实践中,社会福利机制呈现出城乡分割、封闭运行的状态。此外,由于现行社会福利制度过于强调政府办福利的作用,客观上抑制了行业组织的培育与发展。可以说,我国社会福利运行机制严重滞后经济转型与社会进步的步伐,其结果是公办福利机构无法发展壮大,社会参与也因此被排斥在外。

(三) 资金不足、福利供需矛盾突出

社会福利属于长期供给项目,但因资金投入不足,造成结构不良的现象。一方面,政府每年用于福利方面的开支较少。因为民政部门动用的公共福利资源主要是福利彩票发行所形成的彩票公益金与社会捐赠,它来自非税收,属于社会集资性质。在这样的情形下,政府对社会福利发展的调控力度十分有限,社会福利事业自然很难得到健康发展。另一方面,在有限的社会福利资源中,内部又存在着"分配不均"的现象,资源主要集中在中高端

退休人群与政府举办的福利机构，福利机构面向的对象基本上限于鳏寡孤独，属于传统的救济对象，实质上是社会救助制度的扩展。这使得社会福利的投入实际上处于并不面向全社会，也无法调动市场资源参与的内部封闭运转模式。这自然会造成对儿童服务、老年服务、残疾人服务供应短缺的状态，影响着社会福利制度的健康发展。

（四）多头管理，监管体制不顺

社会福利的公益性、规范性和普惠性特点，要求社会福利在制度设计上要统筹规划，统一监管，即使是不同社会群体因不同福利诉求而需要有不同的制度安排，也应当在统一的监管体系下按照统筹规划的原则进行。目前，多头管理的行政体制将直接导致政策分割与资源分割，使民政部门的监管职能被弱化。

（五）专业社会工作人才短缺，制约中国社会福利的发展

社会工作专业人才是具有一定社会工作专业知识和技能，在社会福利、社区建设、婚姻家庭、精神卫生、残障康复、教育辅导等领域直接提供社会服务的专门人员，是现代社会服务体系的重要支撑。在我国，社会工作人才的培养起步较晚，社会工作无论从理论基础还是从实践经验上来看都显得相当薄弱。现阶段我国社会工作人才培养存在着以下问题：

第一，现有社会福利组织员工年龄老化、知识陈旧、专业化水平低下，迫切需要大批受专业训练的社会工作者，而受过专业训练的社会工作专业毕业生存在难以进入福利机构的问题，同时部分毕业生主观上不愿进入福利机构，形成了福利机构的社会需求与社会工作教育之间的严重脱节现象。

第二，社会工作专业教育呈超常态发展，但是毕业生缺乏清晰的就业市场，职业声誉不高。同时专业社会工作水平不足，专业教材、专业师资缺乏，理论建设滞后，经验不足。

三 中国社会福利制度的改革路径

（一）中国社会福利制度的改革目标

在向现代社会福利制度转型的过程中，国家应以福利制度完善、福利内容

优化、职业福利市场化作为新型社会福利制度发展的目标。

1. 完善福利制度

建立健全现代社会福利法制体系，整合福利资源、完善运行机制。如制定《社会福利法》等法规，将财政性补贴转变为面向城乡居民家庭的社会津贴，将教育福利重新界定分类，强化义务教育，进一步淡化高考教育与职业培训教育的福利色彩，大力促进社区服务的发展，培育社会福利工作者等。

2. 优化福利内容

第一，对现有的社会福利项目进行调整，使之与新型社会福利体系接轨。第二，将政府举办的各种福利设施向全社会开放，推进福利社会化，以适应社会成员对福利的普遍性需求。

3. 市场化职业福利

按照市场经济的要求，将职业福利进行分类处理，将具有社会职能的部分传统职业福利从企业或单位中剥离而归为社会化福利，让另一部分符合企业或单位发展战略的职业福利成为企业或单位内部的激励措施，部分职业福利由社会公益事业团体具体承办，使之成为社会化或社区型的福利设施和福利项目。①

（二）中国社会福利制度发展的路径选择

1. 推动社会福利制度由补缺型向适度普惠型转变

（1）构建"津贴+服务+优待"三位一体的政策框架。以发展面向老年人、儿童、残疾人等特殊人群的相关公共服务为主体，以提供有限的老年津贴、儿童津贴（或家庭津贴）、残疾人津贴为补充，让他们能够更加公平地分享到国家社会经济发展成果。

（2）做好"普惠+特惠"双层架构的制度安排。以普惠性的制度安排为主体，同时考虑到老年人、儿童、残疾人、妇女的特别诉求，提供护理、保育、康复等个性化或特色化的服务，以保障和改善这些群体的生活质量。

（3）实施"公办+公助民办+民办"三轨并行的社会福利事业机制。基于传统路径与现实需求，在相当一段时间内，还有必要保留一部分公办福利设

---

① 丁学娜、林闽钢：《职业福利的定位及其发展趋势》，《社会保障研究》2013年第3期。

施，以便为极端弱势群体提供相关服务。但宜以公助民办为主体，即通过具备独立法人资格的社会慈善、公益服务组织为有需要者提供相关服务，政府则可以提供财政资助、政策优惠或者购买服务；考虑到不同群体的社会分层，一部分收入较高者会要求更好的社会服务，因此，应当促进市场化的民办公益机构的发展。如果能够做到以公助民办、官民融合的社会福利事业实施机构为主体，并辅之以少数公办、民办实施机构，在统筹规划的条件下合理布局，将会使社会福利事业的公平与效率得到有机统一。[①]

2. 推进实施社会福利服务社会化

（1）政府举办的福利机构社会化。如将公办的福利机构改制为私立的社会组织，并面向全社会开放。

（2）通过对企业或用人单位举办的福利设施的剥离，使托幼机构、老年保健服务、职工疗养院等从单位附属机构转变成面向大众的社会化的公共福利组织。

（3）鼓励民间力量举办社会福利事业，简化社会福利机构的申办手续，提供政策性优惠，通过相应的公共投入来扶持并促使社会福利组织不断壮大与持续发展。

（4）引导并扶持社区服务快速发展。如建立各种社区型服务组织，大力培育专业社会工作者，使社区服务网络化，并面向社区所有居民，而非将流动人口或农民工排除在外。

（5）制定专门的家庭支持政策，以达到维系并促进家庭保障的优良传统，如建立家庭津贴制度、明确有利于维护家庭成员友爱互助的政策导向等。

3. 加大公共投入，创新筹资渠道

资金短缺是困扰中国社会福利发展的关键问题之一，应该继续加大对社会福利事业的公共投入，辅以多元化的筹资策略来扩充社会福利资金存量。主要包括：

（1）应当将财政性社会福利投入增长幅度快于财政收入增长幅度的指标纳入中央与地方政府的发展规划，并作为约束性指标。

（2）从国有企业的利润和国有土地的收益中提取相对固定的比例，作为社会福利事业的资金来源，以体现全民所有、全民共享。

[①] 郑功成：《中国社会福利的现状与发展取向》，《中国人民大学学报》2013年第2期。

（3）探索扩大博彩业的社会福利筹资功能。全面认识博彩业的社会福利筹资功能，在坚持并完善现行福利彩票、体育彩票的同时，探索其他博彩方式，并使之常规化。

（4）引导社会捐献，发掘日益丰厚的民间资源潜力促进社会福利事业的发展。

（5）探索向受益者收费。社会福利不是社会救济，它虽强调不以营利为目的，但并不等于提供"免费午餐"，因此，除无依无靠、无生活来源、无抚养关系人的极少数社会成员外，绝大多数社会成员在享受社会福利时均应承担相应的缴费义务。如养老院在保证孤寡老年人得到收养的同时，可以对有经济承受能力的入院老人收取相应的费用，以补充养老机构经费之不足。

4. 整合社会福利事业管理与监督职能

目前，中国社会福利事业分块而治，不仅无法对整个社会福利事业进行统筹规划、制度设计，而且存在着重复与缺漏并存、效率低下的现象。应以民政部为主体，通过对职能调整与机构重组，整合社会福利事业管理与监督职能。

5. 加强中国社会福利事业法制化建设

中国目前的社会福利存在立法偏少、与其他社会政策混杂，法律、法规缺乏刚性规范等问题，不能真正作为推进老年人、妇女、儿童、残疾人福利事业发展的法制保障。因此在向现代社会福利制度转型的过程中，应当对社会福利法制建设方面做研究探索。

（1）研究制定《社会福利法》这一基本法和专门的《老年人福利法》、《妇女福利法》、《儿童福利法》、《残疾人福利法》系列法律法规。

（2）制定一些新的专门法如社会服务法等，为社会福利事业的发展提供基本的法律依据，明确个人、社会和国家的责任，使各项社会福利事业运行在法制轨道上。

6. 加快社会工作人才专业化培养

加快专业化社会工作人才的培养，推进我国社会福利事业的发展。2010年《国家中长期人才发展规划纲要（2010—2020年）》中提出，到2015年将培养200万社会工作专业人才，到2020年培养300万社会工作专业人才。2012年中央19部委颁布了《社会工作专业人才队伍建设中长期规划（2011—2020年）》。这些规划的出台，都表明我国加快推进社会工作人才专业化培养的步伐。

（1）建立和完善社会工作人才培养体系，除了加强高等院校的社会工作学科建设，也要加强社会工作从业人员的继续教育。

（2）建立和完善社会工作人才评价制度体系，包括完善社会工作者职业水平评价制度，实行专业技术职务聘任制度等。

（3）建立和完善社会工作人才激励保障制度体系，切实解决社会工作领域从业人员薪酬待遇偏低、职业发展空间不足以及社会地位不高等问题，调动社会工作从业人员的积极性和主动性。

【本章小结】

社会福利作为一种制度是社会保障体系的重要内容。从狭义的角度，社会福利是指对社会上不幸的人给予物质或金钱的救助。从广义的角度，社会福利指向社会上全体民众的需要，是指将社会福利视为现代社会的制度之一，与经济制度相协调合作，积极为健全社会发展目标而努力。

社会福利具有普遍性、利益投向呈一维性、单向性、服务性、高层次性、供给多元性的特点。社会福利模式多样，按政府与市场的关系，可以把社会福利模式划分为残补式社会福利、制度式社会福利；还可以划分为残补式社会福利、工业成就表现式社会福利、制度再分配式社会福利。社会福利具有补救功能、维持型功能、发展功能等功能。老年人社会福利、残疾人社会福利、儿童社会福利和妇女社会福利，而特殊性社会福利则包括就业福利和住房福利。

中国社会福利制度变迁大致经历了三个发展阶段：社会福利制度的创建阶段、社会福利制度的发展阶段以及社会福利的转型阶段。中国社会福利制度改革目标应为：以福利制度完善、福利内容优化、职业福利市场化作为新型社会福利制度发展的目标。在路径选择上，推动社会福利制度由补缺型向适度普惠型转变；推进实施社会福利服务社会化；加大公共投入，创新筹资渠道；整合社会福利事业管理与监督职能；加强中国社会福利事业法制化建设；加快社会工作人才专业化培养。

【思考题】
1. 如何理解广义的和狭义的社会福利概念？
2. 社会福利的提供主要有哪些模式？
3. 如何理解人口老龄化和老年人福利的关系？
4. 儿童福利通常包括哪些内容？
5. 我国社会福利存在的主要问题是什么？

第十一章

社 会 救 助

社会救助在实现社会公平、维护社会稳定和促进经济发展等方面发挥着重要的和不可替代的作用。世界各国一般都视社会救助为一种救困助贫措施，是国民生存权的基本保障，体现了政府的基本责任。

第一节 社会救助概述

一 社会救助概念

社会救助（Social Assistance）是指国民由于各种原因导致生活贫困而难以维持最低生活水平时，国家和社会按照法定程序给予款物或服务，以使其生活得到最基本的保障。

社会救助通常包含以下三层含义：第一，社会救助是国家通过立法来保护救助对象，因此社会救助是国家对其国民的法定责任和义务。第二，任何家庭或个人，只要其收入低于国家规定的贫困线都有资格获得救助。在这个意义上，社会救助的潜在对象包含每一个公民，尽管实际救助对象可能不多。第三，社会救助提供的通常是最低生活保障，并要求受助者接受家庭经济状况调查之后才能获得救助。

二 社会救助分类

按照不同的分类标准，有不同的分类结果。按照实施的主体可以分为政府救助和民间救助；按照地区可以分为农村救助和城市救助；按照实施的时间可以分为长期救助和临时救助；按照是否生活在机构内可以分为机构救助和非机构救助；按照给付方式可以分为现金救助、实物救助和服务救助等；按救助对象可以分为儿童救助、老年人救助、残疾人救助、失业者救助、病人救助等。从各国的情况来看，按内容的划分最为常见：

1. 生活救助

生活救助主要解决贫困人员的温饱问题，满足他们衣、食、住等方面基本生活需求。生活救助是社会救助制度中最主要的组成部分。政府一般是先要制定一条贫困线，然后对提出申请的人进行经济状况调查，最后才确定对于那些收入低于贫困线下的申请者予以生活救助。

2. 灾害救助

灾害救助是指公民在遭受灾害而造成生活困难时，由国家或社会提供的资金或物质等方面的救助。灾害救助既包括灾害发生时对灾民的紧急援助，也包括灾后重建时维持灾民的基本生活。

3. 医疗救助

医疗救助是指政府或社会对因病而无法支付医疗费用的贫困人口进行支持或帮助。医疗救助通常包括两种情况：一是有些患者因为没有纳入医疗保险而无法承担高昂的医疗费用，因而需要给予医疗救助。二是有些患者尽管参加了医疗保险，但是由于医疗保险自付部分的费用仍然使其个人或家庭难以承受，这时也需要给予医疗救助。

4. 教育救助

教育救助是一种旨在帮助贫困学生完成学业的项目。教育救助的对象既包括中小学生，也包括大学生。救助方式主要有现金和实物。现金救助有学费减免或现金资助等。实物救助包括发放学习用品、生活用品或提供营养午餐等。

5. 住房救助

住房救助是指政府向那些无力通过市场手段获得基本居住条件的低收入者提供一定帮助的救助项目。住房救助的实质是政府承担住房市场费用和居民支付能力之间的差额，以解决低收入居民的住房问题。住房救助主要包括两种方式：一是政府给低收入者及其家庭提供住房，并收取远低于市场价格的房租。二是给低收入者提供房租补贴，由其自己从市场上租房。

6. 法律援助

法律援助是指对某些经济困难或特殊案件的当事人给予减免诉讼费用或提供法律支持服务。法律援助的实质是为了解决公民在法律面前事实上不平等的问题的制度安排。

三 社会救助功能

1. 保障救助对象的基本生活

社会救助通过设置社会认可的标准，使贫困人员能够维持一个基本生活水平，获得基本医疗、教育或就业等方面的资金或服务帮助，让他们尽可能地自力更生，并避免其子女和家庭成员陷入贫困的恶性循环。

2. 为救助对象提供紧急援助

灾害救助、医疗救助和一些临时性救助都是为公民遭受突发灾难时提供援助，以帮助他们渡过难关、恢复生产和生活能力，避免陷入贫困。

3. 提高救助对象的发展能力

教育救助、医疗救助等的根本目的是保持或提高劳动者素质，维持劳动力再生产。一些生活救助项目（例如最低生活保障制度）针对有工作能力的人往往有强制性工作要求或参加职业培训的要求，这些都是为了提高贫困者生存能力。

4. 维持劳动力再生产

灾害、疾病、残疾等原因引起的贫困问题往往导致劳动者暂时丧失劳动能力和收入来源。社会救助可以帮助贫困人员渡过难关、恢复劳动能力，从而从总体上维持整个社会的劳动力再生产。

5. 缩小社会分配差距，维护社会稳定

社会救助资金以政府财政支出为主，其经费来源主要是税收。一般说来，收入高的人纳税越多，而获得救助的贫困者纳税少甚至不纳税。因此，社会救助有利于缩小收入分配差距。此外，社会救助还有部分资金来自慈善捐赠，同样利于缩小收入分配差距。

市场竞争、收入分配不合理和经济发展落后等原因必然导致贫困，而贫困现象的存在直接威胁到社会的安全稳定。社会救助制度在整个社会保障安全网中起着"兜底"的作用，是最后一道防线，不仅能够解决贫困人口的生活困难，而且可以发挥安定人心、维护社会稳定的作用。

6. 促进社会公平，缓解贫困的代际传递

由于个人、家庭或社会等方面的原因，有些社会成员一开始就生活在贫困家庭中。与其他社会成员相比，贫困家庭成员在起点上明显不公平，很容易发生代际传递的问题。社会救助制度的介入，在一定程度上能够缓解贫困的恶性循环，促进社会公正。

第二节 生活救助

一 国外生活救助

生活救助是社会救助制度最核心的部分，对于保障贫困人员的基本生活具有重要意义。由于国情和历史不同，世界各国的生活救助既有相同之处，又有明显差异。

（一）英国生活救助

1. 英国生活救助制度的产生

英国是世界上最早进行工业革命的国家，也是世界上最早进行现代社会救助制度探索的国家之一。

1531 年，英国地方政府就开始对区域内的老弱贫民进行调查登记，并允许他们在指定的区域内行乞。随后，英国又建立了一项公共救济制度，由各教区负责供养居住满三年不能工作的贫民。1563 年，英国国会通过立法，规定各户按照收入状况出捐，采用类似于征收"济贫税"的方式来救济当地贫民。

1601 年，在总结各地济贫探索的基础上，伊丽莎白女王颁布了一部综合性的法典——《济贫法》，史称旧《济贫法》。该法规定：第一，建立地方行政和征税机构；第二，为有劳动能力的人提供劳动场所；第三，资助老人、盲人等丧失劳动能力的人，并为他们建立收容场所；第四，组织穷人和孩子学艺；第五，提倡父母子女的社会责任；第六，从比较富裕的地区征税补贴贫困地区。《济贫法》兼具强迫劳动和法律救济的性质，并且十分强调对"懒惰者"的惩罚。该项制度的经费由地方筹集，且受益人仅限于当地居民，因此有很强的地方性。

到 17 世纪，英国工商业迅猛发展，引发了大规模的圈地运动。大量农民被迫离开土地来到城市，成为乞丐、流浪汉或盗贼。同时，美国独立战争、法国大革命爆发和英国工人阶级的诞生，使得英国统治者认识到必须采取措施缓和社会矛盾。面对这种情形，1795 年，英国实行了斯宾汉姆兰德制（Speenhamland Act）。该法规定对工资低于最低限度的工人，由教区按照面包价格和一个成年男子所赡养的人口数予以津贴补助。斯宾汉姆兰德制的意义在于把济贫的范围扩大到了所有贫困就业家庭，建立了一种广泛的户外救济制度。

到了 19 世纪 30 年代，英国工业革命达到高峰。旧的济贫制度虽然对穷人进行了救济，但不能改变穷人境遇。特别是救济的地方性原则限制了劳动力的自由流动，阻碍了资本主义经济自由发展。

1834 年，维多利亚女王对旧《济贫法》进行修改，并通过了新《济贫法》。新《济贫法》的基本措施包括两个方面：第一，提高了享受救济待遇的资格条件，从而限制救济对象。例如，规定有工作能力的人必须在济贫院居住才有资格接受救济。在济贫院居住的受助者，丈夫与妻子及子女必须分开，这从生活质量上进一步限制了济贫需求。第二，济贫行政管理的集中化，改变地方分散救济状况。集权化的目的是为了避免腐败和不称职，提高效率，并促进劳动力自由流动。

2. 英国生活救助制度的发展

19 世纪末 20 世纪初期，长期经济萧条使得贫困和失业成为当时最尖锐的社会问题，社会救助制度也在逐渐发生变化。从 1889 年到 1901 年，查尔斯·布斯（Charles Booth）和朗特里（Seebohm Rowntree）等人通过对伦敦和约克郡的社会调查，揭示出英国贫困现象的普遍性和严重性。人们开始对由于"懒惰"而造成贫困的传统观念进行反思，贫困的社会原因逐渐受到重视。

20 世纪 30 年代，西方主要资本主义国家陷入了严重的经济危机。1935 年，由于大量失业人员的出现，英国设立了失业救助委员会并建立了全国性计划，对失业家庭进行经济状况调查以给他们提供帮助。失业救助委员会的成立将失业群体作为一个特殊的贫困群体，是社会救助制度的一个发展。1940 年，由于失业人数的减少，同时受到通货膨胀的影响使得老年人的实际生活水平显著下降，因此对贫困群体的关注从失业者转向老年人，失业救助委员会这时更名为救助委员会，其职责包括为老年人提供帮助。到 1943 年，救助委员会的责任又扩大到单亲妇女。

第二次世界大战期间，英国采取社会保险和社会救助相结合的方法来克服经济危机，为失业者提供基本社会保障。1942年，贝弗里奇提交并发表了《社会保险和相关服务》，设计了"从摇篮到坟墓"的福利措施，为英国建立福利国家提供了理论基础。

1948年，英国通过并实施了《国民救助法》，从而进一步完善国民救助制度。该法规定：凡是没有收入或收入太低，可以领取国民救助金。《国民救助法》的实施也使得英国将过去各种救助纳入一个统一的制度，从而建立起单一的社会救助制度。1976年，该法经过修订并更名为《补充津贴法》，因此，生活救助制度在英国也被称为"补充津贴"制度。1986年的社会保障法对贫困救助做了较大改革，将原来的贫困补助待遇（Supplementary Benefit）改成贫困收入支持（Income Support）。

英国的非缴费性收入支持可以分为两种：一是与家庭收入相关联的贫困救助制度，即接受家庭经济状况调查后，为收入低于一定水平的家庭提供的援助。二是体现普遍主义的福利，即只强调受益人的需要而不考虑其经济状况，这主要包括儿童、老人和残疾人福利。贫困救助共有两种：一是经过经济状况调查之后，只有收入低于一定水平的家庭才能享受的待遇。二是贫困补助金（Supplementary Benefit），包括补助性津贴（Supplementary Allowance）和养老金补助（Supplementary Pension）。前者提供给未达到退休年龄，但因病、因残不能正常工作或者因失业导致收入过低的人；后者提供给已达到退休年龄的老人，但他们或者无资格享受国民保险的养老金，或者因为国民保险提供的养老金水平达不到一定标准，需要通过社会救助保证其基本生活。

英国社会救助是绝对贫困的定位，其贫困线每年由国会规定，在理论上是按照需要水平加以确定。贫困线的确定考虑三个因素：一是体现"正常需要"的基本待遇；二是体现"特殊需要"的待遇；三是体现"居住需要"的住房补助。在经济状况调查方面主要看家庭收入情况，同时还对资产有规定。在贫困救助待遇方面，国会规定不是按照简单的家庭人均收入水平，而是按照不同家庭类型制定标准。另外，贫困标准还排除了一些群体，首先是把全时工作者排除在外，社会救助只针对没有就业人员或者只做零工人员。为了防止有人恶意利用社会救助，还规定不满60岁的人（除了残疾或有不满16岁子女的单亲父母外）必须正在找工作才能申请救助。

贫困救助的待遇可以分为三大类：第一，对"正常需要"通过经常性贫困补助的办法提供收入支持；第二，对"特殊需要"则按照政府制定的需要目录提供实物或现金待遇；第三，通常情况下，有资格享受救助金的受益人，还可以享受住房待遇（Housing Benefit）。居住地方政府公房的人，可以得到租金折扣。居住私人住房的人，可以得到房租津贴。这些租房的贫困户还可以由社会保障部门代交房租和水费。居住私有住房的贫困户，如果他们是通过抵押贷款买房，还可以由社会保障部门代其支付利息，此外，贫困居民都可以享受房产税减免。[①]

（二）美国生活救助

1. 美国生活救助制度的产生

最早到达美洲新大陆的移民主要是靠互助来渡过难关。早期的新大陆移民非常强调慷慨，并且乐于助人，同时他们还得到了当地印第安人的帮助。但是，最早到达美洲大陆的移民深受英国《济贫法》的影响，在登上新大陆的短时间内迅速仿效英国建立了济贫制度。从 1607 年英国人在北美洲建立第一个殖民地——弗吉尼亚，到普利茅茨、弗吉尼亚、康涅狄格、马萨诸塞等殖民地分别于 1642 年、1646 年、1673 年、1692 年先后建立济贫制度。

新大陆一开始并没有像欧洲大陆那样的等级观念和贫富差别，并且早期的移民都是一批具有崇高宗教信仰的朝圣者，是受过相当良好教育的宗教徒，他们身上带着良好的秩序和道德因素。因此，他们在来到新大陆之后很快建立了自己的自治地方政府，并且这种自治性还赋予了人们比欧洲大陆更高的公共精神。自治乡镇组织有专门的济贫官员，负责济贫事务。济贫的经费是通过依法征收的税款中获得。当时最简单的济贫方式是将那些不能照顾自己的人，在每年一段固定的时间内分派到不同的家庭中去。比如在马萨诸塞殖民地，海德里市政议会于 1687 年通过了一项决议：设立一个专门的渠道，将需要救济的对象轮流送到各个家庭中，让他们与这些家庭的成员一起生活两个星期。对于那些需要暂时和部分帮助的人，则给予家庭之外的救济。此外，一些市镇也常常供应一些衣物和其他物品，穷人可以通过拍卖的方式以低价获得所需要的

---

① 孙炳耀：《当代英国瑞典社会保障制度》，法律出版社 2000 年版，第 72—74 页。

物品。

20世纪20年代末"大萧条"发生以后,当政的美国总统胡佛(Herbert Clark Hoover)坚守"自愿救济"和联邦政府不参与社会救助的信条,致使社会经济形势十分严峻。1933年,罗斯福(Franklin D. Roosevelt)当选为美国总统后把他在纽约州的经验带到了联邦。他在社会救济方面的工作主要包括两个方面,一是在1933年5月签署了《联邦紧急救济法》,并成立了第一个全国性的救济机构——联邦紧急救济署(Federal Emergency Administration),并且指定复兴金融公司拨出5亿美元作为对各州的紧急救济金。联邦紧急救济署的重大开支时期到1936年为止,在这一段时间里大约支出了30亿美元,绝大多数用于直接救济。[①] 1933年11月,罗斯福还指令建立了民用工程管理局(The Civil Works Administration, CWA),开始了大规模的以工代赈。民用工程管理局的成立无疑是当时救济方面最成功的措施,因为它的设计并不仅仅是"救济",而是让人们尽快投入工作。

1934年6月8日,罗斯福提交给国会一份特别咨文,要求创建一种"能提供保障以预防几种重要因素对人们生活的冲击"的机制。三周后,罗斯福指令创建了一个"经济保障委员会",并赋予其制订一个可行的拟提交国会审议的社会保障计划的责任。

1935年1月17日,该委员会完成了社会保障计划的制订工作,经修订后由罗斯福提交国会审议。国会众议院以371票对33票,参议员以77票对6票获得通过。[②]《社会保障法》的确立对于美国社会救助制度的发展具有重要意义,它的诞生使慈善性和临时性的援助让位于永久性的救助制度,标志着私人慈善救助形式时代的终结。

2. 美国生活救助制度的发展

第二次世界大战结束以后,经济的发展、民众的支持加之贫困现象十分严重等原因,美国社会救助制度获得了发展,进入了发展的黄金时期。到肯尼迪(John Fitzgerald Kennedy)入主白宫时,基于美国严重的贫困现状,他号召美

[①] H. N. 沙伊贝、H. G. 瓦特、H. U. 福克纳:《近百年美国经济史》,彭松建等译,中国社会科学出版社1983年版,第412页。

[②] Walter. I. Trattner, *From poor law to Welfare State—A History of Social Welfare in America*, New York: the Free Press, 1984, pp. 270–271.

国人民向贫困开战,并提出了自己的具体策略,这些措施主要包括通过社会保障制度改善老年人的健康保险、为失业者和失业工人提供训练和再训练的财政援助、保持强有力的失业补偿金制度、改进公共福利和援助项目等。

约翰逊(Lyndon Baines Johnson)执政后更加关注贫困问题,并将社会救助的水平推向了一个新的高度。他推动和实施了一系列的措施和立法活动,被称为"伟大社会"(Great Society)。"伟大社会"是一个向贫困宣战的计划,它包括教育、医疗、就业、环境保护、住房、反贫困和民权等领域采取的一系列立法活动。

从《社会保障法》立法开始一直到二战以后,美国社会救助的规模不断发展、水平不断提高。这一时期的社会救助已经不仅仅是单纯事后救济的剩余模式,而是明显转向预防和救助相结合的全面福利模式。经过战后30多年的福利扩张,美国的社会救助制度基本上都已经建成。进入20世纪80年代以后,随着福利危机和全球私有化浪潮的兴起,美国社会救助制度又进入了新一轮的调整时期。

目前,美国社会救助制度中旨在维持基本生活水平的项目主要包括:补充保障收入、一般公众援助、抚养未成年子女的家庭援助、食品券等。

(1)补充保障收入(Supplemental Security Income,SSI)。补充保障收入的救助的目标群体主要包括老年人、失明者和残疾人。凡是接受补充保障收入的人事先都需要进行经济调查,确认其家庭经济条件在规定的标准以下才能获得补助的资格。

经济调查包括资产和收入两个部分。在具体支付时分为两种情况:那些生活在公共机构中,且大部分开支由医疗救助计划支付的人,其补充保障收入项目每月最多支付30美元。对于一般的人则视情况而定。补充保障收入的水平总体是随物价上升而上升的。总体看来,补充保障收入项目所提供的保障水平是比较高的。以1996年为例,补充保障收入单个人的收益水平是贫困线的75%,而夫妇能够达到贫困线的89.1%。[1] 补充保障收入项目提供的救助水平之所以比较高,主要源于美国人的两点共识:第一,补充保障收入的设置意图是要保证美国公民的最低收入水平,以便维持其基本生活。过低的给付不利于

---

[1] Harrell R. Rodgers, *American Poverty in a New Era of Reform*, New York: M. E. Sharpe, 2000, p. 126.

达到这一救助意图。第二，由于补充保障收入的目标群体是老年人、失明者和残疾人，因此即使给付水平稍高也不会引起人们对其工作伦理的质疑。

（2）一般公众援助（General Assistance，GA）。一般公众援助是帮助那些没有资格受助于联邦补贴资助的人，例如没有资格获得补充保障收入。一般说来，没有孩子的健康成年人通常没有资格申请这个项目。有些州也给健康成年人提供援助，但是通常对这些人有工作要求，而且通常有受助期限的限制。如果这些人没有遵循工作要求，那么将失去申请资格。与健康成年人相比，那些没有资格申请补充保障收入的残疾人、老年人、失业者和有孩子的家庭更有可能获得这个项目。因此，一般公众援助被看作是最后的救济手段。一般公众援助也是通过经济调查后才能获得，其受助者通常是那些极度贫困者。大部分州的资产限制在1000—2000美元之间，而且不考虑家庭规模。绝大部分州的一般公众援助的水平还不到联邦贫困线的一半。

（3）抚养未成年子女的家庭援助（Aid to Families with Dependent Children，AFDC）。抚养未成年子女的家庭援助是帮助那些没有独立能力（收入来源）抚养儿童的单亲母亲的项目。抚养未成年子女家庭援助的救助对象是"父母一方丧失劳动能力、死亡、长期离家出走和失业的家庭"里的孩子。最早该项目的救助对象是生活在贫困中的单亲家庭的孩子。

1961年的修正案（称为AFDC - UP条款）将父母亲长期失业的孩子也包括进来。1990年1月，抚养未成年子女家庭援助的相关立法又做出改变，要求所有州为那些收入低于贫困线以下的失业双亲提供资助，条件是他们要有工作经历。抚养未成年子女的家庭援助并没有统一的受益标准。各个州可以根据有资格的贫困家庭的需要来决定资助额度，一般的资助标准是家庭生活所必需的费用与各州规定补助金之间的差额。1996年联邦政府颁布了《个人责任与就业机会协调法》（*Personal Responsibility and Work Opportunity Reconciliation Act*，*PRWORA*）。新法案废除了抚养未成年子女家庭援助项目，取而代之的是贫困家庭临时援助（Temporary Assistance for Needy Families，TANF）。

（4）食品券。食品券制度设计的目标是让贫困家庭购买到充足的营养食品。食品券的受助者也必须接受经济调查。一般情况下，有资格接受食品券的人，其家庭净收入必须在联邦贫困线以下。食品券通常只能用于购买食品，而不能兑换成非食品类的东西，如肥皂、纸张、烟或酒，等等。但是也有一些例外，例如食品券可以兑换成蔬菜种子或幼苗等。

二 中国生活救助

1. 中国生活救助制度的产生

中国生活救助制度主要包括城市和农村两个部分。在城市，生活救助主要是城市居民最低生活保障制度。在农村地区，生活救助主要是农村五保供养制度、农村特困户救助和农村居民最低生活保障制度。

在计划经济时代，有工作单位的人（包括家属），其生、老、病、死都靠单位福利和保险来解决，剩下的"三无"人员（无劳动能力、无工作单位、无法定赡养人）由民政部门进行救济。20世纪80年代实行改革开放以来，随着"政企分开"、"企社分开"以及私有制、股份制等多种企业所有制形式的推行，原有单位保障的体制被打破，单位保障功能在逐步丧失。90年代以后，城市下岗工人的大量出现，使中国的城市贫困问题开始变得空前严重。中国城市最低生活保障制度于1993年开始在上海试点，到1999年9月国务院颁布了《城市居民最低生活保障条例》并于10月1日正式实施，标志着城市最低生活保障制度建立。

农村五保供养制度是在1956年6月一届全国人大三次会议通过的《高级农业生产合作社示范章程》中提出：农业生产合作社对于缺乏劳动能力或者完全丧失劳动能力、生活没有依靠的老弱孤寡以及残疾社员，要在生产上和生活上给予适当的安排和照顾，保证他们的吃、穿（保吃、保穿）和柴火供应（保烧），保证年幼的受到教育（保教）和年老的死后安葬（保葬），简称"五保"，使他们生、老、死、葬都有依靠。在农村集体经济占主导地位的时期，五保制度一直落实得较好。

到20世纪70年代末期农村改革以来，集体经济受到冲击，五保制度的生活救助功能开始不断弱化。为了重新规范农村五保制度，1994年1月国务院颁布《农村五保供养工作条例》明确五保经费和实物由农村集体经济组织提供，即从村提留和乡统筹费中列支。随着农村税费改革逐步推开，我国农村取消了村提留和乡统筹。因此，1994年的《农村五保供养工作条例》中关于农村五保供养资金的规定已不适应现实需要。为此，2003年国务院又出台了《农村五保供养工作条例（修订草案）》，明确今后五保供养资金在地方人民政府预算中安排，中央财政对财政困难地区的农村五保供养给予补助。这一规定将五保制度经费纳入了公共财政的保障范围,实现了五保供养从农民集体内部的互助共济,向国家财政供养的历史性转变。

2. 中国生活救助制度的发展

从 2007 年开始,中国生活救助制度建设进入了一个新的阶段,主要标志是在中央政府主导下迅速普及农村最低生活保障制度。

与城市最低生活保障制度相比,农村最低生活保障制度起步较晚。2006 年 12 月,中央明确提出在全国范围建立农村最低生活保障制度。2007 年 6 月 26 日,国务院在北京召开了全国建立农村最低生活保障制度工作会议。在中央政府的努力与推动下,农村最低生活保障制度迅速推广普及。截至 2007 年底,农村最低生活保障制度已经在全国基本普及。

近年来,随着城乡最低生活保障制度的实施,我国生活救助制度主要围绕促进"确保困难群众基本生活、确保社会救助公平公正公开实施"这两个目标,实现推进工作:①

(1) 规范最低生活保障申请审批程序。建立了从申请、受理、调查、评议到公示、审批、发放等一整套工作流程,并细化每个环节,形成了"最低生活保障对象有进有出、补助水平有升有降"的动态管理格局,以程序规范确保结果公正。

(2) 建立最低生活保障标准制定和动态调整机制。提出"基本生活费用支出法"、"恩格尔系数法"和"消费支出法"三种测算和调整最低生活保障标准的办法,为科学制定最低生活保障标准提供了依据。

(3) 建立社会救助和保障标准与物价上涨挂钩的联动机制。这主要是为了解决物价突发性上涨情况下困难群众基本生活保障问题。即当物价突发性上涨超过临界条件时,发放价格临时补贴;当物价持续上涨超过规定期限时,及时调整最低生活保障标准。

(4) 开展低收入家庭认定工作。为确保廉租住房、经济适用房等保障性住房公平分配,在有关部门的支持下,开展居民家庭经济状况核对工作试点,通过全面核查救助申请人的家庭收入和财产,准确认定社会救助对象。

---

① 刘喜堂:《社会救助制度的基本情况及未来发展》,《群言》2012 年第 1 期。

第三节 灾害救助

一 国外灾害救助

灾害是人类面临的共同难题。灾害救助制度从救助理念、管理体制以及相关法律政策等都具有共同性，但也存在较大的差异。

（一）美国灾害救助制度

1. 美国灾害救助制度的产生

美国灾害救助的范围非常广泛，既包括龙卷风、飓风、地震、洪水、干旱、泥石流、病虫害等自然灾害，也包括工业安全生产事故、交通事故及化学有毒物质泄漏、放射性工业污染和环境灾害等。此外，针对平民生命财产、损害国家利益的恐怖事件进行的援助也属于灾害救援管理范围。为了应对频繁且严重的各类灾害，美国积累了丰富的经验。灾害救助也由最初的自发状态发展到越来越多的国家介入救助，并形成了比较完善的灾害救助体制。

美国在最初立国的时候，基于对联邦权力约束的理念，联邦政府对灾害救助没有任何责任。美国早期的灾害救助主要是由教会、慈善机构等社会组织和地方政府实施。到了19世纪初期，新罕布什尔州发生了一系列火灾，给港口城市朴次茅斯造成了重大损失。1803年，国会通过了《国会法案》，该法案包含很多应对灾害的措施。例如，通过免除进口货物税来提供援助。这个法案被认为是联邦政府首次对灾害进行援助的立法尝试。1905年，国会决定美国红十字会作为灾害响应的主要协调机构。1906年，旧金山发生了里氏8.3级大地震，红十字会第一次在救助过程中发挥了重大作用。

20世纪30年代，主要西方工业化国家都发生了严重经济危机。美国联邦政府在罗斯福"新政"期间开始全面介入和处理经济危机造成的严重后果。联邦政府在兴建防洪工程、发放赈灾贷款、修复公路桥梁等方面做了大量工作，并积极救助自然灾害中的灾民。1939年，罗斯福成立"应急管理办公室"（The Office of Emergency Management，OEM）和"民防办公室"（The Office of Civil Defense, OCD），负责战时生产的安全保卫工作，并建立较为成熟的民防体制。

1950年，美国出台了《联邦灾害救援法》(The Disaster Relief Act)，该法虽然确定了联邦政府面对灾害应负的责任，但是仅在重大灾害时才对受灾州给予有限的援助。同年，美国还通过了《联邦民防法》(The Federal Defense Act)，决定在全国建立民防机构。在此后的20世纪60—70年代，美国还相继出台了《国家洪水保险法》(1968)、《救灾法》(1969)、《灾害救济法》(1974)、《联邦火灾预防与控制法》(1974)等。

20世纪70年代以前，尽管美国出台了很多有关自然灾害救助的法律，但是由于灾害救助涉及的联邦机构众多、责任不清、功能重叠，进而降低救助效率。为此，1978年美国全国州长协会发表了《1978年应急准备计划：最终报告》，建议建立一个联邦应急机构。

1979年，卡特总统鉴于国会和各州的压力发布总统令，将原来的住房和城市发展部灾害援助局、国防部国防民事预防局、联邦预防局、联邦保险局、国家消防局等相关机构合并组建联邦应急管理局，负责联邦抗灾和救助工作。但是，联邦应急管理局要协调联邦内部各部门之间的关系，同时还要处理国会、州和地方政府之间的关系。而更重要的是，在当时的冷战格局下国家应急管理的重心在民防，灾害救助与苏联的核战争威胁只能退居其次。

1993年，克林顿总统任命维特掌管联邦应急管理局。维特利用冷战结束的有利时机，将联邦应急管理局的重点放在灾害预防和减灾方面。经过多次调整后，联邦应急管理局逐渐向综合应急管理体系发展，并建立了全方位自然灾害和恐怖袭击指导、协调和预警体系。

2. 美国灾害救助制度的发展

冷战结束后，虽然大国军事对抗的风险大大降低，但是恐怖主义的全球蔓延却让美国民众再次绷紧神经。特别是2001年的9·11事件促成了美国国土安全战略的调整。2002年11月美国国土安全部成立，2003年3月联邦应急管理局并入国土安全部。作为国土安全部的一个内设司局，联邦应急管理局不再是一个内阁级的机构，不仅自然灾害方面的财政预算显著下降，而且应对自然灾害的职能在国土安全部框架内也被大大削弱。

重视反恐而轻视灾害救助的后果很快显现出来。2005年，美国发生了卡特里娜飓风（Hurricane Katrina）灾害。联邦政府在抵御飓风灾害过程中的严重问题受到美国各界的广泛批评。在联邦政府层面主要表现为国家抗灾行动未能实现统一指挥，联邦内部的指挥和协调存在缺陷等。2006年10月美国颁布了《卡特里娜飓风后应急管理改革法》(The Post-Katrina Emergency Reform Act)，强化了联邦应急管理局的职能，保持应急管理局机构和职能在国土安全部的完整性和独立性，并直接对总统负责。

2008年3月，国土安全部发布最新的《国家应急框架》(The National Response Framework)，规定如果发生灾害和紧急事件适用于《斯塔福救灾和应急援助法》，国土安全部及联邦机构和地方各级部门就必须根据《国家应急框架》相关程序立即做出反应，集中全社会的力量来承担联邦政府、州政府、市政当局、商业界和非政府组织在灾难应急中的作用和责任。

美国灾害救助制度经过较长时期的历史发展形成了比较鲜明的特色，总体看来可以归纳为以下几个方面：[1]

（1）重视灾害救助立法和规划。美国灾害救助既有专项救灾法，也有综合性立法，还包括应急管理机制的操作性文件。美国联邦政府出台了多部自然灾害救助管理法律，并根据形势的变化不断修订和完善。美国应急管理机制的操作性文件经历了几次重大的调整和完成，从《联邦应急计划》(FRP)到《国家应急计划》(NRP)再到《国家应急框架》(NRF)。这些文件的出台反映了美国应急管理理论在实践中摸索前进，也代表着美国应急管理机制的思路演变。

（2）巨灾保险在灾害救助中发挥积极补偿作用。美国《联邦灾害救助法》规定"鼓励个人、州和其他地方政府通过保险来补充或取代政府援助，从而增强自身的保护能力"。美国也是世界上设立巨灾保险项目最多的国家，不仅涉及地震、洪水及飓风等自然巨灾，而且还包括战争、恐怖袭击等人为灾难。由于巨灾风险的不可预测性和损失的巨大性，商业保险公司都不愿对巨灾风险提供保障，因此美国的巨灾保险项目都是政府立法。

（3）社会力量在自然灾害救助中发挥了重要作用。美国非常重视民间组织、企业和个人在灾害救助方面的作用。美国已经建立了一支庞大且具有较高专业技能的半职业化志愿者队伍。这些志愿者有医师、护士、司机、消防员、退役士兵、大学毕业生、保险经纪人等。志愿者参与政府救灾一般不计报酬，

---

[1] 张建伟：《自然灾害救助管理研究》，中国商业出版社2011年版，第71—76页。

但是通常国家还是会发给志愿者一定补贴。重要的志愿组织如美国红十字会、救世军等，他们在灾害救助过程中积极主动运输物资、组织捐献、安置灾民等，发挥着重要作用。

（4）重视灾后心理卫生援助服务。美国红十字会在灾难心理卫生服务项目干预标准中提出了灾后心理干预的三种常用方法：第一，减压。通常由1—2名接受过专门训练的心理卫生专业人员开展，以个体或小组形式，鼓励干预对象在相互支持的良好氛围中讨论他们的情感即有关事件。第二，危机干预。这是一种为减轻灾难对受害者或救援工作者极度痛苦的情绪采取的一对一干预方法。它关注"此时此地"，关注问题解决及建设性应付方式，而不是深层次心理问题。第三，分享报告。它是一种预先设置以讨论为主要形式的干预方法，多用于灾难救援工作者，以帮助他们将自己有关灾难的经历从感受上升到更深一层的理解。

（二）日本灾害救助

1. 日本灾害救助制度的产生

日本由于特殊的地理位置，使其成为地震、海啸、台风、暴雨、火山喷发等自然灾害频发和易发国家。自然灾害每年都会给日本造成巨大的生命和财产损失。由于灾害频发，日本政府和社会都对此特别重视，并积累了丰富的自然灾害防控、救灾和减灾经验。

为了应对严重的自然灾害，日本政府不断颁布、修订和完善灾害救助相关法律。早在1880年，为了确保在遇到灾害或饥荒的时候能够有足够的粮食和物资供给，日本颁布了《备荒储备法》，通过立法来进行粮食和物资储备，成为日本灾害管理立法的起源。1946年，日本发生了8.0级南海地震并造成了1443人死亡，这促成了1947年《灾害救助法》的颁布。《灾害救助法》的前身是《罹灾救助基金法》，但是《罹灾救助基金法》仅仅规定了受灾救助基金的设立，并没有就救助活动做任何规定。而《灾害救助法》则规定了救助的种类，包括收容设施的供给、食品和饮用水的供给、衣物和寝具及其他生活必需品的供给和借贷、医疗救助、受灾住宅紧急维修、灾民的救出、必要的资金或器具的供给与借贷、学习用品的供给和死者安葬等。此外，《灾害救助法》还对救助资金、违反主管机构救助命令应受到的惩罚等进行了规定。

1959年，日本发生了伊势湾台风，这直接促成了日本灾害管理基本大法——《灾害对策基本法》的制定。1961年《灾害对策基本法》颁布实施，不仅确立了国家、地方自治团体的防灾体制、明确规定权责归属，同时也规定了防灾计划制订、灾害预防、灾害应急对策、受灾重建与防灾有关的财政金融措施，以及其他灾害对策的必要基本规定。《灾害对策基本法》是以伊势湾台风所造成的灾害为模型所设的规定，对于更大的灾害可能不一定能充分发挥功能。因此《灾害对策基本法》颁布后，中央防灾会又根据实际应用中遇到的各种问题，特别是在经历了各种实际灾害应对时获得宝贵经验和教训，多次对《灾害对策基本法》进行了不同程度的修改。明确了从政府到普通公民等各种群体的防灾责任，并推进综合防灾的行政管理和财政援助。

2. 日本灾害救助制度的发展

1995年日本发生了阪神淡路大地震，这是日本有史以来第一次遭受直接冲击城市地区的大地震。地震的发生促使日本对其灾害管理和救助进行了反思，并推动了一系列法律法规的出台和修订，主要包括《地震防灾对策特别措施法》（1995年颁布）、《灾害对策基本法》（1995年6月和11月两次修订）、《大规模地震对策特别措施法》（1995年修订）、《特定非常灾害灾民的权利保护等特别措施相关法》（1996年颁布）、《密集城市街区的减灾促进等相关法律》（1997年颁布）。日本在阪神淡路大地震之前，对于"灾害救助"与"生活保护"之间的灰色地带问题一贯坚持"天灾国家不需负责，生活重建系自助努力"的原则，认为"生活重建"并非国家必须负担的责任。但是阪神淡路大地震发生后，受灾地区市民团体发起市民立法运动，与国会议员共同起草了《灾民生活重建支援法》。

1998年，日本颁布了《灾民生活重建支援法》，标志着日本政府介入灾民生活重建。《灾民生活重建支援法》的目的是针对因为自然灾害而造成显著损害并且生活重建有困难的人，都、道府、县给予灾民生活重建资金。在综合考虑受灾家庭的收入、家庭人数、户主年龄等状况后，依照等级分别给予100万日元、75万日元、50万日元、37.5万日元的现金。日本现行的社会保障制度中的《生活保护法》也是采用现金支付方式。但是，《生活保护法》的现金支付与《灾民生活重建支援法》的现金支付最大的不同之处在于后者采用一次性支付，并且灾民不需要事前提出所需经费的支出证明，但是支援资金的用途必须在事后提供相应的收据。

2004年10月，日本新潟县发生了里氏6.9级的强烈地震。针对重建问题，日本内阁确定了地震中房屋倒塌或损坏的受灾情况，政府跟进生活重建支援所使用的法律条款和参考法律条款，确定补助金额的范围。

由于日本所处的独特地理位置，日本政府和社会对灾害特别重视，尤其是在防灾、减灾和灾害救助管理上具有丰富的经验和鲜明特色，主要表现在以下几个方面：[①]

(1) 建立了一套行之有效的灾害预警、预报体制。日本通过政府、研究机构、学校和企业等各种力量，建立覆盖全国的地震和海啸监测系统。每当发生地震时，电视节目中变化立即播出震中、震级、有无发生海啸危险等消息。

(2) 重视防灾教育和演习。为培养民众防灾和救灾意识，日本警方不断印制和更新地震宣传手册。在国民防灾日（9月1日），日本要举行全国性综合防灾训练，以提高国民的防灾意识，检验中央和地方政府有关机构的通信联络和救助、救护、消防各部门间的运转协调能力，并对各类人员进行实践训练。

(3) 形成了"自助、公助、互助"三位一体救助体系。日本灾后救助体系分为自救、政府援助和社会救助三块。以地震为例，人们只要参加地震保险就能获得保险公司的赔付金，这是自助方面。公助主要有两种形式：一是通过地震保险再保险的方式，帮助保险公司开展地震保险业务并按标准赔付；二是中央和地方政府直接向灾民提供资金援助。在社会互助方面，除了社会捐款之外，金融机构也会出台一些救济措施减轻灾民负担。

(4) 发挥志愿者的重要作用。日本的非营利组织在阪神淡路大地震之前参与救灾不是很活跃。但是，1995年阪神淡路地震发生时，来自日本全国各地的大量志愿者和志愿团体通过互联网聚集在一起，并且先于政府救援部门达到灾区并迅速开展救治活动，开创了日本志愿团体参与灾害救助的新局面。

二 中国灾害救助

1. 中国灾害救助制度的产生

中国是一个自然灾害多发的国家。由于灾害频繁，历朝历代一直把灾害救助作为安抚民心、稳定社会、巩固统治的重要措施。中国古代社会在与自然灾

[①] 张建伟：《自然灾害救助管理研究》，中国商业出版社2011年版，第87—89页。

害做斗争过程中逐步形成了大量积极的灾害救助管理政策，如兴修水利、植林垦荒、重农贵粟、扩大积储等。在救灾过程中也逐步形成了灾后赈济、调粟、养恤、安辑、蠲缓、放贷等有效的灾害救助方法。

新中国成立以来，自然灾害依然不断危害着我国人民的生活。在新中国成立后的30多年时间里，通过和各种自然灾害做斗争，中国形成了一套具有中国特色的自然灾害救助体系。

新中国成立初期中央政府就提出了"生产自救，节约度荒，群众互助，以工代赈，并辅之以必要的救济"的救灾工作方针；人民公社化以后，根据农村集体经济组织具有的抗灾能力，又把救灾工作的方针修改为"依靠群众，依靠集体，生产自救为主，辅之以国家必要的救济"。为了卓有成效地应对自然灾害，中央政府确定了统一的救灾领导体制，并成立了中央救灾委员会统一领导、组织和协调灾害救助事务。

1949年12月19日，政务院颁布《关于生产救灾的指示》，要求"各级人民政府必须组织生产救灾委员会，包括内政、财政、工业、农业、贸易、合作、卫生等部门及人民团体代表，由各级人民政府首长直接领导"。1950年2月27日，中央救灾委员会成立，统筹全国救灾工作，董必武副总理担任主任，薄一波、谢觉哉等为副主任。与此同时，中央颁布的《中央救灾委员会组织简则》规定了灾害管理工作的主要任务，明确日常救灾工作由内务部负责。

1958年全国"大跃进"运动时期，在当时极"左"思想的指导下，对灾害的影响估计不足，错误地提出了要在短时期内消灭自然灾害的观点。在这种形势下，作为指导全国救灾工作的中央救灾委员会被撤销了。中央救灾委员会被撤销后，协调全国救灾工作划归了内务部。"文化大革命"开始后，内务部被撤销，原来由内务部农村社会救济司承担的救灾工作被分散到中央农业委员会、农业部、财政部等部门。由于救灾工作任务被分割，救灾工作受到很大影响。

新中国成立以后，我国也制定和颁布了一系列救灾工作的法律、法规、条例、办法、章程等，成为指导和改进救灾工作的依据。这一时期的法律法规主要可以分为以下两个方面：

第一，在综合救灾工作方面。1949年12月19日政务院发出《关于生产救灾的指示》、1952年5月14日内务部发出《关于生产救灾工作领导方法的几项指示》、1956年9月21日内务部发出《关于加强救灾工作的指示》、1957

年9月6日国务院发出《关于进一步做好救灾工作的决定》、1963年9月21日中共中央和国务院发出《关于生产救灾工作的决定》、1965年8月2日内务部印发《关于做好救灾工作的意见》等。

第二,在计灾、查灾、报灾方面。1951年3月9日中央生产救灾委员会发出《关于统一灾情计算标准的通知》、1952年11月3日内务部发出《关于加强查灾、报灾及灾情统计工作的通知》、1961年5月19日内务部发出《关于报告自然灾害内容的通知》。此外,当时的内务部和国务院还就救灾款物的发放、使用和管理,防灾备荒和灾荒救济以及制止灾民盲目外流等方面发出了一系列的指示、通知。1966年"文化大革命"开始后,我国救灾法律制度建设进入了停滞时期,一直到1978年民政部成立,才有新的救灾工作法律出台。

2. 中国灾害救助的发展

改革开放后,中国仍然面临严重的自然灾害问题。比较严重的有:1981年四川暴雨洪灾、1987年大兴安岭森林火灾、1998年的全国大洪水、2008年初的南方冰雪灾害、2008年5月12日发生汶川大地震等。这些灾害事件不仅造成了重大损失,而且对我国灾害救助制度提出了新的挑战。适应新时期的需要,中国确定了新的自然灾害救助体制,主要包括以下几个方面:

(1) 中央政府适时调整了救灾方针。在1983年第八次全国民政会议上确立了"依靠群众、依靠集体、生产自救、互助互济,辅之以国家必要的救济和扶持"的救灾工作方针。此后,随着党和政府"以人为本"执政理念的日益深化,国家救灾方针也随经济社会的快速发展而不断调整和变化。2006年11月召开的第十二次全国民政会议,决定将过去的国家救灾方针调整为"政府主导、分级管理、社会互助、生产自救",这一方针强调了政府在救灾工作中的主导地位。

(2) 确定了新的自然灾害领导体制。新的领导体制是:党政统一领导,部门分工负责,灾害分级管理。在这一体制中,党中央、国务院统揽全局,总体指挥,地方各级党委和政府统一领导,各个有关职能部门分工负责,并充分发挥人民解放军指战员、武警官兵、公安干警和民兵预备役部队突击队的机动作用。为了更为有效地发挥有关职能部门的作用,我国还形成了灾害管理的综合协调机制。

(3) 探索出了很多具有地方特色的灾害救助管理措施,仅在全国推广的就有1982年兴起于江西的救灾扶贫储金会,1986年诞生于河南和云南的救灾互助储粮会。1986年，民政部在7个省9个县试行救灾保险，后经国务院批准，发展到全国28个省市自治区的100多个县。第8次全国民政会议提出救灾款的使用实行救济生活与扶持生产、无偿发放与有借有还相结合，逐步建立救灾扶贫基金的方针。各地根据上述精神，因地制宜推出了一些具有本地特点的做法，如内蒙古自治区就有"救灾扶贫流动羊群"和"社会保障田"等做法。

在灾害救助的法律、法规建设方面，改革开放后也进入了一个全新的发展时期。在综合救灾工作方面出台了相关的法规。此外，中央政府还就灾害款物管理使用、救灾保险、国内募捐和国际援助等方面颁布了大量相关法规，大大提高了我国灾害救助和灾害管理的法制化水平。近年来，随着我国依法治国水平的提升，又有新的法律法规出台。例如2007年，全国人大通过了《中华人民共和国突发事件应对法》，成为我国灾害应急管理领域的基本大法。汶川地震后，国务院颁布了《汶川地震灾后恢复重建条例》，成为我国首部关于灾后恢复重建的法律法规。

进入21世纪以来，自然灾害的应急救助体系建设获得了长足的进展。目前，我国的灾害应急救助系统主要包括：[①]

（1）国家自然灾害应急救助的组织领导系统。在国家的层面上，应急救助的领导系统主要是国务院统一领导下的国家减灾委员会。

（2）国家自然灾害救助应急预案系统。全国县以上各级政府均制定了相应的救灾预案，并确定了不同的灾害救援响应等级，建立了灾害的应急机制。

（3）国家自然灾害预警系统。灾害的预警、预报体系主要包括气象灾害监测预报体系、地震监测预报体系、大江大河的灾害性洪水预警预报体系、森林和草原防火预警体系、农作物和森林病虫害测报体系、海洋环境和灾害监测体系以及地质灾害预警预报体系，民政系统则负责灾情的统一汇总等。

（4）国家自然灾害救助应急响应系统。根据国家的响应等级，各级政府也都制定了相应的响应等级和预案，从而形成了我国的灾害应急响应等级体系。

（5）国家自然灾害物资储备系统。已经在沈阳、哈尔滨、天津、郑州、

---

① 王振耀、田小红：《中国自然灾害应急救助管理的基本体系》，《经济社会体制比较》2006年第5期。

合肥、武汉、长沙、南宁、成都、西安共 10 个城市建立了中央级救灾物资储备点，一些多灾、易灾地区也建立了地方性的救灾物资储备仓库。

（6）国家自然灾害恢复重建系统。灾后的恢复重建主要是指对灾区在灾情基本稳定后所进行的对于各类受损设施尤其是居民住房和学校等公共设施所进行的恢复性的建设，其中，对居民的住房因倒塌或严重损害而需要重新建设和修缮的工作是其基本的内容。

（7）国家冬令与春季救助系统。这一制度，主要是保证农村的困难群众在冬、春两季最为困难的时期能够得到政府的及时救助，通称为春荒救助和冬令救助。

（8）国家自然灾害救助社会动员系统。这主要是指社会捐助动员系统。目前，中国的社会捐助制度主要包括大灾时期的集中性捐助、对口支援、经常性捐助制度这样几个方面。

（9）国家自然灾害的减灾工作指导系统。在国家减灾办的统一指导下，各有关部门和地方政府开展了多种形式的减灾活动，包括社区减灾、减灾教育和培训以及与联合国国际减灾组织的广泛合作等。在地方上，则设立有类似的省级减灾组织并开展多种形式的减灾活动。

第四节　医疗救助

一　国外医疗救助

医疗救助作为一种支持和帮助贫困人群获得基本卫生服务的制度，它是"能够惠及穷人"的制度。国际社会非常重视对弱势群体的医疗救助，注重法规建设、资格认定、项目开发、资金筹措、社会参与等方面的建设。

（一）英国医疗救助

1. 英国医疗救助制度的产生

英国的医疗救助制度有十分悠久的历史传统。1601 年英国的《济贫法》虽然主要考虑的是生活救济，但也包含了对穷人的医疗救济和医疗服务。1834 年颁布的新《济贫法》规定：医疗保障措施主要对因疾病造成的收入损失给予生活救助并提供医疗服务。但是，新《济贫法》最大的特征是实行院内救济，因此医疗救济提供的医疗服务也只在济贫医院内实施。由于各教区济贫医院在床位、医疗人员数量、医疗设施和设备，甚至就医人员的个人品行都有严格限制，因此济贫医院提供的医疗服务十分有限。为了让更多的贫民能接受医疗服务，英国政府于1885年颁布了《医疗救济法》。

到19世纪末20世纪初，英国政府采取了很多医疗保健措施，不仅改善了国民的健康状况，也为国民健康保险制度的实施奠定了基础。1911年英国通过了《国民保险法》，标志着英国的医疗保障制度进入了社会保险阶段。在医疗服务方面大致可以分为两类：一类是地方政府办的医院。它起源于济贫法的规定，当时不仅对贫困者提供生活救助，还建立了专门的医院向穷人提供服务。地方政府办的医院住院包括普通医院和精神病院，是医疗救助的主体，承担贫民的医疗服务。另一类是社会办的医院，称为"自愿医院"，它是社会按照自愿原则办的非营利机构。社会办的医院数量较多，从设备良好的大型医院到小型专科医院及乡村医院等各个层次都有。在1948年建立国民卫生服务制度建立之前，社会办的医院是英国医疗服务的主体。

1944年，保守党执政期间发布了卫生白皮书，认为必须树立一个原则，即无论病人的支付能力如何，都能够得到良好的医疗服务。1946年的《国民卫生服务法》基本上采纳了1944年卫生白皮书的建议。该法于1948年生效，标志着英国国民健康服务（National Health Service，NHS）制度的建立。

2. 英国医疗救助制度的发展

首先国民健康服务体系是英国社会福利制度的最重要的部分之一，其宗旨是不论个人收入状况如何，只根据个人的需要提供全面的免费医疗服务。英国有十分发达的医疗服务体系为国民提供医疗卫生服务。医院是国民卫生服务体系的核心。病人到医院救治，一般情况下需要有家庭医生转诊，但急诊以及一些专科诊治可以直接到医院就诊。病人住普通病房一律免费。如果因治疗需要必须住单人病房，也可以免费。其次是家庭医生的初级医疗服务。全科医生提供基层医疗服务，是英国初级卫生体系的基础，直接与居民联结。全科医生提供的服务绝大多数是免费的。医生提供服务后，发生的费用由病人签字，由地方家庭卫生服务委员会支付。

为了保障医疗服务的公平性，英国还对特定人群实施医疗救助，主要是免除卫生服务一些个人出资的费用，主要包括处方费、牙医费、视力检查费、配镜及修理费、接受医疗服务的路费、假发及相应的手术材料费等。英国医疗救助的对象主要是老年人、身体欠佳者、享受任何一项政府津贴者、税收抵免者、低收入者。救助政策详细规定了享受各种资质的资格条件，资助数量取决于申请者的收入状况和应付费用，具体包括费用全免和部分免除两种形式。如果家庭成员享受收入救助、养老金补助或收入津贴则可以全部免除相关自费费用，其他只能免除牙医、视力、假发、就医路费等方面的费用。[①]

（二）美国医疗救助

1. 美国医疗救助制度的产生

在 1965 年以前，那些付不起医疗费的人主要是慈善组织和州政府、地方政府的责任。这种状况一直是 1935 年《社会保障法》产生之后的美国社会安全网最大的漏洞。在这之前，联邦政府也曾经为改善国民医疗状况做出过努力。

1950 年，联邦政府曾经授权州政府使用《社会保障法》中的联邦/州的资金为贫困者提供医疗照顾。1957 年，科尔·米尔斯法案（The Kerr – Mills Act）曾经提供了一个联邦和州相匹配的项目为老年人和贫困者提供健康照顾。但是，由于科尔·米尔斯法案是非强制性的，因此有很多州并没有遵循。到 1965 年，医疗救助（Medicaid）才通过国会立法添加到《社会保障法》中。从此，医疗救助成为美国规模最大、开支最大的保障项目之一。

医疗救助最早只包括盲人、残疾人、老年人以及单亲家庭，这种规定使大量低收入者被排除在外。到 20 世纪 80 年代末 90 年代初，国会通过了一系列的法令，要求各州将医疗救助拓展到所有孕妇及其孩子身上。各州要为所有低于贫困线 133% 的妇女及其 6 岁以下的儿童提供医疗服务，其中母亲只可以得到与怀孕相关的服务，而儿童可以得到所有的医疗服务。

2. 美国医疗救助制度的发展

美国医疗救助覆盖对象由联邦和州共同确定。联邦政府制定最低标准，州政府可以根据本州情况提高标准，但需要获得联邦政府认可。医疗救助的受益人群主要包括：

---

① 李小华、董军：《国外医疗救助政策比较》，《卫生经济研究》2006 年第 10 期。

（1）符合"抚养未成年子女家庭援助"项目资格条件的低收入家庭及其儿童。

（2）补充保障收入的受助者。

（3）家庭收入低于联邦贫困线133%的6岁以下的儿童和怀孕妇女。

（4）某些医疗照顾（Medicare）受益者和特定的保护人群，例如那些由于工作收入增加而丧失补充保障收入项目资格的人。

（5）各州选择的其他需要提供医疗援助的绝对贫困群体。例如，家庭收入低于联邦贫困线185%的怀孕妇女和1岁以下的婴儿，某些特定的贫困儿童，某些收入高于联邦贫困线但需要强制覆盖的老年人、盲人和残疾人，等等。[①]

医疗救助的家计调查除了收入要求之外，还有资产方面的要求。医疗救助收益人资格认定方式有两种：一是发卡制，即州政府医疗服务机构为脆弱人群，如领取食品券的单亲母亲和其他困难群体发放医疗救助卡；二是追认制，即未持有医疗救助卡的脆弱人群就诊时，由医疗服务机构根据其收入、财产等信息追认其医疗救助受益人身份。由于脆弱人群是动态变化的，因此追认制在医疗救助受益人资格认定方面发挥着重要作用。[②]

除了医疗救助之外，"妇女、婴儿和儿童特别补充食品项目"（The Special Supplemental Food Program for Women, Infant and Children, WIC）是美国最受欢迎和最成功的预防性健康项目。该项目建于1972年，目前是救助贫困妇女、儿童的一个重要项目。项目的参加者必须是营养缺乏且家庭收入低于联邦贫困线185%的贫困者，并且必须证明其健康受到营养不良的影响。项目每月为婴儿和5岁以下的儿童、孕妇和哺乳妇女提供各种人体所需的营养食品。"妇女、婴儿和儿童特别补充食品项目"提供的食品可以通过票券在参与项目的食品店和农贸市场换成特定的食品。[③] "妇女、婴儿和儿童特别补充食品项目"在美国被誉为最有效的项目。

[①] Howard Jacob Karger, *American social welfare policy: a pluralist approach*, Boston: Allyn and Bacon, 2002, pp. 234-235.

[②] 杨玲、刘远立：《美国医疗救助制度及其启示》，《武汉大学学报（哲学社会科学版）》2010年第5期。

[③] 威廉姆 H. 怀科特、罗纳德 C. 费德里科：《当今世界的社会福利》，解俊杰译，法律出版社2003版，第270、271页。

二 中国医疗救助

1. 中国医疗救助的产生

计划经济时期中国农村居民的医疗需求满足主要是依靠农村合作医疗制度。农村合作医疗制度作为一种互助合作性质的医疗卫生制度，对于解决农民的医疗问题发挥了重要作用。在城市地区，医疗卫生制度主要是公费医疗和劳保医疗。在计划经济体制下，政府在医疗会保障中承担了主要责任，医疗救助问题并不突出。改革开放初期，计划经济时期的医疗卫生体制一直延续下来。

到20世纪90年代，经济体制改革导致城市地区出现了大规模国有企业工人下岗。他们不仅生活困难，而且医疗问题也随之而来。与此同时，城乡因病致贫、因贫致病和"看病难、看病贵"的问题逐渐显现，并受到全社会广泛关注。从1993年开始，全国各地城市地区开始试点最低生活保障制度，以解决城市贫困群众的基本生活。尽管最低生活保障制度并没有将医疗需求考虑在内，但是各地政府都根据当地实际情况，开始实施了不同程度的医疗救助。

2. 中国医疗救助制度的发展

2000年12月，国务院颁布了《关于完善城镇社会保障体系的试点方案》，其中明确规定要积极探索建立医疗救助制度，帮助贫困人群解决医疗问题。2001年国务院办公厅发出通知，提出要认真落实最低生活保障对象在医疗等方面的救助政策，一些地方政府开始下发专门文件开展医疗救助。

2003年，民政部下发《关于建立城市医疗制度有关事项的通知》，要求各级民政部门在当地政府的领导下，尽快就建立城市医疗救助制度开展调查研究，并就医疗救助试点工作做出了初步安排。

2005年，国务院办公厅转发了民政部、卫生部、劳动保障部和财政部《关于建立城市医疗救助制度试点工作意见》，城市医疗救助制度正式开始启动。到2007年，城市医疗制度由试点转入全面铺开阶段，医疗救助制度开始制度化和常态化。

目前，我国各地医疗救助对象主要包括两类：一是贫困群体，主要包括享受城乡居民最低生活保障待遇并且没有参加医保的人群，享受民政部门生活困难补助的人员，没有享受最低生活保障、无医保待遇的无业、无固定收入的重残人员和当地政府认定的其他困难人群。二是其他低收入人群，主要包括当地没有享受最低生活保障待遇的低收入人群、外来流动人口中患大病或者医疗负担较重的人群。

目前，我国通常的医疗救助方式主要包括医疗费减免、按比例报销、现金救助、医疗救助券等。在实践中，医疗救助主要采取下列两种方式：一是对参加城镇居民基本医疗保险或者新型农村合作医疗的个人缴费部分，给予补贴；二是对经基本医疗保险、大病保险和其他补充医疗保险支付后，个人及其家庭难以承担的基本医疗自负费用，给予补助。目前中国城乡医疗救助主要针对重大疾病，覆盖的病种包括恶性肿瘤、尿毒症（肾衰竭）、重症肝炎、白血病、红斑狼疮等。一般情况下，救助对象申报的医疗费须是在定点医保机构住院期间发生，并且医疗救助费用根据门诊和住院等情况有最高限额的规定。

【本章小结】

社会救助是指国民由于各种原因导致生活贫困而难以维持最低生活水平时，国家和社会按照法定程序给予款物或服务，以使其生活得到最基本的保障。

从各国的情况来看，按内容的划分最为常见的是生活救助、灾害救助、医疗救助、教育救助、住房救助、法律援助。社会救助的功能具有：保障救助对象的基本生活；为救助对象提供紧急援助；维持劳动力再生产；提高救助对象的发展能力；缩小社会分配差距，维护社会稳定；促进社会公平，缓解贫困的代际传递。

在生活救助方面，以英国和美国为重点介绍了国外的生活救助，同时还介绍了中国生活救助制度的产生和发展。在灾害救助方面，以美国和日本为重点介绍了国外的灾害救助，同时还介绍了中国灾害救助制度的产生和发展。在医疗救助方面，以英国和美国为重点介绍了国外的医疗救助，同时还介绍了中国医疗救助制度的产生和发展。

【思考题】

1. 试述社会救助的概念、分类和功能。
2. 英国、美国在生活救助发展过程中的理念和项目有何联系和区别？

3. 我国计划经济时期主要有哪些生活救助项目？
4. 美国、日本和中国的灾害救助体制各有哪些显著特征？
5. 试述英国、美国和中国医疗救助的受益人群有哪些特征？

第十二章

社 会 慈 善

　　慈善作为人的一种道德品格，长期以来成为人们共同推动社会发展的力量。如今，慈善已成为一项社会事业，社会慈善的发展水平成为衡量一个国家、一个地区社会文明进步的重要标志。从世界各国来看，社会慈善被公认为现代社会保障体系的有机组成部分。

第一节　社会慈善概述

一　社会慈善概念

　　以爱人、助人、怜悯同情他人为核心的慈善意识产生久远，但真正成为一种事业，则是现代社会经济发展的产物。现代社会慈善是一项具有社会动员、科学运作、公开透明等鲜明特点的社会实践活动，在全世界各国经济、政治和社会生活中都具有广泛的影响。

　　从现代经济和社会发展的角度，社会慈善可以界定为：基于推进社会福利和弘扬慈善理念，以企业、社会慈善组织和社会志愿者等为主体，自发、自觉、自主开展各类社会慈善捐赠或救助行为的非营利性社会活动。

二　社会慈善分类

（一）企业慈善捐赠

　　企业慈善捐赠是世界各国主要的社会慈善类型之一，表现为慈善捐赠总量突出、慈善动机多元化、慈善行为市场化等特征。19 世纪末到 20 世纪初西方企业慈善行为是企业承担社会责任的雏形，并呈现出个人化、自愿化的消极化特征。① 西方企业慈善发展经历了从利他型慈善捐赠演变为互利型慈善捐赠的过程，其标志是由企业利益与社会公益相分隔，并转化为注重企业私益与社会公益相联系的双赢格局。从企业慈善捐赠的实践层面来看，其发展经历了三个阶段：

（1）19 世纪末和 20 世纪早期，为自发自愿阶段。企业从社会救助角度参与慈善行为与当时的宗教背景有着密切的联系而带有明显的自愿性质，属于典型的利他型慈善捐赠。

（2）20 世纪 30 年代到 70 年代，为被动接受阶段。企业基于自身利益和社会期待的双重因素，开始重视协调各方利益，通过被动的慈善行为来回应社会，这一时期（20 世纪 30 年代）西方面临空前的经济危机以及由此引发的一系列社会问题，企业参与慈善的愿望和能力有所降低。20 世纪 50 年代以后，企业慈善捐赠终于获得合法地位，其慈善行为逐渐被社会各界所接受，从这时起，西方企业慈善行为有了跳跃性发展。但是，由于企业参与慈善的权力刚刚起步，所以这一时期企业慈善捐赠总体上仍处于被动接受阶段。

（3）20 世纪 70 年代以后，为主动自觉阶段。随着西方国家政府逐步放松市场规制，企业开始获得更多的自主权，逐步从企业成长和社会责任相结合的战略性角度来思考慈善活动，因而开始尝试主动开展慈善来改善竞争环境。由此，企业慈善演化为一种主动自觉的积极行为，互利型慈善捐赠在这一时期开始成为普遍现象。

总的来说，企业慈善捐赠在实践领域出现了形式合法化、手段多元化和规模扩大化等多方面的变化趋势。

（二）社会慈善组织捐赠

社会慈善组织捐赠是国际上广为盛行的社会慈善类型之一，表现为社会慈善组织具有捐赠管理和分配渠道的独立性、活动的自主性、组织捐赠影响的广泛性以及捐赠效果的有效性等特征。在国际上，除了政府间的捐赠由政府接收

---

① Margaret A. Stroup, Ralph L. Neubert, Jerry W. Anderson, "Doing good, doing better: Two Views of Social Responsibility", *Business Horizons*, Vol. 30, No. 2, 1987, pp. 22 – 25.

之外，各种社会捐赠都是投向社会慈善公益机构，再由机构向有需要的社会群体和个人施以援手。由此，社会慈善组织在捐赠者和受助对象之间构建了一条合理、规范的捐赠纽带和桥梁，在慈善领域已经成长为各国普遍存在的、除政府之外最有影响力的形式。

目前，社会慈善组织在世界各国历经数十年的发展，已经发展为多种形式，具备了多样化的慈善活动方式和手段。通常社会慈善组织可以分为混合型公益组织、综合型慈善组织、专一型慈善组织、协调型组织、附属型组织等形式。[①] 多元化的慈善组织可根据自身的不同特点，采取不同的工作方法及运作方式对不同的受助群体进行救助，形成全方位的社会保障的覆盖。例如，共济会就是历史较为悠久、具有广泛社会影响力和知名度的社会慈善组织，它产生于18世纪的英国，其基本宗旨是主张博爱和慈善，后在美国、法国、德国等西方发达国家以及我国台湾、香港地区普遍流行，成为世界上最有影响的社会慈善组织。

到了19世纪，以募捐济贫为目标的慈善组织纷纷建立。进入20世纪之后，现代社会慈善事业的兴起带动了各国社会慈善组织及其捐赠的快速发展。以美国福特基金会、洛克菲勒基金会等西方国家私募慈善基金会为代表的社会慈善组织在这一时期迅速壮大。尤其是20世纪80年代以来，在世界范围内各种非营利性社会慈善组织大量出现。社会慈善组织由于自身固有的组织特性，体现出了较强的实践能力，得到社会的广泛认同。社会慈善组织作为现代社会慈善事业的主体之一，在慈善捐赠方面表现出的优越性愈发凸显其作为社会慈善类型的重要地位和不可替代性，其中美国的"比尔和梅琳达·盖茨基金会"（Bill & Melinda Gates Foundation）是这一时期社会慈善组织的代表。

（三）社会志愿者服务

社会志愿者服务是指社会志愿者运用自己的专业技能、慈善知识、奉献精神、服务意识和参与行为等社会资源自愿、无偿投入和参与到社会慈善活动中。社会志愿者服务的主要形式有：专项性的志愿服务、专业性的志愿服务、公益性的志愿服务以及社区性的志愿服务。

---

① 郑功成：《现代慈善事业及其在中国的发展》，《学海》2005年第2期。

现代志愿者服务发端于西方社会，早期的社会志愿者服务源于宗教的慈善意识和行为动机，其背后的志愿服务精神则是来自于古老的基督教等宗教慈善观念。

到了19世纪末期，随着工业化进程的加快，引发了一系列诸如失业、贫困和犯罪等社会问题。一些有爱心的社会人士开始尝试着为这些失业人员等提供志愿性帮助，社会志愿者服务开始萌芽。第一次世界大战中，广大社会志愿者参与救护家庭及战后的救助工作，开展战争中的人道主义援助，志愿服务进入了初步发展阶段。当社会志愿者提供的慈善帮助和服务针对的是不确定的需求群体时，就演变成为一种社会公益性行为，因而公益性和志愿性是社会志愿者服务的核心特征。

第二次世界大战后，社会志愿者服务进入扩张时期，其提供的志愿服务项目扩展到扶贫开发、环保等领域，欧美等国政府开始普遍介入志愿服务，出现了跨国志愿者活动。20世纪80年代起，志愿服务从发达国家向发展中国家扩展，联合国加强了对国际志愿服务活动的指导，志愿服务开始呈现全球化的格局。

至今，社会志愿服务工作不仅进一步规范化，而且扩大成为一种由政府和私人社团所举办的广泛性的社会服务工作。志愿服务工作的重心不仅在于调整被救助者的社会关系和改善他们的社会生活，更在于调整整个社会结构与社会关系。志愿服务工作逐渐制度化、专业化。特别是近年来，社会志愿者服务活动在国际上广泛的群众基础和良好的社会声誉，已逐渐步入以组织化、规范化和系统化为主要特征的正规发展轨道，形成了一套比较完整的运作机制和国际惯例。

三 社会慈善功能

（一）社会再分配功能

社会慈善属于市场经济条件下带有"自愿性"社会捐助行为性质的第三次"收入分配"，是对已有的市场条件下收入第一次和第二次分配方式的必要补充和完善，这也是缩小社会贫富差距最直接的社会自发调控手段和方式。

由于社会慈善作为"第三次分配"是公众自觉、自愿、自主的社会捐赠，因此其社会效应和正能量影响是广泛和持久的，同时，社会慈善的再分配功能对于稳定经济运行，支持效率优先原则和按生产要素分配的原则等经济方式具有明显的辅助作用，能够在一定程度上弥补各国的政策缺失和能力不足等问题。

（二）社会稳定功能

目前，贫富差距和社会分配不公是世界各国普遍存在的社会不稳定因素，社会慈善活动能够在一定程度上调节社会收入差距，有利于消除社会不稳定的因素。社会慈善作为现代国家社会救助制度的必要补充和国家社会保障体系的重要构成，能够在一定程度上分担政府的责任，通过改善弱势群体、脆弱性社会成员等受助对象的生存条件，从而促进社会稳定和协调发展。

（三）社会教化功能

社会慈善活动所固有的关怀、仁慈、博爱和互助等人类的善良本性和价值认同已经远远超越了国界、社会制度和民族文化等差异。这种价值认同体现在社会慈善的活动载体，包括计划、组织、行为及其影响的传播过程，它能够以各种表达方式给其所存在的周边环境传递出一种积极的社会影响，从而改变其他社会群体对于社会慈善的认识和态度，从而促使越来越多的个体或组织以自己的实际行动加入社会慈善活动中。即社会群体和个体在主观上重新认识和肯定社会慈善价值的同时，在现实生活中将某些带有社会慈善的想法或计划付诸行动，这种改变有可能在群体、个体间产生相互影响和作用，带来社会慈善教化功能的实现。

（四）社会整体受益功能

由于资源、能力的限制导致其所能承担的功能是极为有限的，早期的社会慈善主要关注女性、儿童、老人、流浪者、疾病患者等脆弱性群体成员，其关注焦点也大多集中在扫盲、健康、收容、养老等少数关键领域。

随着各国社会慈善活动的深入，社会慈善服务的对象和范围有了较大的提升和扩张。社会慈善虽然仍关注社会困难群体的诸多需要，但在教育、健康、养老等方面的内容有了极大丰富。这表现为慈善关注点从基础教育拓展至高等教育、身体健康拓展至心理健康等。深度上，慈善不仅仅是局限于解决困难群体"吃饱、穿暖、活着"的问题,更多的是着眼于对困难群体进行"赋权",提升他们的生存能力,① 因此,社会慈善所承担的职责大大增加,使得其所涵盖的受益面从社会的某个局部扩大到整体范畴,这意味着社会整体受益功能在社会慈善功能中占有一席之地。即社会慈善不是从某个领域或者某个出发点去影响和改变受助对象的生存状态,而是从整个社会进步的宏观维度全方位推进社会问题的解决,从而使得社会需要救助的群体能够广泛受助整体受益。

第二节 社会慈善的历史与现状

一 国外社会慈善

(一) 国外社会慈善的产生

从西方宗教传统来看,欧洲中世纪时期,教会慈善是西方国家最重要的社会慈善形式,其慈善手段包括救济穷人、医疗服务等。可以说,基督教等宗教慈善思想对于现代社会慈善的产生起到了重要的精神引导和启蒙作用。这一时期的宗教慈善主要来自于其信徒自愿的赎罪理念和名誉意识,体现为一种救助个人的慈善理念。这是一种单向度的"赐予",其慈善行为大多局限于有限的群体范围之内,并且被纳入传统共同体的保护关系之中。由此,造成社会慈善的受助对象在相当程度上对教会和捐助者产生某种依赖性,这与现代社会慈善思想所倡导的公益性慈善动机有着一定的差异。

16—17世纪,欧洲各国在经历宗教和政治变革之后,新的社会中产阶层崛起、教派间的纷争以及王室与教会之间的争执都导致传统的社会慈善事业体系难以维系。同时,随着社会问题的增多,社会服务需求日益扩大,人们开始认识到"贫穷"不仅仅是个人的自身原因,社会在贫困问题方面同样负有一定的责任。政府在与教会决裂之后,试图接管原先由教会承担的慈善活动。在这一观念的推动下,社会慈善事业逐步引起政府重视。与此同时,一些富裕的新兴商人阶层在早期宗教慈善思想的影响下,逐步树立了社会道德责任观念,

---

① 吴洪彪:《国外慈善事业理论与实践对中国慈善事业的启示》,《中国民政》2012年第7期。

开始成为社会慈善事业的主体,西方社会慈善事业由此获得了迅猛发展。这一时期,西方国家的王室和贵族开展的慈善活动侧重于农村贫困人群,而新兴商人阶层则是在城镇开展救济所、医院、贫民习艺所和学校等方面的社会慈善活动。因此,西方社会慈善理念主要起源于宗教意识,而现代社会慈善事业却在很大程度上得益于政府的重视和新兴商人阶层的推动。

现代社会慈善最早在西方的发展起源于宗教慈善活动,这是鼓励社会公众参与社会捐赠的重要力量,大部分宗教都会确定一个社会慈善捐赠基准,比如基督教、犹太教等均以10%作为慈善捐赠的基准。此后,英国的改革派宗教人士提出了新的慈善观念,认为应该把慈善的重点放在如何减轻现实疾苦上,并指出贫困不仅是个人的不幸,而且是一种社会罪恶,因此慈善必须着眼于社会,着眼于公共福利的改进,而不仅仅是救济少数不幸者。[1]

早在1597年,英国就制定了《慈善用途法》(*The Charitable Uses Act*,1597),1601年又做了修订。自此,普通法律中的"慈善"就有了特定的含义。但是在18世纪以前,西方慈善作为受法律保护的社会价值观,主要是依托教会、行会、村社等共同体组织的活动来体现,而"共同体组织"是以人身依附为纽带的,它阻碍了独立的个体实现其公民的自主意识。西方走向现代化是以共同体的解体为前提,在从共同体本位走向个体本位的过程中,传统慈善开始向现代慈善转型。

英国工业革命时期是英国社会慈善事业大发展时期。在这一时期,人道主义、科学主义者以及福音派基督教等纷纷支持社会慈善事业,许多久负盛名的慈善组织就是在19世纪成立的,如巴纳多儿童救济院、全国防止虐待儿童学会和救世军等,还于1853年成立了专门负责监督英格兰和威尔士慈善信托基金的政府机构——慈善委员会。与此同时,成立了"慈善组织会社"(The Charitable Organization Society,COS)专门研究慈善对象,协调整个伦敦的志愿组织活动。在19世纪的英国,政府并没有承担起解决社会贫困问题的重任,反而是教会等社会团体自发成立的自助组织在参与贫困救助。据统计,单是在伦敦一地,1861年就有640个慈善机构,其岁入高达250万英镑。[2] 此后,"友谊社"之类的社会慈善互助组织大量涌现,并长期存在。到了19世纪70

---

[1] 史竞艳:《现代慈善的起源、发展及特征》,《思想战线》2012年第3期。
[2] 李怡心:《关于国外慈善事业的研究综述》,《道德与文明》2006年第2期。

年代，参加这种组织的人已经达到 400 万之多，工人们自己出资，建立基金，在他们陷入困难时从中获得帮助。德国在 19 世纪也是由民间慈善机构从事救济贫民活动，工人则通过自己创办的"劳动者福利中心"、"社会福利联合会"等群众团体开展互济互助。① 在 19 世纪的法国，传统的社区互助协会主要围于村庄行会和教会，在摆脱共同体的束缚后，其数量从 1852 年 2488 个发展到 1902 年的 13673 个，会员从 23.9 万人增至 207 万人。同时，其慈善色彩也大为减弱。1910 年，这类协会总预算收入达 6298 万法郎，其中只有 1189 万法郎（即 18.8%）来自捐赠、遗产赠予及成员自愿奉献。②

在 19 世纪工业革命初期，社会贫民数量大量增加，社会贫富差距加剧，因而以募捐济贫为目标的慈善组织纷纷建立。但是各组织之间各自工作，彼此间缺乏联系，活动宗旨和行动目标无法统一，导致慈善组织的活动效率低下。此后，牧师索里（Reverend Henry Solly）于 1869 年在伦敦成立了"组织慈善救济及抑制行乞协会"，后更名为"慈善组织会社"（Charity Organization Society）。美国牧师格尔亭（Rev. S. Humphrey Gurteen）赴英国考察慈善组织协会之后于 1877 年在纽约布法罗成立了美国第一个慈善组织会社。其后，以有效济贫、协调各救济机构为目标的慈善组织会社运动开始风行欧美国家。1884 年，英国人博纳特（Canon S. A. Barnett）在伦敦创建了世界上第一个社区公社"汤恩比馆"，用以纪念热忱济贫的志愿者汤恩比。

这一时期的慈善组织反映了慈善工作的新发展，反映了具有独立意识和自由选择的现代公民对于社会慈善有了新的认识。与此同时，专业化的社会慈善组织除了救济贫民、协调各类慈善机构之外，还开创了关于社会工作基本方式和方法的专业化进程设计。作为一种组织创新，上述两类机构的结构模式迅速推展到欧洲和北美各国，由此，一批蓬勃发展的慈善团体标志着社会慈善开始步入组织建制的轨道。社会慈善不再仅仅是建立在简单的利他主义基础之上，而是演变为一种基于解决社会问题的科学方式探索。特别是现代工业社会在带来工业化、城市化和大量移民的同时，一方面产生了大量社会福利方面的负面问题和不良社会后果，另一方面产生了教育、公共健康、住房等各种社会问题以及所谓的社会"福利病"等。在此社会背景下，适应社会变化需要而诞生

---

① 李琮主编：《西欧社会保障制度》，中国社会科学出版社 1989 年版，第 185—186 页。
② 孟令君主编：《中国慈善工作概论》，北京大学出版社 2008 年版，第 24—25 页。

的现代社会慈善组织,其关注视野、活动领域和慈善效果相比之下要比传统慈善要广泛和深入得多。

19世纪上半叶之前,欧美国家主要是由国家、宗教和社会交织而成的"混合慈善",即由国家主导的"福利"囊括了由宗教和社会主导的"慈善"。

(二) 国外社会慈善的发展

从第一次世界大战到第二次世界大战后,欧洲国家在社会慈善组织的基础上诞生了第一批社会性志愿者组织。在此期间,欧美等国先后通过了一系列有关社会福利的法律法规,社会性志愿服务逐渐受到了政府的重视和支持。以公益慈善、公民慈善、公开慈善和专业慈善为核心思想的现代社会理念在西方国家就此形成。[1]

首先,社会慈善行为不再仅仅是社会志愿者以自发救助的方式直接传递给贫困人士,而是通过一定的社会公益机制,比如各种社会慈善组织主导的慈善项目或活动进行慈善资源的统一调度和安排,通过一定的捐赠渠道间接分发给救助对象。以社会慈善组织为中介方式的现代社会慈善活动使得慈善捐赠者与受赠者的接触机会逐渐减少,能够消除受助对象的羞愧意识以及感恩回报的愿望,超越了传统宗教慈善中存在的施舍与恩赐,凸显出社会慈善力量传递的人文关怀,慈善受助成为现代社会弱势群体的基本权利。其次,就公众而言,作为社会志愿者参与慈善活动既是一项权利,还是公民的义务。公众的慈善爱心和行动从周边的熟悉群体扩散到陌生人群体,社会志愿者服务有助于其更好地认识社会、融入社会和服务社会。再次,西方社会主动参与捐赠的原因在于他们相信社会慈善组织能够有效管理和合理分配慈善资源,社会慈善信息的透明度和慈善过程的公开性在社会慈善组织和公众之间形成了一套良性的信任机制与合作关系。最后,无论是社会慈善组织行为还是社会志愿者服务活动,社会慈善事业都不仅仅是"捐赠者—受助者"之间直接的慈善行为,社会志愿者的服务能力无法完全满足社会救助对象的需求。因此,需要有专业化的社会慈善组织通过专业化的社会慈善运作模式来实施。在这种情况下,专业化的社会慈善团队开始介入社会慈善事业。同时,由于很多社会慈善方式需要一定的专

---

[1] 耿云:《西方国家慈善理念的嬗变》,《中国宗教》2011年第12期。

业知识和技能，社会志愿者在参与服务活动过程中，经常需要在社会慈善组织提供专业的慈善能力培训之后，才能给予救助对象以相对合理、规范的慈善服务。

第二次世界大战之后，国家与社会在社会慈善事业中的力量对比发生了微妙的变化，慈善作为一种社会性力量前所未有地登上了历史前台，发生了传统向当代的转向。在美国，社会变革为社会慈善的发展提供了前所未有的机遇，社会慈善捐赠的主体和对象在这一时期相继出现。一是工业革命的兴起使得社会财富得以积聚；二是社会贫富分化日趋严重。社会群体开始设立慈善基金会，并借鉴企业模式管理和分配慈善资源，以保障社会慈善事业得以不断延续。社会慈善组织被视为是这一时期科学慈善实践的重要载体，以探索慈善资源的合理分配和利用效率。1942 年，美国国会批准了累进制的个人及公司所得税方案，大大激励了更多有慈善能力的人士参与捐赠。[1]

20 世纪 50 年代之后，社会慈善组织更加借鉴和引入现代企业管理模式，尝试提高社会慈善解决社会问题的效率和能力。这一时期，政府和社会各界对于社会慈善监管手段日趋多元化，包括政府税收监管、社会慈善组织内部监督、行业协会自律监管以及公众舆论监督等。现代管理学之父——彼得·德鲁克对慈善资本主义模式做了有益的探索。"德鲁克帮助形成了慈善资本主义和宗教的混合，而这种混合是非常奇异的，但它也是这个时代的标志之一。"[2]

20 世纪 70 年代至今，西方社会慈善事业已经不再仅仅主要是一种政府行为，而是转向社会行为、民间行为等社会慈善领域，慈善事业的社会化本质属性和民营化、市场化发展路径成为这一时期国外社会发展的主流认识和行动指南。20 世纪 80 年代以后，西方国家的社会慈善组织取得了空前的进步。以美国为例，根据印第安纳大学慈善研究中心的调查，各类新兴的私募慈善基金会在美国纷纷涌现。20 世纪 80 年代早期大约有 22000 个，而进入 21 世纪之后则迅猛增加到 65000 个。很多新出现的私募慈善基金会是来自于 20 世纪 90 年代中期的互联网收益。2009 年，美国慈善捐赠总额近 3000 亿美金。慈善捐赠事

---

[1] Lawrence J. Friedman, Mark D. McGarvie, *Charity, Philanthropy and Civility in American History*, Cambridge: Cambridge University Press, 2004, p. 364.

[2] ［美］马修·比索普等：《慈善资本主义》，丁开杰等译，社会科学文献出版社 2011 年版，第 96 页。

业的高水平运行与文化观念、税收机制、组织运行机制、管理监督机制等各种结构因素的发展和完善密切相关。①贝塔斯曼基金会的研究结果表明，20世纪90年代早期，德国每年大约设立200个慈善基金会，而在21世纪之后，每年会成立800—900个慈善基金会。慈善基金会快速发展的情况在欧洲一些国家同样出现，比如意大利等。慈善基金会等社会慈善组织在美国和欧洲部分国家迅速成长，体现出社会力量以实际行动对于社会慈善事业表达了更加直接、积极的支持。"投资慈善事业"在国外社会慈善事业成为一种普遍的共识，越来越多的企业家开始效仿比尔·盖茨将企业经营方式和创新技术手段应用于慈善基金会运行。与早期的慈善基金会的社会组织运作方式相比，今天的慈善基金会更加趋向于企业管理模式，慈善信息透明度高，慈善项目管理责任明确，注重与政府、企业、私人以及其他社会慈善组织之间建立合作关系。社会慈善事业正在从传统的公益性单一型模式转向公益性和投资性相融合的复合型慈善事业模式。即社会慈善组织通过自身的投资收益获得更多的慈善资金和资源进而实现其所参与的社会慈善项目持续扩张。

20世纪40年代后半期到90年代初期，西方国家社会志愿服务不仅进一步规范化，而且扩大成为一种由政府和私人社团合作举办的、广泛性社会志愿者服务工作。这种社会志愿服务工作的重心不仅在于调整被救助对象的社会关系和改善他们的社会生活，更重要的是能够全面调整社会结构与社会关系。社会志愿服务工作逐渐制度化、专业化和科学化。20世纪90年代之后，以"义工"为代表的各类社会志愿者服务也同样获得了快速发展。20世纪90年代后半期，现金捐赠通常没有奉献时间来得重要，大约60%的私人捐赠采取了义工的形式，在荷兰、瑞典和其他斯堪的纳维亚国家，义工的比例尤其高，一些发展中国家也是如此。②

时至今日，社会志愿者服务已经成为西方国家社会慈善捐赠行为的主要方式之一，并且融为其慈善文化的一部分。以美国为例，有调查显示，美国的社会志愿者人数占人口总数约56%，人均每周腾出4个小时做义工，高于世界其他国家。趋于完善的法律保障体系是社会志愿者服务能在美国蓬勃发展的重要因素，相关法律法规对于社会志愿者活动的制度保障和支持是综合性的、多

---

① 高鉴国：《美国慈善捐赠的外部监督机制对中国的启示》，《探索与争鸣》2010年第7期。
② 朱美荣译：《慈善事业的新黄金时代》，《国外社会科学文摘》2005年第2期。

方面的。美国政府在1973年就制定了志愿服务法,现行的社会志愿者法律法规包括《国内志愿服务修正法》(1989)、《国家和社区服务法案》(1990)、《志愿者保护法》(1997)等。2002年7月17日德国对《奖励志愿社会年法》和《奖励志愿生态年法》等社会志愿者服务法律进行了全文修正,进一步扩大了社会志愿服务的范围,鼓励16—27岁的青年暂时离开校园,投身社会或环保志愿服务的行列。同时参加者在进行志愿服务时可以接受教育辅导,加强对社会服务的认识。在德国,社会志愿活动非常广泛和普及。据统计,德国现有约2300万志愿者。为了支持鼓励更多的人参与社会志愿服务,德国政府在联邦议会专门开设了"市民志愿活动前景"委员会,协调处理志愿活动的相关事宜,完善相关法律文献,进行志愿活动宣传、研究和调查等。不仅如此,志愿者在租税、交通、社会保险等方面均享有优惠奖励。在法国,志愿服务精神成为现代法国社会思想观念的一部分,在法国社会中有深厚的道德文化基础,政府通过相关法律强制推行国民参与社会志愿服务。

近百年来,西方市场经济的发展和成熟又推动了社会慈善的发展,这使得人们得以进一步认识到社会慈善公益捐助事业正在成为社会发展和文明进步必不可少的组成部分。目前,从整体上来看,西方发达国家的社会慈善事业已经进入成熟、快速发展的轨道。

二 中国社会慈善

(一) 中国社会慈善的产生

中国自古以来就有乐善好施、扶弱济贫的慈善文化传统。有孔子倡导的"仁者爱人"的慈善思想,孟子"恻隐之心,仁之端也"的为人处世之道和"守望相助,出入相友,疾病相持"的慈善主张,还有《论语·季氏》"闻有国有家者,不患寡而患不均,不患贫而患不安。盖均无贫,和无寡,安无倾"等主张财富均分的儒家大同思想等。

新中国成立后,旧的社会慈善组织自行停办或被政府接收改组,成为官方或半官方机构,如民国著名的北京香山慈幼院、中国福利基金会和中国红十字会等民国时期最具影响力的社会慈善机构等。在这个时期,社会慈善事业逐步被纳入我国社会事业的整个体系中,政府由此成为社会慈善事业的主体。

1981年7月28日成立的中国少年儿童基金会,是我国第一个以募集资金形式开展少儿福利事业的全国性社会团体,是具有独立法人资格的非营利性公益性社会慈善组织,该组织的成立开启了中华社会慈善事业的新时代。各类社会慈善组织的成立在客观上推动了我国社会慈善事业的发展。

1985年,中国基督教主教丁光训和匡亚明、韩文藻先生在南京发起成立南京爱德基金会。但是这一时期的慈善组织,基本上是半官方性质的社会福利团体。因此,受经济、政治和文化等诸多因素的影响,这一时期我国社会慈善事业的发展水平与当时经济社会的总体状况不够吻合,资金募集政府主导作用比较突出;慈善组织的救助方式单一;现代慈善理念不普及和慈善意识不强烈。[①]

(二) 中国社会慈善的发展

20世纪90年代,我国社会慈善事业开始步入快速发展阶段。随着改革开放的不断深入和市场经济的日趋成熟,在不断健全的社会保障政策和制度支持下,较为雄厚的经济基础使得我国各类社会慈善组织纷纷成立,社会慈善组织管理法规相继出台,社会慈善组织职能逐步明晰,社会慈善的途径和方法日趋多样化,社会慈善募捐的对象更加社会化和国际化。

1. 社会慈善服务得以创新

1990年,社团管理条例正式出台,标志着社会慈善组织等社团组织管理向着规范化、制度化和合理化方向发展。1994年中国青年志愿者行动正式开始。各种类型的志愿者组织和志愿服务拓宽了社会慈善事业的领域,增强了社会对社会慈善价值与意义的理解和认同。1994年,中华慈善总会成立,该组织在创立之初就制定了不同于事业单位的财务体系。人事、薪酬均按照市场化模式运作,其目的在于保持社会慈善事业的民间性、自主性,使得社会慈善成为民众自愿、自发、自办和自主的社会行为,与传统的官办慈善组织相区别,从而与现代慈善理念相接轨。中华慈善总会的成立标志着社会慈善获得政府和社会各界的认可和支持。此后,上海市慈善基金会、北京NPO信息咨询中心的相继成立,反映出我国社会慈善的发展进入新阶段。

2. 社会慈善发展相关政策逐步完善

1994年1月1日施行的《中华人民共和国企业所得税暂行条例》规定了

---

① 王振耀主编:《社会福利和慈善事业》,中国社会出版社2009年版,第149页。

对于公益、救济性捐赠行为的税收减免；1994年1月28日颁布的《中华人民共和国个人所得税法实施条例》也对捐赠做了减免税规定。1999年《中华人民共和国公益事业捐赠法》指出该法的目的是"鼓励捐赠、规范捐赠和受赠行为"。该法律是我国政府把社会慈善事业发展上升到法律的高度，在我国社会慈善发展中具有标志性的意义。

此后，一系列政策法规相继出台，用以规范和保障社会慈善事业的发展。包括《红十字会法》、《企业所得税法》、《社团管理条例》、《民办企业登记管理暂行条例》等。此外，社会慈善的形式呈现多样化。包括义卖、义诊、义捐、义演、义拍、义工、心理辅导和义务献血等。

这一时期我国的社会慈善事业无论是在理念还是活动方式上都有了明显的变化和进步。主要体现在以下几方面：第一，社会慈善事业从政府包办逐渐朝民间自主方向发展。第二，慈善范围突破了地域和国家的界限，慈善救济的范围扩大。第三，慈善理念和慈善方式有了新变化。在对受灾群众紧急救援的同时，还对社会上不幸的个人和困难群体开展多种形式的社会救助。但是，总的来说，这一时期我国社会慈善发展的整体规模还比较小，仅仅局限于少数企业和个人，社会慈善组织发育还不够健全，政府主导作用比较明显，社会慈善的自觉性不够突出，社会慈善的力度和范围还比较有限。[①]

（三）我国社会慈善的繁荣阶段

1. 社会慈善参与主体多元化

从社会慈善初期的以企业、个人为主，扩大到企业、个人、慈善基金会、社区性慈善组织以及国际性人道主义组织等。2004年，我国颁布了《基金会管理条例》，允许在内地设立非公募基金，为企业及企业家设立公益性基金会提供了政策依据。2005年，香江集团董事长翟美卿设立的国内第一家非公募基金会——"香江社会救助基金会"获得民政部批准。到2006年底，我国非公募基金会已有394个。2007年5月，江苏投资联盟联合国内著名民企共同发起迄今为止国内规模最大的定向资助残疾人就业培训的非公募性慈善基金会——"远东慈善基金会"。2007年9月，中国平安董事长马明哲与妻子共同

[①] 王振耀：《社会福利和慈善事业》，中国社会出版社2009年版，第150页。

设立了中国首家以个人名义设立的慈善基金会。此后，我国民营企业人民电器集团以企业名义设立了"人民电器慈善公益基金会"。与此同时，我国社会慈善领域涌现出一批"中国首善"，他们引领了社会慈善的新风气。

2. 社会慈善覆盖领域广泛化

随着经济发展带来的各类社会问题增多，社会慈善正在从以济贫救困为主扩大到医疗救济、就业培训、教育救济和环境保护等领域。

（1）医疗救济成为慈善救济的重要内容。国内很多城市相继设立了专门的慈善医院，为贫困家庭和弱势群体患者提供免费治疗或特殊帮助。比如，玛丽斯特普国际组织（MSI）作为全球性的"性与生殖健康宣传教育与服务"公益组织自2000年进入中国以来，先后在中国南京、青岛、南宁和昆明等城市设立针对已婚妇女和青少年为主体的公益性服务项目，并与中国计划生育委员会建立相关的业务合作关系，为特殊的服务对象免费义务提供友好、保密、优质的生殖健康服务，包括避孕、流产、生殖道感染检测等，并且在我国部分城市开设上述服务的治疗和咨询服务慈善诊所。目前，国内有影响力的慈善医院及其开展的社会慈善项目开始正常化，其中有影响的为杭州微笑行动医院、南京鼓楼医院（"国际微笑行动"项目）、上海浦东慈善医院、山东慈善医院等。

（2）就业培训开始成为社会慈善的新项目。国内许多慈善总会先后开设多期就业培训班，大量培训下岗职工，使他们走上了工作岗位。此外，环境保护被纳入社会慈善领域。2003年，中华环境保护基金会与国际水资源保护组织共同主办了"爱一滴水就是爱全世界"的大型社会公益活动。同时，社会志愿者服务活动开始兴起。诸多志愿者自发组织环保活动，如回收旧电池、防止白色污染、参与沙漠治理等。在20世纪90年代我国尚属新鲜事物的志愿者服务到了21世纪初已经成为十分普遍的社会慈善活动。

进入21世纪以来，我国社会慈善事业得到了迅猛发展，尤其2008年是我国社会慈善史上的里程碑。汶川地震、北京奥运会等一系列年度重大事件引发了全国性的志愿服务热潮。

总之，在进入转型时期之后，中国社会慈善事业正在经历由计划经济时代以政府职能部门和挂靠在各级政府民政部门之下的公益性公办慈善组织为主体转变为由政府、公办公益性慈善组织和社会（包括民办公益性、营利性慈善组织、企业及企业基金会和个体等）等公域与私域的慈善主体中相互合作的共同治理局面。其中，由于我国慈善传统和慈善政策的缘故，政府及其下属的公办公益性慈善组织在现有的慈善主体仍然处于主导地位，扮演关键角色，社会慈善主体地位不明，力量不足，效果不够，其身份角色相对较为尴尬。随着企业作为私域主体的代表逐步介入社会慈善事业的公域领域，企业作为慈善主体的一员正在承担越来越重要的慈善责任。我国社会慈善主体结构的变化体现出我国社会慈善事业模式从政府主导型向政府与民间合作伙伴型转变的趋势。

第三节　中国社会慈善的改革与发展

一　中国社会慈善的主要问题

（一）社会参与慈善还存在明显不足

从参与的动机来看，中华民族是一个乐善好施、扶贫救弱的善良民族，但中国传统慈善文化中的内敛性、封闭性和排斥性妨碍了公众的自愿性慈善行为。同时，我国的传统慈善文化基本上是以代际传承、血缘关系和家族聚落为出发点，也多是以血缘关系和家族聚落为归宿。

从社会参与慈善现状来看，参与捐赠的企业数量规模仍有巨大的提升空间。尽管民营企业是第一捐赠主体，但相对我国庞大的民营企业数量来讲，参与捐赠的企业仍然只是少数。捐赠的慷慨度仍有巨大的提升空间。自立基金会仍有大幅扩张空间。

（二）相关的法律法规建设滞后

目前，我国尚没有出台专门性的、用以规范社会慈善事业的综合性《慈善法》或《社会慈善事业促进法》等有助于社会慈善事业发展的基本法律。慈善公益组织制度、财务制度以及机构的活动领域、募捐款项、救助项目开发等方面都缺乏相应的法规依据。即使已经颁布的涉及社会慈善事业发展的若干法律法规也比较零散笼统，且操作性欠佳，难以得到落实。事实上，不完善、不健全和零散的社会慈善事业法律法规和相关政策条文已成为中国社会慈善事业发展的障碍。

（三）社会慈善力量行政化

近年来，随着政府逐步放松慈善事业的参与权利，企业、社会慈善组织和个人作为社会慈善力量的代表日趋活跃，并在社会慈善事业领域发挥了较大的作用，树立了广泛的社会影响力。但是，计划经济时代形成的传统慈善观念和管理模式使得长期以来政府主导和规划慈善事业的局面延续至今。在这种情况下，政府和官办公益性慈善组织成为慈善事业的主体，相应的是，社会慈善力量作为新兴的慈善主体其慈善权利和参与范围受到了一定的限制。因此，社会慈善力量尽管获得了迅速发展，但是相应的权利也是有限的，无法真正、全面发挥其应有的实力。我国社会慈善事业发展初期，当时社会力量比较弱小，社会组织不够发达，导致社会慈善组织数量不足。政府只能从内部分化出慈善组织，因此，我国大部分慈善组织兼有半官方的性质。同时，长期以来，社会组织登记管理上，实行"分级登记，双重管理"制度，抬高了慈善组织的"准入门槛"，限制了慈善组织的活动范围和领域。同时，在慈善组织运作过程中，慈善组织需要接受政府的财政拨款和人事任免，慈善组织的大部分领导是政府部门的离退休干部，极容易造成组织的行政化倾向，运行效率低下。

（四）社会志愿者服务能力不足

目前，我国社会志愿者服务存在着总体规模偏小、志愿服务模式单一、志愿者服务较为分散以及服务效果存在不确定性等问题，其背后的根源在于社会志愿者服务能力不足。一方面，政府和社会尚未建立针对社会志愿者服务的专业化技能培训、考核机制；另一方面，现有的社会志愿者队伍的服务能力参差不齐，相关的社会志愿者服务能力资质认定、评估体系不够严密、健全。随着我国社会慈善事业的迅速发展，社会志愿者固有的眼光、判断力、服务方法等服务能力的缺陷和不足逐渐显现，已经无法满足社会慈善服务的要求。同时，部分社会志愿者缺乏定期的慈善服务能力，进修时数也是导致其慈善服务能力不足的原因之一。服务能力的不足正在成为制约社会志愿者提升服务水准和层次的主要障碍。

（五）慈善组织公信力较低

社会慈善组织作为成长中的社会慈善力量，组织建设、自我规范、运行模式、品牌培育和慈善效果等方面仍然存在诸多不足，无法在社会上赢得普遍认同的公信力。总体来看，现阶段我国社会慈善组织的公信力处于相对较低的程度。社会公信力不足已经直接影响了社会慈善组织活动空间和项目规模的进一步拓展，成为阻碍其组织规模和层次提升的主要因素。其结果是少数社会慈善组织的行为引发了社会和公众的质疑与反思。公信力的缺失必然在一定程度上影响社会慈善组织的发展进程和社会公众的支持程度。中国社会并不缺少善心，缺少的是对社会慈善组织的信心。公信力低下，直接导致了我国慈善组织不能得到社会大众的认可。社会慈善组织公信力低，与政府干预、慈善信息不透明以及慈善资源没有合理配置等诸多因素有关，但非政府部门等社会慈善组织存在的"志愿失灵"现象也是慈善组织公信力低的一个重要原因。社会慈善组织内缺乏必要的内部监督机制，慈善机构理事会形同虚设，不能发挥应有的决策作用。加上社会慈善领域行业自律、监督和审计的不健全，使得社会慈善组织的公信力和效率经常被质疑。

二 中国社会慈善的改革目标和原则

（一）中国社会慈善改革的目标

改革开放以来，中国社会慈善进入了快速发展的新阶段，但是总的来说，我国社会慈善还存在明显的不足，因此，我国社会慈善的改革目标应该体现在以下几个方面：

1. 提升社会慈善的意识和理念

促进慈善文化深入人心，增强公民的慈善理念和企业社会责任的普遍意识，同时社会各界的慈善潜能得以挖掘和激发，社会慈善主体能够认同并参与慈善活动，基本形成有助于社会慈善良性发展的社会氛围。

2. 加强社会慈善组织的能力建设

在国内各大中城市普遍建立各类社会慈善组织，特别是在社区中探索新型社会慈善方式，提高社会慈善组织的能力建设和公信力，初步形成自律机制和社会监督机制。

3. 形成志愿服务体系

不断普及社会志愿者服务理念，逐步建立相关的志愿服务政策和制度，推动社会志愿者服务队伍不断壮大，不断拓宽服务领域和范围，初步形成志愿服务体系。

4. 完善社会慈善政策

通过完善慈善政策，初步形成良好的社会慈善政策和法制环境，基本建立适应我国社会慈善事业发展的政策法规体系和制度框架，依法推进社会慈善事业的健康发展和有序进行。

（二）中国社会慈善改革的原则

第一，在目标上，在借鉴国外社会发展经验和教训的基础上，充分吸收中国古代慈善活动的优良传统和现代政府慈善行为的成功经验，根据我国的具体国情和现实需求，建立具有中国特色的社会慈善事业。

第二，在功能上，应满足社会慈善对象的基本需求，从社会慈善的主体、对象、方式和监管等诸多方面对接和满足社会弱势群体和低收入家庭的真正需求，充分发挥社会慈善应有的功能和作用。

第三，在制度上，坚持以政府为主导，企业、社会慈善组织和社会志愿者等社会慈善主体协作共治，体现社会慈善的民营性、自愿性、自主性、合法性和非营利性等特征。

第四，在范围和深度上，将社会慈善的救助和辅助对象从少数重点领域和地区逐步扩大到全社会慈善主体力所能及的范围，从传统的物质、资金扶持到生存能力和就业技能的智力救助，切实做到社会慈善的广泛覆盖和多层次、全方位的全面关注和行动，扩大社会慈善事业的广度和深度。

三　中国社会慈善的改革路径和方向

（一）中国社会慈善的改革路径

1. 转变社会慈善发展理念，调动和发挥社会力量的资源

当前，中国社会慈善事业获得了快速发展，其主要原因是政府在大力推动

慈善事业发展。今后要持续推动社会慈善事业的发展，就必须要转变社会慈善发展理念，逐步扩大企业、非政府组织和个人等社会力量在慈善事业中的地位和作用。扩大企业、社会慈善组织和社会性志愿者等社会力量在社会慈善领域的活动空间和权力边界，充分调动和发挥社会力量的资源、优势和能力，协助政府提升社会慈善事业的规模和层次。

2. 加大舆论宣传，强化社会力量的参与动机

目前，我国尚未形成全社会普遍认同和广泛参与社会慈善的良性外部环境，就现有的社会慈善进展来看，仅靠政府政策推动和部分社会力量自发参与是远远不够的，还不足以唤起全民参与社会慈善的热情和动机。随着舆论的社会影响力和焦点关注度日益突出，政府和社会应该转变传统的慈善事业宣传方式，积极发挥和借助舆论的非正式影响力，如网络、微博、微信等新媒体工具从正面弘扬社会慈善的价值、代表人物和典型事迹。充分发挥政府在弘扬慈善文化、推动慈善事业中的主导性作用，引导、支持和规范舆论传播扩大社会慈善的影响力和号召力。通过加大舆论宣传，能够培育和营造普遍根植于全社会的慈善意识和动机，强化社会组织和公众认同和感受的社会慈善所带来的"正能量"，将中华民族传递至今的"乐善好施"、"扶贫救困"等优良慈善传统转化为社会力量主动参与慈善事业的驱动力。近年来，民营企业作为社会慈善事业的新兴主体，在履行慈善行为时，大多会选择舆论和媒体作为合作伙伴，对企业的慈善活动进行全程跟踪报道，以树立企业的慈善公益形象和品牌知名度。合理、适度借助舆论的传播效应，能够推进民营企业等社会力量的公益性慈善动机，提升社会参与慈善的空间，构建社会各阶层热衷于社会慈善的积极舆论环境和慈善价值认同，实现社会公众的整体性慈善认识和观念向公益性慈善动机的方向转变。

3. 健全政策法律，营造适合社会慈善的外部环境

健全、完善的相关慈善法律政策能够为推动社会慈善的展开创造必要的、良好的制度保障机制，从而引导、激励和规范社会慈善沿着正确的道路顺利、合理前进。现阶段，由于现行的社会慈善政策法律仍然存在诸多缺陷和不足，阻碍了社会慈善快速发展的步伐。在以有效的社会慈善政策法律为核心的制度体系下，能够减少和削弱已经出现或可能出现的各种社会慈善行为中的违法违规现象。政府和立法机关应早日出台关于刺激和鼓励社会力量参与慈善事业的激励性政策措施和法律条文，在依靠舆论推动社会力量慈善动机的同时，还应

从制度层面和法定程序加强政府对于社会慈善主体的补助力度，如加大对企业的税收减免和政府补贴；对于社会性志愿者给予相应的就业渠道和能力培训；扩大社会组织参与慈善活动的权限和活动范围等。

4. 加大培训力度，完善社会志愿者的服务能力

社会志愿者的服务能力直接决定了其所能提供的服务质量和服务范围，为了保障并逐步完善社会志愿者的服务水准，政府和社会应该加大对于社会志愿者的培训力度，包括围绕社会志愿者的服务能力制订一系列培训计划，诸如慈善理念、服务方法、沟通技巧、工作能力和政策法规等，并结合服务能力培训，并制定一套社会志愿者服务能力考核机制，定期选拔合适的志愿者人选，淘汰不合格的志愿者。

随着社会慈善事业涉及的项目和服务越来越广泛，社会慈善行为所需要提供的知识、技能日趋多元化、综合性和专业化。相应的是，对于社会志愿者的专业素质和能力也会有更高的要求，社会志愿者出于经济、观念等诸多因素考虑，往往很难从自助角度实现自身的慈善服务能力的培训与提高，进而无法适应慈善事业快速发展的形势，而社会志愿者服务能力的落伍必然也会影响社会慈善事业全面发展。因此，政府和社会有责任从社会慈善事业整体进步的战略高度考虑，有计划地设置慈善服务能力培训班，分批、逐次对社会志愿者展开针对性培训，通过完善社会志愿者的服务能力，进而全面提升社会志愿者队伍的整体素质。

5. 加强制度建设，提升社会慈善组织的公信力

公信力是社会慈善组织的立身根基，提升公信力有助于培育社会组织活动基础，树立正面社会形象和推广社会慈善组织的服务品牌等。社会慈善组织的公信力提高主要来自于制度建设，即依据相应的制度框架约束和规范社会慈善组织行为，促使其通过合理、规范和有效的慈善活动和行为赢得政府的认可和社会的支持，从而获得社会公信力的逐步提升，为参与后续的慈善项目积聚软实力。

围绕社会慈善组织的公信力提升，相关的制度建设来自于外部和内部两个维度。一是政府从外部环境出发健全其引导和规范社会慈善组织行为的相关制度规定，利用合法性制度权威强制约束社会慈善组织的活动，减少社会慈善组织可能出现的不当行为。二是社会慈善组织逐步完善内部监督机制，实现组织自律，自觉维护组织的社会公众形象和慈善品牌信誉，社会慈善组织的公信力

很大程度上来自于组织内部的自我监督制度建设和自律行为的体现。

(二) 中国社会慈善改革的方向

1. 社会慈善主体多元化

随着社会慈善力量的崛起,社会慈善主体从最初的企业、个人扩大到社会组织等多元化主体。社会慈善的实践表明,单一的慈善主体无论是企业、个人还是社会组织都是很难独立运行的,只有相互支持和协作才能共同推动社会慈善事业的平稳、健康运行。即各类企业负责筹措慈善资源,社会慈善组织承担慈善资源的捐赠分配和项目管理,社会志愿者协助社会慈善组织从事慈善项目的具体运作,三者构成了一套完整的相互支撑的多元化社会慈善主体体系。因此,社会慈善主体多元化是中国社会慈善改革的基本方向,这是优化我国社会慈善结构布局,完善社会慈善主体构成的必然趋势。

2. 社会慈善管理规范化

社会慈善管理是确保社会慈善事业合理、有序运行的必要措施,主要包括激励社会慈善力量的公益性慈善动机,规范社会慈善行为的运作方式。社会慈善管理的规范化来自于政府对于社会慈善发展的科学规划和有效规制以及相配套的社会慈善政策和法律。社会慈善管理规范化作为一项重要的制度保障措施,能够确保社会慈善事业按照政府规划和社会期待的社会慈善总体目标前进。因此,社会慈善管理规范化是我国社会慈善改革方向中制度建设的转型。

3. 社会慈善服务市场化

社会慈善的实践表明,社会慈善服务市场化是符合社会慈善事业的本质属性的。社会慈善事业作为一种公共产品和服务,在引入社会慈善力量作为供给主体之后,能够有效提高慈善资源的配置效率和使用效果,在一定程度上减少慈善成本,有利于社会慈善服务的合理运作。随着各类社会慈善主体日益发挥出其特有的优势和不可替代的作用,市场化渠道提供的社会慈善服务正在为我国慈善事业发展贡献更多的努力和资源。因此,社会慈善服务市场化是我国社会慈善改革方向中供给渠道的转变。政府应该根据社会慈善的发展形势适时为社会慈善服务市场化创造必要的条件。

4. 社会慈善监督综合化

我国社会慈善主体的多元性、成长性和复杂性决定了只有政府具有绝对的执行力和影响力行使强制性监督行为。但是,仅仅依靠政府的行政监督是不够的，还需要来自社会的独立性监督和社会慈善组织的自我监督，即构建一个多元化、全方位的社会慈善监督体系，实现社会慈善监督的综合化，单纯依靠某一个监督机制是很难保障社会慈善监督的合理性和有效性。在这个综合化社会慈善监督体系中，政府监督具有较强的权威性，社会监督具有合法的独立性，而社会慈善组织的内部监督则具有一定的自律性。

（1）政府监督。政府监督是社会慈善监督体系的核心构成，作为监督体系之内唯一具有法定强制性监督权限的监督主体，其监督权限和效力是社会监督和内部监督不可比拟和替代的。政府监督机制是一种极为有效的外部监督制度，能够有效引导和规范社会慈善行为的运行方式和方向，对于确保社会慈善事业沿着正确的路径发展具有不可推卸的责任。

（2）社会监督。社会慈善领域的社会监督包括社会舆论、民间评估机构及公民个人监督等，如美国慈善信息局，实施对慈善组织的监督，每年民间性的专业评估机构对慈善组织的公信力和运行效果、慈善信息进行评估和公布，把所出具的测评报告向社会公众发布，社会公众以此作为是否向社会慈善组织进行捐赠的重要评价标准。此外，社会舆论和社会公众的监督也是非常重要的，要确保媒体和公众对慈善活动监督渠道畅通。[①]

（3）内部监督。社会慈善组织内部监督是政府监督和社会监督的必要补充。相对而言，其监督效果相对较弱，然而所具备的慈善组织自律性监督效用使其成为社会慈善监督体系的有机组成部分。内部监督初步解决社会慈善组织初期出现的不当行为，从而避免政府监督和社会监督的介入，在一定程度上有助于提高监督体系的整体效果，减少慈善监督成本。

【本章小结】

慈善已成为一项社会事业，社会慈善的发展水平是衡量一个国家、一个地区社会文明进步的重要标志。从世界各国来看，社会慈善被公认为现代社会保障体系的有机组成部分。从现代经济和社会发展的角度来看，社会慈善是基于推进社会福利和弘扬慈善理念，以企业、社会慈善组织和社会志愿者等为主体，自发、自觉、自主开展各类社会慈善捐赠或救助行为的非营利性社会活动。社会慈善可以划分为企业慈善捐赠、社会慈善组织捐赠、社会志

[①] 林闽钢：《慈善组织社会问责探讨》，《东岳论丛》2006年第6期。

愿者服务等。社会慈善具有社会再分配、社会稳定、社会教化、社会整体受益等功能。

从中国社会慈善发展存在问题出发，中国社会慈善的改革目标主要为：提升社会慈善的意识和理念；加强社会慈善组织的能力建设；形成志愿服务体系；完善社会慈善政策等方面的内容。中国社会慈善的改革路径为：转变社会慈善发展理念，调动和发挥社会力量的资源；加大舆论宣传，强化社会力量的参与动机；健全政策法律，营造适合社会慈善的外部环境；加大培训力度，完善社会志愿者的服务能力；加强制度建设，提升社会慈善组织的公信力。中国社会慈善改革的方向：社会慈善主体多元化；社会慈善管理规范化；社会慈善服务市场化；社会慈善监督综合化。

【思考题】
1. 社会慈善的主要功能有哪些？
2. 我国社会慈善存在的主要问题是什么？
3. 简要回答我国社会慈善的改革目标和原则。
4. 论述我国社会慈善改革路径和方向。

第十三章

社会保障法

在现代社会保障制度的发展进程中，以法律为依据，在管理机构的监管下采取强制方式实施，一直是最基本的特征之一。社会保障法是社会法的重要代表。它具有广泛的社会性，是强制性规范和任意性规范的统一、人道主义与互助共济的统一。

第一节 社会保障法概述

一 社会保障法概念

（一）社会保障法的概念

社会保障法是调整社会保障关系的法律规范的总称。既包括以基本法律形式出现的社会保障法，也包括其他法律、法规中有关社会保障事项的规范，还包括具有法律效力的关于社会保障事项的地方性法规和规章。[1] 具体地说，社会保障法是调整以国家、社会保障职能机构和全体社会成员为主体，为保证全体社会成员的基本生活需要而发生的社会关系的法律规范的总称，是一个由法律、法规、条例、命令等组成的多层次系统。在本质上，社会保障法具有社会法的性质。

---

[1] 黎建飞：《劳动与社会保障法教程》，中国人民大学出版社2013年版，第268页。

（二）社会保障法的特征

1. 广泛的社会性

相对于刑法的公法性和民法的私法性，社会保障法具有广泛的社会性。

（1）制定社会保障法的目的是为了实现社会的稳定和发展。

（2）社会保障法调整的都是公民生活最基础的内容，是公民最基本的生存权利和发展权利。

（3）社会保障关系所包含的社会保险关系、社会救助关系、社会福利关系和社会优抚等都涉及社会大众的利益。

（4）社会保障权利由全体社会成员共同地、平等地享有，权利的内容也随着社会经济条件的发展而不断扩展，缴费义务和风险则由国家、用人单位和社会成员三方共同分担，权利与义务主体都具有社会性。

2. 强制性规范和任意性规范的统一

强制性规范是指必须依照法律适用、不能以个人意志予以变更和排除适用的规范。社会保障法中的强制性规范主要体现在涉及社会成员基本保障权益的规定中。例如，《中华人民共和国社会保险法》第10条第1款规定："职工应当参加基本养老保险，由用人单位和职工共同缴纳基本养老保险费。"对于基本养老保险，有关各方不管意愿如何，必须参加，严格依据法律的规定执行。

任意性规范是允许主体变更、选择适用或者排除该规范的适用。即主体可以根据自己的意愿来选择是否适用该项法律规范。任意性规范主要体现在一些临时性、突发性事件中的社会保障规定中。例如，在灾害救助法律关系中，向受灾群众捐赠物品，就是一种任意性规范，不具有强制性，由当事人根据自己的意愿进行选择。

3. 人道主义与互助共济的统一

人道主义体现为强者对弱者的帮助和付出。社会保障法是扶弱救贫之法，通过社会保障制度的构建，对社会财富进行再分配，实现富裕的对贫困的、健全的对病残的、年轻的对垂老的、强者对弱者的社会关照和社会扶助，保障他们最基本的生存权利，体现出浓厚的人道主义思想。这种关怀与帮助，不同于保护落后，也不同于恩赐和施舍，体现出尊老爱幼、扶弱济贫的人性美德。

此外，社会保障法还强调其互助的性质。现代社会经济发展加快，各种社会问题凸显，各种社会风险增强，全面影响着人们生活的稳定性和安全性。社会保障是全社会的事业，国家作为这一制度的组织者，只有依靠社会全体成员的共同参与、互助共济，才能实现和达到目标，社会成员也只有通过承担相应的社会保障责任，履行互助共济的社会保障义务，共同参与社会保障事业，才能在自己遭遇不幸时，也能够同样地获得国家和其他社会成员的帮助。互助互济、共担风险、共享和谐是社会保障持续发展的基础。

二 社会保障法价值取向与原则

社会保障法是社会法最重要的代表，而社会正义理论、社会连带责任思想、道德法制化思潮以及人权观念等构成了社会法存在和发展的理论基础。

（一）社会保障法的价值取向

社会保障法的价值取向是其立法的灵魂和精髓，是法律创制和发展的核心。社会保障立法的重要价值取向包括保障生存权，维护社会公平、稳定和促进社会发展等。

1. 保障社会成员最基本的生存权

生存权是人权中最基本的权利，是人类基于生存的本能而产生的一种权利，具有不可剥夺和不可转让的特性。在现代法制社会，保障公民的生存权，就是通过法律使人们获得基本的生活条件和基本的人格尊严，是社会保障法最核心的理念。社会保障立法的制定与实施，涉及疾病、工伤、失业、生育、住房等维护社会成员基本生存所需要的各个项目。当社会成员在这些方面遭遇不幸时，国家和社会为其提供最基本的物质生活资料，维持其最基本的生存需要。保障社会成员最基本的生存权，是国家保障人权最直接的体现。

2. 保障社会公平，维护实质正义

公平是社会保障法的重要理论基点和立法初衷。公平要求社会应当以公正的、不偏不倚的态度来对待每一个社会成员，保持社会成员之间的利益关系均衡。一般而言，社会是否公平，主要体现在社会成员的收益分配与生活状态等方面。市场经济能够优化资源配置，也会导致社会成员间的收入差距和两极分化问题，进而激化社会矛盾，影响社会稳定。社会保障制度立法旨在维护机会公平和过程公平并减少过程不公平。"正义是社会制度的首要价值。"① 社会保障法所要实现的正义,是实质正义。在承认个人能力禀赋和资源占有差异的前提下,强调"不同情况不同对待",以"扶助、倾斜保护弱者"为原则,对每个社会成员所享有的社会权利予以保障。市场经济的发展会导致个体经济差异的存在,而作为人存在和发展的最基本权利,不应因经济的差异而丧失。社会保障法的正义价值,通过国家的积极干预来实现市场机制无法自发实现的社会公正,目的是使所有人共享社会福利,满足全体社会成员生存发展的需要。

3. 维护社会稳定,促进社会发展

维护社会稳定是一个国家赖以生存、得以发展的基本前提与保障。弱势阶层的生存状况在很大程度上决定了社会稳定与安全的方向。当个人最基本的生存权受到威胁时,最容易滋生犯罪,产生社会动荡。社会保障制度本身就是一种社会安全体系,社会保障法的产生,就是为了缩小社会成员之间的贫富差距,通过对国民收入的调节和再次分配,让所有人共享经济发展所带来的成果和福利。通过对长期失业者、残疾人、老年人、失业的妇女等这些弱势群体的帮助,消除影响社会稳定与安全的不良因素,保障整个社会的有序发展。同时,社会保障法的实施还可以通过免除社会成员的后顾之忧调动其劳动积极性,通过保障劳动者的基本权利促进劳动力的合理流动,从而促进社会发展。

(二) 社会保障法的基本原则

法律的原则是在逻辑上直接产生于法律的目的而受法律的价值节制和约束的、作为整个法律的基础与本源的综合性的和稳定性的根本原理与观念。② 社会保障法的基本原则是指集中体现社会保障法的本质和精神,主导整个社会保障法体系,为社会保障法调整社会保障关系所应遵循的根本准则,贯穿于整个社会保障法,统率社会保障法的各项制度及规范。具体地说,社会保障法有以下几个基本原则。

1. 普遍性原则

普遍性原则是指社会保障应该满足全体居民不同的社会保障需求,最早由

---

① [美] 约翰·罗尔斯:《正义论》,何怀宏、何包钢、廖申白译,中国社会科学出版社 1988 年版,第 1 页。
② 姚建宗编著:《法理学:一般法律科学》,中国政法大学出版社 2006 年版,第 86—87 页。

贝弗里奇在其《贝弗里奇报告——社会保险和相关服务》中提出。对公民实行普遍的社会保障，是各国社会保障立法共同奉行的一条基本原则。《经济、社会、文化权利国际公约》第9条规定："人人有权享受社会保障。"《中华人民共和国宪法》第45条规定："中华人民共和国公民在年老、疾病或者丧失劳动能力的情况下，有从国家和社会获得物质帮助的权利。国家发展为公民享受这些权利所需要的社会保险、社会救助和医疗卫生事业。"西方各福利国家更是注重对普遍性原则的贯彻。例如，在丹麦，社会福利覆盖所有在丹麦居住的人，不分国籍，只要在丹麦的领土上，就享受他们的各种福利。

按照社会保障法的普遍性原则，每一个公民在其生存受到威胁、生活发生困难时都应依法平等地享有从国家和社会获得物质和经济帮助的权利，每一个符合法定保障条件的社会成员都有权获得社会保障待遇。只有在平等的前提下坚持社会保障，才能维护社会的稳定，保障全体社会成员的安全。同时，坚持普遍性原则，并不排斥区别对待。针对特殊群体，特别是弱势群体实行特殊关怀，与社会保障的基本理念并不矛盾，因为只有给予特殊群体以特殊对待才能实现公平。

2. 与经济发展水平相适应的原则

法律制度是社会经济发展的产物，社会保障是国家用经济手段来解决社会问题，进而达到稳定社会的目标的制度安排。因此，社会保障立法必须坚持社会保障水平与社会经济发展水平相适应的原则，既要充分考虑社会经济发展对社会保障的客观要求，又要客观估量所处时代的经济承受能力，以维护社会保障制度的正常运行为根本目标，与经济、社会相互协调。

3. 促进公平原则

公平是社会保障法首先追求的价值目标，《社会保障法》是最直接体现社会公平价值的法律规范。1935年，美国制定《社会保障法》时，罗斯福说："早先，安全保障依赖家庭和邻里互助，现在大规模的生产使这种简单的安全保障方法不再适用，我们被迫通过政府运用整个民族的积极关心来增进每个人的安全保障。"[①] 可见，"保障每个人的安全"的社会公平原则，是美国社会保障立法在创立之初就奉行的基本原则。社会保障制度本身就是为了实现社会公平应运而生的一种制度，它是在经济发展过程中由国家和社会对社会财富进行

[①] 关在汉编译：《罗斯福选集》，商务印书馆1982年版，第58、60、77页。

的再分配，以调整因社会财富初次分配所带来的不均等情况。

这里的"社会公平"包含两层含义：一是从社会保障权利享受来讲，必须人人平等；二是社会保障待遇的确定，力求遵循平衡原则。市场经济强调效率，鼓励竞争，利益分配的差别性将不可避免，不公平分配是这种经济的前提和结果。为保持社会稳定，国家须通过宏观调控来防止不公平状况的过度发展。社会保障既是有效手段之一，也是现代社会保障制度成为社会长期稳定和经济长期发展的维系、润滑、保障机制的根本要求。我国近几年来，不同利益集团间居民收入、城乡居民收入、不同地区间居民收入的差距在扩大，社会保障立法重视遵循平等原则是必要的。

《社会保障法》秉持公平优先原则，并不排斥其对效率的追求。《社会保障法》的效率有制度效率和经济效率之分。《社会保障法》的制度效率来自于公平，公平的立法和制度设计自然产生制度效率。公平如果不能产生或促进经济效率，甚至成为制约社会与经济发展的负担，将不利于社会问题的解决，制度本身也将难以为继。

4. 共同责任原则

社会保障制度由国家和社会来共同实施是社会保障制度在历史发展过程中所形成的原则，也是社会保障法的基本原则。

社会保障作为社会成员的一种生活保障，是当社会成员仅仅靠个人、家庭的力量无法抵御社会风险时才出现的。因此，个人首先对自己的生活负责，社会保障本身并没有也不可能代替个人对自己生活责任的义务，但伴随着人类社会风险的多样化，完全由个人承担社会风险也是不公平且不可能的，必须借助国家和社会的力量，保障社会成员的基本生活和社会稳定。因此，在现代国家，社会保障的义务主要承担者是国家，但国家并不是唯一的义务角色，社会及其成员也负有使每一个社会成员继续生存下去的责任和义务。[①]

三 社会保障法的法律关系

社会保障法律关系是指在社会保障活动中，社会保障法调整人们行为而形成的权利义务关系。

---

① 种明钊：《社会保障法律制度研究》，法律出版社 2000 年版，第 15 页。

社会保障法律关系具有广泛性、强制性和复杂性的特征。广泛性指的是社会保障法律关系涉及社会各个层面。强制性是所有法律的特征，社会保障法律关系也不例外。在社会保障制度中，无论是社会保险制度，还是社会救助、社会福利等制度都有相关规定，凡属法律强制性要求的，所有单位和个人必须依据法律的规定执行，不具有任意选择权。国家通过强制力来保障公民的权利，推行各项保障政策。复杂性是指社会保障法律关系既包括不平等的纵向法律关系，如行政性法律关系，又包括平等性的横向法律关系，如民事法律关系。除此之外，还涉及社会保障争议处理时的仲裁、诉讼等法律关系。各种法律关系的交织，使社会保障法具有复杂性。

任何一个具体的社会保障法律关系都必须同时包括主体、内容、客体三个要素，缺一不可。

（一）社会保障法律关系的主体

社会保障法律关系的主体，是指参加社会保障法律关系、享受社会保障权利和承担社会保障义务的当事人。

社会保障法的主体十分广泛，无所不包。但就社会保障关系中的主体来讲，可以分为五大类：国家、用人单位、社会保障经办机构、委托单位和公民。其中，国家是社会保障的管理机构，履行国家保障全体公民基本生活的义务；用人单位，包括各种类型的企事业法人、合伙企业和个体工商户等。国家通过立法强制用人单位参与到社会保障法律关系中；社会保障经办机构，是指法律、法规授权的劳动保障行政部门所属的专门办理养老保险、医疗保险、失业保险、工伤保险、生育保险等社会保险事务工作机构。

在我国，最高经办机构是社会保险事业管理中心，其在各地的系统分支机构一般称为"社会保险基金中心"。委托单位是接受社会保障管理机构委托参与到社会保障法律关系中的主体，如医疗服务机构、公共福利设施单位、各种社会福利院、参与社会保障基金管理和运作的金融机构、审计机构等。

（二）社会保障法律关系的内容

社会保障法律关系的内容是指社会保障主体享有的社会保障权利和承担的社会保障义务。

社会保障权利，是指社会保障法律关系中的权利主体，依照法律规定所享有的权利。包括以下三层含义：

(1) 权利主体依照法律规定享有某种社会保障给付的权利。例如，我国《社会保险法》第16条第1款规定："参加基本养老保险的个人，达到法定退休年龄时累计缴费满十五年的，按月领取基本养老金。"

(2) 权利主体在法律规定的范围内，要求义务主体为一定行为或不为一定行为，以实现权利主体的某种利益。如职工有权要求企业或雇主为其缴纳社会保险金，要求社会保障管理机构不得挪用社会保障基金等。

(3) 权利主体在自己的社会保障权利遭受侵害时，或义务主体不履行义务时，可以通过调解、仲裁、诉讼程序，请求有关方面给予法律保护。

社会保障义务是指社会保障法律关系中的义务主体，为了满足权利主体的某种利益而为一定行为，或不为一定行为。包括两层含义：第一，义务主体必须按照法律规定为一定行为，或不为一定行为。例如，在医疗保险中的法律规定中，职工必须参加职工基本医疗保险，由用人单位和职工按照国家规定共同缴纳基本医疗保险费。第二，义务主体承担的义务，严格限定在法律规定的范围之内，权利主体超出法定范围的要求，义务主体不承担责任。城镇居民基本医疗保险费用的缴纳，政府补贴享受最低生活保障的居民、丧失劳动能力的残疾人等法律规定的合适群体，不需要个人缴纳费用。其他不属于补贴范围的公民，如果要求政府补贴的，政府当然不承担补贴义务。

(三) 社会保障法律关系的客体

社会保障法律关系的客体，即社会保障权利和社会保障义务所共同指向的对象。社会保障法律关系的客体与其他法律关系一样，一般包括物、行为、人格利益和智力成果等。

社会保障法律关系客体中的物，表现为社会保障基金、救济款、保险金等，它们是实施社会保障的物质基础。行为是社会保障法律关系的主体按照法律规定做出的作为与不作为。参加医疗保险、对失业者提供救助、拒绝缴纳保险等行为都属于社会保障关系中的行为的范畴。人格利益是指公民的人格尊严、名誉身份等与人格身份相联系的权益。

在社会保障制度中，应该保护和尊重最基本的人权、人格尊严和名誉。这也是社会保障法的基本理念。智力成果，通常表现为著作权、发明权等精神财富。在社会保障法律关系中，智力成果有时会与主体的行为结合在一起，主体的权利义务就会指向这些精神财富，因此，精神财富有时也与物、行为、人格身份一样成为社会保障法律关系中的客体。①

第二节　社会保障法的发展

一　社会保障法的产生

社会保障真正作为一项制度是从 17 世纪的英国开始的。由于资本主义圈地运动和自由竞争产生大量的失业和贫困问题，16 世纪末期，英国社会处于严重的社会动荡时期，靠传统的教会和慈善院的救济已经不能满足广大失业和贫困者的需求。为了缓和社会矛盾，为资本主义经济的发展铺平道路，当时的伊丽莎白女王于 1601 年颁布了著名的《济贫法》，通过征收济贫税来对无法谋生的贫民发放救济。《济贫法》的颁布与实施，对稳定当时的社会和促进资本主义经济的发展起到了重要的作用，该法也因此为后起的资本主义国家所效仿。

由于《济贫法》颁布实施后，政府所拨救助款大多流入了封建主和商人的腰包，遭到广大民众反对。同时，随着社会向前发展，原《济贫法》的局限性也逐步显现出来。1834 年，英国国会通过《济贫法修正案》，即新《济贫法》，对原《济贫法》进行了实质性的修改。新《济贫法》确认保障公民生存的权利以及对贫民的社会救济不是一个消极行为，而是一项应当由经过专门训练的社会工作人员从事的积极福利措施。②

二　社会保障法的形成

具有现代意义的社会保障立法最早出现在 19 世纪末 20 世纪初的德国。19 世纪下半叶的德国，在采矿、冶金、化工等方面取得了突飞猛进的发展，与此

---

①　章亮明、钟刚：《社会保障法》，中国政法大学出版社 2007 年版，第 13 页。
②　秦国荣：《劳动与社会保障法律制度研究》，南京师范大学出版社 2004 年版，第 255 页。

同时，工人阶级的力量也不断壮大，与资本家形成对抗。面对如火如荼的工人运动以及蓬勃兴起的社会主义运动，俾斯麦采取了"胡萝卜加大棒"的做法。一方面，于1878年制定《社会党镇压法》压制社会民主党的革命运动；另一方面，接受社会政策学会的主张，通过制定社会政策和社会立法来保护劳动者，缓解劳资之间的矛盾。

1881年11月，德皇威廉一世发布了建立社会保险的敕告。随后，德国于1883年颁布《疾病保险法》、1884年颁布《工伤保险法》、1889年颁布《伤残及养老保险法》。尽管这三个法律的适用范围仅涉及当时德国就业人口的1/5或总人口的1/10，但它却确立了《社会保险法》的基本思想和原则，开创了社会保障立法之先河。此后，德国不断通过立法扩大社会保险的适用范围。

1911年，德国颁布了《孤儿寡妇保险法》，并将疾病保险、工伤保险和养老保险合并，编纂成著名的《社会保险法典》，这部法典是现代意义的社会保障法诞生的标志。1923年和1927年，德国又分别颁布了《矿工保险法》和《职业介绍和失业保险法》，逐步建立起了适应市场经济条件的社会保障制度。

1929年，资本主义世界爆发了严重的经济危机，美国首当其冲，经济危机使许多美国人流离失所、倒毙街头。至1933年失业人口高达1560多万人，占就业人口的25%，为解决国内矛盾，罗斯福总统开始实行新政，强调通过国家干预来解决经济危机。

1934年6月8日，罗斯福总统在给国会的信中提出了制定一项社会保障计划的设想，随后，颁布总统令成立"美国经济保障委员会"，并于1935年8月14日签发了第一部《社会保障法》。该法的主要内容包括：①联邦政府设立社会保障署，负责全联邦社会保障计划的实施；②实行全联邦统一的养老保险制度，由雇主和雇员缴纳养老保险税，建立养老保险基金；③由联邦政府和州政府共同实施失业保险计划，对雇用8人以上的雇主征收失业保险税；④在联邦政府资助下，由州政府实施老人和儿童福利、社会救助和公共卫生措施。

美国《社会保障法》是世界上第一个全面系统地规定了国家社会保障制度的法律，在社会保障立法历史上具有重要意义。该法第一次使用了社会保障的概念，第一次在一部法中规定了社会保险、社会福利和社会救助等社会保障的内容，确立了社会保障普遍性和社会性原则。从此，社会保障作为一个基本法律制度被许多国家确立并实施。

三 社会保障法的完善与调整

第二次世界大战后，面对庞大的失业大军和日益严重的社会问题，各国社会保障法的发展进入了新的阶段。1942 年，贝弗里奇在英国政府的委托下提出了《社会保险和相关服务》的报告，强调将社会保障作为国家责任确立下来，并遵循普遍性和强制性原则。以此为基础，英国先后通过了一系列重要法律，如《家庭补贴法》、《国民保障法》、《国民工伤保险法》、《国民健康服务法》和《国民救济法》。

1948 年，首相艾德礼宣布英国为福利国家。在英国的影响下，世界各国纷纷对社会保障立法。1952 年，国家劳工组织制定了《社会保障最低标准公约》，对退休待遇、疾病津贴、医疗护理、失业救济、工伤补偿、残疾津贴等内容做了规定，对协调各国社会保障立法、促进社会保障发展起到了积极作用。

20 世纪 50 年代到 70 年代，资本主义世界经济高速发展，各发达国家的社会保障法普遍增加了受益群体，放宽了待遇条件，提高了标准。但 1973 年石油危机的爆发，使资本主义国家普遍陷入滞胀，通货膨胀居高不下、失业人口增加、老龄人口比重攀升等加速了社会保障开支在财政中的比例，许多政府不堪重负。为适应新形势的需要，各国对其社会保障法在保持基本制度不变的前提下，进行了一定调整，以使之更好地发挥作用，包括提高保险费率、提高退休年龄、引入私营竞争机制等。

从各国社会保障法立法模式来看，各国不尽相同。德国实行平行立法，即针对社会保险、社会救助等分别立法。美国 1935 年颁布的《社会保障法》创立了母子立法模式，即统一制定一部社会保障法的基本法，再依据基本法分别制定若干单项法律、法规。自 20 世纪 90 年代起，中国社会保障法制化速度较快，但至今还没有一部关于社会保障的综合性法律，长期以来采用"分散立法"体例，还远未形成完整的体系。2010 年 10 月 28 日，全国人民代表大会常务委员会第十七次会议通过的《中华人民共和国社会保险法》开启了中国社会保障法制化的新篇章。

第三节 社会保障法的主要内容

第二次世界大战后，以社会保障法为依托的现代社会保障制度，在世界各国得到了迅速发展，主要包括了社会保险、社会救助、社会福利等内容。从发达国家社会保障制度建立、发展的历程看，一般顺序是社会救助、社会保险、社会福利，最后形成完整的体系。社会救助法律制度是人类反贫困过程中最早建立的一种社会保障制度，也是社会安全最后一道防护网。19世纪末，社会保险法律制度的诞生和发展，逐渐成为社会保障体系中的中流砥柱。社会福利制度则是社会保障体系中的最高层次，是衡量一个国家或地区社会文明进步的标志。

一 社会保险法

社会保险法是调整社会保险关系的法律规范的总称，以社会公共利益为本位，追求实质公平和正义，从而保证对公民自由权和财产权的限制具有合法性。

（一）社会保险法的基本原则

社会保险法的基本原则是贯穿于全部社会保险法律规范中的基本精神和指导思想，对于立法、司法和执法具有指导、约束和补充功能。

在现代社会保险制度百余年发展历程中，不同国家和地区的学者都从不同角度对社会保险法的基本原则进行了设计。贝弗里奇的《社会保险及其有关服务》报告强调了"最低生活保障"、"普遍和全面"、"个人责任"三条基本原则。[1] 德国将"保险—救助—赡养原则"、"自愿保险和法定保险相结合"、"公正、对等原则"和"社会保险的自治管理原则"作为社会保险法的基本原则。[2] 美国则遵循风险共担、互利共济的基本原则。虽然各国对社会保险法基

---

[1] 周弘：《30国（地区）社会保障制度报告》，中国劳动社会保障出版社2011年版，第239页。
[2] 赵立新：《德国日本社会保障法研究》，知识产权出版社2008年版，第39页。

本原则的理论研究和实践规定各有不同，但主要包括了"基本保障原则"、"普遍性和全面性原则"、"个人责任原则"、"社会安全原则"。

（1）"基本保障原则"。该原则主要用来确定社会保险的保障标准，是一国社会保险法律制度的核心内容，关系到社会保险费用支出占国内生产总值的比重，而社会保险费用的支出决定了社会保险的项目设置、资金筹集与给付等关键问题。国际劳工组织在1952年通过的《社会保障最低标准公约》对社会保险项目及定期支付的计算办法的规定成为世界共识，并被许多国家的宪法所吸收，我国的《社会保险法》第3条确定了"社会保险水平应当与经济社会生产发展水平相适应"的原则。

（2）"普遍性和全面性原则"。是指社会保险基本覆盖全体社会成员及成员生活的各个方面。一是社会保险的对象范围广泛，主要以劳动者为主，发达福利国家通常将一切被雇用的工作人都纳入强制保险的范围；一些福利国家则是将全体公民都作为社会保险的对象。我国的《社会保险法》第3条确定了"社会保险制度坚持广覆盖"的原则，养老保险和医疗保险覆盖所有人群，工伤保险、失业保险、生育保险的对象则是全体劳动者。二是社会保险从养老、失业、疾病、护理、工伤、生育等各个方面对社会成员进行全方位的保护。

（3）"个人责任原则"。也可表述为"雇主责任"、"激励自足"、"社会保险权利和义务相统一"等原则。尽管各国社会保险的基金建立方式各有不同，都强调社会保险不是劳动者自身行为以外的恩赐，而是以劳动和缴费为条件，并能促进劳动者劳动能力的持续。

（4）"社会安全原则"。体现了社会保险法的社会性，社会保险制度是对于经济弱势者的照顾功能，通过保险的责任分担机制，化解社会风险，构筑社会安全秩序，强调社会的整体公平。

（二）社会保险法律关系

社会保险法律关系包括了社会保险资金筹集关系、社会保险待遇支付关系、社会保险监督关系以及社会保险争议解决关系等。从法律关系的构成要素进行分析，社会保险法律关系的主体包括了社会保险经办机构、被保险人、与被保险人存在亲属关系的保险对象、医疗服务机构等社会保险辅助机构、投保人、劳动保障行政部门等监督机构；社会保险法律关系的客体主要是社会保险费用征缴行为、社会保险待遇给付行为以及社会保险监督行为等；社会保险法律关系的内容包含了社会保险经办机构所享有的收取、管理保险费用等行政职权和给付保险费、支付服务费等行政职责，投保人等行政相对人所享有的行政救助等权利和费用缴纳等义务，社会保险辅助机构所享有的收取服务费等权利和提供医疗服务等义务。由此，社会保险法律关系既不同于平等主体之间的私法关系，也不同于基于行政职权的服从而形成的公法关系，而是具有公私混合的社会法属性。

（三）社会保险法的主要内容

根据国际劳工组织1952年通过的《社会保障最低标准公约》，社会保险法的发生领域应该包括人的生、老、病、残、亡、失业和家庭困难等事项。除此以外，国际劳工组织在生育保险、工伤保险、医疗保险、养老、伤残及遗属保险方面通过了专项公约。

世界上第一个以社会保险立法建立现代社会保障制度的德国，经过100多年的发展和完善，逐步形成了以养老、医疗、失业、工伤、护理保险五大险种为主体的社会保险法律制度。其中，从1995年初开始实施的护理保险是一种新的保险制度，其主要目的是保障老年人及病残人员在需要护理时的权利，是家庭护理向社会化护理转变的标志，也适应了人口老龄化社会的需要。世界上人口老龄化速度最快的日本，也在2000年4月1日开始实施护理保险法，是继医疗保险、年金保险、灾害保险、雇佣保险后通过的第五项社会保险制度，成为继德国之后第二个拥有五项社会保险制度的国家。

深受新教伦理和自由放任经济哲学影响的美国，强调个人力量和承担个人责任，美国社会保险制度的覆盖面和给付水平都要低于欧洲福利国家的水平，以维护再生产为出发点，政府承担的责任较轻，其社会保险项目主要包括老年、遗属与伤残者保险，医疗照顾、失业保险以及工人赔偿项目。美国的医疗保障体系还设立了专门解决老年人医疗问题的医疗照顾项目，主要包括住院保险、补充医疗保险以及处方类药品支付项目。

我国《社会保险法》第2条规定，"国家建立基本养老保险、基本医疗保险、工伤保险、失业保险、生育保险等社会保险制度，保障公民在年老、疾病、工伤、失业、生育等情况下依法从国家和社会获得物质帮助的权利。"

因此，就世界范围来看，社会保险法的主要内容包括了养老（遗属及伤残）保险、医疗（健康）保险、工伤（事故）保险、失业保险、生育保险等内容。

1. 养老保险

养老保险法律关系主要规范养老保险的保险人、投保人、被保险人、受益人之间因养老保险费的交纳、支付、管理和监督所发生的社会关系。

养老保险立法最早见于 1669 年法国的《年金法典》，现代意义的养老保险立法是德国 1889 年颁布的《伤残及养老保险法》。奥地利、英国、卢森堡、瑞典、荷兰等国分别于 1906—1913 年间进行养老保险立法。美国 1935 年颁布的《社会保障法》包括了养老保险制度，苏联及东欧国家于 20 世纪 20 年代开始相继颁布各自的养老保险立法。许多发展中国家于 20 世纪 50 年代建立起养老保险法律制度。我国 2010 年通过的《社会保险法》确立了由基本养老保险、企业补充养老保险、个人储蓄性养老保险三个部分组成的多层次养老保险体系。经过 100 多年的发展，目前已经有 160 多个国家和地区建立了养老保险法律制度。[①]

养老保险法除受到社会保险法基本原则的指导和约束，其自身也受国家基本保障原则，国家、雇主和个人三方责任相结合的原则以及多支柱的养老保险原则等的调整和规范。养老保险法涉及的主要内容包括调整对象、覆盖范围、资金筹集、基金管理、经办组织、受益人资格和待遇、养老金的支付方式、信息披露及工作程序、争议及处理程序等。

2. 医疗保险

医疗保险法律关系是国家医疗保险法律确认和保护的医疗保险制度主体间的具体社会关系。具体说来，包括政府与公民之间的行政管理与服务关系、雇主与雇员之间基于劳动关系产生的社会保险关系、患者与医疗服务机构之间接受与提供服务的关系、医疗保险经办机构与医疗服务机构之间的合同关系等，存在行政、民事、劳动、保险四种法律关系的交叉。医疗保险法律关系的性质与一个社会的经济、文化、人口等因素密切相关。

医疗保险法律制度的内容首先是医疗保险制度的基本原则和目的，如公开性、强制性、综合性等原则。其次是医疗保险法律关系主体的范围和主体权利义务所涉及的内容，如医疗保险的项目种类、适用范围、资金筹集、基金管理、待遇给付等。最后是医疗保险管理机构的职责、管理规范和监督原则等。

---

① 贾俊玲主编：《劳动法与社会保障法学》，中国劳动社会保障出版社 2012 年版，第 257 页。

1883年，德国正式颁布了《疾病保险法》，标志着疾病保险作为一种现代保险制度的诞生。此后，在20世纪上半叶，欧洲的一些市场经济发达国家相继开展了疾病保险立法，1927年国际劳工组织《（工业）疾病保险公约》（第24号）和《（农业）疾病保险公约》（第25号）分别要求在工商业和农业实行强制性保险制度。1944年国际劳工组织通过的《医疗建议书》（第69号）呼吁各国政府满足公民对医疗服务和设施的需要，进一步保护和改善健康状况。中国自20世纪50年代起，开始在城镇职工中实行劳动保险制度，随着2010年通过的《社会保险法》的实施，"全民医保"已逐步实现。

3. 工伤保险

工伤保险法是调整为在生产、工作中遭受事故伤害和职业性疾病的劳动者及其亲属提供医疗救治、生活保障、经济补充和职业康复等物质帮助过程中发生的社会关系的法律规范的总称。具体说来，包括社会保险经办机构与用人单位之间的法律关系、社会保险经办机构与工伤职工及其亲属之间的法律关系、社会保险行政管理部门与工伤职工之间的工伤认定关系、劳动能力鉴定机构与工伤职工或用人单位之间的伤残鉴定和劳动能力鉴定关系，同时劳动法律关系的存在是产生工伤保险法律关系的基础。

工伤保险法一般将补偿与预防、康复相结合原则以及无责任补偿原则等作为基本原则，且工伤保险属于"损害补偿"性质，给付待遇一般高于其他类型的社会保险。工伤保险法主要规定了工伤保险对象和工伤保险法适用范围，工伤认定的情形和程序，劳动能力鉴定，工伤保险基金的筹集和管理，工伤保险待遇及其申请与发放，工伤保险争议处理的法律程序等。

中国在1951年由政务院颁布的《劳动保险条例》及其实施细则都对工伤保险做了具体规定，2010年通过的《社会保险法》也对工伤保险做出了规定。

4. 失业保险

失业保险法是调整由国家建立失业保险基金，对因失业而中断生活来源的劳动者在法定期间内提供失业保险金，以维持其基本生活而发生的社会关系。

失业保险立法较之其他社会保险立法起步较晚。1905年，法国颁布《失业保险法》，建立了非强制性失业保险制度，标志着失业保险国家立法的开端。1911年英国颁布了《国民保险法》，首开强制失业保险的先河。此后，意大利、奥地利、波兰、德国等国也相继实行强制性失业保险，美国1935年的《社会保障法》也包括了失业保险法律制度。中国失业保险法律制度正式建立的标志是1986年国务院发布的《国营企业职工待业保险暂行规定》；1999年1月22日，国务院发布施行了《失业保险条例》，2010年通过的《社会保险法》也对失业保险做出了规定。

失业保险法律制度主要规定了失业保险的保障对象，失业保险基金的来源，失业保险基金的缴纳和统筹，失业保险基金的支出项目，失业保险待遇的享受条件、给付标准和给付期限等。

5. 生育保险

生育是人类繁衍和社会发展的必要条件，不仅是妇女的个人行为，同时也是社会行为。生育保险法是调整在女职工因怀孕和分娩造成暂时丧失劳动能力、中断正常收入来源时，从社会获得物质帮助的过程中发生的社会关系的法律规范的总称。具体分为社会保险经办机构与生育妇女之间的待遇支付关系、定点医疗服务机构与生育妇女的生育医疗服务关系、社会保险经办机构与用人单位的费用缴纳关系以及社会保险经办机构与定点医疗机构的委托关系等。该法律关系不是单纯的医患关系，也非医疗行政关系，是以女职工生育期间，即怀孕、分娩所应享有的生育保险待遇为基础，在不同主体之间形成的社会关系的总称。

德国1883年的《疾病保险法》就包含了生育保险的有关内容，此后，西方市场经济国家亦先后将生育保险纳入社会保险的范围，有的国家将生育保险作为健康保险的组成部分，也有的国家将生育保险置于妇女权益保障法律规范之中。国际劳工组织分别于1919年和1952年制定了《生育保护公约》（第3号）和《生育保护公约（修订）》（第103号）。《社会保障最低标准公约》（第102号）中也有关于生育保险实施范围、生育津贴、生育医疗服务的规定。根据国际劳工组织的统计，目前世界上已有130多个国家和地区通过立法实行了生育保险制度。[①] 中国生育保险建立于20世纪50年代，涵盖于劳动保险制度之中。2010年通过的《社会保险法》也对生育保险做了规定。

生育保险法律制度的基本内容包含了生育保险的对象、生育保险的适用范围、生育保险基金的筹集和管理、生育保险待遇、给付标准和给付程序等。

---

① 贾俊玲主编：《劳动法与社会保障法学》，中国劳动社会保障出版社2012年版，第305页。

(四) 社会保险法的发展及改革方向

经济全球化、人口老龄化等不可逆转的大发展趋势使世界上大多数国家的社会保障制度面临难题和调整。尤其是人口老龄化，其导致养老金和医疗支出等的公共开支越来越大，这对发展中国家和福利水平较高的发达国家的社会保险制度都产生了冲击，促使其进行相应的改革和调整。

目前，世界上大多数国家采取的改革措施主要分为三大类，一是减少开支，增加收入，主要有延长退休年龄、增加缴费年限和缴费金额、降低保障水平等，这类方法虽然是最直接有效的，但将对个人既得利益造成影响，对社会稳定带来影响；二是扩大社会保险的基金来源渠道，例如，荷兰调节个人生命周期中的收入分配，通过提高生育率来增加劳动力和社会保险基金；俄罗斯通过加强社会保险的社会化程度来扩大筹资渠道。此类措施能够较好地促进社会保险的持续发展；三是构建新的社会保险体系，如推出老年护理保险体系，已成为美、日、欧洲各发达国家解决人口老龄化的新型办法，并在实际运行中取得了很好的效果。

二 社会救助法

社会救助法是调整在国家或社会向因自身、自然和社会等原因而陷入贫困的社会脆弱群体提供的，旨在维持最低生活水平的无偿款物接济和扶助过程中发生的社会关系的法律规范的总称。社会救助法是社会保障法的重要范畴，通常被视为政府的当然责任或义务，目标是帮助社会脆弱群体摆脱生存危机，以维护社会秩序的稳定。目前，社会救助制度在世界各国广泛存在，几乎所有国家都有社会救助计划，各国都寻求制定相应成文法规范来满足公民的需求。

一般认为，英国是社会救助制度的发源地，中世纪时期基督教的慈善施舍和同业行会的互助互济是社会救助制度的萌芽。1601年的《济贫法》确认国家负有救济贫民的义务，1832年的新《济贫法》奠定了现代社会救助立法的基础，1946年的《国民救助法》标志着现代社会救助制度的建立。早期的社会救助是具有恩惠性质的，而现代的社会救助则具有法治化、权利化和规范化的特征，作为一种长效机制，在社会中起着化解矛盾、调节利益、维护稳定的重要作用。

中国从西周时期就有"济贫"的政策，"社会救助"的法治理念在民国时期就开始萌芽，1943年，国民政府颁布了我国第一部完整系统的社会救助法律规范——《社会救助法》，标志着社会救助制度在我国正式确立。自2005年以来，我国有关部门就着手起草《社会救助法》并公开征求意见，分别有2006年的部门讨论稿，2007年的送审稿，2008年8月15日，国务院法制办公室向社会公众公布了《中华人民共和国社会救助法（征求意见稿）》，2009年4月国务院又公布了《中华人民共和国社会救助法（草案）》。2014年2月，国务院公布《社会救助暂行办法》，对社会救助各项事务进行规定。

（一）社会救助法的基本原则

社会救助法的基本原则贯穿于全部社会救助法规范始终，体现着社会救助公平正义、保障人权的根本价值和指导思想，在立法、司法、执法和守法的各个环节中获得一体的遵行。从世界范围来看，社会救助法的基本原则一般包括普遍性原则、保障基本生活原则、补充性原则和禁止过剩给付原则。

1. 普遍性原则

普遍性原则就是指全体社会成员均平等地享有社会救助的权利，这是各国社会救助法律制度共同奉行的一条基本原则。因为社会救助法律制度以保障公民生存权为根本目标，而每一个公民均享有作为人的权利和尊严，所以社会救助的对象就应该包括全体社会成员。这也是社会救助法追求公平、正义、平等的价值体现。

2. 保障基本生活原则

保障基本生活原则就是指国家以维持其基本生存需要为标准对贫困者提供的款物救济和扶助。但是基本生存需要的具体内容因各国的社会经济环境和文化因素而不同，一般是根据社会通常观念中的维持符合人性尊严的生存所必要的条件来界定，并随具体经济环境的变化而变化。在我国，保障基本生存在立法上体现为保障"最低生活"，各地的实践多是以满足人的生理需求所需要的最低费用为标准实施救助。

3. 补充性原则

补充性原则也称为辅助性原则，指只有当社会不能凭己之力维持稳定时，国家权力才介入，发挥补充功能。这一原则是由德国学者福斯多夫于1959年在其《服务行政的法律问题》论文中正式提出的。该原则的提出源于福利国家高额的福利开支引发的财政危机,被人们指责在社会救助的旗号下"劫富济贫",侵害富人的财产权,减弱穷人的自立能力,补充性原则就是在"过"与"不及"两端寻求到的合理的平衡点。

4. 禁止过剩给付原则

禁止过剩给付原则是指不得对不需要给付者予以给付,不得对需要给付者予以超出其所不足部分的给付,不得对起初需要给付、经受给付之后不再需要给付者予以继续给付原则。其与补充性原则可以说是一个问题的两个方面,因为只要贯彻了补充性的原则,也就实现了禁止过剩给付的原则。禁止过剩给付原则与补充性原则的共同点在于,强调从国民到社会、再到国家的顺次责任,将国家的给付限定为国民和社会需要这种客观需求上,同时将国家的给付规定为查缺补漏的积极责任。

(二)社会救助法律关系

社会救助法律关系是指由社会救助法律规范调整的相关主体之间因社会救助行为而产生的权利义务关系。从社会救助法律关系的要素上分析,主体主要是政府及其相关部门、相关社会团体、企业或其他组织以及被救助对象;客体是行为,如救助金的发放行为、救助物资的登记行为、救助基金的管理行为等;内容就是社会救助权利、义务和责任。

由于社会救助无偿性的特征,社会救助法律关系中的权利、义务关系具有单向性,即政府、社会等救助主体仅承担相应的职责和义务,而被救助对象只享有权利,不承担义务。社会救助法律关系作为社会保障法律关系中的一种,与社会保障法律关系一样,既非行政法律关系,也非民事法律关系,而是公法关系与私法关系有机统一的社会法律关系。

(三)社会救助法的内容

社会救助法律制度的内容因各国经济和文化的不同,各国社会保障法律制度的历史和发展不同以及各国社会保障法律体系的制度设计的不同而呈现出较大的差异性。

在社会救助法发源地的英国,社会救助法律制度的内容主要包括家庭收益、住房津贴、疾病看护补助等项目。

法国 1956 年 1 月将各种单项社会救助规定综合成《家庭及社会救助法典》。法国的社会救助包括失业救助、老弱病残救助、家庭津贴等方面内容。社会救助事务在中央政府由社会事务与就业部主管，在地方则由各级社会救助事务所管理。

德国于 1924 年制定了关于救助义务的法令；1962 年，前联邦德国颁布了《联邦社会救助法》；1990 年 10 月 3 日，东德和西德合并，基本上继续实行该法。2003 年底，联邦议会批准了施罗德政府倡导的较为激进的劳动力市场和社会救助制度改革方案（哈茨IV）。该方案将《联邦社会救助法》于 2005 年 1 月 1 日起交由 2003 年颁布的《社会法典》第 2 部来调整。社会救助的项目主要包括：①生活费用补助；②对 65 岁以上的老人和 18—65 岁长期就业能力减损的贫困者提供持续的基本保障；③为没有医疗保险的贫困者提供健康救助；④为残障人士提供融入社会的帮助；⑤对需要长期或特殊、重症护理的人提供救助；⑥帮助处于特别的社会困境的人克服困难；⑦对盲人、老人等的救助和丧葬补助。

美国的社会救助也称公共援助，是一项专门针对低收入群体的保障项目，其受助资格通过对受益人的家庭资产价值和月收入进行家计调查后确定，在美国的反贫困中发挥了重要的作用，包括食品券计划、补充保障收入、贫困家庭临时援助计划和医疗援助计划。

日本于 1932 年颁布《救助法》，救助项目包括生活、医疗、教育、住宅、分娩、谋生、安葬七项救助。

中国虽没有统一的社会救助法，但是新中国成立 60 多年来，我国的社会救助法律制度已由早期的临时性紧急生活救助逐渐发展为以最低生活保障制度、农村五保供养制度为核心，以医疗救助、住房救助、教育救助等专项救助为辅助，以临时救助、社会帮扶为补充的覆盖城乡的新型社会救助体系。但我国的社会救助法律规范多是由国务院的条例和办法、国务院的部委规章、地方性法规以及地方政府制定的规定、办法、条例等组成，立法层次较低，且整体性、关联性和一致性较差，统一的社会救助法典呼之欲出。

（四）社会救助法的发展及改革方向

在保障贫困者基本生存需要，实现公平正义，维护社会安定的基础上，减少社会救助基金，是各国社会救助法律制度的改革目标。因此，促进就业，鼓励自足就是当前社会救助法的主要改革方向。

英国布莱尔工党政府的改革思路就是用以促进就业为主的"第二代福利"替代以社会救助为主的第一代福利,社会开支的目的是"要为人民提供机会来摆脱救助金",最具代表的措施是税收抵免。德国2005年1月1日生效的哈茨IV重点对失业保障待遇和社会救助进行了改革,通过对失业保障待遇的削减和对"合适的工作"重新定义促进就业,降低失业率。2010年瑞典联盟连续执政后,依旧把创造更多的就业机会作为政府首当其冲的执政目标。我国社会救助法律制度的立法也在不断的推动之中,2012年10月,十一届全国人大常委会第二十九次会议听取和审议了《国务院关于社会救助工作情况的报告》。报告介绍,国务院法制办、民政部等有关部门将按照全国人大立法工作安排,积极配合全国人大内司委、法律委、全国人大常委会法制工作委员会开展专题调研、专家论证、研讨座谈和征求意见等工作。民政部已将推动社会救助法立法进程确定为重点工作之一。

三 社会福利法

社会福利法是调整在国家和社会团体为社会全体成员举办各种福利事业和公共服务的过程中发生的社会关系法律规范的总称。我国在新中国成立后就着手创建社会福利制度,1950年6月颁布的《工会法》和1951年颁布的《劳动保险条例》都明确规定了各级工会应逐步加强职工福利,并规定政府与企业应拨给工会必要的房屋和设备作为举办集体福利事业之用。改革开放以来,我国也开始了社会福利制度改革,但相应的规则主要存在于一些政策性文件中,缺乏法律的权威性和强制力。

20世纪90年代,我国社会福利制度加快立法进程,先后颁布了《残疾人保障法》、《未成年人保护法》、《妇女权益保障法》、《母婴保健法》等一系列法律、法规。

(一) 社会福利法的基本原则

中国社会福利法律制度的基本原则主要是:符合社会主义市场经济制度和生产目的的本质要求,尽可能为劳动者提供更好的物质福利的原则;符合社会主义初级阶段的实际情况,量力而行原则;处理好社会福利和社会保险等其他社会保障方式的关系的原则；贯彻公平、平等的原则；贯彻全社会举办福利事业的原则；贯彻特殊情况特殊对待的原则。①

(二) 社会福利法律关系

社会福利法律关系是指社会福利法律规范在调整社会福利过程中所形成的法律上的权利、义务和责任关系，是社会福利关系在法律上的表现。从社会福利法律关系的要素上分析，主体包括了各级政府部门、事业单位和社会团体等社会福利的提供者和全体社会成员等社会福利的享有者；客体主要包括了建立社会福利设施、提供社会福利待遇和社会福利服务等；内容主要包括了政府部门、事业单位和社会团体提供社会福利的职责以及全体社会成员享有社会福利的权利。

社会福利法律关系中的权利和义务关系具有单向性的特征，即社会成员享有各种社会福利待遇而无须承担任何义务，社会福利的资金来源于国家和社会，国家和社会需要承担向全体社会成员提供福利待遇和福利服务的义务。

(三) 社会福利法的内容

虽然我国并没有统一的社会福利法，但是社会福利事业在20世纪90年代以后得到了快速发展，现在已基本形成了由住房福利、卫生福利、教育福利、文化康乐福利、环境福利等组成的公共福利，为劳动者建立的职业福利，为老年人、妇女、儿童、少年、残疾人等社会弱势群体建立的专门福利以及社区福利四部分构成的社会福利体系。

(四) 社会福利法的发展及改革方向

社会福利社会化是在社会主义市场经济条件下，中国社会福利事业发展的必经之路，也是中国社会福利制度进一步改革和发展的方向。民政部作为我国福利事业的主管机构，发布了《社会福利基金使用管理暂行办法》、《社会福利机构管理暂行办法》、《福利企业资格认定办法》等规章制度，将我国的社会福利事业引向社会化。

---

① 黎建飞主编：《社会保障法》，中国人民大学出版社2011年版，第197页。

【本章小结】

社会保障法是社会法的重要代表。它具有广泛的社会性，是强制性规范和任意性规范的统一、人道主义与互助共济的统一。社会保障法的发展经历了产生、形成和完善与调整的阶段。20 世纪 70 年代以后，各国为适应新形势对社会保障制度的调整各有千秋，是值得持续关注的领域。

社会保险立法是各国社会保障法的主体部分，其基本原则包括基本保障原则、普遍性和全面性原则、个人责任原则、社会安全原则等。社会保险法律关系包括了社会保险资金筹集关系、社会保险待遇支付关系、社会保险监督关系以及社会保险争议解决关系等。主要内容包括养老（遗属及伤残）保险、医疗（健康）保险、工伤（事故）保险、失业保险、生育保险等。

社会救助法在整个社会保障体制中发挥着"安全阀"和"减震器"的作用。社会救助法的基本原则一般包括普遍性原则、保障基本生活原则、补充性原则和禁止过剩给付原则。社会救助法的内容因各国经济和文化的不同，各国社会保障法律制度的历史和发展不同，以及各国社会保障法律体系的制度设计的不同而呈现出较大的差异性。

中国的社会福利法是调整在国家和社会团体为社会全体成员举办各种福利事业和公共服务的过程中发生的社会关系法律规范的总称。

【思考题】

1. 什么是社会保障法的价值取向？
2. 社会保障法的基本原则有哪些？
3. 社会保障法经历了怎样的发展过程？
4. 社会保障法的基本内容有哪些？
5. 评述我国社会保障立法的现状及趋势。

各章主要参考文献

第一章

1. ［丹麦］考斯塔·艾斯平-安德森：《福利资本主义的三个世界》，郑秉文译，法律出版社 2003 年版。
2. ［美］尼尔·吉尔伯特、保罗·特瑞尔：《社会福利政策导论》，华东理工大学出版社 2003 年版。
3. ［英］贝弗里奇：《贝弗里奇报告——社会保险和相关服务》，劳动和社会保障部社会保险研究所组织翻译，中国劳动社会保障出版社 2008 年版。
4. 丁开杰、林义选编：《后福利国家》，上海三联书店 2004 年版。
5. 国际劳工局：《展望二十一世纪：社会保障的发展》，劳动人事出版社二室译，刘有锦等审校，劳动人事出版社 1988 年版。
6. 国际劳工局社会保障司编著：《社会保障导论》，管静和、张鲁译，劳动人事出版社 1989 年版。
7. 联合国国际劳工组织主编：《社会保障基础》，王刚义、魏新武译，吉林大学出版社 1989 年版。
8. 林闽钢：《现代社会保障》，中国商业出版社 1997 年版。
9. 林闽钢：《社会保障国际比较》，科学出版社 2007 年版。
10. 尚晓援：《"社会福利"与"社会保障"再认识》，《中国社会科学》2001 年第 3 期。
11. 童星主编：《社会保障理论与制度》，江苏教育出版社 2008 年版。
12. 郑功成：《社会保障》，高等教育出版社 2007 年版。

第二章

1. ［英］尼古拉斯·巴尔：《福利国家经济学》，郑秉文、穆怀中等译，中国劳动社会保障出版社 2003 年版。

2. ［英］约瑟夫·库利舍尔：《欧洲近代经济史》，石军、周莲译，北京大学出版社 1990 年版。

3. 丁建定：《从济贫到社会保险：英国现代社会保障制度的建立（1870—1914）》，中国社会科学出版社 2000 年版。

4. 胡昌宇：《英国新工党政府经济与社会政策研究》，中国科学技术大学出版社 2008 年版。

5. 林闽钢：《现代社会保障》，中国商业出版社 1997 年版。

6. 林闽钢：《社会政策：全球本地化视角的研究》，中国劳动社会保障出版社 2007 年版。

7. 林万亿：《福利国家——历史比较的分析》，台北：巨流图书公司 1994 年版。

8. 童星主编：《社会保障理论与制度》，江苏教育出版社 2008 年版。

9. 曾繁正等编译：《西方国家法律制度、社会政策及立法》，红旗出版社 1998 年版。

10. 周弘：《福利国家向何处去》，社会科学文献出版社 2006 年版。

第三章

1. 熊跃根：《论国家、市场与福利之间的关系：西方社会政策理念发展及其反思》，《社会学研究》1999 年第 3 期。

2. 林闽钢：《现代西方社会福利思想：流派与名家》，中国劳动社会保障出版社 2012 年版。

3. 丁建定：《社会保障思想》，华中科技大学出版社 2009 年版。

4. V. George and P. Wilding, *Ideology and Social Welfare*, London：Harvester Wheatsheaf, 1994.

第四章

1. 童星主编：《社会保障与管理》，南京大学出版社 2002 年版。
2. 林毓铭：《社会保障管理体制》，社会科学文献出版社 2006 年版。
3. 孙光德、董克用主编：《社会保障概论》，中国人民大学出版社 2008 年版。
4. 郑功成主编：《社会保障学》，中国劳动社会保障出版社 2005 年版。
5. 邓大松、刘昌平主编：《社会保障管理》，中国人民大学出版社 2011 年版。
6. 丛书海主持：《建立健全社会保障管理体系问题研究》，经济科学出版社 2004 年版。
7. 胡晓义主编：《走向和谐：中国社会保障发展 60 年》，中国劳动社会保障出版社 2009 年版。

第五章

1. 邓大松、刘昌平：《社会保障管理》，中国人民大学出版社 2011 年版。
2. 郭士征：《社会保险基金管理》，上海财经大学出版社 2006 年版。
3. 林闽钢：《社会保障理论与政策》，中国社会科学出版社 2012 年版。
4. 林义：《社会保险基金管理》，中国劳动社会保障出版社 2002 年版。
5. 孙建勇：《社会保障基金监管》，中国劳动社会保障出版社 2005 年版。
6. 孙树菡：《社会保险学》，中国人民大学出版社 2008 年版。
7. 童星：《社会保障理论与制度》，江苏教育出版社 2008 年版。
8. 殷俊、赵伟：《社会保障基金管理新论》，武汉大学出版社 2007 年版。
9. 张广科：《社会保障基金运行与监管》，上海财经大学出版社 2008 年版。
10. 赵曼、刘恒庆：《社会保障》，中国财政经济出版社 2003 年版。
11. 郑秉文：《社会保障体制改革攻坚》，中国水利水电出版社 2005 年版。

第六章

1. 郑秉文：《"名义账户"制：我国养老保险制度的一个理性选择》，《管理世界》2003 年第 8 期。

2. 郑功成主编：《社会保障学》，中国劳动社会保障出版社 2005 年版。

3. 郑功成主笔：《中国社会保障改革与发展战略：理念、目标与行动方案》，人民出版社 2008 年版。

4. 胡秋明：《可持续养老金制度改革的理论与政策研究》，中国劳动社会保障出版社 2011 年版。

5. 董克用、王燕主编：《养老保险》，中国人民大学出版社 2000 年版。

6. 杨立雄、杨俊：《公共养老金制度》，经济日报出版社 2011 年版。

第七章

1. 仇雨临、孙树菡主编：《医疗保险》，中国人民大学出版社 2003 年版。

2. 童星、林闽钢主编：《中国农村社会保障》，人民出版社 2011 年版。

3. 童星主编：《社会保障理论与制度》，江苏教育出版社 2008 年版。

4. 王延中主编：《中国社会保障发展报告（2012）》，社会科学文献出版社 2012 年版。

5. 赵曼、吕国营：《社会医疗保险中的道德风险》，中国劳动社会保障出版社 2007 年版。

第八章

1. 丛春霞、刘晓梅主编：《社会保障概论》，东北财经大学出版社 2011 年版。

2. 刘钧编著：《社会保障理论与实务》，清华大学出版社 2009 年版。

3. 吕学静主编：《现代社会保障概论》，首都经济贸易大学出版社 2005 年版。

4. 谢冰主编：《社会保障概论》，武汉大学出版社 2011 年版。

5. 郑功成主编：《社会保障概论》，复旦大学出版社 2005 年版。

6. 邹根宝编著：《社会保障制度：欧盟国家的经验与改革》，上海财经大学出版社 2001 年版。

7. 郑秉文：《中国失业保险基金增长原因分析及其政策选择——从中外比较的角度兼论投资体制改革》，《经济社会体制比较》2010 年第 6 期。

8. 汪洁：《新中国 60 年失业保险发展的历程及思考》，《改革与战略》2012 年第 5 期。

第九章

1. 胡晓义主编：《工伤保险》，中国劳动社会保障出版社 2012 年版。
2. 胡晓义主编：《工伤保险条例释义与实务》，中国劳动社会保障出版社 2011 年版。
3. 孙树菡主编：《工伤保险》，中国劳动社会保障出版社 2007 年版。
4. 陈刚主编：《工伤保险》，中国劳动社会保障出版社 2005 年版。
5. 郑功成主编：《社会保障学》，中国劳动社会保障出版社 2005 年版。
6. 孙光德、董克用主编：《社会保障概论》，中国人民大学出版社 2006 年版。
7. 史柏年主编：《社会保障概论》，高等教育出版社 2004 年版。
8. 周弘主编：《30 国（地区）社会保障制度报告》，中国劳动社会保障出版社 2011 年版。

第十章

1. ［美］威廉姆·H. 怀特科、罗纳德·C. 费德里科：《当今世界的社会福利》，解俊杰译，法律出版社 2003 年版。
2. 陈银娥主编：《社会福利》，中国人民大学出版社 2009 年版。
3. 江亮演：《社会福利导论》，台北：洪叶文化事业有限公司 2004 年版。
4. 王齐彦主编：《中国新时期社会福利发展研究》，人民出版社 2011 年版。
5. 周沛：《社会福利体系研究》，中国劳动社会保障出版社 2007 年版。
6. 岳经纶：《个人社会服务与福利国家：对我国社会保障制度的启示》，《学海》2010 年第 4 期。

第十一章

1. 多吉才让：《中国最低生活保障制度研究与实践》，人民出版社 2001 年版。
2. ［美］尼尔·吉尔伯特编：《社会福利的目标定位：全球发展趋势与展望》，郑秉文等译，中国劳动社会保障出版社 2004 年版。
3. 时正新主编：《中国社会救助体系研究》，中国社会科学出版社 2002

年版。

4. 孙绍骋：《中国救灾制度研究》，商务印书馆 2004 年版。
5. 姚建平：《中美社会救助制度比较》，中国社会出版社 2007 年版。
6. 钟仁耀主编：《社会救助与社会福利》，上海财经大学出版社 2005 年版。

第十二章

1. 孟令君主编：《中国慈善工作概论》，北京大学出版社 2008 年版。
2. 施昌奎：《转型期慈善事业运营管理模式》，中国经济出版社 2009 年版。
3. 王振耀主编：《社会福利和慈善事业》，中国社会出版社 2009 年版。
4. 徐麟主编：《中国慈善事业发展研究》，中国社会出版社 2005 年版。
5. 郑功成等：《当代中国慈善事业》，人民出版社 2010 年版。

第十三章

1. 贾俊玲主编：《劳动法与社会保障法学》，中国劳动社会保障出版社 2012 年版。
2. 黎建飞主编：《劳动与社会保障法教程》，中国人民大学出版社 2013 年版。
3. 黎建飞主编：《社会保障法》，中国人民大学出版社 2011 年版。
4. 林嘉主编：《劳动法与社会保障法》，中国人民大学出版社 2011 年版。
5. 林嘉：《社会保障法的理念、实践与创新》，中国人民大学出版社 2004 年版。
6. 谢琼：《福利制度与人权实现》，人民出版社 2013 年版。
7. 赵立新：《德国日本社会保障法研究》，知识产权出版社 2008 年版。
8. 章亮明、钟刚主编：《社会保障法》，中国政法大学出版社 2007 年版。
9. 郑功成：《社会保障学：理念、制度、实践与思辨》，商务印书馆 2000 年版。
10. 周弘主编：《社会保障制度国际比较》，中国劳动社会保障出版社 2010 年版。
11. 周弘主编：《30 国（地区）社会保障制度报告》，中国劳动社会保障出版社2011年版。

12. 周宝妹：《社会保障法主体研究：以利益平衡理论为视角》，北京大学出版社2005年版。

13. 种明钊：《社会保障法律制度研究》，法律出版社2000年版。

各章拓展阅读

第一章

1. ［美］尼尔·吉尔伯特、保罗·特瑞尔：《社会福利政策导论》，华东理工大学出版社 2003 年版。

2. ［丹麦］考斯塔·埃斯平 – 安德森：《福利资本主义的三个世界》，郑秉文译，法律出版社 2003 年版。

第二章

1. 丁建定：《英国新济贫法制度评价中应注意的历史事实》，《社会保障研究》2012 年第 2 期。

2. 关信平：《西方"福利国家之父"——贝弗里奇：兼论〈贝弗里奇报告〉的诞生和影响》，《社会学研究》1993 年第 6 期。

3. 黄安年：《富兰克林·罗斯福和 1935 年社会保障法》，《世界历史》1993 年第 5 期。

4. 林闽钢：《现代西方社会福利思想：流派与名家》，中国劳动社会保障出版社 2012 年版。

5. ［英］贝弗里奇：《贝弗里奇报告——社会保险和相关服务》，劳动和社会保障部社会保险研究所译，中国劳动社会保障出版社 2008 年版。

6. ［英］保罗·皮尔逊：《拆散福利国家：里根、撒切尔和紧缩政治学》，舒绍福译，吉林出版集团有限责任公司 2007 年版。

7. ［德］弗兰茨 – 克萨韦尔·考夫曼：《社会福利国家面临的挑战》，王学东译，商务印书馆 2004 年版。

8. ［德］克劳斯·奥菲：《福利国家的矛盾》，郭忠华等译，吉林人民出版社 2006 年版。

第三章

1. ［英］弗里德利希·奥古斯特·冯·哈耶克：《通往奴役之路》，王明毅等译，中国社会科学出版社 1997 年版。
2. ［英］弗里德利希·奥古斯特·冯·哈耶克：《自由秩序原理》（下），邓正来译，生活·读书·新知三联书店 1997 年版。
3. 马克思：《哥达纲领批判》，载《马克思恩格斯全集》第 19 卷，中央编译局译，人民出版社 1963 年版。
4. 恩格斯：《英国工人阶级状况》，载《马克思恩格斯选集》第 4 卷，中央编译局译，人民出版社 1995 年版。
5. ［英］理查德·蒂特马斯《社会政策十讲》，江绍康译，台北：商务印书馆 1991 年版。
6. ［英］T. H. 马歇尔、安东尼·吉登斯等：《公民身份与社会阶级》，郭忠华、刘训练编，江苏人民出版社 2008 年版。
7. ［英］安东尼·吉登斯：《第三条道路：社会民主主义的复兴》，郑戈译，北京大学出版社 2000 年版。

第四章

1. 杨立雄、何洪静：《中国城镇职工基本养老保险管理体制创新研究》，《中国软科学》2007 年第 3 期。
2. 郭雪剑：《发达国家政府间社会保障管理责权的划分》，《经济社会体制比较》2006 年第 5 期。
3. 黄书亭、周宗顺：《中央政府与地方政府在社会保障中的职责划分》，《经济体制改革》2004 年第 3 期。
4. 罗志先：《关于建立集散结合社会保障管理体制的思考》，《中共中央党校学报》2012 年第 1 期。
5. 叶响裙：《论我国社会保障管理体制的改革与完善》，《中国行政管理》2013 年第 8 期。
6. 朱青：《对我国社会保险基金管理体制的思考》，《财政研究》2007 年第 10 期。

第五章

1. 郑秉文：《养老保险"名义账户"制的制度渊源与理论基础》，《经济研究》2003 年第 4 期。

2. 郑秉文：《"名义账户"制：我国养老保障制度的一个理性选择》，《管理世界》2003 年第 8 期。

3. 胡晓义：《社会保障基金监管》，中国劳动社会保障出版社 2012 年版。

第六章

1. 罗伯特·霍尔茨曼等：《21 世纪养老保险改革展望》，《经济社会体制比较》2006 年第 3 期。

2. 袁志刚主编：《养老保险经济学》，上海人民出版社 2005 年版。

3. 林义：《养老保险改革的理论与政策》，西南财经大学出版社 1995 年版。

4. 郑功成主编：《中国社会保障改革与发展战略（养老保险卷）》，人民出版社 2011 年版。

第七章

1. 邓大松、刘昌平等编著：《2011 中国社会保障改革与发展报告》，人民出版社 2011 年版。

2. 郑功成主编：《中国社会保障改革与发展战略（医疗保障卷）》，人民出版社 2011 年版。

第八章

1. 尼尔·吉尔伯特、芮贝卡·A.范·沃黑斯编：《激活失业者：工作导向型政策跨国比较研究》，王金龙等译，中国劳动社会保障出版社 2004 年版。

2. 杨雪：《欧盟共同就业政策研究》，中国社会科学出版社 2004 年版。

3. 顾昕：《通向普遍主义的艰难之路：中国城镇失业保险制度的覆盖面分析》，《东岳论丛》2006 年第 3 期。

第九章

1. ［英］贝弗里奇：《贝弗里奇报告——社会保险和相关服务》，劳动和社会保障部社会保障研究所组织翻译，中国劳动社会保障出版社 2012 年版。本书中关于工伤赔付、工伤事故、职业病赔偿的相关章节。

2. 董克用主编：《中国经济改革 30 年（社会保障卷）》，重庆大学出版社 2008 年版。本书的第五章——《工伤保险》。

3. 向春华：《工伤保险十年：呵护生命》，《中国社会保障》2012 年第 12 期。

4. 杨慧：《工伤保险保障主体理论反思及其重构》，《人民论坛》2013 年第 5 期。

5. 周慧文：《国际视角下的我国工伤保险差别费率研究》，《理论月刊》2013 年第 5 期。

6. 黄晶晶、易守宽：《我国工伤保险存在的问题及完善对策》，《知识经济》2013 年第 5 期。

第十章

1. ［美］查尔斯·H. 扎斯特罗：《社会工作与社会福利导论》，孙唐水等译，中国人民大学出版社 2005 年版。

2. ［美］戴安娜·M. 迪尼托：《社会福利：政治与公共政策》，何敬、葛其伟译，中国人民大学出版社 2007 年版。

3. ［美］尼尔·吉尔伯特、特雷尔：《社会福利政策导论》，黄晨熹等译，华东理工大学出版社 2003 年版。

第十一章

1. 刘喜堂：《建国 60 年来我国社会救助发展历程与制度变迁》，《华中师范大学学报（人文社会科学版）》2010 年第 4 期。

2. 唐钧、沙琳、任振兴：《中国城市贫困与反贫困报告》，华夏出版社 2003 年版。

3. 林闽钢、刘喜堂主编：《当代中国社会救助制度完善与创新》，人民出版社 2012 年版。

第十二章

1. 姚俭建、Janet Collins：《美国慈善事业的现状分析：一种比较视角》，《上海交通大学学报（哲学社会科学版）》2003 年第 1 期。
2. 林闽钢：《慈善组织社会问责探讨》，《东岳论丛》2006 年第 6 期。
3. 王振耀：《中国慈善发展的战略思考：历史与现实》，《湖南师范大学社会科学学报》2013 年第 1 期。
4. 郑功成：《现代慈善事业及其在中国的发展》，《学海》2005 年第 2 期。
5. 上海市慈善基金会、上海慈善事业发展研究中心编：《慈善理念与社会责任》，上海社会科学院出版社 2008 年版。

第十三章

1. 林嘉：《〈社会保险法〉的价值与创新》，《法学杂志》2011 年第 9 期。
2. 郑尚元：《劳动法与社会保障法前沿问题》，清华大学出版社 2011 年版。
3. 董保华等：《社会保障的法学观》，北京大学出版社 2005 年版。

后　　记

本书是中国社会科学出版社出版的公共管理教材精品的主干课教材之一。本教材系统地阐述了社会保障的起源与发展，介绍了中外社会保障的历史沿革和发展现状，论述了社会保障的基本理论，对社会保障管理进行了比较分析，全面概括了各项社会保障制度的主要内容，探讨了我国社会保障改革发展的方向。本教材反映了该领域国内外的最新研究进展。每章还配有拓展阅读文献。全书有很强的指导性、概括性和启发性，便于学生对课程内容的整体把握。

本书由林闽钢（南京大学）担任主编，负责拟出全书的写作提纲，完成全书的统稿工作，同时还整理了参考文献。鲁全（中国人民大学）、童文莹（南京师范大学）担任副主编。

全书由多位作者合作完成：高传胜（南京大学）、姚建平（华北电力大学）、谢琼（北京师范大学）、白维军（内蒙古大学）、朱锦程（江苏师范大学）、丁学娜（南京审计学院）、吴小芳（华南师范大学）。具体分工如下：

第一章　林闽钢、丁学娜
第二章　丁学娜
第三章　林闽钢
第四章　鲁　全
第五章　高传胜
第六章　鲁　全
第七章　童文莹
第八章　吴小芳
第九章　白维军

第十章　吴小芳
第十一章　姚建平
第十二章　朱锦程
第十三章　谢　琼

由于编者水平所限，疏漏不妥之处在所难免，恳请国内外同行学者和广大读者惠予批评指正。

作　者
2014 年 3 月 1 日